SMG 版权资产中心
上海音像资料馆 编

曾经上海

|烟|火|气|中|的|魔|都|记|忆|

上海大学出版社

图书在版编目(CIP)数据

曾经上海：烟火气中的魔都记忆/上海音像资料馆编. —上海：上海大学出版社，2021.8
ISBN 978-7-5671-3075-3

Ⅰ. ①曾… Ⅱ. ①上… Ⅲ. ①城市史—上海 Ⅳ. ① K295.1

中国版本图书馆 CIP 数据核字（2021）第 134115 号

责任编辑　陈　强
助理编辑　王　俊
装帧设计　倪天辰
技术编辑　金　鑫　钱宇坤

曾经上海：烟火气中的魔都记忆
SMG版权资产中心
　　　　　　　　　　　　编
上海音像资料馆
上海大学出版社出版发行
（上海市上大路99号　邮政编码200444）
（http://www.shupress.cn　发行热线021-66135112）
出版人　戴骏豪
*
南京展望文化发展有限公司排版
上海华业装璜印刷厂有限公司印刷　各地新华书店经销
开本710mm×1000mm　1/16　印张26.5　字数407千
2021年8月第1版　2021年8月第1次印刷
ISBN 978-7-5671-3075-3/K·239　定价　58.00元

版权所有　侵权必究
如发现本书有印装质量问题请与印刷厂质量科联系
联系电话：021-56475919

《曾经上海》编委会

总　编
乐建强　王明远　戴骏豪

主　编
王良鸣　李霞

策　划
王良鸣

编　导
范竞秋　李霞　王戎　曾凡荣　孙闯
周倩　陆皓东　罗伟建　张云骅　邵大星
夏宁　吴琼　詹佳骏　陈姿彤　余永锦
朱海平

编　辑
张文婕　李佳敏

本书执笔
陈强　王俊　李夕冉

序言：记忆的质地

2011年元旦，上海音像资料馆立足于为上海这座城市挖掘弥足珍贵的记忆，策划开办了电视周播节目《上海故事》。节目开播以来，秉承"贴近百姓、抚今追昔、继往开来"的原则，讲述上海故事、传承上海文化、弘扬上海精神，唤醒了无数沉睡于泛黄胶片中的声光色影，撰写了一部活色生香的上海影像志。

上面这段话语，摘自2018年我为《上海故事——一座城市的温暖记忆》撰写的序言。倏忽三载过去，我几乎已经淡忘了曾经写下的这些文字；似乎这些文字本身，也成为了一段需要被唤醒的记忆，也拥有了泛黄的质地。

记忆，是什么质地的？我想，对于远古的原始人来说，记忆的质地有着岩石的粗粝，画满了质朴的线条。对于美索不达米亚平原上的苏美尔人来说，记忆的质地有着泥板的粗糙，刻满了小小的楔子。而对于现代人来说，记忆的质地有着触摸屏的光滑，不断下拉，绵绵不绝。

那么，未来呢？记忆的储存空间将是无垠的，时间也是无限的。一项并不复杂的数字化永生技术，可以将逝者的记忆以数据形式存储到云端，再通过自动计算模仿逝者的性格、脾气、语气、反应和思考方式，继续与人交流。也就是说，过世后，数字化的你依然可以在家族群参与亲朋好友的讨论，在朋友圈"回顾"从前旅游时拍的照片。

记忆不灭。记忆永生。记忆高清无损。它将不再具备泛黄的质地，也不会湮没于历史的烟尘。

然而我们关于这座城市的记忆，又是什么质地的呢？也许，是《寻找童年的味蕾》；也许，是《弄堂里的杂货店》；也许，是《那些年，我们逛庙会》。这份记忆的质地，或许如暗夜里的霓虹闪烁不定，或许如梅雨季的水汽氤氲，或许如旗袍的风情难以言说，或许如灶边肉香的滋味令人馋涎欲滴。它们暧昧，它们模糊，它们毫不精确，但这恰恰是根植于这座城市文化基因深处的——记忆的质地。

上海广播电视台版权资产中心党总支书记　**乐建强**

目 录

话说曹杨新村 ··· 1
　　第一个工人新村的诞生／超前而周到的规划设计／
　　宜居社区的美好生活／曹杨新村大事记

我的家在彭浦新村 ·· 10
　　上海第一批工人新村／纪录片镜头中的开放窗口／
　　扩展后的美丽新家园／响当当的彭浦夜市

家在浦东 ·· 21
　　不要浦东一间房／春风一步过江／身在远方，
　　抵挡不了对浦东的无尽思念／浦东开发是一个奇迹

阿拉曹家渡 ·· 33
　　"沪西小上海"的形成／商业繁盛的"曹家渡五角场"／
　　儿时的里弄生活记忆／大变样的新曹家渡

闵行一条街 ·· 44
　　78天的奇迹／"闵行平地起新城，广厦千间一夜成"／
　　闵行饭店：新中国的第一座花园饭店／大建设年代的背影

天山一条街 ·· 53
　　从林肯农场到"两万户"工人新村／天山一条街的红火岁月／
　　从小剧场到天山电影院／天山路的升级与旧里改造

海上生绿岛 ·· 64
　　从沧海中捞出的万亩良田／和平年代的英雄史诗／
　　知青来岛"修地球"／打造现代化生态岛

深挖防空洞的记忆 ·· 76
　　条条弄堂搞战备，男女老少做砖坯／深挖洞运动：
　　连片成网，连通搞活／平战结合：地下旅馆、
　　地下工厂、地下餐厅／新时代的地下城

我的上海，我的河 ·· 89
　　因水而生的上海滩，因水而兴的大都市／填浜筑路的往昔／
　　开太浦河，泄太湖洪水／水体污染的恶果——水乡缺水／
　　焕然一新的上海河道

轮渡那些事 ·· 102
　　轮渡处女航／大渡轮与小舢板并驾齐驱／百万市民过浦江／
　　轮渡人与轮渡品格／世博会与轮渡的华丽转变

传呼电话亭轶事 ·· 111
　　传呼电话亭的前世今生／信息集散地，情绪中转站／
　　传呼电话亭的黄金时代／BB机独占鳌头，大哥大横空出世

目录

闲话小菜场…………………………………………………121
　小菜场的身世/小菜场里的上海味道/吃菜不忘种菜人/
　菜篮子里看形势

弄堂里的杂货店……………………………………………132
　"阿司匹林橡皮膏、木拖板鸭舌帽"/营业员的故事/
　杂货铺中的烟火人生/"小小三尺柜台，心向世界"

差头那些事…………………………………………………144
　中国最早的出租汽车公司——祥生/曾经上海的交通
　主力军——"乌龟壳"/昙花一现大发车/
　一枝独秀桑塔纳/城市名片：服务业回归初心

80年代出国潮 ……………………………………………157
　邓小平呼唤出国潮/"潮中儿"的生存状态/
　电话线那头的"谎话"/海外游子中国心

那一年，我们结婚了………………………………………169
　黄宝妹：军功章有你的一半，也有我的一半/朱永定：
　六十岁以后，应该说是她最美的时代/徐桂珍：
　我经常梦见他没死，等会儿他会回来的/携手走进桑榆晚景

快乐的暑假…………………………………………………180
　游戏多欢乐/冷饮多美味/课外多精彩/
　乘凉多自在

"的确良"的记忆 ··· 190
　　棉花让位，补丁时兴／挺括耐穿的"的确良"／
　　"的确良"风靡的年代／化纤自由：金山石化总厂兴建投产／
　　近现代服装潮流的更替

会"做人家"的上海人 ··· 203
　　穿："新三年，旧三年，缝缝补补再三年"／
　　住：千钿要用，一钿要省／吃：生活不苟且／
　　行：省吃俭用只为一辆自行车

寻找童年的味蕾 ··· 215
　　本帮老味／家乡滋味／年有余味／融合之味

浓浓咖啡情 ·· 226
　　爱恨情仇：万国咖啡馆时代／口感革命：铁罐咖啡时代／
　　走向大众：速溶咖啡时代／百年馥郁：咖啡新时代

乘风凉 ··· 236
　　乘风凉前的仪式感／乘风凉去哪儿／弄堂文化：
　　乘风凉里的人情味／那些让人开心不已的乘凉零食／
　　花样百出：乘风凉这场大派对

那些年，我们逛庙会 ··· 249
　　庙会：从宗教祭祀、集市贸易到文化娱乐／三月三到龙华／
　　四月八到静安／城隍庙庙会：中国三大庙会之一／
　　浦东三林：三月半圣堂庙会

目录

中百一店的美好记忆 ·················· 262
    去百家不如来一家／主动、热情、耐心、周到／
    "中华第一店"的旧情结／上海的橱窗之窗

那些年我们的国庆节 ·················· 275
    庆祝新中国诞生的"狂欢周"／一年之中最盛大的节日／
    首条新闻片·创新宣传画／工农业出色成就的检阅

"刑警803"的故事 ·················· 287
    刑侦题材广播剧的破冰与长青／刑警与编剧：
    从真实案件而来的故事／热情追剧的听众／
    广播剧：闭着眼睛看电视

友谊地久天长 ·················· 300
    中苏友好的日子／我们的朋友遍天下／
    乒乓与芭蕾推动民间外交／上海的"朋友圈"

海上大戏院 ·················· 314
    上海："远东百老汇"／儿时的看戏经历／
    为观众找好戏，为好戏找观众／老戏院，新剧场

"双字辈"的故事 ·················· 327
    从"姚周"到"双字辈"／程门立雪，偷师学艺／
    滑稽戏的黄金时代／俗中见雅，各成一派

难忘的《外国名歌200首》⋯⋯⋯⋯⋯⋯⋯⋯⋯⋯⋯⋯⋯⋯⋯⋯340
　　了解世界音乐的窗口／风靡大江南北的苏联歌曲／
　　著名音乐人与《外国名歌200首》／爱乐者的精神食粮

我为越剧狂⋯⋯⋯⋯⋯⋯⋯⋯⋯⋯⋯⋯⋯⋯⋯⋯⋯⋯⋯⋯353
　　风靡大江南北的越剧／"上海人对于越剧是情有独钟的"／
　　越剧复苏／越剧大奖赛：故事仍在继续

我与《梁祝》的那些事⋯⋯⋯⋯⋯⋯⋯⋯⋯⋯⋯⋯⋯⋯⋯⋯365
　　小提琴民族化的曲折历程／小提琴协奏曲《梁祝》的诞生／
　　一名海外学子的"梁祝情缘"／蔓延开的"梁祝热"

一代人，一套书⋯⋯⋯⋯⋯⋯⋯⋯⋯⋯⋯⋯⋯⋯⋯⋯⋯⋯378
　　命运转机／一书难求／幕后之师／读书奇观

集邮那些事⋯⋯⋯⋯⋯⋯⋯⋯⋯⋯⋯⋯⋯⋯⋯⋯⋯⋯⋯⋯391
　　"打桩模子"们的商机／太原路邮市里的富翁／
　　关于"猴票"的神话／"静工"和"卢工"邮市里的疯狂

难忘的"海外影视"⋯⋯⋯⋯⋯⋯⋯⋯⋯⋯⋯⋯⋯⋯⋯⋯⋯401
　　《姿三四郎》一炮而红／第一部引进版警匪片——《神探亨特》／
　　配音的幕后故事／译制片打开瞭望世界之窗

话说曹杨新村

1951年,为了解决当时百万产业工人的居住困难问题,上海在陈毅市长的倡导和推动下,兴建了新中国最早的工人新村——曹杨一村。曹杨新村的设计融合了欧美和苏联的建筑理念和风格,小区的绿化率特别高,生活配套设施完备,环境优美,非常适宜居住,许多劳模、先进工作者和老工人在此安家落户。如今,曹杨一村已被列入上海市历史保护建筑名录,曹杨新村也从一村发展到十村,已成为高楼林立的大型居住社区。

第一个工人新村的诞生

20世纪50年代初,刚刚解放不久的上海百废待兴,财政困难,但上海市人民政府决定调拨资金首先在沪西工业区的普陀区域内征地建房,为工人群众盖新居。新上海的第一任市长陈毅提出市政建设要"为生产服务,为劳动人民服务,首先是为工人阶级服务",要"有重点地修理和建设工人住宅"。

在当时的苏州河两岸,大约有1 000多家工厂,大批工人住在"滚地龙"里,居住条件相当恶劣。1951年5月30日,工人新村奠基,同年9月开工兴建。据曹杨一村第一代老居民毛耀昌介绍,当时上海市人民政府为此的财政投入是3 000亿元(旧币,合新币约为300万元)。

1952年6月,新上海的第一个工人新村建成了,这也是新中国的第一个工人新村,因为这个工人新村邻近曹杨路,于是被命名为曹杨新村。当

1952年6月第一批工人入住曹杨新村

时入住的人有劳动模范、先进生产者和老工人,那时候,工厂就像办喜事一样把他们送进了新房,庆贺他们的乔迁之喜。

上海国棉一厂挡车工、全国劳动模范、曹杨新村第一代居民杨富珍回忆起自己入住曹杨一村时的热闹劲和激动心情时说:"当时搬进来的时候很热闹,敲锣打鼓,工人能住洋房,住新房子,这样的镜头真的是热泪盈眶。"

把工人新村说成洋房,并不是杨富珍老人一个人的说法,很多曹杨一村的老居民都是这样说的,住在曹杨一村的居民唐锦波回忆:"我刚搬进来时,一跑进这个洋房一看,地板血血红,墙雪雪白,房间里面清清爽爽。我那个时候人小啊,一跑进来我就趴在地上,在地上打滚,可以转十几圈呢,好开心的。"曹杨一村居民颜宗芸也记得,当时居民们都把曹杨一村称作小洋房,邻居们都和睦相处,在这里生活就像在天堂里一样。

强烈的新旧对比给了曹杨一村第一代居民们强烈的幸福感。以前睡在马路上、船上、滚地龙里的工人住进了工人新村,他们深切感受到了人民政府对自己的关怀。正如曹杨一村居民赵爱英老太太所说,自己的奶奶、婆婆、公公小时候在乡下是贫农,自己的爱人是工人,家里很贫穷,她做梦也想不到能住进洋房。

她还唱起了自己创作的赞美曹杨新村的歌曲:"曹杨新村好风光啊,高楼大厦真漂亮,杨柳青青真漂亮,白墙壁,红瓦顶,石子路铺得平。哎嘿呦,走路真称心。"

话说曹杨新村

刚建成的曹杨新村

超前而周到的规划设计

即便用现在的眼光来看，建于20世纪50年代初的新中国第一个工人新村在规划设计的理念上也是可圈可点的。这是一个适宜居住的小区，也是新中国成立初期上海市人民政府的一个大手笔。当时负责曹杨新村总设计的是1937年毕业于美国伊利诺伊大学建筑系的汪定曾，他在50年代出任上海市规划建筑管理局的总工程师，他回忆起当时的设计理念："我们最重要的就是要注重让房子朝南，或者东南，或者西南。道路不是井字形或十字形的，而是沿着河流的流向来走的，所以是弯曲的。房子虽然是行列式的，但是也有一点跟着地形变化，还考虑到绿化的关系，所以曹杨一村房屋排列的总体设计还是可以的。"

在规划之时，曹杨一村的规划图上就给绿地建设留出了充沛的空间。建成以后，这里成了一个公园般的工人新村，红瓦白墙的小楼掩映在绿树丛中，房前屋后到处是盛开的鲜花，绿化覆盖率超过了30%。小区的空间宽敞，四五幢房子当中就有一个大的花园。很多人说，如果从半空俯瞰曹杨一村的建筑布局，很像是一颗五角星，不过设计师汪定曾说，他并不是刻意为之，当时追求的是人与自然的和谐，他说："我们规划的总体思想是自然式的，因为那个地方有很多小河浜，所以道路的走向都是跟着地形来,房屋建筑我们是根据外国花园住宅来设计的,注重绿化。"

曹杨新村有一条依村环绕的小河,被称为曹杨环浜,新村的居民把它比作是一条"银项链",上海电视台曾经拍摄过一部名为《环浜的夏天》的纪录片,片中有很多新村居民在河边休闲垂钓。曹杨新村居民李树德经常画曹杨新村,他觉得现在造的联排别墅也不过如此。

除了良好的绿化与自然环境,曹杨一村住宅的设备配置和生活设施配套也很齐全,规划设计以环境宽敞,房屋建筑简单朴素、实用美观为原则。房屋为砖木结构,外形为红顶白墙,两层楼房,每层楼面三套房间,厨房三户合用,每户都有一个抽水马桶。

虽是在那百废待兴的年代所建,但曹杨新村地区的马路、桥梁、自来水和下水道建设齐全,同时还建有卫生所、幼儿园、中小学、菜场、商店以及文化活动场所等一系列公共设施,形成了最初的"社区"的概念。

1952年6月,曹杨新村建起了曹杨卫生所,1957年又建成了当时普陀区最大的医院,后来发展为普陀区中心医院。居民姚慰慈记忆最深的往事就和医院有关,60年代她生孩子时,孩子早产,幸亏家住得离医院比较近,她走着去医院,得到了及时救治。她回忆起那次有惊无险的经历:"我生第二个小孩,预产期还差三天时,这一天早上起来蛮正常的,擦脸、刷牙、吃早饭,吃完早饭以后觉得人不舒服。只有三天了嘛,看样子要生了,我就从一村走去中心医院,但是走到现在文化馆的一个平桥时我褓浆水已经破掉了。因为我看就差一点点路了,不要再叫车子了,等到救护车来这一段路我走也走到了。于是我还是坚持走到了中心医院妇产科。"

2012年是曹杨一村正式建成入住的第60个年头,回望历史,曹杨一村不仅是新中国的第一个工人新村,而且是一个规划和设计理念超前,人性化、适宜居住的社区。不过这第一个工人新村并没有成为后来工人新村建设的典范和样板。设计师汪定曾回忆说,当年因为曹杨一村的规划和设计他还受到了批评,因此那个时候介绍曹杨新村的规划设计时不能写它的优点,只能批判式地写一些缺点,诸如密度太低、不经济,因此之后工人新村的建设,限于当时的客观条件,在规划和建造标准上便有所降低。

1952年8月,也就是曹杨一村迎来入住居民的两个月以后,上海新一批的工人新村全面动工兴建,而开工典礼也是在曹杨新村举行的。这批新造的工房比曹杨一村的住房更经济更简易,而数量则要多得多,共要提供给两万户家庭居住,所以这种工房也被称为"两万户"型。自曹杨一村后,当年所建造的曹杨二村到曹杨六村都是"两万户"型的工房,这也是国情所致。当年因为财力有限,而且要为更多的工人群众解决居住困难,所以只能适当降低建造标准,而数量则多多益善,因此可以说"两万户"也是一种过渡性的住房。

宜居社区的美好生活

完善的配套、宜居的生活,是曹杨新村第一代居民对在曹杨生活的共同感受。唐锦波是曹杨新村第一代老居民之一,六十多年前,年仅三岁的他跟随父母搬进了曹杨一村。在他的童年记忆里,那时的曹杨新村生活娱乐设施一应俱全,他回忆说:"我们搬过去的时候,我爸爸妈妈带我们出去,对面是公园,旁边就是小菜场,外面就是一个小商店,再朝西一点嘛,这时候叫大商店,老早叫大合作社,小商店是小合作社。它的对面是小学,旁边就是幼儿园,我搬来后就进这个幼儿园了。河浜对面是浴室,生活条件是很好的。"

曹杨新村居民李树德对此也有同感,他觉得曹阳新村的配套相当齐全,

曹杨新村菜场

曹杨一村居民食堂

不是孤零零地造个房子，而是银行、邮局都配置齐全，包括医院，一个街道有两个医院，这可能在当时整个上海的街道里面也不多见。它对老百姓的衣食住行、出门七件事等问题解决得相当好，是相当宜居的一个小区。

20世纪50年代拍摄的一部新闻影片还专门介绍了曹杨一村的居民食堂。1958年以后，上海很多家庭妇女都走出家门，参加工作，于是很多新村的居民都到食堂里吃饭。

60年代初，我国正逢三年困难时期，作为大城市的上海农副产品供应紧张，当年有一部新闻电影拍摄了曹杨新村的居民利用新村空地种植蔬菜、养鸡养猪的情景。虽然那仅仅是个权宜之计，但也可以称得上是工人新村的菜篮子工程了。

曹杨新村居民姚慰慈一家四代人住在曹杨新村已经有五十多年了，自从搬到曹杨新村居住后，他们最大的感受就是生活方便，出门不用跑很多路，生活的需求就都能得到满足。

1956年，上海科教电影制片厂拍摄了一部反映钢铁工人家庭生活的影片《他们怎样过日子》，电影的外景地就选择了曹杨一村。半个世纪后，老导演杜生华还记得当年为了拍这部电影在上海各处选景的往事，他回忆，那时他们看了不少工人的居住地，有"滚地龙"，有棚户区，房屋低矮，只能勉强遮风挡雨，工人的居住条件很差，而来到了上海乃至全国第一个工人新村——曹杨一村，他顿觉眼前一亮，良好的绿化和居住环境，

20世纪60年代曹杨新村居民利用空地种菜

影片《他们怎样过日子》剧照

使他马上决定将影片放在这里拍摄。

　　杜生华导演当年借曹杨一村这块宝地拍电影,而且对生活在曹杨一村的居民也暗生羡慕,他说:"确实搞得不错的,公交也很方便,公共汽车站就在新村边上,家家户户一出来就可以坐上公交车去上班,难怪工人说,住到这里,等于像在天堂一样高兴了。那时候在我们中国,工人能住上这样的居所,总是会令人羡慕的,连我们这些人都觉得,我要是能住在这里也不错,当时都是这么想的。"

　　在曹杨新村,不止一位居民会唱《曹杨新村好风光》,虽然歌词、曲调有所不同，但却都是他们心中的歌，居民房士仁唱道："曹杨新村好风光啊，工人住宅的好榜样啊，你看，你看，你看你看，一幢幢的房屋宽敞又漂亮，有学校，有商场，有花园，有银行，还有那合作社啊，靠近那小菜场。"

从20世纪80年代起，曹杨新村的两万户型工房渐渐被拆除，而一大批多层和高层住宅拔地而起。曹杨新村大变样了，如今已成为一个现代化的大型社区。曹杨一村也成为上海的历史保护建筑，但它毕竟是六十多年前建造的，和如今所建的商品住宅当然不可同日而语。但是，很多居民依然是安居于此、乐在其中，即便小辈出于改善居住条件的想法劝他们搬新居，他们也不愿意，更乐意留在曹杨新村。居民李琴芸说："女儿在法国巴黎，她叫我们过去，我们两个人都不想去，我们想来想去觉得住在曹杨好。"居民姚慰慈也说："现在我儿子媳妇做我爱人的工作，让他搬新居改善改善，住在这儿这么多年了，我说算了吧，年纪大的人还是住成熟一点的小区好，无论看病、买东西、乘车，都方便。"

即便那些曾经第一批入住曹杨，后来又搬迁其他地方的人，也会时不时想着回来看看，对于他们来说，曹杨新村也是永远难以忘怀的家。2011年是上海曹杨一村奠基兴建的第60个年头，有两位老太太来到了曹杨一村。她们是曹杨一村建成后第一批入住的全国劳动模范杨富珍和裔式娟，后来她们告别曹杨，乔迁他处，如今她们又回来看看老房子，看看老邻居，回到了曾经居住过几十年的老地方。面对这熟悉的白墙红瓦小楼，她们感慨万分，因为这里有她们许多美好的记忆。

杨富珍说："式娟啊，今天我们到这里来，回到老娘家，1952年搬进来时多开心，我就住在56号2楼。"裔式娟说："又有抽水马桶，又有地板，又有厨房间，外面墙壁粉刷的是奶油色，当时真是想不到我们工人能够住这么好的房子。"

曹杨新村老年合唱团的歌唱出了他们和众多曹杨居民对曹杨新村的美好感情："东海之滨有一颗明亮的星星，那星星金灿灿呀，哎，亮晶晶，曹杨新村，上海第一个工人新村，全国街道之星，传美名。美丽的环境，围绕幢幢新楼，一行行树木绿叶成荫，幽静的小路通向欢腾的街市，一朵朵鲜花映衬着人们心灵。"

曹杨新村大事记

1951年5月,新中国第一个工人新村在上海普陀区奠基兴建。

1953年7月,工人新村发展至六村,并改名为"曹杨新村"。

1977年,曹杨新村从一村发展到九村,入住人口超过10万。

2004年,曹杨一村被评为优秀历史建筑,同年被上海市政府纳入历史建筑保护名录。

(编写　陈　强)

我的家在彭浦新村

1958年,彭浦工业区在闻喜路两侧建起了56幢职工宿舍。作为上海第一批工人新村,"四个街坊、三条路、两个红绿灯、一条公交线"曾是彭浦新村的最早写照。当年的彭浦工业区曾制造出了中国第一台推土机、第一台水管式工业锅炉等,与之相对应的彭浦新村,便是创造这些"第一"的工人们的集中居住地。彭浦新村的中央大道闻喜路上有窗明几净的饮食店、粮油店、食品店等,也有新华书店、文化馆等文化设施,新村内的小菜场、幼儿园、中小学、医院、邮电所、银行和公园等一应俱全。上海彭浦新村第一代居委会主任贺月仙记得彭浦新村早在20世纪60年代就开始接待外宾的参观,最早迁入彭浦新村的居民余梅香也记得1965年上海天马电影制片厂摄制的《年青的一代》就是在彭浦新村取景的。在有北郊站之称的彭浦火车站,刘必龙送别过"上山下乡"的同学和亲人。城乡接合、厂田交错,这是彭浦新村相当长一段时间的真实写照。

上海第一批工人新村

20世纪50年代,上海的城市建设百废待兴,当时的闸北区到处是破旧的棚户简屋,还有像蕃瓜弄那样的"滚地龙"。

一批机电工业大厂落户走马塘以南的原彭浦乡地区,形成当时上海的一个新型工业区。彭浦工业区在彭浦新村南边一点,也就是共和新村,这里有彭浦机械厂、水工机械厂、造纸机械厂、鼓风机厂、四方锅炉厂等工厂。当年的彭浦工业区曾制造出了国内第一台推土机、第一台水管式工业锅炉等，彭浦新村便是创造这些"第一"的工人们的集中居住地。

计划经济时期，住房还没有进入市场，单位里都有职工宿舍、职工工房，工人新村就这样造起来了。当时上海确立了"首先为工人阶级服务"的市政建设方针。1958年，为了改善彭浦工业区工人的居住条件，政府开始破土兴建工人新村。彭浦地区最早建成的56幢职工宿舍，形成了最早的彭浦新村，这里迁入了1 200多户职工家庭。

作为工人宿舍，彭浦新村建了四个街坊，分别位于共和新路以东、平顺路以西、场中路以北、闻喜路两侧。那时候，这一片还很荒凉，在老闸北的地图上，实际就只有一条直通的道路——共和新路。"四个街坊、三条路、两个红绿灯、一条公交线"便是彭浦新村最早的生活环境的写照。

1965年上海天马电影制片厂拍摄了故事片《年青的一代》，其中上海部分的外景就是在彭浦新村拍摄的。影片的结尾，故事的男、女主人公在师友亲人的送别声中一起奔赴祖国最需要的地方；在影片外，轰轰烈烈的"上山下乡"运动也如火如荼地展开了，成千上万的中学生乘坐一列列火车奔赴祖国各地。北郊站在当时也被称作彭浦火车站，作为一个较大的火车站，主要承担的是货运而非客运任务，但是，在"上山下乡"的时候，也承担过客运。当时，铁路上海北站不堪重负，于是分流了一批人员从彭浦的北郊货运站出发。原上海《闸北报》记者刘必龙就是在北郊站送别了"上山下乡"的同学和亲人的，他回忆起当时的情景时说："那个时候，北郊站围墙也没有的，站台也没有的，四面都可以进，进去后里面没有月台，路基石上面有几条铁轨，'上山下乡'的列车就停在这里，车厢很高的，同学要走的时候，跟他们握手也很吃力，那时候的车子就是绿皮车。"

很多工人原来住在市区，住房面积小，条件十分艰苦，迁入彭浦新村后，虽然是几户人家煤卫合用，但是居住条件得到了明显的改善。彭浦新村的基础设施建设在当时也是走在前列的，中央大道闻喜路上有窗明几净的饮食店、粮油店、食品店等，也有新华书店、文化馆等文化设施，新村内的小菜场、幼儿园、中小学、医院、邮电所、银行和公园等一应俱全。

电影《年青的一代》剧照

在居住条件方面，彭浦新村在居民入住前，自来水、抽水马桶、地板、阳台等基础设施就都已安装好。原上海鼓风机厂退休职工干永年作为第一批入住彭浦新村的工人，回忆那时的情景兴奋地说："我们拎包居住，不需要装修。每户人家都有日光灯，很稀奇的，外国人来参观，说你们中国人条件蛮好的嘛，每家都有日光灯，当时有日光灯已经不得了了。"

那些年，住进工人新村是一种身份的象征，能住进彭浦新村的几乎都是彭浦工业区的工人和家属。他们被分配住进彭浦新村后，每个人都有强烈的翻身感和自豪感。

基础设施的各项建设和良好生活氛围的形成也得益于自治组织的发展。1960年，为了充分发动群众，依靠群众解决自身的实际问题，彭浦新村成立了居民委员会。不久，彭浦新村的配套设施也相继跟了上来，托儿所、食堂、服务站也相继开设起来。

作为彭浦新村第一任居委会主任，贺月仙曾代表基层干部受到了周恩来总理的亲切接见，几十年来，她一直扎根在社区工作。在彭浦新村第一代里弄干部的心目中，一户有事众人帮，协调好居民工作，是必须要下一番苦心、动足脑筋的，贺月仙说："从一号到七号，六十四户人家是一家，有一分困难大家帮忙。比如讲，有人患了肌瘤需要人服侍，我们邻居就会去陪他，白天安排什么人、晚上安排什么人，都会布置好，一分钱都不要的。"

今天的彭浦新村依然沿袭曾经的区域划分方法。现在的彭一、彭三、彭五、彭七四个住宅小区按照东南西北分成了四块,都是以彭浦新村为单位设置门牌号,而不是按照现在通常实行的路、弄、号、室顺序来设置。

改革开放后,彭浦新村被列为上海市重点建设的12个居民居住区之一,新村扩容加速,到90年代初基本形成了生活设施较为完善齐全、商业网点相对集中的大型居民居住区,越来越多的居民在这里留了下来,安居乐业。

纪录片镜头中的开放窗口

作为上海最早对外开放的新村,彭浦新村从20世纪60年代起就开始接待来参观访问的外国朋友,成为当时世界了解中国,尤其是了解中国普通老百姓生活的一个窗口,原上海市闸北区档案局副局长胡伟祖说:"彭浦新村是1958年造的居民住宅,当时来说还是比较高级的,成为外宾的接待基地之一。"这里设有专门的外宾接待室,里面铺设地板,都是抹蜡的,开始只有一个房间接待外宾,另外有四百多户人家作为外宾访问户。

1979年的彭浦新村

1979年彭浦地区街景

1978年，澳大利亚电影局来华拍摄纪录片，介绍改革开放初期中国各地百姓生活的变化，一部名为《中国人民的面貌：永远紧跟世界潮流》的纪录片中就介绍了上海彭浦新村孙姓一家祖孙三代一天的生活。四十多年过去了，纪录片中出现的孙云发一家依然居住在彭浦新村，当他们看到这个连他们自己都没完整看过的纪录片时，往日一幕幕又重新浮现心头，不觉百感交集。孙云发的小女儿孙蕙在观看纪录片后感慨地说："看到40年之前的这个录像，我觉得心情很激动的，因为其中两位老人已经离开我们了。看到他们，我又想起他们，当时我还小，从这个片子里也看到了我爸爸妈妈年轻时候的样子。"

纪录片中，还是小学生和初中生的孙蕙、孙艳姐妹说起当时一部时兴的电影《独立大队》，兴致不减："我们小时候，娱乐设施什么的不像现在这么丰富，我们顶多是看看电影，跳跳橡皮筋，还有小朋友之间扮家家这样。我们看电影就在旁边的一个文化馆。40年之前，彭浦新村也是属于比较偏的，文化娱乐设施各方面不是很健全，但是我小时候觉得童年还是蛮快乐的。"

纪录片中也捕捉到了姐妹俩在学校的生活场景，孙艳当时正在读初中，她还记得当年摄制组到学校里拍摄影片的情景，导演没有过多的指示，让她们自然一点就可以的，平常在学校做什么，拍摄时也做什么。

因为父母工作的忙碌和双职工家庭在当时具有普遍性，小女儿孙蕙从小就被送入少体校住校生活，孙蕙回忆起自己的住校生活时说："一个小学生,住读在学校里的确要面临很大的困难,甚至于也想到要逃回家里去,因为毕竟年龄小嘛,但是因为学习、训练任务很繁重,久而久之就习惯了那边的生活。"

孙云发的妻子张金凤是地段医院的医生,因为朋友、同事都在彭浦新村,在这里生活习惯了,便没有搬出去,选择留在当地医院,为彭浦新村的居民服务。作为彭浦新村的典型家庭,他们对生活在这里感到非常知足和幸福。《中国人民的面貌:永远紧跟世界潮流》将他们的真实生活较完整地记录下来,传播到海外。作为中国家庭的典型缩影,这一家人向世界传达了当时中国人民的生活情况与精神面貌,这对于向世界展示中国形象起到了不可或缺的作用。

扩展后的美丽新家园

彭浦新村虽然从1958年就成为上海首批工人新村,但是直到20世纪90年代前还有不少乡间小路,一出居民小区,可以看到一小块一小块的自留地和一间间猪圈鸡棚,白天可以听到鸡叫蝉鸣,晚上还能听到犬吠蛙声。城乡混杂、工厂和农田交错也是停留在彭浦新村很长一段时间的风景,在许多当地居民的眼中这就是乡下,是很偏远的地方。70年代参加工作的胡伟祖还依稀能回忆起他到彭浦后帮同事收菜的情景。

改革开放后,彭浦新村被列为全市重点建设的12个居民居住区之一,发展加速。这里路面平整,街道整洁,商铺林立,大菜小吃应有尽有。1978年,彭浦新村正式划入原闸北区,居民才从城镇户口变为城市户口,很大程度上改变了以往粮票、油票、蔬菜券较为匮乏的现状,居民的生活环境、社会福利也越来越好。

但直到90年代,老一辈的彭浦新村居民称到市区走亲访友、购物逛街时,还是会说"到上海去"。之所以有这样的说法,是因为早些时候这里周边的交通配套相对滞后,连接彭浦新村与市区的道路只有一条不宽的共和新路,彭浦地区最早的公交线路只有95路,后来增设46路,居民平时上下班时公交车拥挤不堪。90年代初,李伯扬因为彭浦新村上班出行不便,把房子置换到了其他地方,2018年10月的一天,已经退休的李伯扬特意起了个大早,来到彭浦新村看望他多年的老朋友和老同事董有庭。这是在他阔别彭浦新村二十多年后再次回到这里,谈起当时在彭浦新村居住的生活,李伯扬还依稀有着许多难忘和美好的回忆。

1993年以后,伴随着上海城市面貌"一年一个样、三年大变样"的巨变,彭浦新村继续向东、西两侧和北面扩展,并承担起了安置上海中心城区动迁居民的重任。

近几年来,在实施"美丽家园"建设的过程中,彭浦新村居民小区的整修全面推进,一个马路干净、购物方便、交通便捷的居民住宅区已经形成,而那些1958年最早建造的煤卫合用的老工房正在分批实施推倒重建,"拆落地"工程也切实惠民。"拆落地",简单地说就是原拆原建,原拆原返,原来的五层楼的房子全部被拆掉,然后重新建造高层,改造后的住房独门独户,煤卫独用,旧房变新房,老小区旧貌换新颜。当地的居民对此表示非常欢迎,"拆落地"后的彭浦新村将变身北静安美丽的家园。

从建成初期闻喜路上仅十来家商店发展到如今的闻喜路、临汾路两条重新规划的商业街,一批著名品牌、1 200多家商店落户,临汾路、共

"拆落地"重建后的彭浦新村

和新路的东边，闻喜路、共和新路的西边，商业中心、交通配套等各方面的生活设施都在逐步跟上，居民的切身生活问题在彭浦新村都得到了保障。

对于生活在这里的人们来说，彭浦新村最大的特点就是便民，无论是买菜、吃饭都非常方便，点心店、饭店一应俱全。另外，医疗方面也非常方便，以前的彭浦新村只有一家地段医院，彭浦新村的居民几乎全部要到这个医院来看病，现在不仅有街道医院，还有市北医院，居民也可以乘坐地铁一号线三站到达第十人民医院。特别是市北医院，作为一个综合性的二级医院，医疗条件在当时比较先进，周围大量的居民包括相当数量的外来人口都会去市北医院看病。

有人说，把上海的交通地图对折、再对折的中心点，就是闸北区的新客站（上海火车站），说明老闸北实际上处于上海的中心地带。大动迁的时候，人们普遍觉得彭浦地区很远，后来随着城市改造不断深入，彭浦逐步吃香了。八九十年代，彭浦新村承担了安置上海中心城区动迁居民的重任。随着大量的居民入住彭浦新村，这里的人口也越来越密集，现在从地理位置上来看，彭浦新村相对靠近市中心地区，这也成为当时不少动迁居民选择彭浦新村的理由。

东茭泾绿地

居民在休闲娱乐方面也有了更多的好去处。从前，想逛公园的居民只能去人民公园，而现在彭浦新村里也有了自己的公园——东茭泾绿地，这是在违章搭建都被拆除以后建造的。公园里有亭子，也有小桥流水，环境优雅，周围的居民慢慢对这个公园产生了感情。在纪录片《中国人民的面貌：永远紧跟世界潮流》中拍摄了孙云发一家人在闸北公园野餐的情景，孙云发的小女儿孙蕙回忆说："当时闸北区有个很大的公园是闸北公园，现在看来，我们过去距离不是很远，因为当时交通不是很方便，感觉是有一定距离的。那边景色比较优美，他们（摄制组）就选了闸北公园作为一个景点，我们又划船又野餐。"

2018年8月28日是彭浦新村街道彭三小区五期旧住房成套改造项目第二轮集中签约的第一天。这天，小区内人声鼎沸，许多居民在签约完成后还不肯离去，依旧围在这里激动地数着已经签约的户数。仅半天时间，项目就达到了96%的高签约率。

三年后，彭三小区五期的签约户将会搬回原地，住进新建的高层楼房里，走过一甲子的彭浦新村在不断蜕变中焕发新的生机。

响当当的彭浦夜市

进入21世纪，彭浦新村发展最快的无疑就是商业配套。临汾路，这条商户密布的马路曾被誉为"彭浦新村的南京路"，十多年前，它与相邻的闻喜路一度成为沪上名气响当当的彭浦夜市。

2004年，"彭浦夜市"由零散小商品摊位起家，2010年已经发展成上海北部最大的地摊聚集区，随着这里的名气越来越响，不少商贩跨区而来。2011年后，彭浦夜市规模大幅扩张，并发展成为主打海鲜、烧烤、油炸小吃的夜市。小吃品种花样繁多，价格亲民，让人目不暇接。临汾路主要是以用为主，闻喜路上以吃为主，每晚来逛夜市的人摩肩接踵，热闹非凡。

说起彭浦夜市生意最火爆的那段日子，最早一批在彭浦夜市打拼的"胖胖炸鸡腿"的老板娘顾小香说："人们经常在下班五点多钟的时候

闻喜路夜市

就开始排队,一直排到半夜,还排到人家门口去了。"彭浦夜市除了吃的,还有卖小玩意儿的,想要的东西应有尽有,极大地满足了当地居民的需求,居民也把逛夜市当作晚间的一项休闲娱乐活动,来逛街的人熙来攘往,络绎不绝。彭浦新村居民俞海平谈到彭浦夜市时骄傲地说:"你不要到南京路那里去了,我们这里和周边商店、商铺的档次,也不亚于南京路。"

虽然夜市和夜排档人气十足,但由于杂乱的摊位和拥挤的人流过于吵闹,不仅干扰了正规商店的营业,同时也影响了附近居民的生活,路上的油渍甚至导致路人摔倒,不仅影响卫生,更给居民的安全带来了隐患。在连续的追踪报道推动下,曾经逼得8条公交线改道的彭浦夜市被取缔,变身成为优雅、整洁的商业街区。为防止流动摊贩在临汾路反弹回潮,有关部门也对临汾路加强了常态化管理,像"胖胖炸鸡腿"这样生意火爆的店铺也从夜市流动的无证摊贩成为拥有固定场所亮证照经营的"正规军"。现在的彭浦商业街区更加干净卫生、秩序井然,对居民和店家来说,都有了一个更加舒适便捷的环境。

从工人新村到惠民家园,走过一甲子的彭浦新村如今变得愈加整洁、有序,承载着一代代人的记忆,不变的是其归属之初衷。无论是留下来的，还是从这里走出去的人们，流淌着的依旧是彭浦新村的血脉。这里的故事代代相传，成为每一个彭浦新村人的生命底色，无论他们走到哪里，都不会忘却那段新村的往事，不会忘记"我是彭浦新村人"这样一份浓厚而深刻的身份印记。

（编写　李夕冉）

家在浦东

开发开放浦东无疑是20世纪90年代上海最重要的事件。80年代,上海人说"宁要浦西一张床,不要浦东一间房"。出生在1956年、从小家住陈桂春老宅的王鹏程童年时代是在隔江眺望着的浦西中长大的,他目睹了东方明珠、金茂大厦的落成以及浦东跨越式的发展。

过去,浦东在人们的心中是乡下,而90年代以来,浦东以其跨越式的发展,成为中国改革开放的"窗口"。随着黄浦江上一条条隧道和大桥的建成开通,浦东成了适宜居住的新城区。浦东的隧成小区就是为纪念延安东路隧道建成而更名的,小区居民大多是从浦西搬迁过来的,大家都曾为搬迁到浦东还是浦西纠结和争论过,甚至有的为了人均多一平方米的面积选择了浦东。如今,上海的很多顶级楼盘聚集在了浦东,上海人也对浦东的"一间房"情有独钟了。

不要浦东一间房

黄浦江穿城而过,将上海天然地划分为浦东、浦西两部分。在以前,浦东只是个地域上的名称,是上海本地人眼中的"乡下",到现在为止还是有很多人去浦西说:"我到上海去了。"几十年来,人们对这种称呼已经习惯了。即便是今天最为繁华的陆家嘴地区,与外滩仅一江之隔,当时也找不到一座可以叫得上名字的地标建筑。

今天,在高楼大厦环抱的陆家嘴中心绿地南侧,有一座中西庭院式

陈桂春老宅

民宅尤为显眼，它建成于1917年，由当地绅商陈桂春建造，被称为"陈桂春老宅"。由于它围墙很高，都是用红砖砌成的，因此还有一个别名叫"红房子"。这幢陆家嘴地区唯一保存下来的民宅见证了浦东从"乡下"一步步走向城市化的过程。

新中国成立初期，陈桂春老宅附近的房子都是两层式的简陋工房，老宅附近只有陆家嘴路是通公共汽车的，其余的都是泥土路。那个年代，陆家嘴地区不但交通成问题，就连采购基本的生活物资也颇费周折，王鹏程回忆起当时的生活时说："用水要穿过这幢楼，到外面围墙下面的一个公用水龙头，大概有十几家都使用公用水龙头，出后门有一个菜市场，再过去一点有药店、洗衣店、食品店、小百货店。再繁华一点就是东昌路了，基本上新华书店、文具店、旗篷店、饭店、点心店都集中在那一块。"

如今的东方明珠电视塔附近，当时是浦东公园的所在地，也就是王鹏程他们小时候玩耍的地方。透过公园的围墙可以看得到黄浦江对面的外滩，浦东、浦西强烈的对比和差异在童年王鹏程心中留下了深刻的印象，他回忆说："沿着黄浦江的对面能够看到外滩，看到外白渡桥和上海大厦，浦西那个时候是灯火辉煌的，而这边是一片漆黑，浦东基本上只有几盏路灯还亮着。"

家在浦东

从小家住江阴路的邬孝民，1955年跟随父母搬到现在浦东的民生路浦东大道附近居住，后来经过几次搬家，他最终选择定居浦东金桥。

1976年4月，邬孝民和王桂兰登记结婚，恋爱时的甜蜜完全被结婚后的柴米油盐冲淡。与自己在杨浦的娘家相比较，王桂兰切实体会到了浦东浦西存在的巨大差异，浦东不但房屋的配套设施差，而且住房面积也与浦西的娘家存在着巨大的差异。

王桂兰回忆说："他们家是挑水的，不是像现在有自来水接到家里，那时，有个水站，需要拿钱换个牌子去挑水，家里有个水缸，每天挑水到家里来，而我娘家的房子有公用的厨房间、自来水、煤气。我不会生炉子，有的时候生煤球炉子生五六遍还是生不了，真的简直要哭了。"

家住浦东，最不方便的还是出行，即使是现在的陆家嘴地区，当时通公交车的马路也是屈指可数。居民出门最普遍的交通方式是骑自行车，要去远一点的地方才会坐公交车。浦东交通线路少，主干道也只有几条——浦东大道通到高桥，浦东南路从陆家嘴通到上南路，当时只有这两条主要马路，还有一条文登路，就是现在的东方路，那时候还是一条很窄很小的路。

浦东开发开放之前，浦西是上海市民工作和生活的中心，很多住在浦东的人都要去浦西上学、上班。当时浦东去往浦西，唯一的交通方式就是轮渡，挤完轮渡还要再挤公交，然后步行或者骑自行车。对此，在浦东居住去往浦西上班的人都深有感触，每天都要起个大早、紧绷神经，因为不知道今天从家到单位的时间有多长。如此不方便的交通，使得每天上班的路都显得艰辛和漫长。轮渡船不但简陋，而且拥挤，浦东金桥东二小区居民王桂兰说起当时的拥挤程度仍然心有余悸，她说："天热的时候还可以，上面有篷遮阳，一碰到天冷的时候，西北风呼呼地吹，船上只有镂空的篷布罩，冷得不得了。碰到下大雨的时候，雨还会飘进来，船上都是水。"

1984年，上海市政府将沿黄浦江的塘桥、陆家嘴、洋泾一带划归黄浦区，把周家渡至杨思等沿江地区划归南市区，以至于出现了城乡交错，农民、居民混居，生产队边上是居民区的现象，因此当地有着这样的戏言："到上海要摆渡，到农村跨一步。"那时，浦东也仅仅是作为地域上的称呼一直存在，完全没有形成一个统一的行政区域和行政中心。

　　1986年，家住延安东路、山东中路路口的董伟国一家面临着一个重大抉择，修建了四年的延安东路隧道即将通车，为了扩建马路，他们居住的小区即将拆迁。是留在浦西，搬迁到虹口区的曲阳新村？还是跨过黄浦江搬到浦东的光辉小区？他们一家一直犹豫不决，董伟国的母亲蔡启宝说："我的老头子他就不肯去浦东，认为浦东是乡下，我们在上海中心市区。我们给他做思想工作，说一定要去，这个是国家的事情，老百姓应该服从国家。我们反复做工作之后，他思想也通了，就决定去浦东了。"

春风一步过江

　　1988年，延安东路隧道正式通车。延安东路隧道是连接浦东与浦西的第二条隧道，相对于"文革"期间修建的打浦路隧道，这条隧道更能体现出政府对浦东开发的重视。为了庆祝隧道建成和拆迁居民对市政发展所作的贡献，董伟国一家所在的光辉小区更名为隧成小区，表示"隧道建成"的意思。董伟国说："考虑到未来浦东肯定会有发展，国家既然建了延安东路隧道，肯定有规划的，我们也对浦东的未来看好，所以我们就选择了浦东。"

1938年，延安东路隧道建成通车

家在浦东

1993年1月1日，上海市浦东新区管理委员会正式成立

1990年4月18日，党中央、国务院正式宣布开发开放上海浦东。1993年1月1日，上海市浦东新区管理委员会正式成立，浦东这个曾经名不见经传的地方，从此开启了开发开放、跨越式发展的新模式。

当时还在陈桂春老宅居住的王鹏程把陆家嘴一点一滴的变化都看在眼里，记在心里，他回忆说："造东方明珠的时候，我们有时带着女儿也去看，看着它一点一点变高、变大，我女儿说感觉好像来了天外来客，我们觉得经过改造，浦东肯定会变得越来越好。"东方明珠、金茂大厦等一座座建筑在这里拔地而起，不仅展现出城市建设之美，也展示出浦东建设与发展的"高度"和"速度"。

在1993年，搬到浦西的王桂兰又得到改善住房条件的机会，这次单位分房使他们再次回到了浦东，但这次搬回浦东的心情跟十年前离开时截然不同，她说："那个时候一下子觉得浦东各方面已经改造好了，交通等方面都比以前方便了，尽管那个时候还是靠摆渡，但是各方面的生活气息、条件都比以前要好很多了，很开心，房子也大了。"

继1991年12月南浦大桥建成通车，1993年10月，杨浦大桥也正式通车，彻底结束了浦东人乘轮渡上班的历史。王桂兰说："杨浦大桥造好以后，交通更方便了，我们每天上下班都有班车接送。1996年，浦东一下子焕然一新了。那个时候的想法就是，再叫我搬到浦西去，我已经不怎么愿意了。"

上海浦东的发展速度远超所有人的想象，昔日的居民区已经消失不见了，取而代之的是现代化的高楼大厦，但在发展现代化的同时，也尽可能

1993年10月，杨浦大桥正式通车

地保留了历史的珍贵遗存。1996年，陈桂春老宅里的居民被动迁，但是房屋的主体部分没有被拆掉，而是作为一个时代的见证保留了下来。王鹏程在搬出陈桂春老宅后，路过陆家嘴时感慨良多，他说："一个城市不能只有现在，它还必须要有过去，只有有了过去、有了现在，才能展望未来。"

如今董伟国一家所在的隧成小区，与当初刚搬来时相比，已经发生了翻天覆地的变化；地铁、公交、学区房这些当时想都不敢想的东西，如今都变成了现实；"宁要浦西一张床，不要浦东一间房"的说法早已成为历史，一去不复返了。浦东开发开放之后，在某些方面特别是市政建设，已经超过了浦西，所以现在很多上海市民更愿意在浦东生活，不再有浦东不如浦西的旧观念。

王鹏程对于这种变化不无感慨地说："桂兴华有一句诗是'春风一步过江'，我觉得这句诗完全能够形容现在浦东和浦西的变化，春风是浦东改革开放的春风。现在浦东到浦西太方便了，有大桥，有隧道，还有地铁，完全没有阻隔，阻隔已经完全打破了。"

1993年12月13日，邓小平冒雨视察浦东，他以88岁高龄登上杨浦大桥时感慨地说："喜看今日路，胜读万年书。"如今，浦东仍在沿着他当年设计的蓝图快速发展，浦东的传奇仍在继续。

身在远方，抵挡不了对浦东的无尽思念

曾经有两个年轻人从黄浦江东岸出发，一个往南，一个往北，离开了一直让他们魂牵梦绕的故乡，故乡的水与桥都让置身异乡的他们思念备至。

"故乡啊，故乡啊，养育我的地方就在那清澈、可爱的黄浦江边上，江边上。"这首《思念》是1961年中秋节，李云亮在支援内地建设时写下的歌曲，道尽了他对家乡的无尽思念。

1958年，从小在浦东金桥镇长大的李云亮刚满15岁，离开家乡去江西支援内地建设。离开的时候，他还在想，在那边最多待个三四年，学好技术就回来。

20世纪60年代，当时还在江西的李云亮经历了一件让他记忆深刻的事情，他回忆说："我弟弟也从上海到我厂里当了一年的自费学徒，但最后却不让把户口从上海迁到江西去，因为金桥是农村地区，我的厂所在地是南昌市区，农村户口不可以迁到市区的。"于是李云亮暂时放弃了回家乡发展，产生了在江西结婚的念头，但身处异乡的很多年中，家乡浦东一直让他魂牵梦绕、割舍不下。

三十多年后，时代给了他重新回到故乡的机会。在浦东新区管委会成立的1993年，也是李云亮阔别金桥37年后，他以人才引进的方式，重新回到家乡，最后调到了上海海事大学。

李云亮是土生土长的金桥人，对于浦东金桥地区的历史了如指掌。他回忆起新中国成立初期的艰苦生活时说："相对于靠近黄浦江畔的陆家嘴地区，当年还隶属于川沙县的金桥便显得有些落后。金桥地区当年没有给水站，更没有自来水，生活用水是河里的水，挑上来一定要用明矾撒一下，把水里头的沉淀物、泥浆全部沉淀到下面，每次挑新水的时候要把缸底的水沉淀物全部掏干净，然后再倒水进去。"

那时的浦东虽然各方面都比较落后，但在川沙县，民主人士黄炎培先生等人曾在1921年发起修建过一条铁路，铁路从庆宁寺一直到川沙的祝桥。这是当时浦东最为发达的一段陆上交通，也是许多人最值得怀念的童年记

忆。李云亮回忆说:"我是听着小火车的汽笛声长大的,小火车汽笛声非常准时,每隔一段时间就会响起。因为它的出发点是在庆宁寺,俗称高庙,它出发到我们这里就3公里到4公里的样子,经过一个拐弯的时候它必须拉汽笛,一拉汽笛我们就知道,不是四点一刻就是五点一刻,或者是六点一刻。"

每逢闲暇时光,李云亮都要到金桥的老家去看一看。因浦东市政建设需要,金桥老街周围的房屋已经被拆掉了一大半,目前新搬迁的小区还在建设中,李云亮在附近租了一套沿街的房屋暂住,由于老家暂时还没有被拆掉,他要抓紧时间,为居住了几十年的房屋留下最后的记忆。

1954年,家住长宁区兆丰别墅的方鸿儒一家因家庭变故,随父母搬迁到了浦东塘桥附近,刚刚读小学一年级的方鸿儒清晰地记得搬往浦东时的状况:一家子挤在一起,七个小孩,加上爸爸、妈妈,九个人挤在一个大概二十七八平方米的房子里面。方鸿儒回忆说:"破到什么程度?就前后两间,实际上是用芦苇围席隔开的,房间的地面,人家浦东人叫烂污泥地,不是水泥的。"

如此巨大的家庭变故降临在一个刚读小学的学生身上,对他内心的冲击是十分巨大的,那种自卑的心理更是难以释怀。当时,方鸿儒就默默地下定了决心:"一定要打回浦西去!"

方鸿儒的经历与李云亮类似,他在1968年上山下乡去往黑龙江,对于当时选择离开上海,他回忆说:"我是写了血书报名去上山下乡的,但是过了两三年后,我就很迫切地希望能够回到上海。1977年高考,我已经考入大庆师范学院就读了,但是还没有毕业,我就退学了。我要回来,我哪怕回上海做清洁工也要回来,这个情结是很明显的。"

1976年,方鸿儒和徐海珍在黑龙江认识并结婚,徐海珍是上海知青,家住浦西的静安区,当时塘桥还归南市区管辖,所以方鸿儒一直对徐海珍说自己是南市区的,两个人直到今天还经常开玩笑,说徐海珍当年是被"骗"到手的。

1979年,在黑龙江待了11年的方鸿儒带着妻儿回到上海,回到塘桥的老屋。但11年过去了,浦东仍然没有大的变化,老屋依旧狭小、局促。于是方鸿儒一家只能暂时两地分居,他住在塘桥,徐海珍和儿子住在曹家渡的娘家,每次见面都是一次艰辛的过程。徐海珍说:"那时候曹家渡很热闹的，晚上出去也亮堂堂的，到他们这里，越走越黑，摆渡到浦东，轮渡上去就漆黑一片了，要走好长一段路才到他们家。"

1988年12月15日，上海市区第一座跨越黄浦江的大桥——南浦大桥动工兴建。作为上海内环线的重要组成部分，开发浦东的起步工程之一，南浦大桥建成后极大地方便了塘桥地区与浦西的往来，方鸿儒居住的老屋因此最先拆迁。

浦东开发是一个奇迹

1990年4月18日，在南浦大桥动工后不到两年，上海浦东向世界敞开了怀抱，但在中国政府宣布开发开放浦东的最初却遭到了国外媒体的质疑。上海市原副市长、首任上海浦东新区管委会主任赵启正说："当时西方很多人，很多媒体说，中国的浦东开发不是一个实际的行动，只是一句口号，这个论调相当广泛，当时相信我们的只有一个中国通，就是基辛格博士。"

1993年1月1日，上海市浦东新区管理委员会成立，赵启正被任命为浦东新区管委会的首任主任。在浦东开发开放初期，国外的考察团一个接着一个，如何在最短时间内向他们展示浦东的诚意和实力，赵启正有自己的办法，他说："我们用很诚恳的态度和外国人对话，把信用当作最宝贵的东西，我们可以说，浦东开发是成功的，浦东开发是一个奇迹，这一点在国外都是被承认的。"

1993年，刚刚成立的上海浦东新区乘着改革开放的春风缓缓起航了。新区成立后不久，一位杭州摄影师到上海出差，当他踏上浦东这块土地时，脑子里闪出了要为浦东做些事的念头，他在外滩无意中拍下的一张照片为他后来长期关注浦东埋下了种子。这位摄影师叫吴建平。

回杭州后，吴建平一直记挂着浦东，接着他便准备了相机、镜头，买了几百卷胶卷，开始用相机记录浦东成长的点点滴滴。他每月往返于上海和杭州之间，奔波在浦东的各个角落，一拍就是十年。他用心记录了浦东开发开放后那些最精彩的历史瞬间。1997年6月，当吴建平再次来到上海，从东方明珠往下看时，他发现了浦东大片待改造的居民老宅，他的内心被震撼了。第二天,他空着手走到那片棚户区,在金茂大厦工地周边转悠了整整一天。回杭州后,吴建平每天记挂着这件事,开始了拍摄准备,正式开拍便是在6月,他回忆说:"金茂大厦88层马上就要封顶,东方明珠、证券交易中心、香格里拉酒店也造好了,初具规模,我就想马上回来,而且刻不容缓。当天晚上回来我就开始准备,我当时就认为浦东这个题材是个国际性的题材,是个世界级的题材。"

吴建平走街串巷,很多老伯、大妈都认得他,见他过来还会客气地打招呼。他每两个月坐火车从杭州到浦东拍摄一次,有时一拍就是一整天,一些居民已经把他当成了自己人,一点都不见外,还会热情主动地请吴建平到他们家吃饭甚至是住宿。他说:"我更多的是想关注老百姓的日常生活,关注百姓生活品质的变化,尽可能地多拍,因为当时我认为浦东以后肯定会有翻天覆地的变化。"在十年的时间里,吴建平共用掉了一千多个胶卷,拍摄了将近两万张底片,从陆家嘴地区一直到新场、白莲泾、大团等地,他走遍浦

吴建平拍下的第一张关于浦东的照片

家在浦东

吴建平拍摄的建设中的金茂大厦

吴建平拍摄的浦东居民的日常生活

东的角角落落,拍摄老百姓最普通的日常生活,记录着浦东的发展和变化。

吴建平以一个外乡人的视角,用相机记录下了浦东飞速发展的十年,而李云亮在得知自己的老家即将拆迁时,怀着对故土的热爱,没有任何美术功底的他竟花了四年的时间,创作了一幅17米多长的《龙虎金桥图》。谈到家乡,李云亮满怀深情地说:"因为浦东开发,我这个老家最后必定也

吴建平拍摄的浦东轮渡站

会被拆掉,总有一天我家这些砖瓦粉墙都不会存在。可是家乡给我的印象太深刻了,我从小在这里生,在这里长,喝这里的水长大,如果拆掉以后,我再也见不到我的家乡了,我就想我要把它留下来,让它永远伴随着我。"

1997年,方鸿儒与妻子在杨高路闲逛时,看到浦东发展如此迅速,心潮澎湃,不由得心生骄傲之情,面对从浦西嫁到浦东的妻子,他打赌说十年后浦东会超过浦西。方鸿儒在离开"老屋"之后,先后搬迁到竹园小区、凌三小区。如今,搬到浦东已经62年的他,亲历了浦东开发开放后翻天覆地的变化,儿时"打回浦西去"的豪言壮语也悄然发生了改变,他说:"伴随着浦东的开发开放,它彻底改变了我小时候存在心中的观念,我觉得能够在浦东这块热土上安度晚年也是我人生当中最幸福的事情。"

2016年7月,吴建平的作品结集成《浦东人家:1997—2006十年变迁》在上海人民美术出版社出版,掐指算来,吴建平拍摄的十年,刚好是方鸿儒夫妇打赌的十年。

如今又一个十年过去了,浦东是否已经超过浦西,我们很难比较,但再过一个十年会怎样呢?

(编写 李夕舟)

阿拉曹家渡

曹家渡位于静安区的西北部，素有"沪西小上海"之称。由于静安区、长宁区和普陀区三区在曹家渡交汇，区域内的长寿路、万航渡路、长宁路、长宁支路、万航渡后路五条道路形成辐射道路网，曹家渡在20世纪六七十年代就成为沪西的商业中心之一，除了有各种点心小吃店之外，还有百货、服装、五金、交电、日用杂品、烟纸杂货等各类商店。改革开放后，曹家渡地区商业向多层次消费发展，当年的"曹家渡五角场"如今变成了智能时尚的现代商圈；曾经的棚户旧里也变成了高楼林立的商品住宅。许多居民在这里出生、长大、结婚、生子，在曹家渡生活了一辈子，时时感受着曹家渡的点滴变化，这些变化，也成了改革开放中上海突飞猛进发展的缩影。

"沪西小上海"的形成

位于上海静安、长宁、普陀三区结合部的曹家渡是沪西地区的商业中心、交通枢纽。"曹家渡"得名于它身后不远处的苏州河，明清时期为了方便河两岸村民往来，在三官堂桥，也就是今天的曹杨路桥附近开设义渡，这个渡口就叫"曹家渡"。后来渡口重心转移了，苏州河上也造了桥，所以这个渡口就在无形中废弃了，但"曹家渡"的名字还留了下来，热闹也延续了下来。

20世纪30年代起，随着到上海谋生的外地人越来越多，再加上抗日战争期间，虹口、闸北的难民纷纷逃难到曹家渡地区聚居，棚户简屋就开始在这里成片出现，形成了很多像忻康里、小莘庄、太平里这样五方杂处的贫民窟。据在曹家渡地区生活了几十年的老居民们介绍，现在达安花园小区所在的地方就是"小莘庄"，曾经是全市闻名的棚户区，当时的地全是烂泥地。太平里所在的位置则是现在的静安丽舍和桂花苑，也是一个人口密集的棚户区，据资深媒体人胡展奋的回忆，把窗打开，对面人家就可以把一杯水、一杯可乐或一碗面端过来，通道的狭窄程度可见一斑。而三官堂桥则在今天的长寿路一带，当时那里还是农村，基本都是耕地或荒草地。

20世纪50年代初，全国第一个工人新村——曹杨新村在上海市普陀区落成，1 000多户人家不光居住环境发生了巨大的改变，由于曹杨地区的商业配套一下子跟不上，曹杨居民的生活重心也开始往曹家渡地区迅速转移，曹家渡由此也兴旺起来。

曹家渡是指以当时的街心岛为中心向外辐射到周边的闹市商圈，因为曹家渡特殊的地理位置，从20世纪50年代到改革开放后的八九十年代的三四十年间，它就一直是上海西部地区一个热闹非凡的生活和商业中心。原曹家渡街道延平路居民倪朝龙回忆："以前，曹家渡说起来属于'沪西小上海'，吸引人的地方很多，有浴室，有照相馆，还有自行车车行等，属于商业街，我特别喜欢往那边跑。"

曹家渡街道的老居民蔡金根和余彤的记忆与倪朝龙相似，曹家渡商圈有银行，有浴室，有理发店，有布店，有南货店，有食品店、小吃店，有老虎灶，有邮局，热闹非凡。

改革开放前的曹家渡，因为三区交汇的特殊地理位置，除了给沪西居民提供了购物的便捷之外，每日环绕街心岛行驶的"巨龙车"也让这个交通枢纽变得特别繁忙和热闹。曹家渡除了是16路、23路、44路、45路公交车的终点站之外，也是13路电车的终点站。因为13路电车是开往提篮桥的，所以大人们就经常会用它来吓唬家里顽皮的孩子，曹家渡街道中行别业居民桂俊杰解释说："当时13路的行驶路线是曹家渡到提篮桥，这是上海人心里一个比较有芥蒂的地方，提篮桥是指监狱，老早小时候就被大人说'你不好好读书，闯了祸，做小流氓，就会被抓进去，送你到提篮桥'，由此就会想到13路。"

阿拉曹家渡

曹家渡五角场汇聚了
多条公交线路

在曹家渡，像蔡金根和余彤老先生这样生活了大半辈子都不曾离开过这里的上海人有很多。虽然蔡金根住在万航渡路上的高荣小区，而余彤一直住在武定西路上的明月新邨，但曹家渡印刻在他们脑海中的记忆都是一样难以忘怀的。

商业繁盛的"曹家渡五角场"

曹家渡地处静安、普陀、长宁三区交界，交界处的中心区域有一个小小的环岛，环岛一周有着五条通往三个辖区的放射状马路，曹家渡也因此有了一个和江湾五角场相媲美的名字——"曹家渡五角场"。据余彤老先生介绍，长宁路、长寿路、万航渡路这三条路是曹家渡地区主要的道路，长宁路和长寿路相连，万航渡路笔直穿过去是万航渡路后路，朝西北方向走则是长宁支路，"五角场"的名称就是这样叫出来的。

胡展奋出生在曹家渡街道康定路上的隆兴坊，他的童年和少年时代都是在那里度过的，对曹家渡的印象自然尤为深刻，他如数家珍地介绍起当时曹家渡的商业繁荣和一家家令他难以忘怀的商店。在他印象中，一到春节的时候，曹家渡附近就人山人海，因为它是几个区的物资和人流交汇处。曹家渡中间是个街心岛，一头朝南、一头朝北，朝北的一头朝向沪西电影院，朝南的一头就面向太平里、华光剧场。环岛都是商店，从西往南

曹家渡位于三区交汇处

沪西状元楼

数,第一家印象深刻的店就是沪西状元楼,主打宁波菜,也就是以海鲜为主,红烧大黄鱼、咸菜黄鱼面是其特色。隔壁就是邮局,再过去是春园茶楼,那时曹家渡茶馆很多,但这是比较大的一家。再过去是百货店和自行车商店,当然,这些大店中间还镶嵌着很多小店。

曹家渡街道中行别业居民陈芝芳对这些商店同样印象深刻,甚至能像背书一样背出来:"浴室就在曹家渡当中一个圆圈圈里面,圆圈圈里面有不少店家，浴室旁边有照相馆，照相馆旁边有皮鞋店，皮鞋店过去有布店，兜过去有家饭店，曹家渡五角场这里走过去哪一家是哪一家店，一家连一家店，我能像背书一样背得出来的。"

虽然对于儿时的胡展奋来说，从康定路上的家走到曹家渡的街心岛也有一段不短的距离，但只要一听到爷爷说要出门，他就会迫不及待地跟出去。因为那时没有电脑、电视等娱乐方式，他小时候就爱跟着爷爷到春园茶楼去。爷爷心情好，兜里钱多的时候才会带他去，平时都是去小的茶馆。春园茶楼给胡展奋印象最深，因为它很考究，楼梯上都嵌着铜条，每阶铜条上面都写着"春园茶楼"四个字，这些铜条被磨得金光锃亮。就是在这家春园茶楼里，说书先生生动传神的讲述让儿时的胡展奋对中国的古典文学作品萌发了浓厚的兴趣，对他今后的人生道路产生了很大的影响。胡展奋回忆起听说书时的情景："说大书的先生是没有乐器伴奏的，他面前就是一张桌子，用一张布盖好。他穿着长衫，拿一把扇子，印象里《说岳全传》《杨家将》是他讲的比较多的，他也讲《西厢记》，但《西厢记》显然不太受欢迎。因为听众中劳苦大众比较多，平民多，《水浒》显然是最受欢迎的，当他说起英雄气概的时候，你就会深受感染。"

春园茶楼除了精彩的说书故事让胡展奋兴奋不已之外，更让他无比期待的其实还是各种各样的点心小吃。在物资匮乏的年代，平日里很难吃到的食物往往就会给人们留下最为难忘的记忆。曹家渡街心岛上的沪西状元楼，是当时很多住在曹家渡周围的孩子们心中最向往的地方。余彤觉得，

20世纪70年代的曹家渡街景

状元楼的各种糕点——松糕、定胜糕、双酿团、青团、粽子，价廉量足，卫生状况也好。除了茶馆、饮食店，曹家渡五角场的文具店、日用杂货店、布店、服装店也是老百姓生活中经常光顾的地方。

当年在曹家渡的学校里读书的小学生和中学生都隔三岔五地要到"五角场"那里的文具店买学习用品。曹家渡街道高荣小区居民陈文琴记得在现在King88商场所在的地方，过去有一个文具店，自己经常去那里买练习簿。陈文琴买练习簿的文具店当时叫"战斗文品店"，是曹家渡五角场两家文具店中的一家，而80后的桂俊杰读中学时最爱去的则是另外一家靠近长宁支路的"励进文品店"。

除了学生们要到曹家渡五角场购买文具之外，五角场那里的日杂店、百货店、布店和服装店就更是家庭主妇们经常光顾的地方了。当年上二年级的陈文琴因为要入队戴红领巾了，妈妈就带她到五角场的服装店去买了一身新衣服。

当年的曹家渡还有一个孩子们最喜欢去的地方，那就是五角场外圈位于万航渡后路19号的沪西电影院。沪西电影院于1926年由归国商人朱佐朝出资建造，当时取名"奥飞姆大戏院"，1951年更名为"沪西工人剧场"，1962年扩建后再度更名为"沪西电影院"。沪西属于第一轮的电影院，过年过节的时候它从早上一直放映到晚上，早上是早早场，或者是学生场，票价是对折优惠的，差不多2角钱一张票。在胡展奋印象中，沪西电影院永远是热闹的，是个不夜城，每天直到最后一场电影散场之后才会冷清下来，影院门口的小吃摊特别多，爱凑热闹的孩子们最喜欢在沪西电影院周围玩。

与沪西电影院隔着街心岛遥相呼应的是金沙江商场，这个商场是当时沪西地区规模比较大的综合商场，里面的商品大多也是上海市面上最时兴的东西，当年陈芝芳插队前就到那里买了一些紧俏的物品，有羊毛衫、跑鞋和蚊帐。

儿时的里弄生活记忆

2018年的春末夏初，静安区曹家渡街道辖区内各居民点的宣传栏里出现了一张"寻找曹家渡的时光机"的宣传海报,很快,辖区内几个居委会的居民就把家里的老宝贝翻了出来。

曹家渡街道高荣小区居民蔡金根来到居委会,拿出煤油灯,讲起了对煤油灯的记忆,他说:"停电的时候可以拿出来派派用场,救救急,我妈妈就在这盏灯下缝补衣服,我爸爸就在灯下看看书,我在灯下做做功课。"余彤来到居委会,拿出绞肉机,他说:"我带了一个以前用过的绞肉机,70年代的时候肉的供应也开始多了,那时候家里包馄饨什么的,事先要把肉切成丁,再把它放进绞肉机,摇一摇手柄,肉糜就出来了。"

爱吃状元楼双酿团的陈芝芳如今已经年逾七旬,在她出生7个月的时候就随父母搬进了万航渡路上的中行别业。中行别业是1923年由中国银行上海分行出资,在现在的万航渡路623弄建造的七列联体石库门住宅,是我国银行同业内第一所员工宿舍。20世纪50年代初,陈芝芳一家住进了扩建后的中行别业,齐备的生活设施和舒适的居住环境,在整个曹家渡地区是屈指可数的。小区里有篮球场、游泳池,甚至有医务室、停尸房。陈芝芳一辈子没有离开过中行别业,一直住在那里。因为是银行的员工宿舍,中行别业的管理就和曹家渡其他地方的居民区有着很大的不同,实行的是封闭式的管理,孩子们读书也是在中行别业里的万航渡路第二小学,平时不准随便迈出小区的大铁门。

尽管平日里很少从中行别业里走出去,但是因为当时的居住环境还不具备洗澡的条件,陈芝芳经常被父亲带到曹家渡的浴室洗澡,因此对那里的印象还是极为深刻的。陈芝芳的父亲带她去洗澡的健民浴室,也在当时曹家渡的街心岛上。连陈芝芳这样住在中行别业的孩子都会去健民浴室洗澡,住在曹家渡其他地方的孩子们就更不用说了。

倪朝龙回忆起跟着父亲去浴室洗澡的情景,他说:"我父亲经常带我去洗澡,因为我从小胖嘛。不管老的小的,浴室的服务相当好,先把你衣服撑上去,钩子一钩。洗完之后我脸上红彤彤的,服务员毛巾飞过来,接好以后再擦身体,是我父亲帮我擦。"在那个时候的上海,去浴室洗一次澡对于多子女的家庭来说也是一笔不小的开销,所以,更多的时候孩子们会在家里洗澡。每到冬天,家附近的老虎灶就派上了大用场,曹家渡街道明月新邨居民余彤回忆说:"冬天时烧水来不及,那时候也没空调,就只好叫老

中行别业

虎灶挑热水送上门来。"一担水一送，一桶水可以洗两个人，他们兄弟姐妹五个人，需要叫两趟水，过了一个钟头，老虎灶的人就会把热水送上来。

当年，曹家渡地区东起胶州路，西至江苏路，南达武定路，北抵苏州河，区域内像余彤老先生居住的美式里弄并不多，能让老虎灶把热水送上门洗澡的人家也不多，大部分上海家庭的生活用水都还是要到专门的给水站去拎。这是当年还是小学生的孙淑宝放学回家后做的第一件事，放学回家后的他首先要看看家里水缸里是不是还有水，如果没有就要用一根扁担、两个铅桶去挑水。挑来的水专门用于饮用和烧饭，洗衣服的水则是从井里打的，因为年龄小、身板弱，刚开始拎水的孙淑宝难免就会出现打翻水桶的情况。

家里需要冷水就去给水站挑，需要热水就要用热水瓶到老虎灶去泡了，出生在中行别业旁边荣庆里15号的陈文琴，小时候就经常会跟着哥哥去老虎灶打热水。

20世纪六七十年代的上海，除了穿衣吃饭要精打细算之外，家里的家具摆设也要动上一番脑筋。因为曹家渡地区的居民也像当时绝大多数的上海家庭一样，居住空间都十分狭小拥挤，陈文琴的妈妈就只能让孩子们睡双层床，她回忆说："我家里一个大床我爸爸妈妈睡，当中一个五斗橱，门旁边是一张双层床，双层床下面睡的是我姐和我哥，上面是我和我二哥两个人,每次睡觉都要爬上爬下的,这房子很小的。"

除了住房狭小,每到夏季,雨天进水也让居民们烦恼,蔡金根的爱人、曹家渡街道高荣小区居民胡世华说:"到8月份不是发大水了嘛,一下班真的是吓一跳,弄堂里的水到了膝盖处。门钥匙一开,房间里也都是水,五斗橱浸得湿漉漉的,衣服都湿掉了,马上就要舀水,用脸盆、铅桶把水舀出去,那时候生活确实是很艰苦的。"

那个年代蔡金根夫妇除了要想办法应对"屋外下雨屋里也下雨"的窘况之外,还要处理家里每天都要遇到的生煤炉的麻烦事。陈文琴回忆,生煤球炉的时候需要柴火、煤球和纸,生了以后又怕熄掉,到了晚上不熄灭吧怕煤气中毒,熄了吧又没有办法烧水。小孩要吃奶的时候,急得要命,扇炉子紧扇慢扇,等到火很旺了呢,又不用烧了,非常不方便。

在当年的曹家渡地区,尽管生活条件非常艰苦,但就是在这样的弄堂里,孩子们用他们自己的方式寻找着属于自己的童年乐趣。胡展奋回忆起小时候和同学一起玩水的经历,他说:"一碰到下雨,孩子们就非常高兴,大家玩大水,上海人叫'撩大水'。从延平路小学到我所住的隆兴坊正好有一段路最容易积水,孩子就在水里跳啊吵啊闹啊,直到把书包全部溅湿,弄得全身是水。"

明月新邨居民余彤则记得小时候打雪仗的情景:"我们这个弄堂呢都是资本家的小孩,隔壁弄堂都是棚户区的小孩,所以那时候不知怎么就形成了两个群,互相就打雪仗,我们守,他们就攻,玩得很有劲的。小时候我们就在弄堂里野,所以叫野在弄堂里,我们就是这样长大的。"

曹家渡的孩子们就这样在水花四溅的积水里和你攻我守的雪仗中慢慢长大,然而那些同样陪伴着他们成长的艰苦生活,在1978年以后的改革开放中,发生了翻天覆地的变化,而曹家渡也因为这场改革,成为沪西居民心中无法忘却的记忆地标。

大变样的新曹家渡

1978年年底开始,随着改革开放在全中国的迅速推行,上海迎来了各个方面日新月异的变化，曹家渡地区的交通、工商业得到了综合改造，道路拓宽了，公交线路调整了，居民的住房得到了拆迁和改建。当年住在余姚路的孙淑宝又原拆原回搬进了焕然一新的余姚路31弄，在他看来，曹家渡环境有了巨大的变化，以前破破烂烂的平房全都消失了，生活条件也好多了，居民再也不用挑水、生煤球炉了。

1980年，虽然此时距离曹家渡不远的静安寺商圈也已热闹起来了，但是筹备婚礼的倪朝龙还是决定到曹家渡去购买结婚用品。也就是在这一年，在新疆插队的余彤回到了上海，回到了曹家渡街道武定西路明月新邨的家，妈妈买的一台绞肉机让他觉得非常新奇。

早已经结婚生子的陈芝芳也从婚后的康家桥搬回到中行别业的娘家，她的儿子桂俊杰就在曹家渡地区慢慢长大。童年时的桂俊杰每次走到曹家渡五角场的时候，马路中间的两个交警岗亭总是会让他不由自主地停下脚步，他回忆说："那时候交警不是站在马路上的，而是站在交通岗亭里面的，当时的交通信号灯不是电脑化的，是靠人手去拨的，他们就在这亭子里面观察下面的交通情况，控制信号灯，当时我们觉得这很神秘的。"

1992年春，邓小平同志在上海视察时提出，上海要"一年一个样，三年大变样"。从此，上海城市建设进入快速发展期，曹家渡的建设也随着上海这座城市的发展不断向前推进。1995年在曹家渡五角场的长寿路口，现代化的大型商场——市百一店沪西店建成开业，同年的9月18日，武宁南路正式通车，这条新辟的南北通道为曹家渡地区带来了新的活力。

1993年，蔡金根夫妇搬回到荣庆里原拆原建的高荣小区，陈文琴也因无法忘记自己的出生地将住房买回到了高荣小区，她对从小成长的地方怀着很深的感情，搬回了高荣小区，她觉得自己就像叶落归根一样。当时的上海，很多居民都搬进了新造好的高楼居住，但是因为煤气资源的不足，很多楼房即使铺设了煤气管道，煤气也大多都还没有开通。陈文琴由于获得了局级"三八红旗手"称号，而获得了开通煤气的资格，家中煤气开通的那一天，就成了她一生都无法忘记的激动时刻。她回忆说："当时我激动得不得了，这真是很美的事，煤气多方便啊，你想什么时候烧就什么时候烧，想什么时候关就什么时候关，你想吃热的随时就有。"

1996年，静安区政府顺应民心办实事，在全市率先对整个"小莘庄"

地区实行旧区改造，将旧房全部拆除，在原地建成了高档住宅小区——达安花园。优美的社区环境、方便的生活设施，让曹家渡地区开始呈现出现代化新社区的雏形。

1997年10月，曹家渡街道在静安区体育馆举办了曹家渡社区首届运动会。此后不久，在万航渡路与长寿路交界处的东南地块上，拥有亚洲首创"幻影云顶"的时尚购物广场——悦达889广场开始建造。一年半后，1999年5月，广场正式落成开业，成为新曹家渡中心商圈的主要地标建筑，为曹家渡地区的居民提供了更为便利时尚的购物环境。

2006年，沪西电影院后面的曹家渡花鸟市场正式开市，这让喜欢跑开开商厦的桂俊杰又有了一个更喜欢的去处。2017年12月底，经营了十多年的曹家渡花鸟市场因为市政发展的需要正式关闭，而三个月前开业的King88广场又给曹家渡居民提供了一个更为现代化、更为智慧的商业休闲场所。

曹家渡日新月异的变化，让在这里生活了一辈子的陈芝芳多少有些恍惚。她记得自己有一次回到曹家渡，一下子懵掉了，不认识回家的路了，正好看到一个跟她差不多年纪的男士，便问他曹家渡在什么地方，对方回答说这里就是曹家渡，她一下子还是没有反应过来，说"不对，不对，这里是曹家渡？"自己是在曹家渡长大的，怎么会不认识曹家渡呢？她想了想，问男士开开商厦在什么地方，男士指给她看，"这不是开开吗？"陈芝芳看到这幢蓝房子，方才认出了回家的路，顺着开开商厦的方向就到家里了。桂俊杰对曹家渡的巨变也深有感触，他说："其实坐标是很重要的，小时候电影院是一个坐标，对我来说文具店也是个坐标，曹家渡第一个改变的就是开开商厦，这幢高楼起来之后，曹家渡就开始改变了。"

站在高荣小区的高楼上往下看，忻康里的居民已经搬出了曹家渡这最后一片旧式里弄，不久的将来，无论是从未离开过这里的陈芝芳母子，还是原拆原回的蔡金根夫妇，他们都将会迎来一个更为现代、更为智能的新曹家渡。

（编写 陈 强）

闵行一条街

1959年，中国第一个建成的卫星城就是上海的闵行，说起闵行不得不说到闵行一条街。闵行一条街的建成只用了短短78天，成了当年上海的骄傲和全国的焦点，国内外的领导人和专家们纷纷到闵行来视察参观。严华平是上海汽轮机厂的一位普通员工，虽然五十多年过去了，与他携手走过金婚之年的老伴已先他而去，但他依然记得和新婚妻子第一批搬进工人新村时的情景。闵行饭店至今还保留着20世纪60年代用三元钱买来的黄杨木雕，饭店首任经理胡铨每每说起闵行一条街时都会如数家珍。

78天的奇迹

如今上海的中老年人也许还记得，20世纪60年代，上海出产的笔记本里，有上海十大著名景观的插页，包括外滩、南京路、人民广场、国际饭店等，而其中一个就是当时刚刚建成的闵行一条街。这条路就是今日的江川路主路段，仍被老闵行人唤作"一号路"，后来成为了上海解放后原闵行地区的核心地带，见证了当年上海社会主义建设时期的光荣历史。

20世纪五六十年代，中国人民的口号是自力更生，发奋图强，要把一个农业国建设成一个工业国。我国第一个发电设备制造基地于50年代在闵行建成，新中国能源装备产业从这里起步。入驻此地的上海电机厂、上海汽轮机厂、上海锅炉厂和上海重型机器厂四家重工业大厂被誉为"共和国长子"，它们试制成功了我国首台1.2万吨自由锻造水压机，试制并安装了我

建设中的闵行一条街

国第一台6 000千瓦汽轮发电机组，结束了中国不能制造汽轮机的历史。

这里曾经除了一个闵行老镇以外，全部是农田，是一个纯农村地区。而处于社会主义建设新高潮之中的闵行，因有多家国家重工业龙头企业的入驻，一座新兴的工业卫星城正在崛起，它不仅是新中国第一个卫星城，也是世界上建设速度最快的城区。到1958年年底，闵行老镇人口猛增至8万有余，大型工厂的工人新村陆续建造，镇上简陋的基础设施难堪重负。

为了改善基础设施建设，解决工人生活不便的问题，同时也为了向新中国成立十周年大庆献上一份厚礼，1959年，十万建设劳动大军在短短的78天里就完成了"一号路"第一期工程。因此说到这条路，很多老人都会想起一个数字：78。可以说，闵行一条街的建成是新中国的一个传奇。

这条路因连接着工业时代举足轻重的四家万人大厂而曾经成为上海乃至全国备受瞩目的焦点，闵行一条街的建成也标志着原先的乡镇闵行，正在转变为工业闵行。

说起半个多世纪前闵行一条街和闵行卫星城的建设，很多家住闵行的老年人都会感到很兴奋、很自豪。沿着闵行一条街盖起了13座大楼，这条路也成为当年上海最宽敞的林荫大道，中国第一条"中华香樟街"，这些都成为那个年代的上海人引以为自豪的建设成就。

1959年9月3日的《解放日报》报道一号路建设进展时，为这条闵行的"淮海路"描绘出了迷人前景——"在这条路上，将要开设十开间门面的服装鞋帽商店，大型的照相馆，有市区理发店水平的理发厅，可以同时

1959年建成时的闵行一条街

容纳六百人一起吃饭的本帮老正兴菜馆，三十五开间门面的国营闵行第一百货商店，有六层楼一百五十五个房间的闵行饭店，以及水果、小吃、冷饮、银行、药店、书店、烟糖杂货、食品、钟表、眼镜、无线电商店等等，无论吃的、穿的、用的、看的、玩的，在闵行一条街上一应俱全。"

1959年4月，一号路一期工程正式破土动工，37幢四五层的楼房，7.29万平方米的总建筑面积，外加装饰装修，原计划于年底完工已属不易，但承建方铆足了劲，提出要赶在9月底提前竣工，迎接建国十周年。

没想到，十万建设大军和周边居民一起日以继夜，仅用78天就铺出了一条550米长、比当时的南京路还要宽两倍的柏油大道，建造出沿街10余栋主建筑和商业设施。16家商店以及新中国自主建设的第一座花园饭店——闵行饭店，在国庆当日率先营业。

那个年代，上海建造过一些住宅小区，由于缺少商店等配套设施，给居民的生活带来很多不便，而根据上级领导对闵行工业区建设下达的指示，在工业区旁边将建设住宅区，为方便居民买东西，配套设施也都要跟上，建设齐全。

闵行一条街建设完成后，不仅有银行、邮政局，还有食堂、医务室、理发室、图书馆，甚至有工厂自己的幼儿园、小学等，百货公司、饭店、杂货店也一应俱全，后来又根据需要逐步扩充，完全改变了当地居民生活不便的状况。闵行居民的生活用品一般都去闵行百货商店购买，由于闵行远离上海市区，闵行人便把这家百货店当成了闵行的中百一店，把闵行一

闵行一条街

曾经的闵行百货商店

条街当成了闵行的南京路。

"闵行平地起新城,广厦千间一夜成"

闵行一条街不仅在建设速度上创造了奇迹,在建筑样式上也有很多小创举。

建设部的负责同志到上海来,提出了一个口号——"先成街后成坊",即成街成坊建住宅。因此闵行一条街按照建筑师的设计,遵循实用、经济的方针,将商铺建在底层,上面住人,几个转角处,一面是闵行饭店,一面是老正兴饭店,一面是闵行百货楼,还有妇女用品商店。在建筑设计上,每一个细节都非常注重美观原则,阳台栏杆做一些花饰,在适当的地方点缀一下,不仅有助于通风,还使整个街道更活泼、漂亮。

为了建造闵行工业卫星城和闵行一条街,刘少奇同志也曾经多次来上海考察和指导,其中,为了尽量达到美观,街道上的电线不要架在上空,而要埋在地下,这个先进的理念就是他的指示。

室内设计同样注重美观和质量标准的提升:卧室里铺设有木地板,而以前都是水泥地,另外还有独用的厨房,卫生间配有抽水马桶、洗脸盆和浴缸,原来只有在华侨公寓才有这样的配置,外墙用的是米黄色或粉红色的涂料,看上去比较舒服明快。

闵行一条街的电线全部落地

张文华老人退休前是闵行百货商店的橱窗设计师,而闵行百货商店是闵行一条街上最大的商场,在当年的上海也都是很有名气的。在张文华老人的记忆里,当年闵行百货商店的橱窗还是闵行卫星城一个展示形象的窗口,他说:"相当于人的脸面,那个时候一号路刚刚建成,除了外宾,连中央首长也经常来,万一出纰漏不得了。"1959年,张文华提前半个月进入闵行百货商店,设计了26个橱窗,并准备好橱窗里的商品。在国庆节前一天的9月30日,闵行百货商店正式开门营业。张文华老人还找出了当年他亲手设计的很多橱窗小样,他说:"我对画出来的这个稿子很满意,觉得没问题了,后来大家研究后也认为可以,那么就按照这个做。像妇女橱窗包括针织品、布料、服装,文具橱窗里有体育用品。"

闵行一条街当年的名气很大,很多电影厂的导演都把这条街选为外景地,拍摄反映新上海的新面貌。1962年,由上海电影制片厂摄制、著名导演桑弧执导、著名电影表演艺术家陈强主演的中国第一部,也是唯一一部彩色宽银幕立体故事片《魔术师的奇遇》中的一些镜头就是在闵行一条街上拍摄的,集中展示了新中国工业建设的新气象。

原上海汽轮机厂摄影师冯培山老人退休前在厂里搞宣传摄影工作,中央领导来他们厂视察,他拍了很多照片。他记得当年的国家主席刘少奇曾经三次来闵行视察工作,他还依稀记得刘少奇第二次来视察是1959年,他在热情的群众队伍中间,迎接主席的到来。张文华老人还记得,有一年

闵行一条街

闵行百货商店的橱窗

周恩来总理来闵行百货商店视察工作,有一个营业员看见周总理紧张得不得了,周总理和蔼可亲地和营业员交谈,那位营业员却是紧张得一问三不知。

刘少奇来到闵行一条街视察时,他说,这是一条社会主义的商业大街,造得很有气派。而当时闵行一条街两旁种的是白杨树,到冬天了没有叶子,夏天来了还有虫,因此刘少奇建议改种香樟树,十年树木,百年树人,这条大街的行道树,还是种香樟树为好。这个建议于1961年便得到了落实,道路两旁都改种了香樟树,至今街道两旁的香樟树依然生长得繁茂葱郁。半个世纪过去了,闵行卫星城的历史岁月像是大树的年轮,也化为了老人们的记忆。

可以说,这条路记录和承载的不仅是闵行人的美好生活,更是闵行人一生的骄傲。1962年4月,著名作家老舍来闵行参观,并作《春游小诗:参观闵行新城》:"闵行平地起新城,广厦千间一夜成。雨露三年花四面,双双紫燕闹春晴。十年未作沪江游,十里洋场一笔勾。劳动人民干净土,桃花今日识风流。"

闵行饭店:新中国的第一座花园饭店

闵行饭店是新中国的第一座花园饭店,它建造于1959年,并在同年的10月1日,国庆十周年的日子里正式对外营业。它是一号路的地标建筑之一。

胡铨老人是闵行饭店的第一任经理,老人还记得当年闵行饭店的六楼阳台,是放眼眺望闵行卫星城全景最好的瞭望台,他经常陪同中央领导和外宾登高远望,把这座工业新城的高楼、大桥等景色尽收眼底。

胡铨老人原先是在上海市区搞公安工作的,1958年1月,组织上调他到闵行工作,不久他就参与筹办闵行饭店的开业,并出任闵行饭店的第一任经理。据胡铨老人回忆,为了加强涉外饭店的保卫工作,当年这些饭店的经理都有从事公安工作的经历。

胡铨老人记得闵行饭店开业后接待的第一批客人是驻中国及上海使领馆的一批外交官,他们被邀请见证只用了78天就建成的闵行一条街。回忆起当时的场景,他不无骄傲地说:"闵行一条街在全国是出了名的,全国各地都来参观。1960年国庆节前夕,外交部副部长韩念龙组织了30多个国家的使领馆人员到闵行参观,也到了闵行饭店参观。外交官们在我们闵行饭店吃了一个简单的茶,他们看了以后,都跷大拇指了,这一次,对我们影响也蛮大的。"

胡铨老人还记得,闵行饭店开业不久,还接待过一批著名画家,他们来闵行体验生活,参观闵行的建设,并创作新的现代画;另一个目的是要为闵行饭店画一批国画,以美化环境。如今这些国画大家的国画珍品,已为闵行饭店所收藏,成为闵行饭店的镇店之宝。

1959年,唐云、江寒汀等画家到闵行体验生活,住在闵行饭店,共同创作国画《春江水暖鸭先知》,以苏轼名句"春江水暖鸭先知"作为背景,象征着新中国社会主义建设高潮已经到来。

1961年10月,时任中国科学院院长的郭沫若来参观落成不久的闵行卫星城和一号路,并下榻闵行饭店。郭老一行登上饭店屋顶鸟瞰闵行全景,放眼望去,工人新村星罗棋布的新房屋、繁华的一号路商业街、鳞次栉比的厂房,饶有气势地屹立在黄浦江边,让他深有感触。

午餐时分,郭沫若品尝着黄浦江闵行段捞起的鱼鲜和大闸蟹,诗兴勃发,即兴吟咏:"不到闵行廿四年,重来开辟出新天。万家居舍联霄汉,四野工厂冒远烟。蟹饱鱼肥红米熟,日高风定白云绵,谁能不信工程速,跃进红旗在眼前……"饭后,他挥毫留下墨宝,赠予闵行饭店,夫人于立群取出笔记本,记下了这首诗,之后发表在了《郭沫若诗集》上。

闵行饭店还有一样宝贝,那就是上海工艺美术大师们所创作的《闵行卫星城落成图》大型黄杨木雕。为了让这闵行卫星城的黄杨木雕回到这片闵行开发建设的热土上,当年上海工艺美术公司只是象征性地以三元钱的价格,把黄杨木雕卖给了闵行饭店,如今,它也成了闵行饭店的镇店之宝。大型黄杨木浮雕《闵行卫星城落成图》,生动地还原再现了那个年代闵行如火如荼的建设场面以及那段激情燃烧的历史岁月。

大建设年代的背影

闵行一条街的建设,对于当时的设计人员来说是个全新的尝试,它没有现成的模式可以套用。设计人员日夜奋战在闵行那片农田上,画出了最新最美的图景。

朱菊生老人曾是民用建筑设计院高级建筑师,也是当年参与闵行一条街项目设计的建筑师。尽管现在他的眼睛已经看不清东西了,但是他还清楚地记得五十多年前接到任务时的情景,朱菊生回忆说:"接到通知,一下子把设计院所有的大学生聚拢来,在一起开了个会。很简单,有一个紧急任务,要大家一起去完成。大家回去拿上一些被子,下午集中,有卡车把我们送到闵行,车一直开到闵行的一号路,当时什么都没有,两边都是农田。"

包括设计师在内的建设人员,没有休息的时间,施工单位同样干劲很足,大家都只有一个目标,就是要完成这个建设任务。

严华平老人当年因为是工厂的先进工作者,便成为第一批入住闵行一条街的新工房的居民。1959年,新婚夫妇严华平、周素珍入住上海汽轮机厂新建的职工宿舍,当年的10月1日,他们在闵行的新居里结婚了。

当年参与闵行大开发大建设的人们,如今都已经是古稀之年、耄耋之年的老人了。胡铨从1958年1月26岁到闵行工作开始一直到现在已经年逾八旬了,一生都是在闵行度过,他的子女也都是工人,一辈子都在这里生活、工作。现在老两口已经退休,外孙女已经生了小孩,自己则做了太公,享受着四世同堂的含饴弄孙之乐,还有无数人像他们一样在闵行扎下根来,安居乐业。

胡铨老人在看当年的新闻影片时,惊喜地发现自己陪同领导在闵行饭店的六楼阳台上眺望闵行卫星城,介绍闵行一条街的情况的镜头。在那一刻,他一时不认得影片里的自己了,重新播放了一遍才认了出来,胡铨不无感慨地说:"那个时候提倡自力更生,技术革命,技术革新嘛,闵行的建设也是搞得热火朝天的。过去我们闵行地区对国家来说,是一个重要的工业区,好多企业是国家工业上的命根子。作为一个闵行人,我到闵行几十年了,感觉到无上的光荣。"

胡铨老人看到了他青年时代的背影,而我们追寻的,则是闵行大开发大建设年代的背影,新中国工业初创年代的背影。正是由于无数建设者们的日夜奋战,1959年10月1日,建设大军终于完成了闵行一条街的建设,向共和国成立十周年献上了一份厚礼,而他们更在之后的日子里,为闵行的建设奉献着自己的青春与热血。

之后,随着"四大金刚"转型、国家建设重心的转移以及卫星城规划建设出现断层,曾经辉煌的"一号路"逐渐没落了。这其中不仅包含时代背景下不可逆转的原因,也有自身发展的局限性,但是人们不会忘记的是,这里曾经不仅是全国看上海的窗口,更是世界看中国的平台。

(编写 李夕冉)

天山一条街

20世纪50年代末、60年代初，为了均衡上海的商业布局和改变偏远地区百姓购物难的状况，上海市人民政府规划建设了三条商业街：上海南部的闵行一条街、北部的张庙一条街和西部的天山一条街。50年代之前，天山路一带曾是一片荒凉之地，自50年代末，天山路沿线建起了以天山一村到天山五村为代表的大批工人新村，入住人口大增。天山一条街的建成改变了当年天山路没有商店的历史，从林肯路到天山路，从荒凉到繁华，天山地区的居民们亲眼见证了天山一条街的变化，天山一条街翻天覆地的变化也正是上海城市化进程的一个真实缩影。

从林肯农场到"两万户"工人新村

今天的天山路是上海颇有名气的商业副中心，从娄山关路一条街望过去，几十幢的高楼顶天立地地竖着，一派热闹、繁华的景象，当地的居民们对此颇为自豪。但是，上了年纪的居民们都知道，天山路的周围原本不是这样的。天山地区居民贾留锁回忆说，在20世纪60年代，人们一般认为中山西路以西就属于郊区了。居民丁国真和陈元禄也记得，那时的天山地区还有很多农田和坟堆，而天山路也不像今天这样宽阔，而是一条两车并行都困难的狭窄的煤屑路。

1949年之前，天山路这一带有很多家马房，而今天天山广场的原址也是一家马房。11岁就到上海，现已年逾八旬的陈元禄老人说，现在中山西

1959年天山路近娄山关路

路边上有一个中国人开的陈记马房，还有一家外国人开的林肯马场，林肯路，也就是今天的天山路，便是由此得名。

20世纪50年代初，在陈毅市长的指示下，上海开始有计划地大规模建造"工人新村"。1953年，第一批工人新村建成，共有2 000个单元住宅，每个单元居住10户居民，俗称"两万户"，"两万户"中除曹杨新村外，还有长白、控江、凤城、鞍山、甘泉等工人新村，天山新村也是其中之一。这些住宅仿照苏联农庄结构，都是二层楼房，当时被分配给劳动模范、先进生产者等居住。

1960年3月19日，毛泽东主席在上海接见并宴请了六位劳模，杨新富是其中之一，这在当时是广为流传的一段佳话。天山地区居民郭春华感慨地说："天山新村在当时上海住宅当中是最好的，解决了大卫生、煤气问题，一般工人新村是没有的，是最高享受。造给什么人呢？劳动模范、先进生产者。天山路938弄1号是毛主席接见的杨新富住的，毛主席请他吃饭，在锦江小礼堂里请上海的六位劳动模范吃饭，他的爱人，是由宋庆龄给她戴上的三八红旗勋章。"

杨新富的妻子胡月娇也是全国劳模，夫妻双双当选全国劳模在全国也是仅此一家。当年他们分到了两套两室户的住房，可是他们却觉得太多了，把其中一套让给了别人。之后，在上海市政府的筹划下，天山路周围又造起了很多工人新村，更多的职工搬到了新工房里，陈元禄也住进了新工房。陈元禄11岁从山东逃难到上海，住在用竹子搭起的草棚简屋里，1965年搬到天山新村后，他有了强烈的翻身感和幸福感，打心底里感激国家和政府的关怀。

因为"天山"这一名称响亮，在人民公社化的时候，上海县新泾乡与天山地区接壤的自然村落如大金更、小金更、薛家库、杜家宅等都归属了一个名字——天山大队。当时的上海县还紧贴着天山路、古北路建起了一个有62幢住宅单元的居民区叫天山五村。而天山地区也随着居住人口的增多和工厂企业的发展需要向周边的郊区租用土地，就是天山地区的房子造在郊县的土地上，形成了一种你中有我、我中有你的格局，居民曹惠华回忆说："包括天山二中，虽然造的房子是市区的，但是土地是属于郊区的，当时规定郊区的户口不能到市区去，市区的户口可以往郊区跑，有这样的区别。"

在城乡二元体制的时代，虽然有这种户籍的壁垒，但很多家长会想方设法去挤进壁垒的缝隙，让孩子能够到市区学校读书。有的家庭甚至用自家较大面积的房子去置换面积较小的房子，只要能够把户口迁入市区。据说还有人好不容易以两房换一房让孩子读上了市区的中学，临到毕业时却碰上了"上山下乡一片红"，不仅没能分配到市区的工作，反而要远离上海去外地插队落户，而郊区户口的人反倒留在本地务农，真是人算不如天算。

这种城镇人想方设法要变身为城市人的情况一直延续到90年代，1992年，新泾乡全部划入长宁区，但天山地区城区与郊区犬牙交错的情景依然留在了很多中老年人的记忆里。

天山一条街的红火岁月

1960年7月1日，天山一条街开市，成为上海西部最具规模的商业街。居民郑飞燕回忆说："天山一条街从老百姓的百货、衣裳、吃、穿，

1960年天山一条街建成

到五金、交电,样样有的,全套了。"正如郑飞燕所说,当时的天山一条街共有国营的大小商店18家,囊括了粮油食品、五金百货、照相理发等生活服务的方方面面,总面积6 200平方米,到1963年,商店数增加到了35家。

商店大都坐北朝南,从而形成了一面倒的奇特景象:天山路的北侧人头攒动,而天山路的南侧冷冷清清。尽管如此,天山一条街的出现还是大大方便了居民。由于其处于城乡接合部,也吸引了许多郊区居民,特别是与其接壤的上海县新泾乡的居民。居民魏爱群介绍说,古北路以西的人当时属于城镇户口,也就是农村户口,古北路以东则属于市区户口了。古北路以西,当时属于上海县新泾公社天山大队。

从延安西路到哈密路,一条天山路承载了天山地区居民们无数美好的记忆。从天山百货到天山饭店,从天山电影院再到天山公园,一个个带着"天山"的名字沉淀在了天山居民们的心里,天山的居民们有了购物、休闲的好去处。

当年还是少年的老一辈天山居民对天山一条街留下了美好的印象。魏爱群回忆说,那个时候,天山一条街是天山地区最热闹的地方,小时候到天山百货商店来总是一件蛮开心的事,对天山地区来说,天山百货商店是

天山一条街

下层是普通餐厅 上层是高级饭店

曾经的天山饭店

最热闹、最大的一家商场了。天山百货商店旁边有一家天山饭店，下面是酒家，上面是一个小剧场，叫天山小剧场，她小时候读书时还到这里来看过电影，门口的各种商贩、小吃什么的也很多。

1960年，天山一条街中的天山饭店是18家商店中的"大块头"，上下两层，下层是普通餐厅，上层是"高级饭店"，但不久"高级饭店"就被取消了，改为"天山小剧场"。天山饭店一直秉持平民化经营策略，饭菜以价廉物美著称，深受百姓喜爱。

居民陈浮伦记得，天山一条街上令他印象最深的就是天山饭店，他觉得这是一家为人民服务的饭店，在长宁区来说是最好的，有楼上，有楼下，菜肴价钱便宜，一桌菜只要十几块钱就解决了。天山居民居芳和贾留锁对在天山饭店吃到的天山大包和炸里脊肉也念念不忘。

天山大包和炸里脊肉是天山饭店的招牌产品，20世纪90年代商业部在全国评选"中华名点"，天山饭店的"天山大包"和"串炸里脊"就榜上有名。七八十年代，由于价廉物美，天山饭店的喜宴订单越来越多。居民乐剑明回忆说："我们这代人，生活在天山地区的人在天山饭店办喜酒的蛮多的，因为天山饭店规模比较大。我们那个时候，七八十年代结婚的人，办一场喜酒也就是三四十块钱一桌，最好的五十块钱一桌。当时办喜酒就开始时兴打包了，但是饭店不提供打包盒的，吃喜酒的人事先都拎了钢精锅子去，吃剩下来的菜就用钢精锅子装回去。因为大家都是乡里乡亲、左邻右舍，也没有什么客气的。这种现象可能现在没有了，但当时确确实实是存在的,当时能够在饭店里面吃喜酒是很风光的,尽管只有几十块钱一桌,但是毕竟当时的收入少,能够在天山饭店办喜酒还是相当可以的。"

天山百货商店当年是天山一条街上的"老大",也是天山地区的居民们最喜欢逛的商店。从居民日常生活中的针线、毛巾、肥皂等用品到棉毛衫等各类服装,样样都有。90年代,天山百货商店改建为天山商厦,是天山路上第一幢高层建筑,其营业额还曾进入上海市的前十名。

在人们的印象中,除了天山电影院、天山饭店和天山百货商店外,以"天山"冠名的还有天山路最东面的天山公园,其实天山公园的建设起源于取土填浜。20世纪50年代末,陈元禄高一时就参加过河道挖掘工作,挖出的烂泥填入了法华浜。挖土填浜后这里形成了一个两万多平方米的葫芦状大坑,就取名为葫芦湖,然后依着葫芦湖修建了公园,称作法华公园,1975年改名为天山公园。

天山一条街给居民留下深刻印象的还有天山街市。天山街市不是一个固定的市场,而是类似于庙会的集市,每年秋季举办,为期一个月,商家来自全国各地。从1986年到1992年,连续举办了七届。在新闻资料中还可以找到对1989年举办的第四届天山街市的报道介绍:"各具特色的

天山街市展销会

美食林风味小吃市场、家具市场、批零商品、副食品市场、儿童用品市场、跳蚤市场、个体经营和修理服务市场。"第四届天山街市大型商品展销会有来自静安、卢湾、徐汇、普陀、闵行等的100家名特商店、专业厂家参展，天山街市商品以名特优新为龙头，并划分成各地摊位，影响很大。

不少天山居民都对人山人海、甚至于需要封路的天山街市记忆犹新。居民朱志林回忆起带着女儿逛吃逛喝的往事，他说："我就在家里悄悄跟女儿说，今天你晚饭少吃一点，我带你去逛街市。街市人头攒动，好像几乎所有天山人都在街市里面逛。记得那时候，一块炸猪排才一块五毛钱，让女儿吃，还喝豆腐花，吃柴爿馄饨，挺有意思的，一圈街市逛下来，几样小吃吃了以后，很心满意足。然后在地摊上买袜子，买零头布，买各种塑料绳，我是喜欢做手工艺的，各种各样的玻璃丝带买回来，到家里就编小狗、小猫，编虾，编蝴蝶，生活情调很浓的。"

从小剧场到天山电影院

1953年到1958年，天山路的两侧已经建起了从天山一村到天山五村5个工人新村，但天山路上却没有一家商店。1960年，天山一条街建成，这里的18家国营商店解决了当地居民的购物难问题，但是居民要看电影的话，还是得去中山公园旁的长宁电影院。当时交通不便，从天山新村到长宁电影院也没有公交车，去看电影要靠步行。其实长宁区本来就没有电影院，1952年靠老百姓集资建造起了电影院，陈毅市长批示：以区名命名，叫长宁电影院。

为了弥补当地没有文化设施的缺陷，1963年10月，政府将天山饭店的二楼改作小剧场，天山电影院原副经理石盘荣当年就在小剧场里工作。刚开始，小剧场里开设了评弹书场，有三四百个位子，一段时间后，剧场管理者发现由于年轻人感兴趣的少，评弹书场上座率并不理想，于是，小剧场就请流动放映队来放电影，并到附近的中小学校做宣传，让学校来包场。

2012年前的天山电影院

当时小剧场的放映条件其实并不好，层高低，地面是平的，没有斜坡，后面的观众会被前面的人挡住视线，但即便如此，能看到电影已经让居民们很高兴了，小剧场里的电影基本场场客满。

可是不到三年，"文化大革命"来了，大多数影片被禁止放映，只剩下《地道战》《地雷战》《铁道卫士》等少数几部可以放映。"文革"结束后，电影业蓬勃发展，小剧场已满足不了电影观众的需求，1979年的国庆节，新落成的天山电影院正式对公众开放。那年，新的国产电影有四十多部，之前被封存的中外影片也陆续上映。由于当时电视还没有普及，电影处在黄金时期，一时间，电影院呈现火爆的状态。

但是，这样的火爆情形只维持了几年，80年代中期出现的新的文化娱乐业态吸引走了许多年轻观众，天山电影院原经理卢贵鸣说："在改革开放以后，不同形式的文化形态都出现了，特别是在1985年左右，KTV也就是卡拉OK、舞厅应运而生，那个时候电影还受到了VCD、DVD片子的冲击，国产影片质量是可以的，但老百姓的文化需求呈现多样性，这样就对影院带来了很大冲击。"

卢贵鸣原本是流动放映队的队长，天山电影院建成后留下来当了电影院的经理，观众的日渐流失使他倍感压力，因为电影院虽然是事业单位，但它要自负盈亏,所有的支出包括职工的工资要通过自己创造出来。

为了摆脱困境,卢贵鸣决定搞多种经营,搞三产,增设弹子房、游戏房、卡拉OK等,很快走出了困境。1988年,上海全市影院系统开展"创百万影院"活动,天山电影院跻身第一梯队。

1991年,天山电影院利用自有资金将放映厅从一个扩展成三个,并引进了立体声和宽银幕。那一年,上海有了两家多厅影院,除了天山电影院外,还有刚刚落成的上海影城。

从1993年第一届上海国际电影节起,天山电影院就成为指定放映影院,上海电影节期间,这里就成了影迷们欢聚的殿堂。

2012年5月1日,天山电影院落幕谢客,三年后,虹桥艺术中心在原地落成,天山电影院成为其中的一部分。

天山路的升级与旧里改造

当年的天山路与上海县的农村相邻,苏州河则从长宁路的北面流过,苏州河畔有不少工厂,天山地区的居民也时常会受到工厂污染的困扰。当年有一件事令天山路周围的居民记忆深刻,那就是满地都是电石糊,走过天山路,总是深一脚浅一脚的,令人提心吊胆,一不小心还会滑倒摔跤。

电石糊其实是电石水解后产生的废渣,黏黏糊糊的,上海人就称它为电石糊,居民们所讲的电石糊厂区就是天原化工厂的一个车间。天原化工厂是由我国化工业的开创人、著名的"味精大王"吴蕴初先生于1929年创办的,新中国成立前一直是我国化工行业的"老大"。

后来,吴蕴初又创办了以天原化工厂多余的尾气来生产合成氨和硝酸的天利厂和制造化工容器的天盛厂。天利厂利用天原厂的下脚料,天盛厂是给天原厂提供盛器。这样,吴蕴初用天厨、天原、天利、天盛四家天字号企业,撑起了中国化工业的半壁江山。

1937年8月淞沪抗战爆发,吴蕴初此时正在德国处理业务,得知日本大规模侵华的消息,匆匆赶回上海,组织工厂迁移。天山地区居民、上海天原化工厂原副厂长周冠明回忆说:"后来,日本侵略者进攻上海,上海快要被占领了，吴蕴初是爱国人士，他不想让日本人把工厂设备抢走，就把全部设备装运内迁重庆，既不让日本人拿到设备，同时又在内地建立了一个基本化工厂，支援了抗战。"

抗战胜利后，吴蕴初把天原等厂留在了重庆，只身回到上海，重整天原厂。新中国成立后，他还曾担任上海市人民政府委员、民主建国会中央委员等职，于1953年去世。

天原化工厂早年以水路运输为主，所以是面向苏州河，背靠天山路，后来陆路交通越来越方便，天原化工厂便将大门开到了天山路上。直到70年代，天原化工厂一直是天山地区最大的工厂，也是整个长宁区资产规模最大、经济效益最好的工厂。六七十年代，天原厂的产品开始从盐酸、烧碱发展到塑料、漂粉精等六大类化工产品，其中电石糊就是生产聚氯乙烯塑料剩余的废渣。

电石糊污染环境，却也可以废物利用，后来它被天山地区的居民拿去做砖头、砌房子，以至于一度成了紧俏商品。居民曹惠华回忆说："电石糊有一定的黏性，所以附近的居民也会去买，买来以后跟煤屑拌在一起，敲了以后晒干，可以当砖头用。"居民陈浮伦也记得自己用电石糊砌房子的经历，他说："自己到单位里去把煤屑运回来，再用天原厂的电石糊，我自己亲自去弄的，用黄鱼车拖回来，拖回来以后自己敲，上班前敲，下班之后敲，敲好之后，自己把房子砌起来。"

上海天原化工厂对周边环境的影响还不止电石糊，有时还会发生气体、粉尘泄漏的情况，对周围环境的影响更大。2000年，天原化工厂整体搬迁离开了天山路，几年后，这里拔起了一幢幢高层住宅，以及图书馆等文化设施。2002年，地铁2号线开进天山地区，这里进入了大规模的建设改造期。

在天山路升级改造的同时，旧里改造也在进行。天山地区集中了长宁区百分之八十的旧里住宅，这些房屋大多建于20世纪五六十年代，属于不成套住宅。居民们记得，当时的天山新村都是厨卫合用型的住宅，有五户或七户人家合用的，最少也是三户人家合用，洗澡则只能在大脚盆里洗。最初，一幢楼只有一个电表、一个水表，后来改为一层一个，最后改造为一户一表，大大减少了居民间为分摊费用而产生的矛盾。小区环境也得到了改善，小区道路拓宽了，绿化环境上去了，住宅经过"平改坡"和外墙粉刷，面貌焕然一新，居民周玲娟由衷地说："（政府）真的是想尽办法，帮老百姓进行住房成套改造，从合用改到独用，老百姓的幸福感真的越来越强了。"张雅玉补充说："所以对天山的发展，我是感同身受的，虽然我们的住宅没有得到根本性的改变，或者说没有外观上的根本性改变，但是老百姓生活的点点滴滴确实是在改变。"

如今，在天山路上已难觅以"天山"冠名的商家，过去的天山一条街只留在老百姓的记忆里，但如今一片繁华看在眼里，那种获得感也是实实在在的。今天，天山地区的发展已经融入了大虹桥商务圈的规划，人们期盼，这里的明天将会更好更美。

（编写　陈　强）

海上生绿岛

可以说,崇明的历史就是一部滩涂围垦史。20世纪50年代末到60年代初,为大办农业、大办粮食,创建上海副食品生产基地,崇明岛上曾开展过两次大规模的围垦。1959年崇明县本土动员了一万人,1960年后上海全市各区动员了三万多名干部、工人、教师、店员和社会青年参加崇明围垦。围垦者们在人迹罕至、芦海茫茫的荒滩上,头顶青天,脚踩淤泥,在寒风中筑起人墙与风浪搏击。他们吃的是杂粮饭,喝的是咸浑水,住的是"环洞舍",睡的是芦苇床,穿的是"泥制服",修筑了46.5公里的江海长堤和6座拦洪大坝,硬是从沧海中捞出了11万亩良田。

从沧海中捞出的万亩良田

崇明岛位于长江入海口处,是中国的第三大岛。

1949年崇明岛的面积是600多平方公里,如今的崇明岛面积是1 200多平方公里,足足增长了一倍,如果说万里长江所携带的巨量泥沙不断淤积是它面积增长的自然成因,那么潮涨潮落的芦苇滩涂变成万顷良田,并且成为我们珍贵的国土资源是什么原因呢?答案就是"围垦"。

20世纪50年代末到60年代初,中国国民经济出现了严重的困难。对于当年的上海来说,解决老百姓的吃饭和吃菜问题,便是天大的事情,所以,1960年上海开始大规模地围垦崇明、南汇、宝山以及奉贤等地的滩涂荒地,向大海要地,让荒滩变良田,用现在的话来说,这就是一项米袋子工程、菜篮子工程。崇明围垦者王国章说:"如果当时不围垦,上海就没有副食品基地,那怎么供应得了当时上海的700万人口呢?"曾是围垦总指挥部副总指挥,现已是年近百岁的李守咨说:"当时上海市委根据实际情况提出要大办副食品,要吃蛋,要吃肉,要吃鱼。"

这一场崇明大围垦是一个特殊历史时期的一次特别行动。

1960年10月的一天,在崇明海滩上,有一股潮流正由远而近,滚滚而来,而与以往不同的是,这股潮流不是海潮,是人潮,是正在向滩涂进发的围垦大军。面对如此浩荡磅礴的规模,作为围垦者一员的董士君感叹说:"这是解放以后从来没有的,历史上也没有的。"据上海围垦的史志记载,从20世纪50年代末到60年代初,崇明岛上曾开展过两次大规模的围垦。第一次是从1959年的冬天到1960年的春天,崇明县委、县政府号召并动员崇明当地的干部、居民和农民近万人进行围垦,共围得土地6万多亩。据围垦者董良介绍,"当时半个崇明县(东部)是在围垦东平沙,还有半个崇明(西部)是在围垦新海农场"。

20世纪60年代上海人民总动员赴崇明围垦

第二次围垦则是从1960年的秋天到1961年的春天，上海市委、市政府决定举全市之力，围垦崇明岛上的海滩荒地，大办农业，大办粮食，建立上海的副食品生产基地，董士君说："这是一次全力以赴的大围垦，一次最大的战役。"当时上海市各区的干部、工人、教师、学生、店员和社会青年等三万多人响应政府号召奔赴崇明参加围垦。志愿报名围垦的宾桂林说："当时我刚刚结婚一年多，儿子还不满周岁，但是党有需要，我就积极响应号召，主动报了名。"同样志愿报名的还有王国章，他当时只有16岁，父母本担心他年龄小不让他去，但他自己偷偷报了名，毅然决然地奔赴农场，决心要为围垦事业献出自己的一份力量。此次围垦历时半年，共围得11.7万多亩土地，共修筑了46.5公里的江海长堤和6座拦洪大坝。

半个世纪过去了，当时的青壮年围垦者如今都成了年迈的老人，而那段围垦的岁月是他们毕生难忘的记忆。年近80岁的陆华田老人便将这段回忆称之为"激情燃烧的岁月"和"一生当中刻骨铭心的一段历史"。廖发永老人参加围垦的时候年仅18岁，之后便将自己的一生献给了围垦事业。1960年上海市副市长宋日昌担任了围垦领导小组的组长和上海围垦指挥部的总指挥，如今他已不在人世。而副总指挥李守咨自参加第二次大围垦后就一直与农垦结缘，已经离休几十年的他一直在与农业专家们探讨科学种田。

20世纪90年代，正是中央宣布浦东开发开放的年代，为了给上海的经济发展储备土地，上海市政府决定在崇明岛的东旺沙再开展一次大规模的围垦，这是继五六十年代两次大围垦以后的又一次崇明大围垦。

崇明东旺沙围垦是上海市政府的一件重大实事，需要"老马识途"的领导。1959年就参加崇明围垦的老领导沈学行担任了东旺沙围垦指挥部的指挥，拿到"帅印"后，沈学行立即带领指挥部成员、老围垦人和水利设计专家共18名勇士去滩涂踏勘。其中最困难的是白港会战，白港宽408米，蜿蜒5 000多米，位于崇明东滩东旺沙和团结沙之间，港汊密密麻麻，就像白龙横卧在滩地上，张牙舞爪地威胁着围垦工程。为了堵住它，三千人一同奋战，1991年12月1日，由崇明8个农场全力会战的白港终于合龙。

东旺沙围垦历时两年多，建成了17.3公里的拦海大堤，围垦出6.6万

海上生绿岛

90年代的东旺沙围垦

亩土地,比一个澳门的面积还要大。90年代后期又围得3.4万亩土地,共计10万亩。昔日潮来一片汪洋、潮去一片芦荡的东旺沙,如今正在建设成为现代化的农业和观光旅游园区。

经过20世纪50年代到90年代几十次大大小小的围垦,农垦人为寸土寸金的上海大都市增加了80多万亩土地,为崇明开发建设生态岛储备了足够的土地,也为平衡上海的土地资源作出了重要贡献。从沧海中捞出的万亩良田,使崇明成为上海可持续发展的重要战略空间。

和平年代的英雄史诗

那时的崇明大围垦是上海总动员,几万上海市民来到崇明海滩,他们住在哪里便成了一个大问题,围垦者宾桂林说:"要安顿下来,就要先割芦苇,用来搭房子。"于是,他们就地取材,割下滩涂上的芦苇,作为建房的材料。围垦者廖发永回忆说:"我记得那时搭了一个很大的像剧场一样的房子,全是用芦苇搭出来的,里面要住六百多人。也没有床,就拿割下来的芦苇厚一点铺在地上作为床,有时睡到半夜里,螃蟹也会钻进来。"

围垦者居住的芦苇棚

可是,滩涂上芦苇的根部是很坚硬和锋利的,把鞋子扎烂、把脚板戳破的事时有发生。

围垦工作和生活十分艰苦,当时是计划经济时代和票证年代,吃饭要粮票,吃肉要肉票,围垦者吃的是黄灿米、麦粉、玉米粉、咸菜等,不管生活多么艰苦,都不能增加口粮。在长江浅流季节,海水倒灌,为了能喝上几口淡水,人们要从几里地外去挑水;围垦者如果想给上海市区打电话,要用手摇电话机,而且只能在规定的时间点通话;指挥者出行如果能有一辆自行车,已经是非常高级的交通方式了。

在老围垦人的记忆里,他们当年去合隆沙围垦时,要先过一条合隆江,而过江的场面是惊心动魄的:过去这里都是淤泥,人很容易陷下去,只能等潮水退了以后趴着前行,大家还都背着背包,只能负重爬行。但是人们并没有被眼前的困难打倒,在合隆江的淤泥上匍匐爬行时,还创作了一首振奋人心的歌曲:"农业要大办,粮食要过关,围垦的大军进沙滩,天大的困难我们来担……"这首歌的作词和作曲者就是陆华田老人。

整个围垦打的是人海战术,拼的是超强的体力和毅力,没有任何机械设备,全靠一根扁担,一个肩膀,两副泥筐,王国章回忆说:"我们要把一担一担的烂泥挑上去修筑大堤，那时候冰天雪地，我们赤着脚也照样干活，简直是拼了命去干。"

修筑堤坝最关键、最紧要的阶段就是合龙时刻，这是崇明大围垦过程中最令人印象深刻的与风浪搏击的场面，王国章说："当时没有机械化设备，潮水来了，人们就跳进冰冷的河水里，用人把水堵住，再把烂泥推下去。"另一位围垦者陆华田回忆起自己所看到的景象时说："我看到市八大队的共青团员们用自己的胸膛堵潮水，潮水凶猛到什么程度？一个浪过来就可以把你淹没掉。"当风高浪急时，当投下的草袋、土块被风浪卷走时，很多围垦者奋不顾身地跳到水中，筑起人墙，用血肉之躯去阻挡浪潮……

一座座大坝就是这样合龙的，一条条长堤就是这样建成的。

参加围垦的战士，也许是当时上海生活得最苦的人，但是李守咨觉得大办粮食、大办农业的他们，也是最光荣的人。

据上海的围垦史志记载，1960年11月22日下午，崇明岛上出现过一次罕见的大潮，被当地农民称为"怪潮"，这次罕见的怪潮使得各个垦区发生了一百多处挡潮的堤坝决口，情况十分危急。当时上海乐团正在崇明垦区慰问演出，著名大提琴手郑德仁老人目击了这次怪潮，他说："当时演出刚刚开场，我们突然听到外面紧密的敲锣声，听见有人说：赶快！赶快！你们赶快到外面去，去帮助围垦，大水冲过来了，要赶紧筑个堤，把大水堵住。大家把乐器一放就都出去了，结果一出去，很大的水流冲过来，形势已经很危急了。"

一会儿大水就涨到了齐腰高，郑德仁和其他演员们只得在一张乒乓球台上站了整整一夜，回想起当时的情形，郑德仁仍然心有余悸，他说："当时我心里很紧张，好像整个崇明岛就要这么没了一样。"放眼望去，乐队带来的大提琴、小提琴等乐器都漂浮在水面上，生活区的衣服、锅灶等物品，全部被冲走了，食堂也完全被冲垮了。第二天，潮水退去，尽管很多乐器被水淹后都损坏了，但是演员们还是坚持进行演出。

1991年东旺沙围垦的环境条件比新海围垦好了许多，但也很艰苦，杨建华担任当时的副指挥，他说："白港踏勘是我第一个拉的绳子，穿过了400多米宽的河面。当时自己两条小腿被划开了，还化了脓，但依旧在第一线踏勘。"据他描述，修筑大堤需要打480米宽的毛竹桩，一共用了一万多根毛竹，排了四条竹笼。推进到50米高时，因为潮水每天要涨，不断冲刷没堵住的合龙口，所以毛竹桩和钢筋在潮水的冲击下不停抖动，情况十分艰险。

崇明围垦不仅千辛万苦，而且惊心动魄，不仅要付出超负荷的体力劳动，而且还需要有与危险抗争的勇气和毅力，数万市民参与崇明围垦，体现的是上海百姓共赴难关的担当精神。尽管艰辛，但是自豪，围垦者们可以骄傲地说："我是崇明农场土地的老祖宗，因为这片土地上的角角落落我都到过，都是我们亲手开垦出来的。"

当天灾人祸降临的时候，当年的围垦者并没有怨天尤人，悲观失望，而是迎难而上，奋不顾身，共同谱写了一首和平年代的英雄史诗。

知青来岛"修地球"

为了给上海建立农副产品基地，保证城市供应，崇明的两次大围垦，从大海里捞出了大片土地，并先后在这里建立了八个国营农场，由于劳动力的缺乏，当时只能先围后垦。到了"文革"年代，由于废除了高考，大批中学生上大学的通道被堵死，加上国家经济不景气，城市里就业也很困难，于是就有了"上山下乡"运动，而崇明这片被围垦出来的土地就成了大批上海知识青年的就业基地。

从20世纪60年代末到80年代，上海先后有三十多万名知青到崇明的八个国营农场务农。大批知识青年到了这片广阔天地后，成为农场围垦的第二代，他们在这片土地上开垦、耕耘，把围起的荒地滩涂变成万顷良田，用当年的话来说，叫作"修地球"。

1968年，大批的上海知识青年告别外滩，离开城市，来到崇明岛务农，他们成了崇明国营农场的新职工，如今四十多年过去了，孙昌霞还清晰地记得当时的情景，她回忆说："当船离开吴淞码头的时候，听见家人的哭声，我流下了眼泪，但心里想着有那么多人和我一起，还是很开心的。"程暑霞也是这一年去崇明新海农场的知青，她还记得当时是两个最要好的朋友送她去崇明的，她说："我们走到住的地方一看，只有两排芦苇棚，旁

1968年知青赴崇明围垦

边全是荒草地,什么都没有,完全就不像是人住的地方。我的两个朋友当时就哭了起来,说不能待在这里生活,我自己也傻掉了。"

在去崇明岛的轮船上,有一个叫杨建华的小伙子心情很平静,他说:"我上海中学的一个同学帮我算过命,说我缺土、缺水,所以要一辈子搞围垦,搞农业,和水利打交道。"算命当然是迷信,但是去崇明岛上务农和围垦确实是他的一种命运安排,而且也是所有到崇明农场的知青的一种历史命运。在后来的岁月里,三十多万来岛务农的知青中,大多数人都告别了崇明农场,回到市区工作,但也有像杨建华一样的人,将此后的人生都献给了农场。

在开河工地上,男女干活是有分工的,一般是男青年挖土,女青年挑土,杨建华回忆说:"有整整四十天,我们这些学生在阴冷的天气里,手挖肩挑,每天套着冰冷的裤子、鞋子,走过许多泥地到工地去,围垦的条件非常艰苦。"女同志们挑河泥的时候一挑就是两百多斤的泥土,一天要干十几个小时的活儿,孙昌霞说:"开河的时候是冬天,寒冬腊月,中午吃饭只有5分钟的时间,否则饭就要结成冰了。"另一位知青杨步秀回忆说:"我当时上身穿了一件棉袄,腰里扎了一根草绳,冻得受不了,靠一瓶白

农场知青在打谷场

酒和一包一毛钱的白砂糖取暖。"

因为都是肩扛人挑，农场知青们挑担的肩常常出泡、发炎，换衣服时血肉与棉毛衫粘在了一起，没办法时只能把这块血肉和棉毛衫一起剪下来，再忍着痛把松针精油涂在肩膀上。即使是现在，还是可以明显地看出，他们挑担的肩膀比另一边的肩要肿很多。

这样的务农生活也给知青们带来了不少"惊吓"，有的知青在半夜睡梦中还梦见自己在开河工地上工作。程暑霞告诉我们说："芦苇房住了一年多以后当地造好了小平房，八个人一个寝室，是上下铺。夏玉珍最有意思，有次'咚'的一声从上铺摔了下来，睡梦里面还在嘀咕'我在挑河啊，还在扛河泥'……"

农垦时，知青们要早上两三点起床，跪在地里插秧、拔秧，在寒冬腊月里收棉花，要把一朵朵大棉花剥掉，再用出血的手去捡棉花壳，还要在打谷场里晾麦、晾稻。如果不是农忙时节，知青们一般几个月可以休假回家一次，每次回家，父母总会给子女准备一些食品，一般都是一罐酱，酱里面基本上是肉、花生米、豆腐干这三样东西。程暑霞回忆说："一带回寝室，大家就一起抢肉吃，肉吃完之后再吃花生，然后吃豆腐干，最后吃

当年收棉花的情景

酱,这样一瓶酱可以吃很长时间。还有炒麦粉,早上放猪油调着吃,很香的,在当时算是很奢侈的了。"

就这样,知青们和老围垦者们一起在围垦出来的土地上开河挑泥、兴修水利、种粮种棉、植树造林、开发鱼塘。当年围垦生产的大部分土地都种了水稻,水稻苗不够就从川沙、浦东、宝山甚至嘉定运过来,后来土地上不仅种粮食,还种了蔬菜,发展养殖业。围垦者姜季农创造了新式养猪法,叫"干饲料,自动食槽,大群饲养",并得到了大力推广。

汪松年是1962年去崇明参加围垦的,后来他当上了长征农场的干部,知识青年都亲切地称他为"汪头",他回忆说:"知识青年来了以后,劳动力多了,那我就要想办法将产量提高,种的麦子和玉米,将它们打成粉之后还可以喂猪。我们有好几个饲养场,养猪、养鸡、养鱼,都要喂饲料的,这样一来,我们给上海市场提供的副食品也可以丰富一点。"

1973年,长征农场实现了粮棉双超纲要(粮食亩产800斤,棉花亩产100斤),并且摘掉了农场亏损的帽子,这是上海农垦大批安置知识青年后第一个实现盈利的国营农场。知青程暑霞说:"从我们去到后来我们建设好离开,农场完全变了一个样,田埂、绿树、森林成片,河水深得可以下去游泳。"可见,围垦的土地在成为城市青年就业基地的同时,也名副其实地成为上海农副产品的基地。

半个世纪过去了，很多老围垦者们回忆往事时，仍然会激动不已，他们见证了当年大批农场知识青年开垦土地和建设农场所作的历史贡献。李守咨常年与农场知青交往，说起他们，他深有感触地说："这个农场能成为今天的现代化农场，是37万知识青年的功劳，没有上海知识青年，就没有现在的崇明农场。"

崇明的围垦不仅促进了上海农副产品基地的建设，而且也为寸土寸金的大上海增加了宝贵的土地资源，更为这座城市留下了极其宝贵的精神财富。

打造现代化生态岛

今天的崇明已成为上海名副其实的重要的农副产品生产基地。这片被围垦出来的土地上所生产的粮食、蔬菜、猪肉、鸡肉等农副产品开始源源不断地供应市场，装进了上海老百姓的米袋子和菜篮子，崇明的生态农业、绿色食品，在老百姓心目中已有了很好的口碑。

崇明出产螃蟹，也种植水稻，而水稻田养螃蟹就成为崇明近年来新开创的生态农业项目，上海福岛水产养殖专业合作社理事长沈亚达说："养螃蟹本身要种草，现在我们种了水稻，相当于是种了一批草了，而螃蟹的排泄物正好给水稻当肥料，等于施了一种有机肥，我们就不用施化肥了，这样对养殖螃蟹有好处，对我们的经济收益也有好处。"螃蟹成为水稻的贴身保镖，捕捉水稻上的害虫，水稻也不用再打农药，如此一来，蟹田米这样的绿色食品自然也得到人们的信赖和欢迎。

在崇明围垦土地上建起的八个国营农场如今已经集结在光明食品集团旗下，合并为长江总公司，它以雄厚的科研力量和科学种田的方法，为城市居民的米袋子和菜篮子提供了大量优质大米以及其他绿色环保的农副产品。集团旗下的瑞华果园不仅为上海市民提供各种甜美的果品，而且还是观光旅游的好去处。

在现代生态奶牛养殖示范场里，数千头奶牛已经习惯了它们的机械化生活方式，它们都定时赶到自动化挤奶房向上海市民提供优质牛奶。

进入21世纪以来,崇明正在全力打造以环保生态为主题的现代化生态岛,崇明岛的很多地方都保持着原生态,全年空气优良率达到90%以上,森林覆盖率超过18%,空气中的负氧离子含量是城市的100倍,现在的崇明岛是理想的生态人居之岛。

伴随而来的是崇明岛成为越来越多城市居民的度假选择,坐落于崇明岛中北部的东平国家森林公园是国家4A级的旅游景区,也是华东地区最大的平原人造森林,走进林木深处,就犹如走进一个天然氧吧;久负盛名的崇明北湖将是未来发展旅游的绝佳胜景。崇明西端的西沙湿地是崇明岛国家地质公园的重要组成部分,它是上海地区目前唯一具有自然潮汐现象和大面积滩涂的自然湿地,与之相适应的是岛上最大的天然淡水湖泊——明珠湖,环湖四周还形成了数千亩绿色屏障。上海崇明岛东端的东滩湿地,则是国家级候鸟自然保护区,2002年被列入国际重要湿地名录,它集生物保护、生态旅游、科学考察和科普教育于一身。每年春秋两季,飞到崇明的候鸟有130多种,总量超过100万只。

2009年10月31日,世界上规模最大的隧桥结合工程——长江隧桥正式通车,天堑终于变成通途,过去大雾天或刮台风就无法上岛的历史已经终结了。

未来的崇明将建设成为森林花园之岛、生态人居之岛、休闲度假之岛、绿色食品之岛、海洋装备之岛、科技原创之岛,一个由围垦而缔造的美丽纯净、天人合一的现代化生态岛正成为今人和后人的福祉。

(编写 王 俊)

深挖防空洞的记忆

1969年,上海全城紧急动员,开展了"深挖洞"的运动,全市各企事业单位、各街道居委会全面出动,寻觅房前屋后的各种空地、院落、操场、绿地、天井、过道等开挖战时防空壕和掩体,有的单位还清理、修整原来的防空洞和地下室。虽然没有正规的设计图,也没有人监督施工质量,但上海的老百姓还是自己研究出了一套土办法。挖防空洞曾经是四十多年前随处可见的一道"风景线",至今为人们津津乐道。

条条弄堂搞战备,男女老少做砖坯

2012年9月15日上午11时35分,宁静了多年的上海上空鸣响了空袭警报,全市17个区县、215个街道、镇,1 900多个居民小区和300多所学校的70多万人参加了这次演习,这是新中国成立以来上海市规模较大的一次防空演习。

其实这样的防空演习在20世纪六七十年代是经常进行的,如今80、90后的年轻人,由于一直生活在和平、安稳的环境中,所以对于听到空袭警报后去钻防空洞这样的演习感到既陌生又有趣。然而,刺耳的空袭警报却敲开了很多中老年人回忆的大门——在四十多年前,全民参与挖防空洞曾经是上海乃至全国随处可见的"风景线"。

韦明德老人是20世纪70年代从部队调到上海市人民防空办公室工作的,后来编撰《上海民防志》,花费了他很多心血。对于上海挖防空洞,

深挖防空洞的记忆

20世纪60年代的防空演习

全民动员建造防空洞

也就是民防工程的建设,韦明德非常熟悉,对那段岁月他至今还记忆犹新。他介绍,当时由于中苏关系紧张,毛泽东主席提出了"深挖洞、广积粮、不称霸"的口号,建设防空洞就是在这样的背景下展开的。老百姓对于挖防空洞也是非常积极的,往往是一家老少齐上阵,做各自力所能及的活儿,找泥巴、做土坯、烧砖、运砖。

中苏关系紧张发生在1969年,这一年3月,中国和苏联边防部队在黑龙江省珍宝岛地区发生武装冲突,毛主席在分析国内外形势后,发表讲话强调"我们要准备打仗""随时准备粉碎美帝、苏修的武装挑衅"。

当时苏联屯聚人马,集结边境,修建一系列空军和导弹基地,并且一再放出"毁灭性核回击"的战争言论,几次防空演习之后,一声令下,上海和全国进入了战时状态。家家户户的玻璃窗上贴了米字封条,据说是为

77

防炸弹、原子弹爆炸的冲击波震碎玻璃。当时一部老影片中有这样的旁白:"学校、居民新村都是人口稠密集中的地方,做好空袭时的防御工作,减少损伤,并积极投入反空袭斗争。"

山雨欲来风满楼,正是在一片刀光剑影中,上海和全国一样,全城紧急动员,开展了深挖防空洞的运动。有一部老影片记录了当时唐山和上海就地利用已有建筑作为防空洞的情况,影片中是这样介绍的:"有些工厂车间的地下室或地垄都有牢固的基础和支柱,也是可以用来掩蔽人员的;这种小菜场经过适当的加固也可以掩蔽人员,因为它的结构比较牢固。钢筋水泥结构的运动场看台,它的底下可以掩蔽人员。不过,在利用这些建筑时,一定要加强它的牢度,掩蔽人员时,也不能过分集中,要尽量分散开,以免伤亡过大。充分利用城市中坚固的建筑是解决群众掩蔽的重要方面,同时,发动群众寻找旧有的防空洞、地下室也是解决群众掩蔽的一个方面,有的单位,组织老工人开回忆会,寻找旧有的防空洞、地下室。"

由于就地可利用的防空设施极为有限,容纳不了多少人,于是当时各企事业单位、街道居委会全面出动,寻觅房前屋后的各种空地、荒地,包括院落、操场、绿地,甚至天井、过道等,开挖战时防空壕和掩体。

开挖战时防空壕

深挖防空洞的记忆

砌砖

早期上海的防空洞为紧急应付空袭，于是因陋就简，很多都是挖一个大坑，里面用砖头砌一下，然后盖上顶棚。韦明德回忆说："现在看当时的上海人防工程，质量不一，大多数当时的人防工事是比较简易的工程，是通道式的，主要是在房子底下挖洞。另外里弄里面有一些空地被利用来建开放式的人防工程，结构比较简单，一米多高，一米不到的宽度，挖好后，用砖头把它砌一砌，用水泥把它挡一挡。"

因为要砌墙、砌地面、砌顶棚，砖就显得很紧张，很多单位就开始自己做砖和烧砖。陈根贵老人那时候还是个中学生，他记得当时的上海形成了"条条弄堂搞战备，男女老少做砖坯"的热烈景象，他回忆说："居委会把烂泥用黄鱼车送到我们弄堂里来，以家庭为单位，每户人家必须要完成制造30块砖头的任务。"

当时尽管是全民动员，但挖防空洞是一项神圣的任务，家庭成分不好和表现不好的人是不能来挖。尽管政治气氛很紧张，但孩子们却乐在其中，防空洞很能让他们产生臆想：长长的地道也许是个童话世界，做砖坯造防空洞成了一件让他们快乐的事情。

早期挖防空洞，没有设计图，也没人监督施工质量，但是上海的老百姓还是自己研究出了一套土办法，尤其以做砖坯的技巧最为考究。他们用挖洞挖出来的好土，加上胶泥和在一起，再将和好泥的土摔熟摔烂，制成砖坯。当时人们都要把做砖头的模具制成统一规格，由于模具有限，于是大家各显神通。退休职工王宝生记得，做砖坯的模具，有的是向居委会借的，有的是在单位里自己做的，有木制的也有铁制的，但都需要符合一定的规格尺寸要求。

　　1969年的秋冬，为了战备防空，整个上海到处可见青灰的堆土、忙乱的人群，每到黄昏时分，弄堂里就热闹起来，到处都是做砖头的人。当然那时人工制作的砖头难免质量参差不一，现在已是退休教师的鲍文安当时就动了个脑筋，他回忆说："我在做砖头的时候，特意在砖头上面用木头刻了个图章，刻了一个ABCD的字母B，为什么呢？我姓鲍，B就是'鲍'字的拼音的第一个字母，所以我在做的每块砖上面刻了个印，省得到时候万一出了问题大家都不开心。另外呢，也可以留个纪念。"

　　此后的很多年间，鲍文安在防空洞里有意寻找过刻着自己姓氏的砖头，可惜一次也没有找到。然而这种做砖头的技术却刻骨铭心，陈根贵和他的朋友们至今还能凭记忆复制当年的模具，做出和当年一模一样的砖坯。

　　当年物资紧张，副食品均凭票供应，挖洞的劳动强度大，居民定量的粮食不能适应强劳动的付出。尽管如此，全上海的老百姓都被动员起来，挖防空洞挖得热火朝天，他们不但白天挖，晚上还挑灯挖，孩子在里面点上烛光，感觉很神秘很安全。

　　在"准备打仗"的号召下，到1969年年底，上海市区共挖掘各种防空壕沟和掩体50万平方米，架设防空警报器100多只，可疏散人口达20多万人。

深挖洞运动：连片成网，连通搞活

　　随着70年代第一个新年的到来，由"加强战备，防止敌人袭击"的紧急动员令引发的危机总算过去了，人们这才发现，在匆忙和慌乱中挖掘的这种既没有水泥基础，又没有钢筋支撑的防空洞，总体上十分粗糙和简陋。空袭并没有降临，严冬却悄悄来临，这些简易的防空壕和掩体也很快地渗水、坍塌，在冰雪和寒风中被废弃了。韦明德和他的同事也了解到这种情况，感到忧心忡忡，而且当时上海的人防工程建设数量排在全国倒数第二，因此1970年初，上海市人防办组织干部远赴北京、天津考察，吸取首都等城市的经验，号召各单位以自建为原则，发动群众，因地制宜，修建半永久、永久性的人防工事。这一阶段的深挖洞运动，具体表现为"房子底下挖洞"和"砖混结构式地下通道掩体工程"两种类型，韦明德介绍说："人防工程最基本的功能是防空，要有防空设施，包括防空门、防爆门，这样才真正算是人防工程。另外上海的地下水位比较高，挖到70厘米深基本上地下水就要冒出来了，要挖到一定深度也需要有设备。"

自1970年3月起，上海市各企事业单位、街道居委会等就以单位包干的形式，组织动员群众性施工，退休教师鲍文安回忆："那个时候一号命令下来，像我们带了学生在外面务农的，就全部都返回城里，我太太他们那时正好出去串联，在外面，也全部拉回来了。因为是在学校里的工程，我们需要开挖的体量比较大，因此就组织了一部分高年级的学生参加劳动。"他记得学校当时还请了一位有建房经验的老师来担任工地的总指挥，因为这位老师为自己家建过房，懂得水泥的配方和砖头的质量等知识。

年轻时曾在上海糖烟酒公司当工人的叶怀国，当时也参与了防空洞的修建，他所在的工厂就在车间的地下挖洞。在建造过程中，他们遇到了一个麻烦，坑道里有块大石头，怎么挖也挖不出来。眼睁睁地看着时间一点点流逝，大家束手无策，这时候，只有初中文化的叶怀国突然想出了一个点子，"我跟我们领导说，要是我能解决这个问题，你请我吃包子，他马上答应了"。时隔近四十年，叶怀国还能清楚地记起当年的那个点子，"我们利用杠杆原理，仅仅用了半个小时就把石头撬起来了，我们全部吃了包子"。

随着资金、技术投入的加大，防空洞的修葺也逐渐规范起来，虽然仍旧没有统一的图纸，但是人们在实践中摸索出了很多建筑的诀窍，比如砌顶部时，用木头做一个圆的模型，支在两墙之间的顶部，在模型上面立着砌砖。砖的上部泥灰多，下部泥灰少，自然形成圆顶。待泥灰干了，将模型向外拉，继续砌，这样的顶部，上面可以承受很大的压力，不会突然坍塌。

防空洞内部

老百姓发挥集体的智慧，在各个工厂、学校、单位建起了成片的防空洞。由于上海地区土质疏松，地下水位高，最大的技术难题就是解决渗水问题。上海市人防办派人指导施工人员处理预防渗水问题，韦明德介绍，防空洞工程的高度、厚度，所用钢筋、水泥的标号、数量，挖掘的深度都需要讲求科学。比如上海地表70厘米的黏土层，怎么挖掘，建好后地下水涌上来了怎么抽水，这些都需要技术支撑。叶怀国也回忆说："开挖防空洞的工程相当艰苦，需要日夜抽水，一不小心地下水就会冒出来，影响整个工程。此外，开挖的时候需要连续施工，不能停，有一些施工技术还是我们自己搞出来的，后来得到推广。"

随着技术难题一个个被攻克，上海的地下防空工程做到了联片成网，连通搞活，可以做到"能打、能防、能机动、能生活"。上海电视台拍摄的纪录片《地下行》记录了其中的部分场面。

1970年4月，黄浦区民兵结合"房子底下挖洞"，将南京路等四条干道开挖贯通，形成跨越26条马路，穿越28幢大厦，连通116家商店、45个单位的地下通道式布局。与此同时，全市重点人防工程，如江湾体育场地区利用日伪占领时期遗弃的大量排水道改建的"01"地下工程（全长2 610米，建筑面积13 844平方米）、肇嘉浜路人防疏散干道（全长3 400

米，高、宽各2米，建筑面积11 490平方米），都是在那时建造成功的。

陈根贵、王宝生和鲍文安当年都参加过挖防空洞的运动，时至今日，当年几近废弃的防空洞，经过改造，还是可以发挥作用的。不过，当年建造时因陋就简的种种痕迹依然还在，比如他们回忆起，当时施工时由于缺乏木材，而使用竹片来代替。防空洞的角落里会挖一个1—1.5米深的缸，把地下水引到深缸里，每天有人巡视，缸满了就用水泵抽掉。为了保持防空洞的干燥，则使用油毛毡和水泥浇筑隔水层。

"深挖洞"运动一直持续到1978年，第三次全国人防会议明确要求"人防工程建设与城市建设相结合"，单建式人防工程基本停建，"深挖洞"运动才告终结。

平战结合：地下旅馆、地下工厂、地下餐厅

1972年之后，随着中苏和谈、毛泽东与美国总统尼克松的握手，国际形势发生了变化，上级不再要求"深挖洞"了。随着一大批军事、技术骨干的介入，上海人防进入了"全面规划、突出重点、平战结合、质量第一"的新阶段。

上海人对空间的利用有特别的敏感和智慧，相比而言上海因地下水位高、土质松软，在同等条件下构建的人防工事没有什么优势，但是在利用人防工事方面却富有创意，地下旅馆、地下工厂、地下餐厅、地下病房，在那个生产、生活用房普遍紧张的年代先后出现。

当年上海电视台拍摄过一部纪录片，片名叫《地下行》，片中一个外地采购员到上海采购物资，由于上海旅馆紧张，他被安排到一个地下旅馆住宿。开始时他很不高兴地来到那里，后来惊喜地发现这个地下旅馆设施还不错，他没想到在上海的城市下面还有另外一个新天地。而据专题片《地下城新貌》介绍，由于上海市区人口流量大，当时外地旅客常为住宿难发愁，全市利用人防工事兴办旅馆、招待所已经有180多家，床位17 000多张。

潘怀喜长期在徐汇区人防办工作，熟悉那里的每一座地下工事，他

地下旅馆

带《上海故事》栏目组走访了其中一家目前仍在使用的地下旅店,格局和当时一模一样,有穹顶,有通风管。这家廉价的旅馆,夫妻二人多年来一直在经营,但在旅馆业日趋发达的今天,老百姓生活水平日趋提高,如今光顾这种地下旅馆的人已经不多了。而在20世纪80年代初,由于上海的旅馆设施跟不上,所以新建的地下旅馆可谓客源兴旺。如位于杨浦区的白洋淀招待所,开办在当年修建的大型人防工事里,这个以旅馆为主体的工程,共有床位400多张,每年营业额高达16万元,到了战时,它就是一个符合战备要求的战地医院。

当时的上海,不仅老百姓的住房紧张,而且许多企事业单位,特别是集体街道工厂的用房也非常紧缺,当时上海静安区延中街道在全市率先改建了600多平方米的简易人防工程,开办了棉毛衫整理加工场,后来在全市得到了推广。

上海黄浦区一家大众发夹厂,地处闹市,厂房狭小噪声大,还经常需要上中班、夜班,影响居民休息,居民意见很大。于是他们搬迁到地下人防工程里,不仅妥善解决了噪声扰民问题,而且扩大了厂房面积。该厂工人沈军和他的同事记得那时在地下防空洞里干活有优点也有缺点,优点是冬暖夏凉,冬天在下面工作时需要脱掉棉袄,缺点则是黄梅季节太潮湿。

当时经过许多年的修建,在黄浦区的地底下,一大片人防工事都是相通的。因为在上海市人防工事建设方面,各个单位针对上海市区地面建筑物密集的特点,结合基本建设,有计划地修筑人防工程,同时逐步地把地

深挖防空洞的记忆

地下工厂

下新老工事连通搞活。

在那个时期，上海的人防工事平战结合，为生产服务，为人民生活服务，不仅缓解了城市的用房紧张，而且使人防工程得以维护和修缮，以至发展成为上海人防工程建设的重要特色。

当时上海的梅陇镇酒家就将大楼地下的人防工程装修成仓库、办公室和对外营业的地下餐厅。而位于淮海东路上的鲜得来排骨年糕店，由于生意太好，不得不开设了很大面积的地下餐厅。鲜得来的厨师乐可丰回忆，当时店铺要扩大发展，但是地上已经没有空间了，所以只能在光明中学地下开了个地下餐厅。

如今说起地下餐厅，由于环境、设施和安全等方面的原因，人们都知道那会影响身体健康的，可那时的人们只求吃饱吃好，励霞珍记得当时鲜得来排骨年糕店的生意非常兴旺，她回忆说："鲜得来的地段好，人流量很高，地下有三个档口，一号档、二号档、三号档，还有一个百花厅，里面都是大理石装饰，蛮漂亮的，生意非常好，地下餐厅里不但坐满了食客，还站满了等位子的人。"

励霞珍还记得那时鲜得来地下餐厅的食客里有四个"多"：谈朋友的多，中班下班的工人多，大众剧场看好戏来吃的多，周边的居民多。周边居民是来打包拿回家去吃的，有些青年工人则把地下餐厅当成了休闲放松的地方，中班下班后，点一杯八分钱的散装啤酒、一块排骨，几个人聚在一起聊聊天，可以待上半天。

地下餐厅

如今类似的地下旅馆、地下餐厅、地下工厂因为不利于人们的健康，大都消失了，可那时为人民生活服务的公共设施的用房都非常紧张，医院也不得已向地下要病房。1974年上海仁济医院在全市首先利用人防工程开设普外科病房，内设三十多个床位和一个药房。上海电视台也曾记录拍摄过上海胸科医院开设的地下病房，据报道介绍，上海胸科医院结合基本建设，在一幢新盖的十层楼房下面修建了一个地下病区，病人可以通过电梯到达。在走廊和病房里，鼓风机按时输送进新鲜空气，每个病房还安装了除湿机，走廊里配有紫外线灯，病人在地下病房里医疗将息，条件并不比地面病房差。

那个年代，上海人利用人防工程解决城市用房的局促都是无奈之举和权宜之计，如今这样的公用设施已经以人为本，不再出现了，不少那个年代建造的人防工程现在被利用为堆放货物的仓库。

新时代的地下城

在肇嘉浜路绿化带下方，有一段上海市政总院于20世纪70年代设计并建设的防空洞，这段长约3.5公里的防空洞，内部生活、医疗、军事等设施齐全，是当时上海规模最大的两条人防通道之一。据原上海市徐汇区民防办职工焦永衍回忆，肇嘉浜路人防工程是地下救护站，有病房、手术室,有医生、护士办公室,还有换药室、滤毒房间。除此之外,还有防盗门、防毒门、防爆门等好几道门,都经过精心设计。

肇嘉浜路人防工程当时在上海也是一个大工程,随着国际关系的缓和,这段人防工程被废弃,慢慢淡出人们的视线。如今这里已经成了一片绿地,匆匆而过的车辆和行人很少会想到,这里曾经是一片大工地,原上海市徐汇区民防办职工潘怀喜和焦永衍记得当年这个工程工期非常急,成百上千的人昼夜不停地奋战在施工现场,挥洒着他们的青春和汗水。

由于要在梅雨季节来临前把地平的底下一层,也就是基础一层整理出来,因此建设者采用人海战术挖基坑,当时没有大型机械,就用小推车运土。原上海市徐汇区民防办职工凌强回忆说:"我们有时候一天一夜都不睡觉,要把水泥及时地运到工地上,还有黄沙,我们都是用铁锹一锹一锹铲到卡车上,或是四个人一推车锹到卡车上,然后卸到工地上。那时候我们身体比较好,年纪比较轻,一百斤一袋的水泥,肩膀上都要扛三袋,有的甚至四袋,两个肩膀上各扛一袋,两只手一手夹一袋,这样装车就快了,都是为了抢进度嘛。"那时候的施工人员一天二十四小时吃住都在工地,连妇女和后勤工作人员也加入了争分夺秒抢工期的行列。

当时年轻的施工人员都没有建设过人防工程,于是边学边建,从三脚猫变成了行家里手。在施工一线的凌强很快成为施工队里的佼佼者,而焦永衍则因机电维修的一技之长被调到机修组任副组长,成了一名机械维修师。一天夜里,暴雨突然倾盆而下,正赶上肇家浜路地下工程水泥浇筑刚刚成型,躺在家中的焦永衍怎么也睡不着,于是他冒着狂风暴雨找来了抽水机,四五台机器同时开工,展开了与暴雨的生死决斗。

由于焦永衍的及时处置,新浇筑的水泥工事终于保住了,肇家浜路工程也如期完工,像这样的新型人防工程,全上海还有很多处,修筑和保养人防工程的工作直到现在也没有停止。新建的人防工程既要考虑到战时防空的需要,又要考虑到平时经济建设、城市建设和人民生活的需要,具有平战双重功能。人防工程严格按建设程序办事,从土建到装修都注重质量,许多大中型人防工程成为城市的重点工程,上海人民广场的地下商场、地下停车场就是著名的例子。

人民广场的迪美购物中心和香港名店街是上海老牌的地下商场了,不但游览人民广场的外地游客要下去兜一圈，连上海女孩也喜欢去那里淘宝。地上是阳春白雪的上海博物馆、上海大剧院和上海城市规划展示馆，地下是老上海的街面和石库门弄堂，这样的对比也是上海这一大都市的特征之一了。

新客站南广场的地下商场也是由防空洞改建的，这里比起人民广场，那就更加喧嚣了，超大流量的旅客以及换乘轨道交通的乘客来来往往。

今天修筑的人防工事，本身就是一个民用工程，很多细心的人会发现，一些大型停车库外面会有"紧急避难所"的标志，凡是这样的工程都是民防工程，其等级、要求完全不同于单纯的车库，平时作为车库使用，一旦有紧急情况发生，它便会发挥至关重要的作用。潘怀喜介绍说："你看这道隔断防护门在车库内的每个区间里都有，一旦需要，一个区间两头的隔断防护门闭合、通风装置开启后，一座地铁站就变成了一个与世隔绝、单独密闭的安全避难所，出入孔口还设计了可实现平战转换的防护设备，战时可有效抵御包括核武器在内的各种袭击和城市次生灾害。"

随着新型民防工程的不断建成，有关方面将老旧的和残缺不全的废弃防空洞重新整修，目前已有被投入用作商场、娱乐场所、仓库、停车场等20多种门类的人防工程6 000多个，赫然一座"地下城"。

时光流逝，不安定的生活已经烟消云散，人们已经习惯把和平当作最好的掩体，回顾当年火红的生活，更多人心中珍藏的是那一段峥嵘岁月中抹不去的记忆，而与防空洞有关的故事，更像是记忆里的一首抒情诗。

（编写 陈 强）

我的上海，我的河

上海因水而生，因水而兴。1843年上海开埠以后，以黄浦江、苏州河为依托，上海走上了一条以港兴商、以商兴市的城市发展道路，但随着上海城市人口的膨胀，许多河流出现淤塞现象，水污染也变得越来越严重。改善上海的水环境、重现江河的绿水清波成为上海迫切需要解决的一件民生大事。

因水而生的上海滩，因水而兴的大都市

水是上海的历史，上海的血脉。

六千多年前，上海的周围还是一片汪洋，由于长江搬运过来的巨量泥沙和海水冲上来的泥沙、贝壳渐渐淤积，成了新的陆地，所以历史上，上海是江南水乡城邑，河流纵横，湖泊密布。原上海市水利学会理事长汪松年介绍说："有些河道刚形成的时候，宽广得像个湖泊，后来一点点淤积，缩窄了，中间的水道就变成了河道。"

上海的先民们傍河而居，1958年，上海松江的广富林村村民在开挖河道时，挖到了大量古代遗物，于是，考古队对广富林遗址进行了多次考古发掘，发现了稻壳和稻米。据此判断，早在四千多年前，广富林一带就有先民种植水稻，而且遗址的东北部有大片湖泊，在湖泊的沿岸发现了大量木桩，根据推测，这些遗迹应该是当年的渔业捕捞设施和沿湖泊的先民住宅。

我们都知道,"沪"是上海的简称,但其实它原是指一种用竹子编成的捕鱼工具,上海市水务局水利管理处处长魏梓兴介绍说:"我们现在在宝山还能够看到这个东西,老百姓把竹排插在滩地上,涨潮的时候潮水将其淹没,等到落潮时,鱼就被竹排上的网拦住了,这个东西就叫沪。"

古时的上海河道密布,苏州河是太湖水流入东海的重要河道,支流繁多,以前叫吴淞江,古代称为松江,对此汪松年解释说:"长江流域和太湖流域的一部分水流到浙江、江苏、上海一带的平原地区,然后进入长江,或者直接入海,江苏人、浙江人把它称之为吴淞江,我们叫苏州河。"曾任上海市水利局局长的水利专家朱家玺先生说:"苏州河以前并非是河,而是江,现在的黄浦江是它的一条支流。"原上海市水文总站主任兼高级工程师胡昌新描述:"现在苏州河宽大概只有一百米,而根据记载,唐宋时期的苏州河宽约两千米。"

历史上,苏州河既是太湖排水入海的主要水道,也是一条重要的航道,魏梓兴说:"在宋朝的时候,苏州河是通往长江的一个主要入口,漕运非常发达,比如运粮。"

苏州河的地理位置和天然条件决定了它在历史上具有重要的航运功能,但同时也潜藏着一个巨大的隐患——洪涝灾害,这也是江南地区历史上最频繁发生的自然灾害。这是因为吴淞江河道弯弯曲曲,江面宽阔,水流缓慢,容易沉积泥沙,再加上东海潮汛回流的泥沙,使得苏州河时常淤积堵塞,河床抬高,致使太湖流域连年水灾。朱家玺说:"每年长江大概有40多亿立方米的泥沙往下游淤积,致使江面萎缩,它的抗洪能力也随之减弱,所以那时候三年两头就要闹大水灾。"

上海又叫上海滩,位于长江入海口,是泥沙堆积而成的一块滩地,所受水灾的影响更甚。长江口既要承受长江下泄的水流,又会受到海潮的顶托,复杂的河道格局加上双向流水的作用,使其始终处于动态变化之中。原上海市水利局规划室主任吴祖扬说:"上海较全国其他城市有两个特点:第一个是上海地势比较低,海拔只有4米左右,而且是中间较低,四周较高。第二,上海是一个感潮河网,长江潮水会流进来,平时普通的潮水有两三米,高的时候要到五米,也就是说潮水要涨到比上海的地面还要高,特别是在台风暴雨季节。"

到了明朝永乐年间，有个叫夏原吉的人开始治理苏州河。汪松年说："夏原吉相当有名，凡是知道一点水利史的人，都要对他跷起大拇指，他的治理办法叫'黄浦夺淞'，就是用黄浦江这条河道代替吴淞江的主要作用，成为太湖流域水流出到长江去的最主要的河道。有了黄浦江以后，上海城市化的脚步越来越快了，十六铺码头也出来了。上海有今天的经济社会发展，如果没有这个'黄浦夺淞'，是难以达到的。"胡昌新补充说："所以黄浦江的出口叫吴淞口，因为它是进入吴淞江出海的。"这样一来，黄浦江就变成了主流，苏州河变成了支流。

此后，黄浦江上航行的船只上可以到太湖，下可以抵达长江口，黄浦江成为一条优良的航运河道，当时的松江府也得益于这项水利工程，持续多年享有"富冠全国，衣被天下"的美称。

黄浦江河口的治理，可以从1905年说起，当时，河口水深不足4米，大船难以进出，为此，政府设立了开浚黄浦工程局，从1907年到1921年，耗费1200多万银两用于疏浚工程。到了1924年，黄浦江的河道水深增加到了6米左右，万吨级船舶也可以乘着涨潮进出，昔日的浅滩消除后，黄浦江就成了一条优良的航道。汪松年说："上海为什么能建成大城市？一开始就靠黄浦江，黄浦江边建了很多码头，世界的航运中心就是在这个基础上发展而来的，中国的商品出口、与外国人的交流都由此实现。依靠河道，上海成为交通要地，所以外国人要把租界放在上海。"

1930年的浦东，黄浦江的东侧到处是码头、工厂和仓库，而一江之隔的浦西外滩早已高楼林立，当时的上海已被称为"远东第一大都市"。

填浜筑路的往昔

上海市区的水系，历史上也和郊区一样发达。魏梓兴说："如果你去看历史上最早的上海老地图，它实际上就跟周庄、同里一样的，是个水乡，而上海开埠之后，城市、工业的发展都需要用地，填河就成为最简单的方式。"从20世纪初开始，上海规模性地进行了填浜筑路，大大小小的河道逐渐被填埋成马路，市区的河流便日益减少。

西洋泾浜

早先，西藏中路也是一条河，叫泥城浜，它南起洋泾浜，往北沿着今天的西藏中路流入苏州河。年逾八旬的市民冯志芳先生从小就住在现在的西藏中路附近，他回忆说："我出生时河道基本上已经被填得差不多了。以前的上海县城，有一圈城墙，城墙外面是护城河，再外面就是河道、湖泊、荒山野地。开埠以后因为有了法租界、英租界，需要交通和建设，就逐步把河道填成了马路。"

洋泾浜是黄浦江的一条支流，在夏原吉治水过程中，被黄浦江拦腰截成两段，分成东洋泾浜和西洋泾浜。东洋泾浜后来逐渐淤塞消失，西洋泾浜东起现在的延安东路外滩，西至延安东路、西藏中路和大世界附近，已是耄耋之年的市民孙东升老人说："鸦片战争之后，我们被迫签订不平等条约，开放五口通商，外国人来了以后，这些河浜都被填成了马路。我1930年出生，就住在这条洋泾浜旁，当时填成马路之后叫爱多亚路，靠南面是法租界，靠北面是英租界，现在叫延安东路。"

1914年，随着填浜工程的展开，洋泾浜在地图上消失了，但"洋泾浜英语"这个词延续到了今天。冯志芳告诉了我们该词的由来："以前中国人跟外国人做生意，要讲一点外文，但都是很生硬的英语，这算什么英语呢？因为这条是洋泾浜，所以就叫'洋泾浜英语'。"

我的上海，我的河

改造前的肇嘉浜

　　肇嘉浜是历史上流经上海县城最大的河流，县城里的居民去松江，只要乘小船溯流而上就可到达，县城里的生活用水主要也是取自肇嘉浜。年过八十的老人陆润翔还记得他读初中时走回家的路，沿着肇嘉浜路一直走到斜桥再到老西门，但那时候这条河已经是死河道了。早在19世纪后期，肇嘉浜不仅失去了其航运功能，还成了上海城市的主要污染源。

　　1949年7月的一个早晨，几辆吉普车开进了肇嘉浜岸边的棚户区，车里下来的是刚上任不久的上海市市长陈毅，当闻到河水里传来的阵阵恶臭，听到窝棚内婴儿的啼哭声，陈毅市长深情地说："我好难过，哪有老百姓住污水沟的？"此后，陈毅市长多次召集会议，研究制定上海市城市建设总体规划，其中就包括肇嘉浜的改造工程，冯志芳回忆说："肇嘉浜是1953年被填掉的。我们那个时候只知道那边有一条上海有名的臭水浜被填掉了，那里的人都很开心。"

　　上海填浜筑路的例子还有很多，汪松年说："譬如陆家浜路，还有很多地方名称中带'桥'的，如打浦桥，也是因为那里曾经是河道。如果要仔细计算，我估计没有人能统计得出来解放前后填掉了多少河道。"据老人们回忆，现在的福建路、金陵西路、新昌路、威海路、江阴路、昌化路、慈溪路、胶州路、长乐路西段，还有复兴东路、方浜路等都是由河道填埋后成为马路的。

　　今天，上海凡是路名中带有"河、港、泾、浜"等字样的马路多半就是小河、小浜填埋后建成的。可是，填河造路以后也留下了不少后遗症，

93

魏梓兴就提到了城市调蓄的库容问题，他说："原来有河道的时候，它就像一个天然的调蓄池，下雨之后马路上的积水流进河道，然后又排到黄浦江、苏州河，最后流进长江里去，但是河道被填后，城市调蓄的库容势必就小了。"

以前的河道填埋成了今天的马路，演绎着繁华的同时也在述说着逝去的往昔。

开太浦河，泄太湖洪水

如果说填河是为了上海的发展，那么开河则是为了上海的生存。

上海地处北亚热带，属于中纬度沿海地区，正处于冷、热空气交汇地带，加上季风的不稳定性和热带气旋的影响，使得上海上空常常形成雨带，降雨多集中在夏季，而且有台风。据吴祖扬介绍："上海年平均降雨量是一千多毫米，六月到九月期间，雨量比较集中，如果这时候再碰到台风或者上游的洪水，就是我们所说的'几碰头'，那么上海的灾害就多了。"因此，每年夏季就是上海城市安全接受考验的时候。

1981年，上海同时遭到了14号强台风和天文大潮的袭击，胡昌新先生那时是上海水文总站的站长，说起那场自然灾害，胡老记忆深刻，他回忆说："1981年14号台风来的时候，一天的雨量达到500毫米，造成青浦一带全部受淹……黄浦公园的水位达到了历史最高，接近5.5米，黄浦公园到大世界一带全部都被淹掉了。"

当时拍摄的一张照片记录了1981年9月1日凌晨1点，不断上涨的潮水几乎越过防汛墙的紧张一刻，这是十分危急的信号，因为一旦防汛墙溃决，市区有可能遭到大面积水淹。关键时刻，上海市政府决定向浦东地区开闸分洪，这样才基本保证了市区的安全。

上海的经纬度位置造成了上海频遭暴雨之害，而它在长三角地区独特的地理位置又决定了它还要承受"上游来水"之痛，吴祖扬解释说："因为上海位于长江入海口，又地处太湖流域的下游，如果上游下了暴雨，洪水下来就必然要经过上海。"

1991年，太湖全流域遭受了历史上罕见的特大暴雨，太湖接纳了87亿立方米的水，达到历史最高水位，情况十分紧急。曾任上海市水利局局长、上海市太浦河工程副总指挥的朱家玺老人回忆说："那次汛情非常紧张，江苏省以及浙江的杭、嘉、湖地区都被淹得很厉害，而且持续时间很长，作为低洼地区的上海同样如此。"

如何治理洪水，如何治理整个太湖流域的洪水，无疑给上海抛了一个大难题，原上海河道管理处处长蔡恭杰说："过去黄浦江不让太湖的洪水下来，因为我们的沿岸防护堤防标准不高，上游的洪水一来容易对上海造成灾害，使其有被淹没的危险，而上海在国民经济当中又有着举足轻重的地位，所以原来一直把洪水挡着……但是，1991年的特大暴雨来临，太湖流域沿湖边上损失相当大，洪水一直闷在里面不行，必须要让它有一条泄洪的通道——那就只能走黄浦江流到海里面去。"

1991年7月4日，国家防汛总指挥部决定，顾全大局，牺牲局部，炸开红旗塘、钱盛荡坝，帮助太湖流域泄洪。

7月5日，炸开红旗塘坝，增排浙江省境内涝水。

7月8日，炸开钱盛荡堤，加快太湖洪水泄洪。

泄洪之后，上海青浦县4万多亩良田受淹，2 000多亩良田、鱼塘后来成了永久性的泄洪通道，但是为了在保证自身不被淹没的基础上将上游的洪水顺利疏导入海，为了根治太湖流域的水患，牺牲是必须的。

大坝炸开后，太湖洪水可以通过太浦河直接流入黄浦江，汇入东海，朱家玺感叹说："这也算临时解决了江苏不小的问题，江苏省长当天夜里就打电话过来问候，患难见人心呀。"

太浦河——"太"湖与黄"浦"江之间的河道，涉及三个省，全长77.14公里，近80%是在江苏省境内，中间2 000米在浙江省，最后15公里在上海，是太湖最主要的泄洪道，蔡恭杰说："这条河道原来是在淀泖地区，都是小河道，我们要把它挖大，要把太浦河开通，形成一个泄洪通道。"朱家玺补充说："虽然它只有15公里，但是有将近200米宽、5米深，当时在这么短的时间内挖这么大一条河，不论是挖泥巴，还是堆放挖出来的泥巴，都十分不易。"

1991年10月，太浦河工程指挥部成立，11月，上海市委、市政府进行了全市动员,蔡恭杰回忆说:"那时,各个系统的人员被抽调过来,浩浩荡荡的。当地的老百姓也支持这件事,把自己的房子腾出来给大家住,都是打地铺,自己烧灶头……到12月底,大堤基本上修起来了。在钱盛荡封口的时候,有一些民工不顾严寒跳进水里,拿东西堵在口收不拢的地方,就像后来1998年特大洪水时抗洪官兵一样英勇。"

人工开挖太浦河,父老乡亲们齐心协力,作出了巨大的贡献,太浦河修好以后,不仅改善了太湖流域的防洪除涝条件,也为上海防汛工作打下了一个很好的基础。

水体污染的恶果——水乡缺水

"六十年代淘米洗菜,七十年代游泳灌溉,八十年代水臭味怪,九十年代鱼虾绝代。"这是那个年代上海老百姓的一个口头禅,上海开埠后,在进入城市化时代的同时,也遭受了水体污染的恶果。

以前的苏州河水面清澈,河里有鱼有虾,但从20世纪五六十年代起,苏州河污染开始加重,据上海太和水环境总工程师刘玉超回忆说:"以前老百姓习惯在河道里面洗马桶、洗衣服、洗菜,不过那时候的生活污染相对来讲是比较轻的。随着人口越来越密集、农田化肥的大量使用、工业废水的排入,苏州河河道一点一点地由原来的清澈见底开始变浑、变绿、变蓝,直至发黑、发臭了。"

在上海市民陆润翔的童年记忆里,苏州河原先不是一条臭河浜,但是随着上海城市化的发展,生活垃圾越来越多,开始出现了垃圾码头,如新垃圾桥、老垃圾桥。上海市民张丽珍所居住的浙江路附近就有座垃圾桥,她回忆说:"那儿都是垃圾船和粪便船,垃圾和粪便都从这里运出去。"上海市民石静平更是戏谑地称"在发黑的苏州河里游泳就像跳进了机油、柴油里一样,上来后要用肥皂用力擦才能洗干净"。

除了生活垃圾,工业污染也成为一个严重的问题。当时,苏州河沿岸有90%的污水都未经过处理直接排放到河道里,石静平回忆说:"当时工业发达起来,各处开厂,但是生产只讲经济效益,厂家的污水直接排放,

苏州河与黄浦江交汇处

'三废'都不处理的。我记得北新泾地区开了很多厂,阴沟里流出来的污水红、黄、蓝、黑色的都有,我们只好穿高筒套鞋走,不然两只脚就会烂得非常厉害。"

20世纪80年代,受工业化进程等多种经济和社会因素的影响,以苏州河为代表的河道水环境日益恶化,苏州河上海段全线遭受了污染,甚至外滩的苏州河与黄浦江交界处出现了一道明显的分界线。冯志芳先生清楚地记得,黄浦江水蜡黄,苏州河水墨黑,这道分界线成了上海的另类"风景线"。

上海是中国近代最早供水的城市,1883年就有了现代化的自来水厂,魏梓兴说:"原来最早的自来水厂就在苏州河口,后面不断地朝上游迁移了,就是因为苏州河受到严重污染。"1928年,原来在苏州河取水的闸北自来水厂被迫迁到军工路,从黄浦江取水。

在20世纪50年代,黄浦江水质良好,沿岸的重要自来水厂,如吴淞、闸北、杨树浦、南市等水厂,原水直接取自黄浦江。后来污染越来越严重,黄浦江的水质也变得很差。到了80年代初,外地来上海的人总觉得上海的自来水有一股奇怪的味道。

杨树浦港在杨浦区西南部,北接走马塘,南入黄浦江,是黄浦江下游一条主要的支流。魏梓兴1992年开始做河道普查，在他记忆里杨树浦港里面的水都是黑色的，黑到什么程度？住在河道边上的老百姓反映，夏天这里的味道熏出来，他们家是绝对没有蚊子的，也就是河道里不生孑孓。

虽说上海地处长江和太湖的下游，应该有充足的水资源，但是，由于水体污染日益严重，确保人们喝上好水，成为困扰上海市的一个重大问题。

1990年上海被列入"水质型缺水城市"，以江南水乡著称的上海成了水质型缺水城市，这样的矛盾无疑是大自然对我们最大的嘲笑与讽刺。

水环境治理刻不容缓！

焕然一新的上海河道

解决市民用水问题，治理河水污染是上海建设现代化国际大都市一道绕不过去的坎。治理第一步，是改善上海的供水水质。20世纪80年代中期，上海决定开辟新的水源，分别建立黄浦江上游引水干管工程和长江口引水工程，吴祖扬说："当时在长兴岛的西边围了很大一块地，把长江水翻进去，可以供应上海一段时间的生活用水，它还有一个功能就是防止咸水倒灌。除了用长江水的青草沙水库，现在还有个金泽水库，用的是太浦河的水。这样就解决了上海市民喝水的问题。"

时至今日，上海已经拥有长江青草沙水库、崇明东风西沙水库、陈行水库、黄浦江金泽水库这四大水源地，形成了"两江并举、多源互补"的供水格局。

接下来，更重要、更艰巨的任务就是治理河水污染。80年代中后期，国务院要求上海"抓紧治理苏州河、黄浦江的污染，消除江河黑臭现象"。此后，上海开始了大规模的水环境综合治理。

完成对水环境的治理并修复河流的自然生态系统，这是一项长期而艰巨的任务。据上海太和水环境总工程师刘玉超介绍，水治理前期采用的是一些很粗笨的办法——曝气、清淤、微生物等这些传统措施，但是后来发现这些都是治标不治本，只能在一定程度上减轻或者缓解水污染，措施一停，水又臭了。不过，通过这些年的努力，很多治水新技术应运而生。

现在我们拥有一种利用浮游动物来迅速提高水体透明度的技术，在修复水体的同时，也为沉水植物的生长创造了条件，对此刘玉超分析说："食藻虫可以在16—24小时内快速吃掉颗粒垃圾，提高水透明度，它还能打通食物链，把吃掉的藻类、颗粒垃圾转化成比较低等的水生动物蛋白——鱼虫，然后自身再被水里面的鱼、虾、螺吃掉，转化成更高级的动物蛋白，这个过程就相当于实现了水里污染物质的自然化转移。如果把鱼虾螺贝按照一定的比例、要求放进水里，形成一个稳定的生态链，就可以最终实现水质净化。"

目前，上海已经建成了53座污水处理厂，以及相应的污水收集管网，形成了污水集中处理和分散处理相结合的污水治理体系，每天的污水处理能力已经超过了上海每天的生活污水产出量。

随着治理污水技术的加强，人们的环保意识也有了很大的提升，水环境高级工程师徐筱娜说："现在整治工业污染的偷排、偷放力度很大，成效很好，企业的环保意识也越来越强，工业污染这一块已经基本上消除了。"环保工程博士徐兵兵说："2015年之后，政府颁布了城市黑臭河道指南等一系列文件，彰显了我们治水的决心。"

经过持续不断的整治，上海河道翻开了崭新的一页。

2010年年底，全市河道基本消除了黑臭现象，河道的面貌也焕然一新，还因地制宜建成了一大批景观河段。上海水务局局长刘晓涛说："1988年，上海市委提出一定要把苏州河治理好。我们经过十几年的努力，投入了大概160亿元，对苏州河开展了三期治理，后来又根据新的发展需要，开展了第四期治理，力求打造人文之河、生态之河、景观之河。"

苏州河又重新成为上海的一道美丽风景，许多居民反映说："以前有些河道很臭，我们路过都要掩着面走，但是现在大家都很喜欢这条河，天气好的时候，都会来这里兜兜，看看，玩玩。"

王广安是一名水面维护工人，对他来说，十月份是他最忙碌的时节，一落叶就要一天两遍去拖网，保持水面干净。

苏州河治理工程

苏州河面貌焕然一新

如今,上海的水质得到不断改善,河道生态得以修复,中心城区河道景观水平有了很大提升,滨水地带正逐步成为市民乐于亲近的公共活动空间,刘晓涛自豪地说:"过去我们看到黄浦江景观最好的空间就是外滩和浦东陆家嘴的滨江,现在从徐汇滨江到北外滩两岸45公里岸线全线贯通了,我们要把浦江两岸的滨水空间打造出来。"

  据统计，目前上海已有43 000多条河道，河湖面积占全市面积的9.72%。从泥沙淤积成的陆地到国际化大都市，这些河道湖泊静静流淌了百年、千年，目睹了上海的历史变迁，更见证了从古至今上海人民治水的丰功伟绩。

（编写　王　俊）

轮渡那些事

19世纪的上海，人们要摆渡黄浦江得靠摇摇晃晃的小舢板，到了20世纪初，开始有了轮渡，新中国成立后，黄浦江上渡轮的航线大量增加，黄浦江的渡口也日渐繁忙，但是，仅靠轮渡无法载来浦东的繁华，无法推进上海城市化的进程。随着黄浦江上一座座大桥的架设和一条条隧道的开通，轮渡渐渐由渡江必需的交通工具变成了一座城市的集体记忆。

轮渡处女航

对于上海市民来说，在黄浦江上坐船摆渡，往来于浦东浦西是最平常不过的事情，不过，在2011年1月5日的这一天，坐船过江却有些不平常。

你知道上海的摆渡船是什么时候开始有的吗？对此，几位被采访的轮渡乘客都表示只知道自己小时候就有了黄浦江轮渡，但具体是什么时候开始的却不是很清楚。

确实很少有人知道，2011年1月5日，是黄浦江上的渡轮开行100周年纪念日，100年前的这一天，黄浦江上的第一班轮渡开始了她的处女航。我们在看拍摄于20世纪初期的历史影片时，还看不到黄浦江上有轮渡，只有小舢板往返于两岸，据上海的史志记载，早在明清时期，黄浦江边就有了渡口，江面上漂着舢板、划子。

到了1900年前后，上海的近代化、城市化进程提速，于是在1901年，

轮渡那些事

20世纪初黄浦江上的渡轮

一个叫李恩时的匈牙利人把两辆小汽车开进了上海。1908年3月5日，上海的第一辆有轨电车正式通行，从静安寺驶向外滩。而对于上海轮渡起航的日期曾经还有个小小的历史误会，根据上海交通的史书记载，1910年12月5日是上海黄浦江上第一班轮渡开航的日子，然而几年前有关专家经过考证后发现，历史的记载有误。原因是在辛亥革命以前，中国人按照农历纪年法，上海黄浦江上第一班轮渡开航是在清宣统二年的12月5日，而辛亥革命以后，民国政府是按照公历的纪年法，如果从农历换算成公历的话，该日期应该是1911年1月5日，所以，上海轮渡开行100周年的纪念日也就应该是2011年1月5日。

其实，黄浦江上第一班渡轮的开航在当年并没有引起人们的关注，甚至当年的报刊上也没有刊载这样的消息。据史料记载，当年一家从事河流、道路等市政建设的机构——浦东塘工善后局为了接送员工上下班，租用了一条小轮渡，航线是从外滩铜人码头到浦东东沟，由于这家单位的员工人数不多，也就顺便让一些需要过江的人上船，收取一点摆渡费，后来需要过江的人多了，并且这样的方式有利可图，就发展成了收费的轮渡。到了1911年1月5日，轮渡正式营业，于是，这一天就成了上海轮渡的历史性开端，成了一个划时代的日子。

虽然历史的误会在100年后得到了更正，但对广大乘客来说，黄浦江上哪一天开始有了渡轮并不重要，重要的是黄浦江上一天都不能没有轮渡。

大渡轮与小舢板并驾齐驱

20世纪30年代的上海,国际贸易和金融交易繁花似锦,轮渡也有了变化,1932年从西渡到闵行开辟了第一条车辆渡航线。1947年,官商合办的上海市轮渡有限公司正式成立,董事长是杜月笙,他拥有浦江上下40公里范围内的轮渡专营权。1956年,陆家嘴路辟建,陆家嘴至延安东路码头的陆延线正式通航,并很快成为黄浦江上的主要航线,上海图书馆研究馆员张伟说:"当时上海大力发展渡轮,30年代中期就有十几艘轮渡船造得非常豪华,可以坐五六百人,20分钟一班,当时每天平均过江的人数大约是4万人。"

在很长的一个历史时期,黄浦江上的轮渡是一个城市上海和另一个乡村上海的链接。1930年的上海有27家外资银行,无一例外都集中在外滩,那时的浦西早已是高楼林立的十里洋场、繁华的大都市,而回望一江之隔的浦东还是上海的乡下。黄浦江东侧满是码头、工厂和仓库,上海市轮渡有限公司退休员工冯佳彪说:"那时浦东的人要来上海市区游玩就是靠轮渡,供应给上海市民的菜都是从浦东通过董家渡摆渡来的。"年过九旬的汤老伯小时候就住在浦东,当年也曾挑着菜篮子,乘着小舢板,往来于浦

西渡到闵行的第一条车辆渡航线

20世纪初黄浦江上的小舢板

东和浦西之间。

除了轮渡外,那时在黄浦江上从事摆渡的还有小舢板和小木船,它们并驾齐驱了相当长的时间。上海轮渡公司的老工人王根福从小就跟随母亲划着船往来于黄浦江两岸讨生活,他还记得自己十二三岁时帮母亲摇船的情形:"这个船前面是一个桨,后面两个桨,在前面要帮助母亲使劲划桨,后面是掌握方向的,这样船才会向前走……撑一两圈可能还体现不出速度,但是到了第三、第四圈的时候,差距就出现了,如果我们撑了四圈,别人只撑了三圈,那么我们就多赚了一圈的钱。"上海的民众曾经就是这样日复一日、年复一年地摇啊摇,来往于黄浦江两岸,不过,在小舢板上长大的王根福最终没有接过他母亲的船桨在黄浦江上摇舢板,而是成了轮渡公司的一名工人。

家住浦东的汤老伯回忆说:"那时候乘小舢板,在黄浦江中间时常会有大船经过,掀起大浪,小舢板就颠簸得厉害,其实这很危险,安全是没有什么保障的。"有一天,小舢板终于消失在了黄浦江上,上海市轮渡有限公司退休员工季福根告诉我们:"因为小舢板安全得不到保证,速度又慢,所以1956年全行业公私合营以后,黄浦江上所有对江轮渡全部归轮渡公司经营,江上的划子、舢板全部不准参加客运业务。"

从20世纪50年代开始,上海全力建设社会主义的工商业城市,浦东陆续建造了一些大型工厂和工人新村,黄浦江上的水上交通更加繁忙了。上海轮渡作为市内交通和公用事业的重要组成部分也得到了很大的发展,开辟了很多新的航线,渡轮的硬件也开始不断更新。

就这样,黄浦江告别了大渡轮与小舢板并驾齐驱的年代,迎来了轮渡发展的黄金时期。

百万市民过浦江

说到上海轮渡最繁忙、最鼎盛的时期,无论是轮渡员工,还是上海市民都会回忆起20世纪80年代。当时,上海黄浦江上共有对江客渡航线22条,对江车渡航线5条,其中中心城区客渡航线平均间隔1.4公里就有一条,日平均客运量100多万人次,年最高客运量3.7亿人次,堪称全世界最繁忙的轮渡。从陆家嘴到延安东路外滩的陆延线则是上海最繁忙的轮渡线,据当时的新闻报道称,在黄浦江上下游十几条航线中,这条轮渡线的名气最响、影响最大,一天的客流量超过20万人次。

上海《新民周刊》高级记者陆幸生是20世纪80年代乔迁到浦东的,而他所供职的报社在浦西,所以他每天都要摆渡过江,他回忆说:"当时上下班的时候轮渡很挤,上船时都要奔跑,甚至有时为了抢位子会发生一点小的纠纷,吵上几句。"曹启明是当时上海市东昌轮渡站轮机长,他回忆起钢铁厂下班时候的场面还历历在目,他说:"乘客大量涌过来,但是

黄浦江上的渡轮

轮渡船很小，就1400个客位，根本没办法装，那时候黄浦江上已经有好几条船来来往往，很忙碌地来回穿梭，但还是赶不上人潮涌来的速度。"

百万市民过浦江，这是一个多么壮观的场面。

与此同时，超负荷的载客量也成为轮渡的不可承受之重。1987年初冬一个大雾天的早晨，陆家嘴轮渡站发生了一起因大雾酿成拥挤踩踏的重大伤亡事故，这是当年的新闻报道："上午9时10分，因大雾而被迫停航四个多小时的陆家嘴轮渡站开始恢复通航，当第三班渡轮上客时，由于大量乘客极度拥挤在轮渡站浮桥上争先恐后上船，造成87名乘客被挤倒压伤，伤员已被分送第一人民医院、仁济医院、黄浦区中心医院等地方抢救。事故发生后，市委书记、市长江泽民，市委副书记杨堤对事故处理、伤员的抢救做了部署，据了解，目前卫生局已经组织专门力量全力以赴做好抢救危重伤员的工作。"

这次事故之后，人们开始意识到只靠单一的轮渡是无法解决过江难的问题的。第二天，上海市政府发出《关于加强轮渡管理、保障乘客安全的通告》，《通告》规定，职工因轮渡停航不能按时上班的，可以比照公假处理。接着，上海还宣布了六条改善上海轮渡的措施，并计划加快过江大桥和隧道的建设。

当时上海人有一句常说的话："宁要浦西一张床，不要浦东一间房。"同是上海，一江之隔的浦西和浦东却有着天壤之别，而轮渡虽连接了浦江两岸但却跨越不了这条鸿沟，对于上海的城市发展来说，再有承受力的轮渡也不可能载来浦东的繁华。

1999年8月14日，随着小陆家嘴地区整体开发的需要，陆家嘴轮渡站送走了最后一批客人，退出了历史舞台。此后的黄浦江上先后建成了延安东路、复兴路等越江隧道，架起了南浦、杨浦、卢浦等大桥。

天堑变通途，一个由桥梁、隧道和渡轮组成的立体化越江交通新格局形成了。记者陆幸生在2004年买了私家车，就不再依靠轮渡过江上班了，他说："开车过江也就是五六分钟的时间，以前坐轮渡没有半个小时是过不了江的，如果遇到刮风下雨，轮渡停航，那什么时候能够到对岸就不知道了。"上海市轮渡有限公司总经理罗应根介绍说："从吴淞到松江81公里的黄浦江沿岸，目前有18条航线、36个渡口，每天承担着运送26万到27

万市民过江的任务。"

百万市民过浦江的场景逐渐不再,老轮渡退出了历史舞台,昔日拥挤喧嚣的渡口变得冷清,但是自行车、助动车、摩托车、人力货车等过江还是要依靠轮渡,对广大的乘客来说,乘坐轮渡过江依然是岸到岸较便捷的交通方式。

轮渡人与轮渡品格

轮渡很平凡,人们上船、下船,来往于浦东、浦西,似乎很少关注它本身,但实际上,上海轮渡为当年还没有架桥的黄浦江市区段架起了一座座浮桥,成为城市的一条命脉。它有着巨大的承受力,却一点也不张扬,这就是轮渡的品性,也是背后千千万万个默默付出的轮渡人的品格。

陈根富和胡金娣是一对"轮渡夫妇",现在已经退休了,但他们的大半辈子都是在黄浦江上度过的。胡金娣是新中国培养的第一代轮渡女驾驶员,她回忆说:"我是从1952年进去的一批女同志中挑选出来的,组织上总是挑选工作等各方面表现比较好的同志培养……因为过去是不培养女驾驶员的,所以我们女同志现在能够开船了,觉得很自豪。"在交通繁忙的黄浦江上安全行船是不容易的,但胡金娣几十年如一日,头脑中"安全第一"的那根弦总是绷得紧紧的,她自豪地说:"从开始开船到后来退休,从来没有出过事故。"

在轮渡公司工作了几十年的唐恩林,因为天不亮就要赶很远的路去上班,所以每天早晨起床都要靠五个闹钟大合唱才能把他从睡梦中唤醒,而五个闹钟的大合唱也成就了他的一项人生记录,那就是从来没有迟到过一天。唐恩林当时在轮渡公司负责机舱的工作,他深知自己工作的重要性,他说:"我们不开船的话,对面厂里上班的人连早饭也没有,因为他们早班食堂的师傅都跟我们的船走,我们船第一渡过去的时候,天还是很暗的。"

陈奕的一家三代都是轮渡人,她妈妈曾在陆家嘴轮渡工作,孩提时代的她就常常跟随母亲搭乘黄浦江上的轮渡,在她的记忆里,一艘往返于荒凉的浦东与繁华的浦西之间的渡轮便是她童年的娱乐场所,直到后来,她也成了上海市吴淞轮渡站的一名员工。

轮渡的故事还有很多,但我们想说的话只有一句:"谢谢你们,轮渡人!"

世博会与轮渡的华丽转变

过江难曾经困扰上海人,而浦西、浦东的巨大落差则曾经困扰着这座城市。1911年起航的上海轮渡已行驶了100多年的漫漫历程,当黄浦江上架起大桥,黄浦江底贯通隧道以后,轮渡会走向何方?

从20世纪80年代每天100多万人次的轮渡乘客到现在的20多万人次,轮渡再也不是黄浦江上唯一的越江交通工具,但不得不承认,它仍然是黄浦江越江交通体系中的重要组成部分,有着不可替代的作用。

在2010年上海世博会上,轮渡开始了一次华丽的转身,上海世博会的园区位于南浦大桥和卢浦大桥之间,沿着黄浦江两岸布局。这是世博会159年历史中唯一的一届渡轮游世博的盛会,其中有22条设施一流的"世博号"渡轮航行于世博园中——"世博海事,世博客渡13号轮,从L1码头离泊,靠泊L2码头向你报告"。

"世博号"渡轮

这实际上给予原本作为水上交通工具的轮渡一种新的功能定位——游览观光。世博会后，这22条轮渡投入了日常的黄浦江摆渡，它们开启了上海轮渡新的航程。

相比于以前上海市民依赖轮渡过江，现在会有更多的市民和游客选择坐轮渡游览黄浦江，将两岸景色尽收眼底。因为当乘船驶入江心，人们对这座城市的观赏就有了新的视角，对母亲河黄浦江的感情就有了更好的释怀，轮渡乘客们纷纷表达了自己游览的心情和感悟——

"黄浦江两岸让我感到了沉淀和勃发。"

"浦江两岸有这么好的景色，看得人赏心悦目。"

"很美丽，很符合出游的心情。"

（编写　王　俊）

传呼电话亭轶事

上海的传呼公用电话亭兴起于20世纪50年代，繁盛于80年代，在90年代初期达到鼎盛，浓缩记录了时代的变迁。在相当长的一段时间里，公用电话曾是上海市民重要的信息传递途径，而随着私家电话的普及和移动通信的兴起，曾作为"稀缺物种"的电话渐渐成为生活必需品，信息传递也变得简单而频繁。就这样，传呼公用电话亭走进了历史，留存在了百姓记忆的一角，而记忆的背后，是另一个年代的开启。

传呼电话亭的前世今生

说起上海最早的电话，仅比美国科学家贝尔发明电话的1876年晚了6年。当时上海形成了英、法等租界，1882年，丹麦大北电报公司在上海外滩7号开通了人工电话交换所，经营租界内的电话业务，这就是上海最早的市内电话，但在相当长的时间里，电话只是少数人的通信工具。

新中国成立以后，由于国力不足，技术无法跟上，电话主要作为单位工作的办公工具存在，永安公司的一名职工方廷荣说："公司的电话就相当于是公用电话，用起来很方便。"

1951年，上海仅有公用电话1 512部，那时的公用电话，大多安装在弄堂口的烟杂店里，由卖杂货的老板代为看管，不负责传呼。到了1952年，上海开始试行传呼公用电话。

选择电话传呼员是一件极为慎重的事情，里弄居委会一般都会选择善

外滩7号的丹麦大北电报公司

传呼电话亭招牌

于和人打交道,又"拎得清"的中老年妇女担任——知道什么该讲,什么不该讲。邢淑兰阿姨便是这样一名合格的传呼员,在特殊事件的处理上,她秉持着"不参与"原则,她说:"有时谈朋友的两个人在电话里面吵架,我们是不参与意见的。还有的人打过来说他姓李,是某个女生的男朋友,向我们打听有没有姓张的人打过来找她……我就说我怎么知道你姓张姓李呢,我又不晓得,电话里又看不到你,你们谈朋友的事情,我们是不好参加的,也不好讲给你听的,不然变成我在挑拨离间了。"

到了1960年,全市的公用电话达到了3 293部,遍布于上海城区的每一个角落。60年代,长途电话业务逐渐开通,传呼电话亭将上海和全中国连接得更加紧密,这种紧密联系在16岁的刘德保身上显得尤为深刻。那

传呼电话亭轶事

弄堂口的传呼电话亭

一年,他幸运地实现了那个时代热血少年的梦想——穿着妈妈给他借来的军装在天安门拍了照,他还急于将见到毛主席这件无上光荣的事情在第一时间与妈妈分享。于是,他在北京拨通了人生第一个打往上海的长途电话,他回忆说:"第一次打电话,不会打,还好有电话局的同志协助我。"他热衷收藏,一直保存着那张在天安门前的照片,现在还常常和妈妈谈起当年的事情,他对妈妈说:"你还记得吗?当时我们那些邻居,一条弄堂里的几十户人家、几百个人,别说见毛主席,就是北京都没有去过,我是唯一能够到北京的年轻人……我下午见到了毛主席,就马上到天安门广场旁边的一个邮电局打长途电话,我想这个方式是最快可以让您知道这件事的,因为电话亭离我们家不远。打通了以后,我说,阿姨你帮一下忙,我打一次电话要排很长的队,你不要挂掉,叫我妈妈来接一下,她答应了……打个电话就两分钟,排队要排两个小时。"他滔滔不绝地讲着,一点一滴都记忆犹新,因为那一次,他把传呼电话亭烙在了自己的生命里。

20世纪70年代,上海几乎每一条弄堂口都出现了公用传呼电话亭,这些神经末梢连通着全上海的市井街坊,造就了这座城市的神经脉络。然而,因为上海的电信系统一直沿用解放前的技术设备,这些神经并不通畅,打个电话花半个小时是常见的事情,住在长宁区的老街坊鲍文安老伯回忆说:"有时候没信号,有时候就是打不出去,可能是有些技术问题吧,还有的时候听电话听到一半断了,很重要的内容就没了,很着急。"尽管如此，公用电话还是那个年代传递信息的重要途径，当时给朋友留联系方式必留一个公用电话号码。由此，在传呼电话亭里不知萌生了多少时代的故事。

信息集散地，情绪中转站

传呼电话亭是一个信息的集散地，万千隐秘、万千悲喜，事无巨细都在这里汇集，而电话传呼员就成了传递悲喜信息的关键人物，曾是传呼员的黄锦清便毫不谦虚地说："什么地方？什么门牌？人家问起来，我都晓得，就像是活地图一样。"

邢淑兰是上海闸北区芷江街道的电话传呼员，她所在区域位于老北站附近，南来北往的客人特别多，为此邢淑兰在电话传呼中练就了一身绝活——学会了各地的方言。电话里有说宁波话的："阿姨，我今天大概有一个远方亲戚要到这儿来。"有说苏北话的："大妈，我乡下媳妇要来上海，她还没来过，我要到码头去接她。"有的在电话那头问："我是南京打来的长途电话，你听得懂吗？"扬州话算是比较好说的："我姑娘要坐月子，叫我到上海来服侍她，我怎么到上海来呢？假使我女婿回来的话，你跟他讲一声，阿姨，叫他到车站去接我。"听着各地口音，邢淑兰应对自如，一一记下电话那头人们的需求，转达给他们的亲人朋友。

这小小的传呼电话亭，有时还关乎人的生命，每当弄堂里有人突然生病或者发生意外，都是靠这个电话亭第一时间叫来救护车救人。一旦有了喜事，也是通过电话亭最先发出通知，说起来，方廷荣的一件喜事就是从这里得知的。他回忆说："有一天下午，我正好从外面回来，弄堂口烟杂店的传呼员阿姨跟我说，来，来，来，快点，快点，你嫂子生了个小孩，三斤六两。我就很兴奋地跑进弄堂里去，那时候我家住在三楼，我还没走到就哇啦哇啦地叫我哥哥，'二哥，二哥，嫂子生了个小孩，三斤六两，快点到医院里去，放在暖箱里了'。"

传呼电话亭不仅仅是信息的集散地，还是情绪的中转站，电话传呼员们分享着左邻右舍的快乐，同时也要分担他们的悲伤。鲍文安老伯回忆

喊电话

说:"你别看他们文化层次好像不高,但是他们很懂得人情世故。那次我父亲过世了,他们和我说,你妈妈来电话,叫你到医院去一下,你别急,你父亲呢,病比较重一点,你去一下。其实当时我赶到医院,一看就知道坏事了,但是他们不是马上告诉你一个很不好的消息,使你一下子很紧张,而是给你缓冲的时间。"作为电话传呼员,邢淑兰对此也感受颇深,她回忆说:"有时候碰到家里有人去世了,电话那头的人就在里面哭,我说,阿姨你别伤心了,这个事情我会给你传达的,你慢慢地说,我慢慢地听,我也挺难过的。"

  传呼电话亭的出现给当时的上海人带来了很大的方便,它的数量在缓慢又悄然地逐年递增。打一个电话4分钱,传呼一个电话3分钱,成了那时候的统一收费标准。鲍文安老伯至今还保留着当年的电话收费票据,只见他把几个不同版本的票据贴在一张淡蓝色的卡纸上,指着手上的票据说:"这些都是不同版本的发票、报销单,90年代以后变成这个版本了,打一个电话是1毛钱,3分钟。"

  除此之外,鲍老伯还保存了当年自己收到的电话传呼单——一张白色小纸片,上头写了"鲍文安"的名字,"来电人"写着"徐"字,右边是一串电话号码,他回忆说:"当时还是6位数号码呢,375490,184分机打过来的,一个姓徐的叫我回电。有时候我出去了不在,他一下子来了两三个电话,传呼员会拿个订书机把我的传呼单订起来。"聊起这些,鲍老伯略带兴奋地和我们逐一介绍起传呼单上的内容,只见他又拿出另一张传呼

曾经上海：烟火气中的魔都记忆

鲍文安保留着的传呼单

单，上面写着备注：静安宾馆叫你去一次。接着鲍老伯又笑着说："这一张是上海饮料厂叫我去一次，这样我就不需要回电话了，很简洁明了，就像是我的电话秘书。"

如今鲍老伯的老房子几经动迁，已经面目全非，昔日的邻居也都各奔东西，唯独留下了这个公用电话亭。看管电话的老妈妈在这里工作了三四十年，几年前她作古了，如今店铺的主人是老妈妈的儿子，他童年的时候常常帮着妈妈传呼电话，与鲍老伯很熟。鲍老伯对他说："你妈妈老早是一天到晚叫啊，有时候来的电话要找楼层高的人家，她拿个电喇叭叫道'张家几号，你有电话'。"说着，鲍老伯回过身仰起了头，用手比画出喇叭的形状，学着传呼员大妈的样子，对着远处叫喊。老妈妈的儿子听了频频点头，鲍老伯继续说："有时候要找的人没在，她就留一张单子在电话亭里边，或者拜托旁边的人转达，服务很周到。"

传呼电话亭的黄金时代

改革开放的春风使中国经济得到大发展，做生意的人多起来了，到外地出差办事的人多起来了，出国留洋的人也多起来了，当时的一则新闻反映了市民对国际长途电话的需求和依赖：

"今夜，北京时间20点整，上海长途电信局国际话务室的接线小姐，开始接通免费国际长途电话的热线。"

市民:你在那边蛮好的吧?你在读日文啊,主要把语言学学好。

市民:新年好!我跟妈妈在一起,肚子里的小孩很好,他整天在踢踢脚、挥挥拳,我们非常想念你。

……

传呼电话亭的老妈妈敏锐地感知到了时代的风向,她们也不甘落后,学会了跟外国人打交道。这时候,精通多地方言的邢淑兰又学起了日语,日常交际要用到的"再见""谢谢""请多关照!"等词,她都会说。

随着改革开放的日益深入,人们对信息的渴求日益提高,传呼电话亭如同雨后春笋遍地开花,于是电话传呼员的队伍也壮大了起来。家住闸北的黄锦清老伯伯一直在机关单位做财会工作,平时很少和人打交道,性格比较内向,寡言少语,成为当地绝无仅有的传呼老伯伯是他前半生想都没想过的事情,而他接下这个工作,完全是由于老伴的临终嘱托。他的老伴生前就是一名电话传呼员,他说:"老太婆生病了,我在医院里面陪她整整两个月,老太婆说你不要到外面工作了,到电话间里去做吧,后来她又去拜托书记,跟他讲让我去电话间工作……我其实不愿意做的,觉得在外面做财会好,钱多,在这儿做每月只有三四十块钱。但是老太婆临终就关照我,一天到晚叫我在这里做,居委会也来劝说了几次,我想就算了,听老太婆的话吧。"

传呼电话亭

最终，经不住老伴的劝说，架不住居委会三天两头的拜访，黄老伯当上了电话传呼员，做了老伴的接班人。他回忆说："那会儿打电话的人很多，一个小时有七八张传呼单，有时甚至有十张、二十张，一天跑下来就腿肚子发胀。"但是，忙碌的工作占据了黄老伯寂寞的时光，邻里的情谊悄无声息地化解了他丧妻的悲痛，他渐渐喜欢上了这个工作，一干就是八年。黄老伯从内向寡言，变得热情开朗，他这才发现老伴当初执意要他接班的良苦用心，他说："有时候忘了她的样子就看看照片，看看她年轻的时候，满怀念她的。"说到这儿，黄老伯露出了幸福的微笑。

进入80年代，仅仅在白天营业的公用电话传呼亭已经不能满足老百姓的需要，夜间应急电话应运而生，上海市政府把设立夜间应急电话作为为民办实事的重大工程。1985年，上海设立夜间紧急公用电话服务点1 047处，遍布全市11个区110个街道。夜间紧急电话通常设在工厂、机关的门卫处，深受市民欢迎。当时的一则新闻报道了一位怀着小孩的妈妈，讲述自己即将生育时，通过应急电话寻求帮助的事件，她说："当时是凌晨两点钟，我正在睡觉，羊水破了，情况很紧急，我就想到了这个地方有个应急电话。"

夜间应急电话是传呼电话在夜间的延伸，然而这毕竟不是长远之计，人们渴望拥有属于自己的电话。当年的新闻资料显示，一个暴雨的早上，邮电局一开门，仍然迎来了上千名登记装电话的市民。

记者：你今天冒着大雨也赶过来登记电话吗？

待装户：对的。

记者：你从提出申请到现在多长时间？

待装户：有三年多了，我是1988年11月登记的。

方廷荣那时候住在长风公园附近一个单位分的房子里，分到之后首先碰到的问题就是装电话，他说："那时候装电话是很吃力的一件事，通过正规渠道很难装上，一般只有离休干部家里，或者是单位里有工作需要才会装得很快。"

鲍老伯家的电话是用外汇券来装的，他花了1 500美金，免去了排队等待之苦，仅仅一个星期就用上了私家电话，让邻居们羡慕不已，毕竟，在他装电话的区域，有的人家登记了五六年还没装上呢。不过，鲍老伯家的电话还不是今天人们所熟知的直通电话,他解释说:"它叫载波电话,就是在一条线上,可以有几个电话同时连接,载波电话的通话质量比较差,噪音比较大。"

BB机独占鳌头,大哥大横空出世

20世纪90年代中期以后,矗立街头的公用电话和腰揣BB机(寻呼机)的时尚男女成了这座城市的一道新风景,鲍文安老伯调侃说:"那时候腰里别个BB机不得了,人家都说是老板来了。"

寻呼机的兴起,促成了传呼电话的再度兴盛,传呼电话亭迎来了生意兴隆的又一个春天。邢淑兰回忆说:"骑自行车的人BB机响了,一看到我们传呼电话亭就要来打电话了,以前做传呼员工作的时候收入只有五六十元、七八十元,到后来BB机多了,两三百元也是有的。"

但是,伴随着寻呼机兴起而再度复苏的传呼电话亭其实只是昙花一现,随着住宅电话的增加,上海的传呼电话亭数量减少了,到90年代末,全市的公用电话只有3 912处,电话传呼亭的生意也日益冷清。

1988年3月10日,上海电信建成本市第一个大区制模拟公众移动电话网,第二年4月,引进手持式移动电话机,俗称"大哥大",自此,"大哥大"正式以贵族身份亮相上海滩。方廷荣说:"大哥大手机像块砖头一样,马路上的人拿着它摇啊摇的,就有一种老板的气势。"鲍文安则认为大哥大手机太贵了,他说:"申请一台大概要一万多块钱,不是小数目。"邢淑兰告诉我们说:"那时候只有少数做生意的人首先买了'大哥大',有的是单位效益好,或者做干部的,厂里给他发'大哥大'。它像个大盒子一样,可以自己通话,所以BB机也不用了,公用电话更是用不到了。""大哥大"横空出世,使得单向通信的寻呼机相形见绌,移动电话主宰通信的时代以意想不到的速度到来,传呼电话亭的历史终于要画上句号了。邢淑兰回忆说:"那时四个电话拆掉了两个,传呼员也从四个人变成了两个人,一个人叫,一个人接,本来三四百元、四五百元的收入,做到后来只能拿七八十元、五六十元。"

1995年11月25日零时,上海电话网八位拨号工程割接一次成功,上海成为继巴黎、东京、香港之后,世界上第四个实现电话统一八位拨号的城市。

电话传呼员集体下岗,发生在21世纪初期,难以为继的传呼电话亭被逐渐拆除,2001年就拆除了1 000多家,超过了总量的三分之一。民间收藏家刘德保在城市拆迁的废墟中找到的家门口的公用电话牌子,成了永久的纪念品,他说:"这个公用电话的牌子,就是我们家门口'549486'那个电话号码的牌子,拆房子的时候阿姨说烂掉不要了,我就把它小心拆了下来。"

"侬好,这里是泰安里,请问你找谁?"

"好的,稍等,我这就去叫……"

那些温柔、热情的传呼声终于消失在时间的年轮里,那些劳苦功高的公用传呼电话亭终于功成身退,带着无数人的回忆进了博物馆。博物馆的电话亭蜡像模型全部按照原样"全真"复刻,在它身后留下了社会变迁的曲折轨迹,也正在展开一个全新的时代画卷——如今,信息的传递不再昂贵、神秘、艰难,随时随地拥有信息、传播信息,已是平常百姓的平常事。

(编写 王 俊)

闲话小菜场

一说到虹口的三角地，人们自然就会想到小菜场，曾经的小菜场成了上海的一个著名地标，而三角地菜场的发展和变迁也从一个侧面反映了上海不同时期的民生众相。从马路集市到室内菜场，小菜场维系着百姓的一日三餐，而有关小菜场的许多故事至今让人津津乐道，回味无穷。

小菜场的身世

对于以前上海的大多数普通老百姓来说，每天早晨起床后的第一件事就是拎起菜篮子跑小菜场，那么从家门口到小菜场的这条路，上海人跑了多少年呢？上海最早的小菜场又出现在哪个年代呢？据有关专家的考证和推断，上海从出现最早的小菜场到如今大约有120多年的历史。也许你又会问：120年以前的上海人到什么地方去买菜呢？

在如今的上海地图中，我们可以发现原老城厢地区的一角还能看到一些诸如外咸瓜街、面筋弄、火腿弄、豆市街等老地名，那么，这些以小菜作为路名的马路，又有哪些来历呢？

翻开历史，上海在1843年开埠以前，只是江苏松江府下属的一个海滨小县城，老城厢的区域面积才3平方公里，城外的农民和菜贩们每日挑菜进城，走街叫卖。19世纪末，菜场开始在上海出现，从当年拍摄的照片中可以发现，小菜场中菜贩们把各色蔬菜集中一处，吹响了各种菜品的集结号。有趣的是，在买菜的人群中，我们还能看到男人梳着大辫子的晚清

最早的反映上海人买菜场景的照片（拍摄时间不详）

遗风，仲老师介绍说："后来也有一些菜贩选择街道的门面房卖菜、卖瓜、卖肉、卖禽蛋，于是出现了前店后工场的豆腐面筋作坊等，这大概也是上海老城厢一些老地名的由来，也是当时菜场的雏形，那时候的居民还没有'小菜场'这个概念。"

所以说，上海小菜场的出现距今至少有120年的历史，还是有据可查的。小菜场的出现也是上海城市化进程的一个标志，它是从乡村上海发展到城市上海的一个里程碑。在三角地菜场建成营业的1900年前后，上海的人口已经达到了100万，上海成为全国最大的城市。20世纪初期，随着上海城市人口的迅猛增长，城市版图的不断扩大，小菜场的生意也日益红火，小菜场的数量在逐渐增多，老上海人熟悉的四马路菜场、八仙桥菜场、唐家湾菜场等都是很有历史的小菜场。

当时在菜场买菜的人群中有中国人、日本人、朝鲜人，还有欧洲人。20世纪30年代上海流行的一本《红玫瑰》杂志上面是这样描述小菜场中买菜的上海少妇的："包车拖到小菜场，奶奶架子搭松香（搭架子），若问今朝买点啥，三个铜板一条腌臭鲞。"这首小诗看上去好像是在嘲笑买菜的少妇甩派头，却很小气，其实从另一个角度看，这个少妇想吃啥就买啥，还是很精明的。那个年代，清晨热闹的菜场也成了各东家的帮佣们交头接耳的场所，那时的上海人称帮佣为娘姨，因此这也被戏称为"娘姨会议"。

据统计，到1930年，上海全市已有成规模的菜场49处，每天早晨到小菜场里去买菜成了上海人的生活方式。不过也有的菜贩子不进小菜场卖

闲话小菜场

19世纪末的三角地菜场

菜,而是挑着担子穿行于石库门的弄堂里叫卖,常常把晚睡晚起的电影明星周璇吵醒,她把一肚子的埋怨唱成了当年的一首流行歌曲,《讨厌的早晨》歌词云:"粪车是我们的报晓鸡,多少的声音都跟着它起,前门叫卖糖,后门叫卖米,哭声震天是二房东的小弟弟,双脚乱跳是三层楼的小东西……"这首歌曲十分形象地描述了20世纪30年代上海里弄居民的生活场景,同时也说明那个时候有些上海人不去小菜场,就在家门口买菜。

小菜场也是鲜花盛开的地方,上海人买了菜后,顺便买束花,小菜篮子里不仅有物质生活,也有精神享受。1936年2月,美国著名好莱坞华裔明星黄柳霜到上海,下榻在南京路上的国际饭店,一段影像记录了当时她在附近菜场买花的场景。一时间,"好莱坞明星也跑小菜场"成为上海人茶余饭后津津乐道的话题。

三角地菜场是上海最早开办的菜场之一,在后来的岁月里,它也曾经是上海最有名气的一个菜场。当时其英文名称为"HONGKEM MARKET"(虹口菜场),由于它位于虹口区三条马路的交叉口,大家自然就把"虹口菜场"称为"三角地菜场"。

大约在1912年,租界当局对三角地菜场进行了改建,把原有的木结构改建成适合菜场需求的钢筋混凝土建筑,形成了带有西方特色的现代化菜场。三角地菜场比南京路上赫赫有名的永安、新新等四大百货公司要早建成几十年,而且经营场地和经营规模在当年的上海滩上也是屈指可数的巨无霸。过去上海人只要说到三角地,就都知道是指小菜场,一个小菜场

旧影像中的虹口菜场之一

旧影像中的虹口菜场之二

竟然成为上海滩上的一个地标。

当年新建的三角地菜场有三层：底层主要是蔬菜市场，二层销售鱼肉类等副食品、罐头包装食品和其他农副产品，三层是各种小吃。当年三角地菜场在三楼开设的各种点心摊、小吃店，形成了全上海的品牌，三角地的小吃可以说全上海闻名，有酒酿圆子、水潽蛋、三黄白斩鸡，冬天有白切羊肉，还有各种西餐，小宁波的土司、面包、排骨年糕等。当时有一位文人在《沪江商业市景词》中称三角地菜场："造成西式大楼房，聚作洋场作卖场，蔬果荤腥分位置，双梯上下万人忙。"年逾八旬的原菜场老职工魏开泰说："三角地菜场有一百多年的历史，经营多种品种，人家没有的，我们三角地要有，要比人家质量好，价格公道。那么我们的品种口号是什么呢？就是'糟、醉、腌、腊、风、青、草、花、白、鲤'，鲤鱼养在水里面，日日夜夜要浇水，保持质量，蔬菜品种有好几十种，梭子蟹是活的。"

说到三角地菜场我们就不能不提离它不远的一个叫作1933老场坊的地方，如今这里是一个创意园区，那么过去这个老场坊是派什么用场的呢？这处老场坊就是建于1933年的上海工部局宰牲场，当时被称为远东第一大宰牲场，在这里宰杀的各种牲口专门供应上海的菜场。这里当年的规模很大，每天能宰杀和加工300头牛和300头猪，而且这里的屠宰和加工设备都是很先进的。为了确保肉类食品的卫生和安全，它有一整套肉类卫生防疫的体系和制度。而大型肉类加工企业的建成保障了大型菜场的食品安全和卫生，当时这家工部局宰牲场生产加工的放心肉源源不断地供应三角地菜场和全市其他各家菜场。

小菜场里的上海味道

上海滩上的很多小菜场无论其规模和场地并不算小，然而菜场再大，人们为什么还是称它为小菜场呢？而上海人为什么把各种荤菜蔬菜，鸡鸭鱼肉统统称为小菜呢？

老百姓约定俗成的很多说法是很难找到根据和出典的，我们猜想这与上海人吃菜讲究少而精是有关系的。上海是一座移民城市，上海的宁波人很多，宁波人做菜味道咸，他们把小菜称为"下饭"，主要为了配合吃饭而吃菜，如果来了客人吃饭，他们往往会谦虚地说"小菜呒搞饭吃饱"，实际上他们的小菜做得津津有味，很精致，而在这买菜和做菜的背后就有了上海人的精明。被称为南京路上金三角之一的中信泰富广场是上海顶级的商务楼宇，它是在陕北小菜场的原址上建造起来的，在旧上海，陕北小菜场所在的陕西路称为西摩路，所以上海的老居民都称它为西摩路小菜场，它曾经也是上海规模比较大、品牌比较响的小菜场之一。上海女作家程乃珊在这一带居住了六十年，对这个菜场颇有感情，她说："这个小菜场，我觉得拆掉老可惜的，好像90年代被拆掉的，拆掉的时候，我蛮难过的，我们从小熟悉的一个符号又不见了。当时生活很便捷，就是因为有这个西摩路

在菜场买菜的上海市民

小菜场,而且这个小菜场,跑进去干干净净,一点鱼腥味道也没有。"

由于小菜场生意好,人气旺,因此各种和老百姓家庭生活有关的服务零售业也拼命地往小菜场里挤,希望在这里占有一席之地,于是小菜场的名堂越来越多,作家程乃珊回忆起西摩路小菜场时说:"那个时候你要买烘山芋、买粢饭,南京西路上是没有的,只有西摩路小菜场附近有,还有豆腐浆。在这条陕西北路上围绕这个菜场,有很多上海老百姓比较习惯的东西,所以我觉得它这个布局非常好,还有修皮鞋、修伞的摊位,一切你生活中需要的东西,全部集中环绕着这个西摩路小菜场。"

小菜场里菜多,人多,名堂也多,上海人就是在充斥于耳的叫卖声中,熏陶出自己的上海味道。俗话说,一方水土养一方人,上海人性格的形成和小菜场是有关系的,现在上海人还保留着许多和小菜场有关的俚语,如形容做事大家差不多叫"半斤八两",形容不分好坏叫"拎到篮里就是菜",还有"带鱼换黄鱼""斤斤计较"等。

上海人天天去小菜场,讲究的是菜的新鲜,即便后来家家户户都有了冰箱,但是很多上海人还是天天要去小菜场,因为小菜场买来的新鲜菜和冰箱里的冷藏菜的口味是不一样的。到小菜场里买菜,上海的许多家庭主妇都有精挑细选的习惯,她们不仅考虑荤菜、蔬菜和花式品种的搭配,还精于计算,许多家庭主妇都有一套买菜经,选择、计算、搭配,讲究小菜的味道和生活的品位。上海人的这些秉性都和小菜场有莫大的关系,每天去小菜场实际上就是一种生活智慧的历练和培养。

闲话小菜场

吃菜不忘种菜人

一艘刚建好的万吨轮为何去运载一船大白菜?"三年困难时期"你吃过"光荣菜"吗?还记得买菜要凭票证的年代吗?从过去清晨摆砖头排队去买菜到现在从大卖场把农副产品拉回家,从买菜到烧菜,菜篮子发生了多大变化呢?

中国人说,民以食为天,这个"食"指的不仅是主食,也包括副食,不仅是米面,也包括小菜,所以每天去小菜场买菜是比天还要大的事,这也是老百姓最大的民生。

上海解放前夕,市场很混乱,物价飞涨,人民生活极端困苦。因此,1949年10月1日新中国成立后,稳定物价,确保物资供应,是新生人民政权的重中之重。各届政府都把市民的菜篮子作为最大的民生工程,而小菜场里的营业员为了保障民生,要凌晨起来准备产品供应,许多人被称为"半夜夫妻",原上海副食品行业干部周如良说:"我们营业员是'半夜夫妻',蛮辛酸的。菜场职工要凌晨3点起来,4点到菜场报到,把商品整理好,把标价标清楚,到5点半的时候,开秤向居民供应了。"

在相当长一段时间里,上海郊区的菜农为了把蔬菜早早送进菜场,他们白天收割蔬菜,傍晚打理装车,晚上用拖车一车一车运进城来,几乎要忙到凌晨才结束工作。原上海县菜农许海君回忆说:"生产队送的蔬菜有蚕豆、毛豆、甜瓜、冬瓜等,一般是在半夜两三点钟开始运,要运到大天亮。为了保证供应,要做到秋天有嫩草头,冬天有红番茄、大叶荠菜。"上海县的菜农如果要把菜送到虹口区和闸北区的菜场,必须要经过苏州河上的桥,而过桥对菜农来说是件困难的事。那时,上海流行一句口号叫:"吃菜不忘种菜人"。其中最有影响的一件事情是,位于市中心黄浦区的星火日夜商店全心全意为菜农提供特色服务,他们的事迹受到了人们的赞扬,作家彭瑞高回忆说:"他们在这个店堂里面放了些桌子、凳子让菜农进来休息,免费喝水,还提供价廉物美的小点心,我想星火日夜商店的店员最晓得菜农的辛苦。"

新闻纪录片《盆菜》

20世纪50年代,精明的上海人还发明了盆菜。1956年上半年,徐汇区乌鲁木齐中路菜场首创了盆菜供应,它把各种菜加工洗净,搭配成拼盘菜出售,盆菜一时成为菜场供应的特色项目,老百姓都夸好。当时,上海电影制片厂还专门拍摄了新闻纪录片,向全国推广上海小菜场这一多、快、好、省为市民服务,满足市场需求的经验。

好日子总是令人难忘的,一位原副食品行业工作的老同志用文字写下了这样一段回忆:"1952年到1958年间,你走进菜场,鸡、鸭、鱼、肉,样样都有,而且价格也便宜,老百姓说'鸡会叫,鱼会跳,鸭子呱呱叫',当时老百姓的工资虽不高,但生活过得很开心。"

从1959年开始,由于国家经济困难,物资匮乏,为了保障市场供应,中国进入了凭证、凭票,定量供应的时代,人们总是为各种购物票证烦恼,凭票购物成了大家对那个年代最苦涩的回忆。在上海社科院出版的《上海蔬菜商业志》里有这样一段记载:1960年,上海市蔬菜供应十分困难,每人每天只能供应二两蔬菜。

上海当时作为我国最大的工业城市,发展生产最需要调用的是煤炭、棉纱等工业原料,运输任务相当紧张,同年,我国自行设计建造的第一艘万吨级远洋货轮"东风号"在上海江南造船厂顺利下水,在群情振奋的时刻,人们都没有料想到这条万吨轮的首次航行干了一件所谓"大材小用"的事情。当年冬天,"东风号"第一次启航,首航就是抢运从天津、青岛等地支援上海人民的几千吨大白菜,紧急供应上海菜场,解了全市老百姓吃菜的燃眉之急。

闲话小菜场

各种食品票证

在那个不同寻常的年代里,虽然副食品供应紧张,但菜场还是千方百计地动脑筋采购年货,为居民服务。为了克服三年经济困难造成的粮食和副食品供应紧张问题,中共上海市委和市人民委员会响应党中央关于"全党动员,大办农业,大办粮食"的号召,作出了围垦本市江海荒滩,建立城市主要副食品生产基地的决定。1960年9月,上海市围垦总指挥部组建成立,数万名工人、知识青年、机关干部、居民和学生离开繁华的上海大城市,奔赴崇明岛和长兴岛等地的江海荒滩,投入了围海造田的创业,不久就为城市提供了大量粮食和农副食品。

20世纪70年代,一个日本的摄影队记录下了上海人到小菜场去买菜的真实镜头:"天还没大亮,小菜场里已经是人头攒动,镜头里阿婆要买肉,先要给营业员交肉票,然后才能称肉付钱,当时有钱没票是买不到肉的。买好了肉,阿婆还想买点其他的菜,她差点被如潮的人流挤倒,原来菜场里刚运来了一批紧俏的橡皮鱼,橡皮鱼有时是不要凭票供应的,所以大家都抢着去购买。"原上海副食品行业干部周如良说:"因为猪肉少,市领导用以鱼代肉的办法,开展海洋捕捞,为市民提供橡皮鱼。"

菜篮子里看形势

上海的小菜场真正做到菜源丰富,能够满足老百姓菜篮子的需求,那是1978年十一届三中全会以后的事了。为了丰富老百姓的餐桌，政府部门千方百计组织货源，并在市郊建立了多个农产品种植基地。改革开放后，上海的小菜场发生了翻天覆地的变化，如今人们可以随时随地、随心所欲地购物，再也不用为餐桌而烦心。在"解放和发展生产力"的号召下，中国的经济开始复苏，用老百姓的话说就是，最能看到的成果是改革，它实实在在地改善了老百姓的一日三餐。

改革充分发挥了亿万农民劳动生产的积极性，打破了沿袭多年的国营菜场一统天下的局面，很快上海开始有了农贸市场。胶州路的农贸市场是1979年10月15日成立的，该市场在当时也是建成比较早的一个农贸市场，也是改革开放以后三种经济成分同时发展的结果。原上海市副市长裴先白说："邓小平同志是支持农贸市场的，在上海，他对我说：我要看小菜场，看居民买菜，要找一个不是太好的也不是太坏的菜场，我要看。我说那好，我们就到附近的胶州路农贸市场。"于是，1983年2月21日清晨，邓小平视察了胶州路农贸市场，当时这里每天清晨的道路两边是农贸市场，一块路牌旁边就是个体户江安如的摊位，邓小平来到这里和他拉起了家常，个体户江安如说："那时我在用右手斩冬笋，右手戴了一个手套，邓小平伸手出来跟我握手，我就把手套拿掉，喊'邓伯伯，邓伯伯'，邓小平就问我，你生意还可以吗？我说，生意还可以。他问，你一天赚多少钱？我说，一天赚二三十元。"那天，在此起彼伏的吆喝声中，在鳞次栉比的摊位间，邓小平还仔细地询问了多种菜价，关心着老百姓吃菜的情况。市场一放开，经济搞活了，小菜马上多起来了，苏北的农民兄弟运来了自家养的草鸡，在三官塘桥办起了一个活鸡批发市场，上海市民能吃到久违的草鸡了，感到味道好极了，于是形成了"百万雄鸡下江南"的局面。

一些上了年纪的市民都知道，当年，上海电视台在全国电视媒体中首创"小菜场"栏目，让"小菜场"这个平民化的名字登上了电视台的荧屏，栏目每天在黄金时段播出15分钟的节目，及时播报蔬菜、水产、肉禽类、果品等信息，还经常指导市民"买、汰、烧"，"小菜场"栏目很快成为一个收视率很高的栏目，在华东六省一市引起了很大的反响。小菜场又热闹起来了，上海滩著名的滑稽戏演员杨华生也跑进菜场体验起生活，把小菜场搬上了说唱的大舞台。

菜篮子越来越丰富，老百姓的生活质量提高了，过去清晨摆砖头排队去买菜，现在可以把超市大卖场的农副产品买回家。亲戚朋友聚会，吃了四川菜、湖南菜、广东菜，现在要吃家常菜了。东吃西吃，吃来吃去，还是想念妈妈用手艺做的菜。周如良说："上海老百姓有一句话，叫菜篮子里看形势，现在上海的形势大好啊。"

2011年4月，新华社发布了一条消息，古巴宣布开放食糖销售价格，古巴共产党第六次代表大会决定将逐步取消政府补贴，探索走经济改革的道路。这条新闻一时引起许多上海人的会心一笑，人们从中想起了上海小菜场的变迁，从日益丰富的农副产品供应中想到了中国改革的硕果和给老百姓带来的实惠。上海小菜场票证供应的历史虽然已经远离了我们的生活，但是小菜场却给我们留下了一段段难以忘却的回忆。

（编写　李夕冉）

弄堂里的杂货店

20世纪五六十年代的上海,烟纸店几乎遍布弄堂小巷,它不但规模很小,而且非常简陋,就在大小马路和长短弄堂里,日复一日年复一年地这样开着。1956年,一些规模较大的烟纸店被合并成了集体所有制的烟杂店和食品店,规模较小的烟纸店经过整顿被保留了下来,散布于街头巷尾,它们给上海人的生活带来了很大的方便。李建梅、贾玲小时候都最喜欢去烟纸店买零食吃,高惠英和王海燕在烟杂店度过了她们的青春岁月,也和居民们结下了像家人一样的深厚情谊。

"阿司匹林橡皮膏、木拖板鸭舌帽"

遍布上海街道弄堂的小小烟纸店,上海人每一天的生活都离不开它。退休在家的李建梅经常隔三差五地到楼下的超市去买盐津枣和咸桃板,那熟悉的味道会让她不由自主地想起很多童年往事,想起弄堂口她最喜欢去的那两家小烟纸店。烟纸店在20世纪五六十年代的上海,几乎遍布弄堂小巷,有成百上千家。这类杂货店不但规模很小,而且非常简陋,它们就在大小马路和长短弄堂里,日复一日年复一年地这样开着,上海人俗称为"烟纸店",往往都是个体经营的夫妻老婆店。

这些沿马路或弄堂里的烟纸店面积都不大,一般都由夫妻两人经营,房主就是店主,面积大一点的前半间做生意,后半间起居生活。小小的店堂既做买卖,又是店主一家生活的活动场所。烟纸店一般都是早上六点前

弄堂里的杂货店

20世纪20年代初的烟纸店

后就卸下门板打开店门，晚上九点到十点左右才打烊，从年初一开到年三十，全年几乎无休，出售居民日常生活中不能缺少的零星物品，市民李建梅说："烟纸店很好的，信纸、信封、笔、簿子，我们都经常去买的，天热时，蚊香、扇子都摆出来卖，家里面停电了，就要去买蜡烛，反正样样有，比现在的小超市还要好。"最早的烟纸店具体出现在哪一年已经难以考证，但从民国报纸上出现的诸如烟纸店老板的漫画肖像、烟纸店的摄影作品来看，大约是在20世纪20年代初，而烟纸店名字的由来，最早也是因为人们常去店里买香烟、草纸、烟纸，"烟纸店"因此而得名。

1956年，上海历经三年的时间对私有工商业全部完成了"公私合营"。一些规模较大的烟纸店被合并成了集体所有制的烟杂店和食品店，而那些规模较小的烟纸店在两年后的1958年经过整顿被保留了下来，散布于街头巷尾，极大地方便了居民们的日常生活，李建梅回忆说："小时候，妈妈经常叫我去拷酱油，我就拿了一个酱油瓶去拷酱油了，那个时候酱油二角七分一斤。"烟纸店依据门面大小出售的日常生活必需品有多有少，缝纫用品类有针、线、纽扣、竹尺、划粉，卫生防护用品类有牙刷、牙膏、百雀羚、蛤蜊油，药品类有人丹、清凉油、十滴水，小文具类有铅笔、橡皮、刀片、墨汁和各种本子，还有别针、夹子、鞋垫、鞋油、毽子、象

烟纸店出售的日常生活用品

棋、信纸、信封等，五花八门，数也数不清。

"牙刷牙膏香肥皂、广东刨花一列胶、水果糖鸡蛋糕、羊毛笔铜笔套、阿司匹林橡皮膏、木拖板鸭舌帽、卫生草纸电灯泡……喂喂喂，我记也来不及了"，这是姚慕双和周柏春老先生表演的著名滑稽戏《新老法结婚》里面的一段顺口溜，他们说的这些零零碎碎的日常生活用品，在弄堂口的烟纸店里都能买得到。除了被老百姓称为烟纸店"四大金刚"的香烟、火柴、肥皂、草纸常年供应之外，店主还会根据气候的变化来准备一些当季的货品。

那时候开在弄堂过街楼下面的烟纸店大多都没有具体的店名，居住在周围的人们也都习惯用烟纸店的位置或者店主的特征来称呼它们。这些被称为"弄堂口一爿烟纸店""后弄堂某某烟纸店"的小商店虽然很不起眼，但是一户人家日常过日子所需要的大小用品，它都能够供应，甚至连衣服上很特别的纽扣都有得卖。

"婆婆妈妈们拷半斤酱油，买五分盐，称二两水果糖，付好钱，拿好东西也不忙着走，靠在柜台上跟大妹她们嚼闲话，传递各家各户芝麻绿豆的新鲜事，说上一阵，才满意地离开。"这是上海作家王安忆《烟纸店中》一书里关于弄堂烟纸店的描写。当然那个时候，烟纸店里最好的生意还是卖香烟，各种各样牌子的香烟被店主整齐地摆放在玻璃柜台里。香烟十包为一条，可以成条买，也可以买一包，市民张青回忆说："'勇士'一角三一包,'劳动'二角二一包、'浦江'一角七一包、'飞马'二角八一包、'大前门'三角五一包、'牡丹'牌四角九一包。"

在那个年代,人们的工资收入低,生活都要精打细算,所以精明的店主有时也会把香烟拆开来零卖,这样一来,买香烟的人也可以挑点好烟来抽抽,像飞马牌,三分钱买两根,大前门五分钱买三根,牡丹牌五分钱买两根。除了香烟可以拆零卖之外,烟纸店里还有好多东西也可以是零拷的,蛤蜊油、雪花膏、生发油,甚至连草纸也可以不用一次买一刀30张的。李建梅介绍说:"人家厂里面装好一瓶瓶的,一瓶大概有四五斤,零拷就是灌在你自己的瓶里面,然后放在秤上面称,是一两就算一两的价钱。"

那时的上海,大一些的百货商店都距离居民区比较远,所以弄堂里每户人家的生活都是少不了烟纸店的。家中草纸、火柴、肥皂用完了要赶忙去烟纸店买,缝衣针断了纽扣掉了也会马上到烟纸店去配,而往烟纸店跑得最勤的当然就是弄堂里的孩子们了,李建梅说:"九分一卷的水果糖,各种各样的颜色,大弹子糖、小弹子糖,一粒粒的,上面五颜六色的,蛮好吃的。"在很多上海小囡的记忆里,最早认识世界上有各种好吃的东西都是从烟纸店的瓶瓶罐罐中开始的,而那些包着各种好吃东西的"三角包",就是烟纸店对孩子们的最大诱惑。

市民贾玲的妈妈当年在上海幸福食品厂工作,因为员工购买价格便宜,妈妈经常会把食品加工下来的边角料买回家给贾玲姐妹俩吃,但是就是这对经常可以解解馋的小姐妹,有一次为了能买一个三角包,竟然也做了一件让妈妈非常生气的事情,贾玲回忆说:"我妈妈信写好了,要去上班,叫我跟妹妹两个人去寄信,给了我们八分钱。我们不晓得市内跟外省邮资有区别,想着反正都可以寄的,就买了一张最便宜的四分钱的邮票贴上去了,还多了四分钱,我就跟妹妹到对面店里去买了包三角包的零食吃掉了。那封信过了两天退到我们家里来了,我妈妈看到这封信很生气的,后来她重新再给我们钞票,我们再去寄。"

除了让孩子们垂涎的三角包之外,烟纸店里还有铅笔、橡皮等文具供应,弄堂里的小学生们无论是铅笔用短了,刀片、橡皮不见了,还是本子写完了都不用跑远到专门的文具店去买,到烟纸店几分钟的时间就全部解决了。等到了春节,烟纸店简直就变成了孩子们的"天堂",大、小炮仗,各种烟花，刀、枪、剑、戟、斧等古代"十八般兵器"，堆满了几平方米的小屋，有的烟纸店索性还在弄堂口搭起了临时摊、拉起了灯泡"挑灯夜战"。烟纸店大都关门很晚，就算打烊后，谁家有急事买个灯泡、买根蜡烛，夏天蚊香没有了，或小孩中暑要用十滴水，深更半夜去敲烟纸店的门，店老板也会专门开一扇小窗把需要的东西递出来。再后来，烟纸店店门上方装上了一块铁皮，上面画着一个电话听筒的标志，从那个时候起烟纸店就又多了一项公用电话的服务内容。

营业员的故事

当时上海街道里大一些的烟杂店大多都分为三个柜台，居民日常生活所需要的物品就按照这三大类进行销售，一个柜台是烟、小百货，一个柜台是酒、酱油、醋之类，还有一个柜台就是南北货、糖、食品，三个人一个柜台。1980年，22岁的张青和21岁的贾玲一起被分在了张家宅街道跃进食品商店的南北货柜台。为了照顾周围的居民买东西方便，店里营业员上班的时间也是分早晚的，早班上午七点到下午四点，晚班是上午十点到晚上七点，大家轮班休息。

1972年年底，刚满17岁的高惠英被师傅领着来到了成都北路山海关路上的源丰烟杂店，当了一名营业员，高惠英回忆说："上面公司的领导，一路上带了我们二十几个营业员，从北京西路、山海关路、新闸路，一个一个就把我们领过去了。"和以往的烟纸店不同的是，此时的烟杂店已经是集体单位，它对每一个新来的营业员都要进行业务培训，高惠英他们需要尽快掌握三项基本服务技能，即包三角包、扎瓶子和称分量，其中称分量要求"一抓准"，比如买一斤糖，两把一抓就是一斤，几乎就相差一到两粒，要求很高。

1973年，同样17岁的王海燕被分到了张家宅街道的跃进食品商店，成了一名营业员，在这里，居民们更习惯把跃进食品店称为"服务站"。和高惠英不同的是，王海燕因为从小家境优渥，食品店的工作环境让没有思想准备的她心里有了很大的落差，王海燕说："因为家里一直用阿姨的，

烟纸店的小小三尺柜台

我生活能力非常差,我师傅从中心店领我,从弄堂里兜进去,我差点厥倒,我做梦也没有想到我的工作是到这种地方,我是想不通的,但是想不通也没有办法。"包三角包和称分量对于从来没有做过家务的王海燕来说都还不算难事,但是扎酒瓶这样的力气活,就让她吃了不少以前从来没有吃过的苦头,王海燕回忆说:"扎酒瓶以前都是用麻绳,两次一扎,我因为在家里面没有做过家务,手上的皮很嫩,两次一扎,手要破掉的,很痛的,后来没办法,只能贴橡皮膏。"

除了扎酒瓶的经历让王海燕终生难忘之外,当营业员第一天的扛门板也给了她刻骨铭心的感受,王海燕说:"第一天晚上关门的时候,我们师傅就在我身上搭了一块饭单,饭单一搭,我站好,后面一块很重的门板就扔下来了,我当时就被这块门板敲得'要厥过去了',想想很伤心的,那个时候人又瘦,长得像绿豆芽一样的,腰身一尺七,这么重的门板,天天要扛,多苦啊。"比王海燕晚了七年进店的贾玲虽然身板同样单薄,但因为有了男同事,装卸门板的时候就经常会得到张青的帮助,在食品店里,他们结下了深厚的同事情谊。到了春节前夕,大量的年货准备工作会让他们忙得不可开交,贾玲回忆说:"我们过年最忙的时候,所有的东西都是整包的,每户人家要分小户大户,都要称好分量,特别是包粉丝,真的是

扎啤酒瓶

头痛得不得了。"

从1955年10月实行粮食按人定量供应开始,一直到1978年12月的改革开放,上海和全国的其他城市一样,很多商品都是要凭票购买的,所以烟杂店每个月的月底都要进行盘点,为了避免出现差错,每一个柜台的营业员都是相对固定的。在当时,像源丰烟杂店这样的杂货店,隔两天就要到所属的批发部去进货,因为条件有限,高惠英就用平板车和自行车把店里需要的货物运回来。当时从批发部运来的很多食品不光批量大,而且还都是散装的,所以烟杂店和食品店的营业员就要利用闲暇时间,事先将包食品的纸袋准备好。1980年,高惠英离开源丰烟杂店,调到了静安区合众合作中心店负责人事工作,对于营业员的辛苦和委屈,她自然是最能理解的,因为在烟杂店里发生的每一件事情都是她曾经历过的,她说:"营业员在当时的工作中,付出是挺多的,包装加工也有很多的讲究。"

烟杂店里的营业员千方百计地服务好前来购物的居民,他们朝夕相处,结下了像家人一样的深厚情谊。这些遍布20世纪五六十、七八十年代上海街道弄堂的烟纸店、烟杂店和食品店,给当时的居民带来了生活的便利,也散发着最浓郁、最纯粹的上海气息。

杂货铺中的烟火人生

杂货店里的商品无论大小都是明码标价,只有遇到特殊的情况,营业员们才会根据公司的规定,便宜卖给顾客。糕点什么的,有的来得很碎的,就会卖得便宜些,按散的价钱卖,比如,那时候四分钱一根棒冰,八分钱一根雪糕,断棒冰则只有三分钱一根,断雪糕只有六分,便宜很多。

在计划经济的年代,上海多子女家庭的父母为了让家中每一个孩子尽可能多地增加些营养,不光处处要精打细算,还要在孩子们中间左右平衡,周庆伊回忆说:"我记得我哥哥,在上海中学住读的,一个星期回来一次,妈妈会买一点糖果、蛋糕、饼干什么的,给我哥哥带了去,我就在旁边,眼睛一直看着,我想,哎哟,我怎么没有吃的呢?我妈妈讲,他读书辛苦,一个人住在学校里,所以给他带。"除了住校一周回家一次的学生特别期待妈妈们从服务站买来的点心之外,那个时候很多上海家庭里都有在外地插队的孩子,有的人家还不止一个,这种家庭的妈妈们跑服务站就跑得更勤了,李建梅说:"那个时候家里面人肉票都不舍得用,就省下来,烧酱,酱烧好就给他这样一瓶瓶带到黑龙江去。"

烟纸店门面

在当时那个物资短缺的年代，大部分的家庭生活用品都要凭票购买，除了尽可能把上海特有的食品给插队的孩子带去之外，妈妈们还会省下自己家的票证到杂货店买需要的东西囤起来。在周庆伊的记忆里，因为要给在内蒙古插队的哥哥添置一床新棉被，他们的妈妈为了凑够棉花票也是费尽了周折。在计划经济年代，每家每户是根据人口的多少分为大户小户的，杂货店里销售的商品就是按照大小户来进行配给的，遇到极个别的人家放弃购买份额里某样年货的时候，王海燕就会赶紧把这个消息告诉好友郑桦，郑桦回忆说："人家不买了，多出一份红枣给我买，就觉得很开心了。"当时不光各种购物票紧张，有的时候一些紧俏物品，就是有了票也是很难买得到的。紧张商品不是各个商店每天都有，而是轮流供应的，上海市民郑桦说："一个礼拜来两次啤酒，大家都去抢，都要去排队，啤酒买不着，有人插队就会引发争吵，讲起来都是些鸡毛蒜皮的事情。"

对于可以计数、不存在保质期的日用品来说，上海几乎所有商店的柜台对出售的商品都有一个不成文的规定：日用品可以调换，比如肥皂、针线，但食品、糕点、酒不退不换。在高惠英的记忆里，她还曾经遇到过酒瓶碎了拿回来要求赔偿的顾客，高惠英说："他拎瓶酒到外面，上电车时可能碰到硬的东西打碎了，拿根绳子就回来了，说我没有扎紧，把他的酒瓶打碎了。一般我们营业员的捆扎技术很过关的，不会滑下来的，但如果这个事情不处理，他就没有休止，顾客是上帝嘛，好，就赔两瓶酒给他了。"

"小小三尺柜台，心向世界"

在张家宅街道，跃进食品商店被居民们习惯地称之为"服务站"，像这样的食品店在20世纪七八十年代的上海有很多。为了保障居民的日常生活需要，店里的营业员不光要进货搬货，还要包货和盘点，工作琐碎而辛苦。

20世纪70年代初，轰轰烈烈的"上山下乡"运动已经过了高潮，70届毕业的中学生已经不用像68、69届毕业生那样，全部"一片红"去

"上山下乡"了。他们可根据自己哥哥姐姐的去向,以及家庭是否有困难等情况被分配到上海工矿企业或市郊农场工作,当时把分到工矿的叫作"硬档",去务农的称为"软档",比较"软"的是分到集体单位工作。周庆伊说:"我们班级里面,最好的一个硬档的工矿就是上海矽钢片厂,或者上海无线电三厂,比较软档的就分到大集体,包括大饼摊,实际上这个也属于比较好了。"

17岁的王海燕那时满怀青春的激情和梦想,曾经也有着自己的远大抱负,她说:"碧玉年华,总想报效祖国,想干一番事业。要么当画家,要么做医生。"因为先天性心脏病而留在上海的王海燕本以为也可以分配到硬档的工矿去工作,却没想到被分到了张家宅街道的跃进食品商店当营业员,听着师傅天天讲大道理——"小小三尺柜台,心向世界",但王海燕的心情却一点也不好。其实,在当时的上海,像王海燕这样当营业员的年轻人有很多,因为在那时,成千上万的烟杂店和食品店遍布上海的大马路小弄堂,家家户户每一天的生活几乎都离不开它,但是,王海燕从小是在市中心的泰兴大楼长大的,那些弄堂小店她从来没有去过,更不要说到这样的环境里工作了。王海燕说:"以前我们买东西都是去南京路、老大房,基本上不到这种小店里面的,我从来不知道这个地方。到了这个张家宅服务站,感觉落差很大,有点崩溃,你晓得我哭了几天?看到认识的人来,我就到后面小仓库里面躲起来,不愿意见人的。"尽管在杂货店当营业员的这份工作让王海燕很不满意,但是每天上班还是不能不去的,到跃进食品商店工作没多久,周围的居民就都认识了王海燕,还给她起了个让她很不开心的绰号"小长脚"。

严寒酷暑,早出晚归,努力工作的他们难忘曾经的委屈和辛苦。当时的上海,大一些的居民区都会有一两个像跃进食品店这样的杂货店,而住在杂货店旁边的居民买东西就最为方便。早晨,营业员把店里的门板卸下来之后,服务站就开始了一天的营业,为了保持充足的精力,店里的营业员都养成了一个习惯,上班第一件事情就是泡水,一人一杯茶。泡在杯子里的热水除了能解渴之外,冬天还可以暖暖手,因为对店里的营业员来说,一年四季中冬天的天寒地冻才是最难熬的。贾玲回忆说:"商店是这么敞开式的,以前零下几度西北风刮起来的时候,我们又没有地方坐的,都站着,大家就这样焐着个瓶,脚跺跺,到冬天天还没有冷呢,就生冻疮了。"王海燕说:"两个阿婆挺好的,有时候帮我冲个热水袋,说'小长脚'冷死了,冲个热水袋焐焐。"那个时候条件非常艰苦,也没有其他的取暖设备,为了能在没有顾客的时候让店里暖和一些,他们就想出了这样一个办法:柜台上面两边用木棍子撑好,再上面是玻璃移门,有人来买东西,玻璃移门才打开,没有人来了,就把玻璃移门关起来,营业员都在门里面,大门用两块很厚的毯子遮起来。

当时,跃进食品商店进货的曹家渡批发部虽说不是太远,一来一回也要一个多小时,尽管那个时候运货已经不再是平板车而有了黄鱼车,但是一到夏天,装满货物的车子踩起来也是非常吃力的。当年,张家宅街道居住着3 000多户居民,跃进食品商店承担着这里10 000多人日常生活物资的供应,每次拉回来的货都够店里的营业员忙上一阵子。王海燕回忆说:"张家宅服务站就像是居民的衣食父母一样,少不了的。运来的啤酒都是一大箱一大箱的,自己扛,搬不动也要搬;二十斤月饼,然后加上沉重的木头箱子,咬着牙搬进来;过年的时候蛋糕百把箱,一箱一箱都要自己扛进来,再整整齐齐地垛上去。"

营业员工作的辛苦,居民们都看在眼里,平常都是很关心的,有的时候会陪他们聊聊天,时间长了以后便打成一片,他们用自己的方式关心着王海燕这些年轻人。慢慢地,王海燕对居民们的态度也有了很大的转变,她说:"他们非常关心我,碰到我讲'小姑娘,小姑娘,你这两天为什么不来上班?身体不舒服还是怎么样?'很牵挂你的。"

开在居民区的杂货店,店门口大多都会有一块比较宽敞的空地,所以周围的居民们就特别喜欢聚在那里聊天,就在这些喜欢聚集在跃进食品商店门口的人群里,王海燕遇到了她的初恋,她说:"我初恋是在张家宅遇到的一个帅哥,没事他会到你的柜台来看看你,我也莫名其妙,木知木觉,他塞了一张字条给我,说很想认识我,请我出去喝咖啡。人家卖相好啊,像电影明星一样,所以我就同意了。"家长里短的闲聊和朦朦胧胧的喜欢给杂货店平淡而辛苦的营业员生活带来了不一样的色彩。郑桦的家紧挨着跃进食品商店,店里的每个营业员都认识他,并且和他的妈妈也都非常熟悉,而身板单薄的王海燕总是会让这个宁波阿姨很心疼,经常会问:"小长脚,我家今天有汤团,你吃吗?"王海燕就趁机上厕所,到她家里去,王海燕说:"宁波阿婆做汤团做得很好的,吃一点汤团,补身体,很暖和的。现在好多人都说,什么是情?这就是情,情在何处?其实我们生活当中处处都有情,就看你自己能不能体会到。这些阿婆、阿姨、叔叔真是好得不得了,大家都喊我小长脚,有种很亲热的感觉。"

1978年改革开放,中国涌现出了一大批个体户,上海的个体商店也迅速增多,这些环境新颖、商品繁多的新型杂货店给居民带来了不一样的购物感受。进入90年代,上海开始大规模的旧城改造,连锁超市、便利店相继出现在街头巷尾,那些弄堂里的烟纸店逐渐退出了历史舞台。

1991年9月,第一家大型超市"联华超市"开业迎客,人们的购物方式从此开始发生巨变,上海人的生活进入了一个空前便利的新时代。

1999年,张家宅地区开始动迁,为当地居民服务了半个世纪、被亲切地称为"服务站"的跃进食品商店关门闭店。

2006年,王海燕从调动工作后的上海第九百货公司退休。当年在张家宅街道跃进食品商店为扎酒瓶而懊恼的王海燕,肯定不会想到46年后的今天,能够推着购物车在现代化大型超市选购商品,而售货员已经从进货、收银和盘点中全然解放了出来,转而去做网购备货、商品咨询和售后服务等工作。这种崭新的购物模式让王海燕心情愉悦,也让更多的人有了不一样的生活体验,大型现代化超市和网购给人们的生活带来了前所未有的快捷和便利。

那些曾经遍布上海弄堂的烟货店印刻着往日的艰苦与辛酸、温暖与甜蜜,一直留在了人们无法磨灭的记忆里。

(编写 李夕冉)

差头那些事

上海是中国最早拥有出租车的城市之一，1992年拍摄的电视剧《大上海出租车》真实地反映了出租车司机的喜怒哀乐，透过出租车的小窗口折射出大上海的社会百态、人情冷暖。作为城市中最为普通的一种交通工具，出租车始终代表着一个城市的对外窗口，迎接着四方来宾。如今上海已进入交通大发展的新时期，作为城市交通的组成部分，出租车是轨道交通和地面公交的补充，风风雨雨百余年，上海出租车历经沧桑巨变。

中国最早的出租汽车公司——祥生

上海人管出租车叫"差头"，读音来源于英文的 charter，意思是"包租"，属于洋泾浜英语。上海是中国最早拥有出租车的城市之一，然而历史上的上海曾经是一座"有舟无车坐轿子"的小城，直到1843年开埠以后才有了车轮。

上海最早的出租车并不是今天人们所熟知的汽车，而是曾经遍布中国城市的马车和黄包车。1930年，在上海坐黄包车每小时要大洋4角，相当于今天的人民币24元，那时上海工人家庭的月均收入是36块大洋，相当于今天的2160元。所以，一般人想坐黄包车还是要掂量掂量的。然而，高昂的车费并没有使车夫过上好日子，黄包车夫的生活依然很苦，程德旺回忆起他的拉车经历时说："我们一部车子有几个人拉，大家都是混口饭吃吃，晚上，人家做到七八点钟的时候给我拉，这个叫打野鸡，就是不固定的，给我拉一下讨生活——过去车夫被叫作'两只脚的马'。"

1903年，现代意义上的出租汽车进入中国。1908年，地处公共租界四川路97号的美商环球供应公司百货商场开设汽车出租部，为顾客提供出租汽车服务，由此揭开了上海经营汽车出租业务的历史。随后，华商兴办出租汽车应时而起，其中最出名的便是祥生公司。

中国人自己的出租汽车公司诞生于1919年，周祥生由一辆日产"黑龙"牌旧轿车起家，创办了祥生汽车行，周祥生也因此被称为"中国出租车业的鼻祖"。民间收藏家郭纯享说："周祥生是民族资本家，他为了跟美国的云飞出租车公司竞争，自己创办了一家出租车公司，是代表中国的。"丁伟国是资深汽车业内人士，他告诉我们说："周祥生事实上是个体户出身，他一个人开了一部车子，雇用了一个人，他们两个人一起合作，做出租汽车业务。到抗战之前，已经发展到四百多辆车了，应该说是中国民族出租汽车企业里最大的。"

祥生公司开风气之先，闯出了一条艰难的创业之路，到了1935年，上海共有出租汽车公司57家，出租汽车总数869辆，而祥生一家就有200多辆。

画家陈士宏老先生是我们能找到的最早的出租车乘客，他已经有100多岁高龄了，少年时代，陈老先生一家从江苏老家迁往上海时，第一次见到了祥生出租车，他回忆说："帮我安排车子的是教我英语的老师，他的正业就是出租车行的调度员，他帮我安排了一辆只有一个乘客的出租车来接我，让我坐在副驾驶座位上，跟着驾驶员到上海兜一圈。"说到这里，这

祥生出租车公司广告

祥生出租车服务站

印有40000号叫车电话的祥生出租车

位百岁老人的脸上露出了灿烂的笑容,他说:"这算是我第一次坐出租车,当然感觉很新奇了。"

对于少年陈士宏来说,能够坐上出租车无异于上了天堂,因为当时出租汽车一小时的价钱是4到5块大洋,而工厂里的熟练技工平均月薪是30块大洋,一小时车费相当于他们收入的六分之一,一般市民根本消费不起。

祥生出租车公司司机合影

正如丁伟国所说,上海滩在解放前基本上都是有钱的特贵阶层才能享用出租车,一般的老百姓是难得坐的,或者根本坐不起的。

民国时,乘客雇车主要是通过电话预约,出租车到约好的地方接客人,今天常见的"扬招"方式要到很晚才出现。陈士宏老人回忆说:"那个时候有很多的车行,遍布全上海,出租车把乘客送到后就开到车行里面去,然后接到电话派单,派谁到哪里,他们就去哪里。"祥生的传统就是电话叫车,当时上海的陕西路、淮海路、宁海路、北京东路等地方都有这样的出租车站点,全上海总共有几十个。

1937年,祥生公司以"爱国同胞请坐同胞自营汽车"为口号,重金买下"40000"号作为租车电话,一时间声名鹊起,家喻户晓,它喊出"四万万同胞,拨四万号电话"的口号,开启了电话叫车的时代。

说起这个号码,丁伟国还说了一个小插曲:"后来祥生发展成为强生出租汽车公司,它打了一个广告,叫'让我拨四个零',在电话号码从六位数升到七位数的时候,它把2加在580000的前面,上海话读起来朗朗上口——'让我拨四只零',上海滩几乎都知道叫出租车就叫2580000。"这是祥生公司叫车电话在80年代的延续,它在市民心中仍具有较高的声誉,上海市民方之冈说:"那时候都是前一天晚上叫好第二天要用的车,从来没发生过打了电话车没有来这种事,都是能准时到的。"

1937年是祥生最辉煌的时候,拥有600多名员工、248辆汽车、21处服务站。然而好景不长,1941年年底,日军进入上海公共租界后,下令停止供应出租车用油,迫使上海的出租车全部停业。上海交通日趋紧张,出行不便,于是,三轮车的生意红火了起来,许多出租汽车公司被迫改为出租三轮车,祥生公司也改营人力三轮车,惨淡经营至抗战结束才复业。

曾经上海的交通主力军——"乌龟壳"

上海解放时出租业经营暗淡,出租汽车对老百姓来说仍是可望而不可即的奢侈品。在解放后的很长一段时间内,人力三轮车仍是上海很重要的交通工具,一大批旧社会的劳动者翻身做了主人,把极大的热情投入到工作中去,程德旺就是数以万计的上海三轮车工人中的杰出代表。他是新中国第一代三轮车工人,在解放前就进入了车行,12岁时就成为一名黄包车夫,新中国成立后,他全心全意地为乘客服务,成为新中国第一代全国劳动模范。

三轮车

上海的三轮车一直到20世纪90年代中期才到达它们行程的终点。从上海电视台《纪录片编辑室》栏目1993年拍摄的纪录片《上海最后的三轮车》中可以知道,那一年上海还有26辆三轮车、27位三轮车工人,此时,这些风里来雨里去的三轮车工人也都老了。

1958年10月,上海市公用局将上海市出租汽车公司保修车间和上海三轮车生产合作社合并,组成上海市微型汽车制造厂,专门设计、制造微型汽车。1958—1970年,该厂先后试制成飞跃牌、海燕SW710型、海燕SW730型三种微型客车,上海市出租汽车公司对这些微型汽车进行技术测试和试营运。

"文革"期间,上海的汽车本来就很少,出租车更少,当时上海人出行,如果带着小孩和重物,一般就叫三轮车,既便宜,又能送到家门口。由于上海市民出行的需求有增无减,在这种情况下,机动三轮车应运而生。机动三轮车是取代人力三轮车的一种车型,俗称"乌龟壳",1979年,三轮车管理所并入上海市出租车公司,一大批驾驶员被招了进去。

"乌龟壳"廉价、灵活,极大地满足了人们的出行需求,一下子发展壮大起来,成为除了公交车以外,上海公共交通的主力军。到70年代末,上海的"乌龟壳"共有2 000多辆,运价为一角五分钱一公里。

俗称"乌龟壳"的机动三轮车

每年春运的时候,"乌龟壳"挑起了重任,在漫天风雪之中,穿梭来往于各个车站、码头,出租车司机俞德福回忆说:"当时春运,插队落户回来的人,行李很多,我就帮他们装行李。"出租车司机乐嘉陵也活灵活现地描述了他帮客人装行李的场景,他说:"我们机动三轮车有根绳子,就绑在车子后面,中间隔着一块挡板,挡板后面可以放东西,我们把行李堆得很高,都叠好、绑好,再把他们安全送到家。"

然而,人们很快就发现"乌龟壳"并不是那么好驾驭的。乐嘉陵就吐槽它说"热么热死,冷么冷死",尤其是夏天车内的高温,实在让人难以承受,他说:"如果天热的话,机动三轮车的发动机就热得不得了,我们晚上回家,身上的热怎么也散发不掉,要到10点钟、11点钟之后,等身上的热散发出去才能睡得着觉。"而蒋家琪则对寒冬天气产生畏惧,她说:"机动三轮车的门都不密封的,只有帆布做的两扇窗,所以冬天特别透风,在冬天河水结冰的天气里,如果要开长途车到郊区,到达目的地时,我们人也都冻僵了,站不起来了。那个时候条件差,手上都长满冻疮。"

和乐嘉陵一样,蒋家琪也是第一代"乌龟壳"驾驶员,作为一名女司机,其中的酸甜苦辣自然更为与众不同,她回忆说:"这个车子自重特别轻,有时候开到弄堂里面,碰上捣蛋的小孩,他们会把我们的车子翻过来,旁边的大人看着笑,还好我体力比较好,自己一个人借着巧劲和耐力,一下子就把车子翻过来了。"

昙花一现大发车

1978年12月,党的十一届三中全会召开以后,国家实行了改革开放政策,城市经济日益繁荣,经济、文化交流日益频繁。江浙沪一带得风气之先,各种民办企业如雨后春笋般遍地开花,运货、谈业务、跑长途的业务多了起来。显然,"乌龟壳"不能适应这种形势,一种新的车型在社会的企盼中出现了。

这种车型就是丁伟国口中提到的大发汽车,他回忆说:"后来上海进了400部'大发'来代替三轮车,那是日本的工具车,现在很少看到了,都是运货物的工具车。"蒋佳琪回忆说:"大发车就像小的面包车,比它还要再小一点,一批全是大红颜色的车,相当喜气,跑在马路上是一道亮丽的风景线。"

当时很多像乐嘉陵这样的三轮车工人都去学汽车驾驶,俗称"三轮转四轮"。这是上海公共交通史的一件大事,而他们就是上海解放以后最早的一批出租汽车司机。乐嘉陵还保存着当年开大发车时候的工作照,他举着照片对我们说:"这就是我和大发车唯一的一张合影,每当看到这张照片,我就回忆起我1985年到1988年这三年里开大发车的时光。这种车子质量好,也很受市民欢迎,因为它可以坐六个人,加上驾驶员一共是七个人。"说起大发车,乐嘉陵显得有些兴奋,他继续补充说:"我当时把江苏苏北一带,以及大运河那边的高邮、扬州、江都等地都跑遍了。"

大发汽车在日本是厢式货车,尽管有很多设计缺陷,但是这种车型油耗低,经济适用,加装座位后,既可以送货又可以坐人,为当时城乡老百姓的出行提供了轿车的替代品,因而广受欢迎。不过,一般情况下,如果没有带多少东西,肯定还是叫轿车,如果东西多了,轿车实在放不下,才叫大发。因此,大发车一般都停在车站、码头揽生意,那里的客人基本上行李都很多。

大发车

随着时代脚步的飞速前进，人民生活有了很大的改善和提高，各地区交流日益频繁，人们对出租车的需求更加迫切。仅仅过了三四年，大发车型就不再适应人们生产、生活的需求了，于是，小轿车又重新回到了出租车的舞台上。

为解决群众"乘车难"问题，满足不同层次乘客出行的需要，20世纪70年代末80年代初，上海从苏联和东欧进口了一部分汽车。1988年，上海引进了国外的新型轿车波罗乃兹、拉达、雪铁龙、菲亚特、丰田皇冠等，它们为上海这座城市出租车行业的发展立下了汗马功劳。

80年代末至90年代初，上海的出租车行业引进了奥拓、夏利等新的车型。而这个时候，大发车正式退出了历史舞台。在上海出租汽车历经的沧桑巨变中，大发车的出现仅仅是昙花一现，但也留下了浓墨重彩的一笔。

一枝独秀桑塔纳

1980年，上海嘉定安亭汽车厂与联邦德国合资，组建上海大众汽车有限公司，引进了联邦德国桑塔纳轿车生产流水线，1983年制造出第一辆桑塔纳小轿车，其技术性能、车厢设施、车形外观与联邦德国原装桑塔纳相同。

国产桑塔纳生产成功为上海提供了较多的车源，该车在投放客运市场后，厂方根据用户意见，对桑塔纳轿车进行了改进：车门开度加大100毫米（开度角增加15°），后座椅面提高，并改为双弹性坐垫，靠背减薄，圆弧改直，后座面圆角加大等。国产桑塔纳性能好、内部设施较全，故障较少，受到用户的青睐。谈到桑塔纳的生产制造，出租车司机郭登享感到非常自豪，他说："桑塔纳车钢板质量好，后来我们有宝钢以后，上汽集团的车子绝对是可以的。宝钢的钢板质量好，假如我们在路上碰见了交通事故，宝钢的钢板碰坏了，里面还是白花花的，两三天不去补，上面是不会有锈的。"

不同于现在上海的出租车以桑塔纳、途安等车型一统天下，20世纪

80年代行驶在上海街头的出租车车型有18种，而起步价则有6种之多，项先尧还记得部分车型的起步价格，他回忆说："小奥拓是8元，夏利是10.8元，桑塔纳是14.4元，还有好一点的车子是16元，各种都有。"

上海的出租车进入了"战国时代"，在那时候，奥拓出租车以起步费8.1元的价格优势"一炮而红"，然而比起夏利，它的缺陷也很明显，项先尧提到它的不足时说："驾驶员不肯开空调，因为这个车子开了空调就跑不动了。"不久之后，上海统一了出租车的车型和价格，奥拓便迅速退出了历史舞台，随后称霸上海滩出租车半壁江山的是一种小巧的红色轿车——上海市民亲切地把它称为"小夏利"。

80年代末，天津汽车制造厂在天津大发的基础上进行改进，生产出国产夏利牌微型车投入客运市场。这是一款轿车式微型车，车辆的内部设施与桑塔纳轿车基本相同，性能指标与同类车相比稍好：最大行驶速度可达145千米/小时，最大功率为38千瓦/5 600转/分，油耗为8—12升/百公里，座位数为4座（包括驾驶员）；该车的缺点：驾驶员和乘客的视野较小，车身喷漆质量不过关，易被腐蚀，车厢内部空间比较狭窄，空调器是冷风式的，而且功率小。但是由于它的运价便宜，受到市民欢迎，成为90年代初期上海出租汽车的主要车型之一。当时虽然已经有少部分的普桑投入运营，但由于悬殊的起步费，让很多人毫不犹豫地舍弃普桑而选择夏利。

同时，上海还决定组建一家新型公司，来带动整个行业的发展。1988年12月，大众出租汽车公司应运而生，第一批200辆营运车辆全部是红色桑塔纳。1989年，桑塔纳普通型出租车正式上路，这是桑塔纳在出租车领域的首次试水，并且大获成功。一时间，上海城市道路上掀起了一股"红色旋风"，"拥有桑塔纳，走遍天下都不怕"的广告语给上海烙下了整整30年的印记。

桑塔纳以其相对低廉的造价和优越的性能很快便取代了夏利，属于桑塔纳的时代来临了。大众出租公司成立以后，静水一潭的上海出租汽车行业开始不再平静，整个上海出租行业的规模一下子庞大起来，形成了强生、大众、锦江、海博、巴士五大品牌，丁伟国说："各个公司的车都有它自己的颜色，大众是红色，后来的振华、锦江系列选择白色，农工商

大众桑塔纳出租车

系列选择蓝色。"司机杨红梅所开的出租车也经历了多彩的变化,她回忆说:"一开始我开的是红的,然后是白、绿相间的,后来又改成绿色的,最后我们强生的车变成了富贵金色,这个颜色特别漂亮,我特别喜欢。"而"红色旋风"桑塔纳也渐渐融入彩色的洪流中去。大众在五大企业当中是相当知名的,它以其庞大的规模在上海的出租行业产生了极大的影响力,而其车型桑塔纳,在90年代出租车市场众多车型中,可谓一枝独秀。

五大出租车公司的诞生给上海的出租车行业注入了一股新鲜的血液,就在这一时期,出租车站点慢慢被撤销,"扬招"逐渐成为打车的主流。

城市名片:服务业回归初心

20世纪80年代,随着奥拓、夏利、捷达、桑塔纳等车型的陆续投用,上海的出租车一时间异彩纷呈,人们出行的方式也发生了深刻而剧烈的变化。不少人就是在这个时候第一次坐上了出租车,迎来了自己人生中的重大转折——结婚。郭纯享第一次乘出租车就是结婚的时候,他回忆说:"那时候是1982年,我接新娘子用了强生出租车,付了十几块钱,从静安寺到和田路，把我的夫人接到了自己的家。"丁伟国与项先尧也都是在结婚的时候坐上了出租车，他们对当时的情形都记忆犹新。

那时候，"一车难求"让出租车司机成了人们眼中的"香饽饽"，司机何青华说："许多人结婚要用车，就给我们出租车驾驶员送糖、送烟，那时老百姓家里逢年过节才有糖吃，但是驾驶员家里的糖一年四季源源不断，都吃不完。我们就拿一个大的塑料饼干桶，下面放一层石灰，再放一些报纸，把糖放在里面保存起来，这样不会化掉，等有客人来的时候就把它拿出来吃。"

第一批开夏利的"的哥""的姐"在那个年代都被列入了"高收入"的行列，蒋家琪对此深有同感，她说："从1985年开始，出租行业就应该算是很好的行业了，人家都很羡慕，因为当时我们有提成可以拿，有营业额的提成、车次的提成、节油奖的提成等，各方面加起来，我们的工资是正常企业工人的几倍了。"项先尧回忆说："那个时候，出租车司机说起来是一个月工资一百多块钱、两百块钱，但实际上一个月大概可以赚好几千块，开夏利的人在当时确实是属于比较富裕的，听说有人开了夏利后就买了房子。"

到了21世纪，打车的人多了起来，出租车似乎再也不是从前的"香饽饽"，而回归了"服务行业"。现在的人们再也不会仅仅满足于能坐上车，而是对服务的要求日益提高，杨红梅说："以前出租车只有档次比较高的、有钱的人才能坐，现在不同了，普通的老百姓都能坐了。他们讲究车内的环境、司机的服务意识，所以司机一定要很热情，不是把乘客送到目的地就好了，服务也一定要到位。"

出租车的形象往往是人们对一座城市的第一印象，越来越多的人把出租车当成是城市流动的名片，所以杨红梅会在车上常备两条毛巾，一条干净的擦仪表盘，一条耐脏的擦车窗槽和各个角落，每次出车前她都要花上15分钟把车厢全部擦干净，再出去载客。

张松春曾经是纺织厂的一名下岗工人，1999年才进入大众出租公司摸上方向盘，短短几年之内就成为全国劳模。在他眼里，如果刚到上海的人因为他的良好服务、他的彬彬有礼、他的活泼健谈而感受到上海这座城市的温情，那么他也就成了客人在上海看到的"第一风景"。

张松春每天出车必带三样东西：硬面抄、笔、相机。硬面抄和笔是请乘客留言用的，有时和乘客聊得尽兴还用相机与乘客留个影。张松春的第一本硬面抄始用于2007年，那时他载了一个小学四年级的男孩，请男孩给他画了一幅漫画，后来他又和小男孩说："小朋友，你给伯伯画了一幅漫画，是不是也能够写一幅字啊？真没想到，小孩他能写出这么一段话——'别抱怨老天对你的不公，其实老天根本不知道你是谁'，我感觉他就是我的老师。"从那以后，张松春开始积攒乘客的留言，他将一部分留言本从收纳箱里拿出来，摞了高高的两叠，他说："有的乘客说我是车厢里的蒲松龄，我觉得在车厢里听故事，记故事，写故事，然后讲故事，最后才能成为一个有故事的人。"至今，张松春已经换了100多本留言本，记录了来自57个国家和地区乘客的9 000多条留言，屡屡有传奇的故事发生在他的车厢里。

　　从三轮车到大众桑塔纳，从程德旺到张松春，上海出租车见证了上海这座城市的变迁。进入21世纪的第二个十年，上海已经建成了现代化的立体交通网络，出租车则像城市里的精灵把上海的每一个角落都连接了起来。但互联网时代的来临使得这个历史悠久的行业面临巨大的挑战，专车与出租车之争日趋激烈，以特许经营为基础的出租车经营模式走到了十字路口。

　　上海滩"差头"必将风云再起。

（编写　王　俊）

80年代出国潮

近代上海是一个华洋杂处、中西交融的城市。当年就连上海的黄包车夫、三轮车工人都会说几句洋泾浜英语,而如果弄堂隔壁住着外国侨民,上海人还会与他们成为好邻居,因此,对出国留学的向往可以说是上海这座城市的文化基因。20世纪80年代中期,上海掀起了出国潮,一批批怀揣梦想的年轻人纷纷挥手告别上海,踏上了赴异国他乡的留学之路。如今这潮流中的大部分人都已回归故里,但每每回想起这一段时光,依然印象深刻。

邓小平呼唤出国潮

1984年2月16日,邓小平在上海视察时,有过一句著名的论断:"计算机的普及要从娃娃抓起。"20世纪七八十年代有一种说法,新技术革命的浪潮已经拍打着中国的堤岸,如果我们能够奋勇冲浪、迎头赶上,就能缩短和发达国家的差距。"80年代初期,先进的国家都兴起了第三次新技术革命的浪潮,我国正好借着这个机会,发出了向'四个现代化'进军的号召,其中最重要的就是科技现代化。"中国福利会少年宫的计算机特级教师王颂赞说,"科技现代化的重中之重,就是培养新技术革命的人才。"所以,机不可失,时不我待。

为了培养大批现代化人才,中国改革开放的总设计师邓小平决定,于1977年在全国恢复高考。一年以后的1978年年底,他又决定恢复向国外

20世纪80年代初,孩子们在中国福利会少年宫学习计算机

选派留学生,邓小平说:"我赞成留学生的数量要增大,要成千成万地派,不是只派十个八个"。

在上海浦东张江高新技术开发区创业的周明东博士是在1977年恢复高考时考入复旦大学生物系的,毕业后留在复旦任教,他说:"那时社会上最注重的就是科技现代化,大家有一种期盼,希望我们国家一定要走上现代化的道路,但如果不是系统地去接受教育,光靠自学是很难赶上国际水平的。"对此,他感到力不从心,压力很大,他说:"感觉自己很快会被淘汰。"所以,他于80年代中期选择奔赴美国留学。

70年代后期,邓小平曾先后出访日本和美国,在日本的新干线列车上,邓小平说:"我感觉到快,有催人跑的意思,我们现在正合适坐这样的车。"于是,当代中国一场由邓小平创导和推动的出国留学大潮拉开了序幕,它将封闭已久的国门再次打开,把无数青年好奇的目光引向了外面的世界,给正从十年动乱后复苏的中国以及这个国家的青年人带来了巨大的变化。

从1978年起,公安部开始受理自费留学申请,由于受条件限制,当时申请的人很少,上海只有8人。

1979年农历大年初一,国务院副总理邓小平出访美国,这是新中国成立后中国领导人第一次访美。这次美国之行,邓小平将中美关于派遣留学生的口头谅解作为正式协议加以签署,于是第一波出国潮拍向了大洋彼岸。

要出国,语言是面临的第一大问题。1981年12月11日,我国首次举办托福考试,这是非英语国家的学生申请到美国、加拿大等国留学就读高等院校必须通过的一种英语水平测试。

那个年代的上海就好像是一座没有围墙的外国语大学,托福是许多上海青年人整天挂在嘴边的一个词,连学外语用的收音机、录音机都成了紧俏商品。在美国格伦特经济文化交流公司担任文化交流策划人的刘林伍告诉我们说:"那时出国热引发了外语热,大家为了出去都学起了外语,准备托福考试,在人民公园还有外语角,每到周末都是人山人海。"

那么怎么学习外语呢?一位叫蔡光天的人开办了上海前进业余进修学校,因而成为80年代上海的社会名人。很多青年人下了班就冲到这里补习英语,在那些年里,这所学校培养的学生累计达八十多万人,他们都有一个明确的方向——出国留学。

上海前进业余进修学校的夜校课堂

童晓文是出国潮中奔赴德国留学的一员,他回忆说:"改革开放以后,我们看到了国外诺贝尔奖的获得者,看到了他们的科研成果,觉得他们确实很优秀,所以有了新的学习目标,那个时候一门心思想出国,也不知道前面有多少风险,但是一点也不害怕。"他原来的研究方向是妇科肿瘤学,他的导师裘法祖教授的太太是德国人,那时,正赶上中国和德国医学院进行交流,借着这个机会以及导师的人脉关系,童晓文去德国完成了他的博士研究,这堪称"中外联合培养"。

在那个年代能够被公派出国是非常令人羡慕的事情,公派留学生和访问学者在国外工作学习期间不仅可以领取固定的生活补助,回国时还能购买免税商品。1984年去美国的刘林伍还清楚地记得当年从国外带回战利品——"八大件"时的快乐,他说:"电冰箱、电视机、录音机、照相机等等八大件,出去一年以上,就可以在回来时免税买这些东西了,这些当时在中国是买不到的。我一个朋友自己不想买,让给了人家,光这个免税额的额度,就赚了几千块钱。"

到了1982年,国家教育部、公安部等相关部门联合发布了《关于自费出国留学的暂行规定》,出国留学不再受学历、专业或者个人出身、家庭成分的限制,出国热一年比一年升温。一时间,许多青年学生,无论有没有海外关系,对自费留学都开始跃跃欲试。

段祺华现在是段和段律师事务所的管理合伙人,他从上海华东政法大学毕业后,自费赴美国华盛顿法学院留学,他是最早创办律师事务所的归国留学生、最早办理涉外法律业务的律师之一,也是最早走出国门的中国律师之一。他回忆说:"当时在中国做律师基本上看不到头,如果没有邓小平的改革开放,没有他这个伟大的思想,社科类的学生和学法律的人很难出来,后来这个'禁区'被打破以后,才出现了非常汹涌的出国潮。"

同样自费出国的还有上海大学外国语学院的博士王颀,她回忆说:"在大学里,我经常看到老师出国进修,很羡慕,想想自己学了外语,而且日本又那么近,正好身边有朋友在办理自费留学,就想到了这条路。"

一部曾经获得过奥斯卡奖的美国纪录片《从毛泽东到莫扎特》记录了美国著名的小提琴家斯特恩先生1979年访问中国并讲学的经历。在上海,斯特恩先生和音乐界人士进行了交流,并对上海音乐学院和音乐学院附小

美国著名小提琴家斯特恩先生指导潘寅林

的学生做了辅导。如今已年过花甲的小提琴演奏家潘寅林先生在这部老影片中看到了自己年轻时在上公开课的情景,那次和大师的相遇使他深受震动,他开始意识到国内音乐学理论的落后,国内音乐创作、演奏与国际舞台的差距,所以他第一次萌生了出国的念头。

1985年,国家放宽了中国公民赴海外探亲的条件,有亲戚在国外居住的人,可以以探亲的名义出国。潘寅林的岳母是日本人,这使他在出国时找到了一条新的路径,他说:"80年代我太太去日本看她母亲,我和我女儿在上海,想想一直分开也不行,所以我和领导进行了多次谈话,并且获得了市里的同意,最终出去了。"在公安等部门批复的三天时间里,潘寅林一口气办了七十多件事,他的心情非常愉快,一方面觉得自己可以出去看看,另一方面也终于可以和家人团圆了。

1984年4月,经国务院批准,公安部下发《关于放宽因私出国审批条件的请示》,明确"因私出国"是公民的正当权益,这份文件发布后,出国留学人数猛增。根据当时公开的数据,1982年,出国留学人数仅有1 000人,三年后的1985年,出国留学人数达到了1万人,一年后的1986年,出国留学人数突破10万人。

出国潮大事记:

1978年12月,中国决定恢复向国外选派留学生

1981年12月11日,中国首次举办托福考试

1982年,《关于自费出国留学的暂行规定》出台

1984年,公安部下发《关于放宽因私出国审批条件的请示》

1985年,中国取消"自费出国留学资格审核"

1986年,《中华人民共和国公民出境入境管理法》发布实施

1989年,第二次留学热潮涌起

1993年,"支持留学,鼓励回国,来去自由"的出国留学方针被写进十四届三中全会文件

1998年,各类出国留学人员已经达到32万人,分布在103个国家

翻开史册,19世纪中叶去美国耶鲁大学留学的容闳被称为近代中国赴海外留学的第一人,从那时起,一代又一代的中国青年漂洋过海,留学深造,而启动于20世纪70年代后期,兴盛于80年代的出国热则汇集成为中国有史以来规模最大、最波澜壮阔的一次出国潮,潮流中人的经历就像是在谱写一部历史剧。

在后来的岁月里,这股潮流还在涌动,还在推进,历史已经证明,并且未来还将继续证明它的作用和功绩。

"潮中儿"的生存状态

20世纪80年代初,上海马路上排队买东西的队伍少了,但美国驻上海总领事馆的门前却排起了等候签证的长队。上海虹桥机场的旅客中,很大一部分是出国留学的上海青年,他们有为中华崛起而去留学的,也有为追逐和实现个人梦想而走出国门的。

但是,出国并不是一件容易的事,周明东回忆说:"我那时要出国,我妈搞不懂我一天到晚忙进忙出、奔来奔去做什么,还要跑到公安局去,我就跟她解释,我要办护照,护照就是证明我是中华人民共和国公民的一个身份证。"

当时人们的经济条件还不宽裕,筹集出国留学的费用,对当时的青年人和他们的家庭来说,是一大难题。我们只需要看一组数据:1980年日本人均年收入是9 069美元,美国人均年收入为12 272美元,而1981年的中国城镇居民一年的人均可支配收入只有476元人民币。许多那个年代的留学生对于筹集留学费用的羞恼与辛酸都记忆犹新,日本元一株式会社社长

朱宏亮就有这样的经历，他回忆说："我们出国的时候，先要付半年学费，就是一万多元人民币，那时候一般人工资都是三十几块，社会上万元户是很少的，花一万多元去出国，几乎是不可能的事……我那时是向亲戚朋友借了钱，凑了三四千元，再加上自己所有的积蓄，大概七八千元，全部拼上去，这样才出去了。"

王顾则是在外贸单位工作了一年才赚了一张飞机票的钱，她回忆说："假如我没记错的话，当时一张单程机票是800元人民币，那时我大学毕业后的工资大概是一个月53元多吧，所以差不多是一年的工资可以买单程的飞机票。"段祺华回忆说："我那时候拿了中国银行的出国证明去换外汇，换了36美元，只够美国一个晚上的住宿费，出国都是非常艰苦的。"童晓文说："我研究生刚毕业的时候，家里所有的钱加起来就900块钱，飞机票要8 000元，我坐不起，于是我买了一张火车票，坐了五天四夜，经过莫斯科，然后到了西德。"说到这里，童晓文还笑着调侃道："我全部的家当只买了一张火车票。"

这些选择到异乡闯荡的留学生大多受过良好的教育，但出国后，他们也要面对生活和学习的许多难题，他们一边打工，一边学习，经受人生一场又一场的考验。

1993年播出的电视剧《北京人在纽约》将这批"潮中儿"的生存状态全景式地展现了出来，剧中刷盘子的情节，其实也是那个年代上海出国青年的共同记忆，在餐厅打工成为许多出国青年的"必修课程"。

王顾曾经连续打工三个月没休息，她回忆说："我刚到日本的时候，就80斤左右，人家说我那么瘦，能打工吗？我说不要紧的，你别看我瘦，我年纪很轻，筋骨很好，打得动的。他们规定一个礼拜一定要休息一次，我说我真的不用休息，我可以连做三个月一天也不休息，保证没事。我就这样开始了体力劳动，端盆子啊，洗碗啊，真的是相当累，几乎是每天工作12个小时，中间休息1小时。"

朱宏亮曾经洗盘子洗得手裂开，他回忆说："刚刚到日本去的一些学生，语言不太通，只能去饭店打工洗碗，包括我在内。因为日本的菜跟中国不一样，都是一小盆、一小盆的，所以他们要洗的碗特别多，碰到晚上宴会，要洗的碗就堆成山了，几个钟头不停地洗都洗不完，一直洗到手全

《北京人在纽约》剧照

部都裂开为止。"

段祺华到美国的第三天就去打工了，在台湾人开的餐馆里送外卖赚点小费，为了不被移民局查到，他和老板娘对起了暗号："当时窗口有一个花盆，像《红灯记》里一样，如果移民局来查非法打工，老板娘就把这个花盆翻过来，我送外卖骑车回来，看到这个就不能进去，如果花盆正常，那就进去再送第二个外卖。"

1996年播出的电视剧《上海人在东京》里有一句话："最美好的世界在哪里？在你要去的天堂。最艰难的生活在哪里？在你奋斗着的地方。"与电视剧里的主人公一样，第一次跨出国门的青年人面对五光十色的外部世界，在东西方文化的碰撞面前，他们凝固已久的思想会发生怎样的变化呢？

周明东第一次出国时，看到飞驰的汽车感到很紧张，他说："强烈的视觉冲击就是高速公路，当时我们国家路上的汽车开得很慢，一跑到国外之后，哇，这汽车怎么开得那么快，很吓人，觉得这是一个很危险的社会，一下子有种紧张感。"

王顾来到日本，对东京色彩缤纷的商品又惊又喜，她说："我第一眼看到各种各样、颜色不一的电话，觉得大吃一惊，那时候的上海别说一般人家里没电话，就是公用电话也全部是黑色的。日本的商品实在是很多，无论是造型啊、颜色啊、种类啊，都不一样。"

童晓文在国外的室友中有一对是恋人，他吃饭时面对突如其来的亲密场景手足无措,他说:"四个人在一起吃饭的时候,那两个人突然又是亲,又是抱,弄得我不知道该怎么办。心想出国培训也没这个,也不知道碰见这种事情怎么办,走也不是,不走也不是。"

朱宏亮第一次到日本时,觉得那里昂贵的物价、灯红酒绿的世界是自己难以想象的,他说:"自动销售的饮料,一杯茶要100日元,我就想不通了,这100日元在国内可以买两三只老母鸡了。东京的歌舞伎町、灯红酒绿在中国是从来没有看到过的,我觉得这里好像是完全不一样的世界。"

正如歌曲《外面的世界》唱的一样:"外面的世界很精彩,外面的世界很无奈。"其中滋味,只有那个年代的"潮中儿"自己体会最深。

电话线那头的"谎话"

据统计,从1980年到1985年,中国有近万人选择自费出国留学,之后的1986年至1990年间,中国内地自费出国留学人数达13万人,是上一个五年的13倍。在这些数字背后,不知有多少个家庭的父母和亲人正记挂着远在国外的儿女,而出国在外的年轻人又有多少人将留学生活的艰辛伪装成潇洒快乐,让远方的家人安心。

王顺就说过这样善意的谎言:"我刚到日本留学时租的房子比较小,大概相当于上海七平方米左右,所以我拍照就只拍一个角落,看上去还不错。"接着,她又拿出一张照片继续说:"这张照片上的房子看上去很漂亮,但我住的房子外观并不是这样,当初为了要让大人放心,就骗骗他们,说我住在这里……那时候就是背水一战,出去了不太好马上回来,最起码要赚点钱,或者读好书,拿到该拿的学位再回来。"

朱宏亮的"撒谎"经历更是有趣,他说:"当初有些女同学晚上去KTV干活赚钱,但是爸妈在国内一直不放心,所以我回国时,她们总是托我带很多东西给她们爸妈,顺便跟她爸妈说我是她男朋友,让他们可以放心。我们班级有三四个女同学,我都帮她们做过假的'毛脚女婿'。"他还因此蹭了女方家长好几顿饭。

段祺华曾经从噩梦中惊醒,担心第二天房东来讨房租,自己没有钱会被赶出去，但是他说："在国外吃最大的苦也没有问题，最不能忍受的就是对家人的思念。当时刚刚出现录像带，很多留学生拍了录像带寄过来，我看着录像带里自己在国内的孩子，忍不住哭啊，就想从电视里把孩子抱出来。"那时候不像现在有各种社交媒体和便捷的交通，海外儿女和父母家人的联系几乎就是依靠一条电话线。

1980年，上海市民中安装家庭电话的还很少，于是儿女们通常会把电话打到弄堂的公用传呼电话那里，让看管公用电话的老阿姨们穿街走巷地传递信息，朱宏亮回忆说："当时我写好信，定好什么时间打电话回去，与家里人约好，家人特意全部赶到，等电话接通可以说上几句话。那时国际长途电话费是300日元一分钟，相当于十几元人民币，因此不舍得打，要隔很长时间才打一次电话，所以我生病也无法马上告诉他们，常常等他们知道我生病的事情时，我的病早就好了。"周钟文是留日的书画家，说起打电话，他还有一件难为情的事，他说："那时没有钱，打电话前就跟家里说好，星期几、晚上、几点钟，响三下就挂断，说明我蛮好的，报个平安，如果一直响下去，你就要接了。那时穷嘛，没办法，想点穷办法。"

后来上海安装家庭电话的需求有了大幅度的增加，其中有很多人家就是因为要接听儿女们打来的越洋电话，电话线这头是父母永远的牵挂，那头是儿女浓浓的思念，但很可能，也有"谎话"。

这些年轻人选择独自、倔强地承受留学生活的艰辛，用啼笑皆非的方式宽慰远方的父母，同时他们也用最大的决心刻苦攻读，背水一战。这就是那个年代出国浪潮中的留学生。

海外游子中国心

在努力想办法养活自己的同时，出国留学的青年人也在刻苦攻读，认真钻研，但学习的过程也不是一帆风顺的。

童晓文在求学过程中遇到过教授的冷漠对待，而后经过自己的努力，学有所成，终于明白自身的实力才是硬道理，他说："那时，我约导师见面，根本约不到。好不容易约到了一次，他就丢给我一本书，让我看一个星期，我看完了写好提纲再给他，他还是没空见我。后来我去门诊等他，他在跟护士们聊天，根本没事做，但完全不理我。我很生气，就跟他说，我决定换导师，然后转身就走了。"

逞一时口舌之快固然爽，但童晓文也担心自己会因此惹祸，给中德两所学校的关系增加变数。还好德国的教育体系允许挑选导师，两年后，童晓文的博士论文取得了优异成绩，他说："在德国，大概有百分之一的博士论文是零分，也就是不扣分，表示'perfect'（优秀）。在我们去的这么多中国人里面，我知道的只有我是零分。我们毕业以后留了校，跟那个导师成了同事，相处还蛮好的，成了很好的朋友。"这些经历让他明白，不管是白人还是黑人，总统还是要饭的，肚皮划开来都是一样的，人与人之间没有本质的差别，所以被歧视或者被尊重，都是看你自己的表现。

改革开放初期人们常说要"站在巨人的肩膀上"，巨人是谁呢？就是通过到发达国家留学深造，学习和掌握先进的科学技术，然后学成归来，报效祖国。

1992年，邓小平在珠海考察工作时说，所有出国学习的人，希望他们都回来，回来就妥善安排工作，告诉他们，要作出贡献，还是回国好。在国家"支持留学，鼓励回国，来去自由"这一正确方针的指引下，早日回国加入建设有中国特色社会主义的行列之中，已成为广大海外学子的心愿。

1992年，全国第一个留学生创业园在上海设立，之后，上海市政府出台了鼓励留学生回国办企业的政策。1993年初，段祺华律师回国创立了国内第一家由归国华人华侨留学生开办的律师事务所——段和段律师事务所，他感慨地说："我们这一代留学生在美国干得很成功，进入了主流社会，但是总的来说美国还是存在种族歧视，我们会受到各种各样的、无形的玻璃天花板的限制。这个时候我看到了中国法律市场和投资市场的发展，可能机会要比美国好得多，这一条现在也被证实了。"

潘寅林东渡日本后，被日本著名的读卖交响乐团录用，从1984年开始，他先后在日本读卖乐团、澳大利亚歌舞剧院、日本东京都交响乐团担任首席近二十年，开创了中国人在国外大交响乐团担任首席之先河。2003年8月，潘寅林在他的"老东家"——上海交响乐团的盛情邀请下，怀着报效祖国的心情，回到了阔别23年之久的上海交响乐团担任首席。他在这个中国历史最悠久的乐团中，经历了从曹鹏到黄贻钧、陈燮阳、余隆四代不同音乐总监的指挥。从1969年22岁时被上海交响乐团选为乐队首席开始，他在四十多年里始终担任乐团首席。

同样归国作贡献的还有童晓文和周明东博士。童晓文在德国和美国拿到了医师执照，并获得多项欧美专利后回到了上海，现在的人体软组织材料修复技术就是他引进中国的，童晓文说："现在又改进了很多，叫童氏悬吊，以我的姓氏命名。我们现在的方法，至少是和国外一样的效果，但却是国外十分之一的价格，一个7 000元，一个700元。"

周明东博士在美国、澳大利亚工作了13年后，带着心脏研究的成果和专利回到了上海。专题片《创新的天空》有关于他的报道："尽管周明东的发现引起了当地澳大利亚电视台的关注，触角敏锐的记者对周明东作了专题报道，但周明东的澳洲老板并没有把这当回事，于是周明东自己花钱，把由他的发现所申请的专利买了下来，从而拥有了完完全全的自主知识产权。新世纪的第一年，周明东回到了祖国。"

周明东回到上海后在浦东张江高新科技园区创业，他所发明的治疗心力衰竭的新药已进入三期临床实验，离成功只剩下"最后的一公里"了。他表示说："经过这二三十年的学习，中国已经有了很大的进步，但是今天我们国家还是很谦虚，还在继续对外开放，继续派留学生出去。不要让这股出国潮冷下来，还是希望能够把优秀的留学生派到美国、欧洲去学习，然后大家回来一起把我们国家建设得更好。"

时光飞逝，当年出国潮中的不少人如今已经回归故里，并且成为全国各行各业的骨干和学科带头人，他们在中华民族的伟大复兴进程中发挥着巨大的作用。

1984年，央视春晚上的一曲《我的中国心》，迅速在千万海外游子中传唱开来，因为那正是他们的心声："流在心里的血，澎湃着中华的声音，就算生在他乡也改变不了我的中国心。"

（编写　王　俊）

那一年，我们结婚了

从鱼龙混杂的旧上海到人人平等的新社会，变幻的时代风云，平等的爱情大潮，走进20世纪50年代，走进上海爱情往事。

当年，18岁的美丽女工黄宝妹奉母命与邻家小伙相亲，并按传统习俗办了婚宴，后来黄宝妹当上了全国劳模，丈夫全力支持她的工作，主动承担了繁重的家务活；曾经是大家公子的朱永定与平民女子何素芬在闸北公园相识并对其展开了疯狂的追求；解放区女干部徐桂珍接到青梅竹马的恋人写来的信后就跟随自己的恋人来到荒凉的苏北农场。

黄宝妹：军功章有你的一半，也有我的一半

上海浦东姑娘黄宝妹13岁就进入日资裕丰纱厂，每天工作12个小时，抗战胜利后国民党接收了纱厂，仍然延续了过去残酷的拿摩温工头做法和屈辱的抄身制度。更令年轻女工胆战心惊的是恶劣的治安，美貌女工的人身安全得不到保障，纱厂对霸占良家女子的流氓放任不管。

1951年4月29日，上海公审罪大恶极的反革命分子，其中就有宝丰绒线厂的陈小毛，他利用工头势力，在厂里强奸了100多个女工，黄宝妹回忆说："那个时候流氓很多，我们厂里有好几个浦东女工，苏北流氓在门口等她们，不嫁给他就要打，这些我们都看在眼里，那时候吓死了。我那时候上班，他们也有人盯着我，跟着我一起走，下班也跟着我一起走，到车间里人家还来看。"

黄宝妹是长女,为了避难,也为了养家,母亲决定招个上门女婿,母亲定下的相亲对象住在同一个弄堂,也在同一个厂里工作,是苏北人,和哥哥等一大家子人挤在狭小的房子里。第一次见面,两人想法全然不同,黄宝妹的丈夫吴华芳回忆起第一次见黄宝妹的情景说:"漂亮的,开心啊。"而黄宝妹对他并没有什么印象,她回忆说:"第一次看见他,他也不大响的,不大讲话,就到我家里站着,跟我妈妈和家人谈心。对他没什么好不好的印象,那个时候完全是听妈妈的,妈妈说结婚就结婚。"

1949年,黄宝妹和吴华芳举行了热热闹闹的婚礼,《婚姻法》此时尚未颁布,黄宝妹和吴华芳没有领结婚证,他们按照千年传统,三叩九拜、凤冠霞帔地完婚了。黄宝妹和丈夫吴华芳虽然都在国棉十七厂,但都一心投入热火朝天的国家建设,平时只在晚上见面,这种情况在那个时代很常见,对当时的人们来说,为建设新中国而奋斗是最美好的事。劳动模范深受人们尊敬,是全社会的榜样,纺织姑娘黄宝妹先后七次被评为上海市、纺织工业部和全国劳模,八次受到毛泽东、周恩来等领导的接见,甚至三次出席国际会议,成为中国形象的代表。丈夫吴华芳对此非常支持,他说:"这是光荣的事情,我很开心的,当然要支持她。她一人开心,我们全家都开心,全家的家务都我负责,我越做越有劲,工作也是,你在外面开会好了。"黄宝妹感激地说:"我还有时间帮助小组成员,下班以后去访问小组成员,我自己家里不做家务的,到人家家里去做,人家生小孩了,我给她们洗衣服,去帮她们做饭,没有他的支持,我是不可能得到这些荣誉和成绩的,有首歌唱得好,军功章里有你的一半,也有我的一半。"

20世纪50年代中期,随着大规模经济建设的开展,人民生活水平有了很大的提高,上海人的业余生活也日益丰富,黄宝妹喜爱越剧,常常参加厂里的舞会,甚至和周总理、陈毅市长等这些缔造了新中国的伟人一起跳过舞。1958年,谢晋拍摄了以黄宝妹为中心人物

年轻时的黄宝妹

的纪录电影《黄宝妹》，影片主人公由黄宝妹本人扮演，这是中国电影史上的创举。黄宝妹回忆起拍电影时的场景激动地说："开始拍电影，谢晋一喊，但是车间里说话听不清他说的。谢晋很好的，人很耐心，车间里很热，飞花一塌糊涂，弄得紧张死了，非常辛苦，导演也辛苦。学校里大扫除这个镜头我拍了八次，谢晋急死了，我也急死了。"那时黄宝妹结婚已近十年，儿子也已经上小学。

电影上映后，来自全国各地的求爱信像雪花那样飘来，不少深受尊敬的抗美援朝志愿军战士也给这位美丽的劳模写来了求爱信，可是，吴华芳却从未为此感到困扰，他深深信任自己的妻子。厂工会代替黄宝妹给祖国四面八方的追求者们一一回了信，不过问题最终的解决则是依靠《人民日报》的力量，黄宝妹说："我们家庭组织开了个会，我们一家人拍了照片由《人民日报》登出去，以后大家就知道我有爱人和小孩了，求爱信不要写了，共登了两次，这类信后来一点点变少了"。

20世纪50年代末，三年困难时期到来，全国性的粮食短缺和饥荒也让上海人的生活变得艰难。吴华芳和黄宝妹的母亲一起操持家务，帮助家人渡过难关，黄宝妹回忆说："很薄很薄的稀饭，那个时候没什么吃的，吃玉米粥，菜也没有，总是吃蕻菜，大家一样都很苦。"两人1949年结婚，如今六十多年过去了，吴华芳老人听力不佳，和外界沟通要靠妻子做翻译，但提起六十多年前的往事却仍然十分甜蜜。

朱永定：六十岁以后，应该说是她最美的时代

1950年，因为传统的父母之命、媒妁之言，25岁的朱永定与20岁的何素芬在襄阳公园第一次见面。何素芬的父亲是靠手艺吃饭的金银匠人，何素芬是初中文化程度，而朱永定却是徽商大家族的子弟，毕业于国立上海商学院，两人门第差别很大。解放前，这样的相亲是不可能的，不过，此时朱家很多成员已迁往香港，而大家公子朱永定也接受了与平民女子何素芬的见面。

回忆起第一次见面的场景，何素芬说："去的时候我根本不知道是给

我找对象，我妈妈、爸爸，还有我的堂哥都去了。去了以后一看，一个戴眼镜的男的，我也不知道是谁，他朝我看看，我也朝他看看。回来以后我妈妈就问我，你刚刚看见一个男的吗？我说看见了，做啥啦？她说，这是给你找对象，你和他谈朋友，我一下傻了，怎么是戴眼镜的？在我的审美当中，我不大喜欢戴眼镜的。"

初次见面后，何素芬的美貌打动了朱永定，可何素芬并不喜欢朱永定，她说："那时候是父母之命、媒妁之言，我也没办法，我对妈妈说，我不喜欢，但我爸爸妈妈很喜欢他。"新时代里，朱永定这样的大家公子、高级知识分子不像过去那样受异性青睐，上海女性择偶更加理想的选择是工人、解放军战士，理想男性的素质是"思想党团员，业务技术员，身体运动员"。

不过在新中国成立之初，上海的包办婚姻仍然占了很大成分，父母意见往往十分重要，何素芬的父母喜欢朱永定，他每逢周末就来何家，一待就是一整天，朱永定说："她爸爸很喜欢京剧，我也是京剧迷，我从小就喜欢哼京剧，到她家里去，他爸爸有时候拉琴，我就唱上几句。"不久，朱永定买了一块昂贵的金表送给何素芬，这番好意却导致了两人的分手危机，何素芬说："我说你这个算什么？我们刚刚交朋友，你送这个手表给我，好像我贪图你这点东西，我又不是贪慕虚荣的人，喜欢我不是这样的，拿只手表来引诱我，我就对妈妈说，回掉他。"朱永定说："那我当然很伤心，一个人跑到公园里坐着，写了一封信给她，好像是绝命书一样的。"何素芬说："我心里对他又有一种看法，我觉得你是用死来威胁我。"朱永定按旧时代的方式追求何素芬，让两人愈行愈远，何素芬想摆脱这段一直抗拒的姻缘，朱永定却认定此生非她莫属。

在长辈的劝说下，何素芬勉强和朱永定和好了，却很不满意这桩包办姻缘。朱永定开始不停地给何素芬写信，每周一封，用心与心爱的女孩分享生活中的点点滴滴。起初，何素芬仍很抗拒，时间久了之后，一封封信诉说着日积月累的思念，朱永定的真诚慢慢让何素芬放下内心防线。一天，一件看似不起眼的小事终于打动了何素芬。有一次何素芬牙痛，朱永定陪着她到南京西路梅陇镇去看牙科，两个人一点点产生了感情，终于，

那一年，我们结婚了

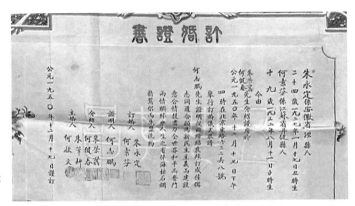

朱永定何素芬
订婚证书

朱永定何素芬
结婚公证书

何素芬答应了朱永定的求婚，收下金表作为订婚礼物。两人响应《婚姻法》，领取了正式的结婚证，不过，和现在不同的是，在领结婚证前，他们还领取了一张订婚证，何素芬回忆说："结婚也很简单，请了一堆自己的亲眷和单位里的同事，在康乐酒家办了几桌，一桌酒席十块钱。客人都反映吃不下，丰富得不得了，八个冷盆、八个热炒，有一个蹄髈、一条鱼、一只鸡，还有一只鸭子。"

何素芬的父亲是小手艺人，八个孩子七个早夭，父母只养大了她一个女儿，新中国成立前，上海女人找工作难，何家择婿的重要条件就是未来的女婿不但要养活何素芬，也要养活岳父母。何素芬说："那时我和朱永定讲，你要娶我可以，但是我父母很穷的，而我年纪轻，解放初期又没工作，你一定要负担我的父母。所以他每个月补贴我20元，一直补贴到

173

朱永定何素芬结婚照

1955年我进厂工作。"那时的朱永定23岁,而何素芬只有18岁,60年后,年迈的两人又回到第一次见面的襄阳公园,何素芬不无感慨地说:"现在又来了,很激动,今天是故地重游。"朱永定也说:"人生的转折点就从这里开始。"

就算在最艰难的日子里,何素芬也用一双上海女人的巧手把丈夫和四个女儿料理得妥妥帖帖,何素芬回忆说:"当初小菜很难买,很紧张的,每逢过年,大概凌晨三四点我就起床了,我们住在普陀区的玉佛寺附近,两个女儿和我一起拎了小菜篮一直跑到武定路去买菜,全是靠两脚走的,买肉、鱼全要排队。"朱永定回忆起三年困难时期时依然对妻子充满感激,他说:"她勤俭节约,会料理,上班不坐公交车,走到厂里要40分钟,一路走,一路打毛线。大年三十晚上,她就把做好的新衣服一套一套摆好,每到新年,孩子们从里到外、从头到脚都是新的。"

2012年,何素芬82岁,朱永定87岁,两人1952年结婚,时光一晃已过去了60年。

徐桂珍:我经常梦见他没死,等会儿他会回来的

新中国成立后,传统的婚姻模式也发生了很大变化。1950年5月1日,

《中华人民共和国婚姻法》公布施行，它是新中国颁布的第一部法律，新婚姻法规定实行婚姻自由、一夫一妻、男女平等的婚姻制度，彻底改变了沿袭几千年的男尊女卑、一夫多妻的婚姻制度。风行上海的沪剧《罗汉钱》就讲述了年轻人艾艾和小晚在新婚姻法保护下，反抗父母包办婚姻，自由恋爱结婚的故事，社会婚恋观的巨变的的确确开始了。

与黄宝妹、何素芬的长辈包办婚姻不同，徐桂珍是自由恋爱的，寥寥数语就定下了终身大事，定情后两人随即天各一方。23岁的山东莱阳姑娘徐桂珍刚成为那个时代的"新上海人"，她随大军从解放区来到上海后，被分配到江湾五角场的华东空军部队。有一天，徐桂珍收到一封神秘的来信，这封信改变了她的一生。

徐桂珍同志：

您好。

还记得我吗？我们在6年前的8月份分别，前几天，意外地听说你随空军部队进驻了上海，真巧，我也在上海，能抽个时间来见见面吗？

于洸

徐桂珍认识的人中没有叫"于洸"的，可是，信上那句"我们在6年前的8月份分别"，却让她想起了一个人——小时候，村里二十几个孩子每天都结伴去邻村上学，队伍里有个沉默寡言的男孩于电喜，同行几年，他几乎没和徐桂珍说过一句话，毕业后，村里妇济会会长要给他俩做媒。

徐桂珍和于电喜自分别之后，枪林弹雨中杳无音讯，生死未卜。于电喜随大军南下，加入刘伯承第二野战军先遣队，徐桂珍在皖北军区机关工作，1949年来到上海。六年之约未满，徐桂珍收到这封署名"于洸"的来信，发自"通州路收容总站"。原来，"于洸"正是于电喜参加革命后为自己改的名字，在戒备森严的通州路收容总站，徐桂珍看到了阔别已久的熟悉身影，这对青梅竹马的恋人经过战火的洗礼后重逢了，于电喜的忠厚老实打动了徐桂珍。1950年3月，上海市政府动员游民开赴苏北垦荒，徐桂珍对于洸说："你去好了，将来我也去，到最艰苦的地方去，你是党员，我也是党员，你安心去吧。"

徐桂珍和于洸

于是于洸任收容游民第二大队大队长，不久，他告别徐桂珍，带领几千人抵达海岸边的芦苇荡垦荒建场。华东空军部队创建伊始，徐桂珍生活朴素工作繁忙，不过，这也比苏北农场的拓荒生活要好很多，原农场工作人员回忆说："我们住的是芦席三角棚，一个草棚住一百多人，两个人一条被子，底下铺的草是潮湿的，在盐碱地生活，艰苦程度就可想而知了。"

徐桂珍说："我要求到他那里去，但当时我们空军缺乏人员，领导不同意，我说早早晚晚我要去的，你今年不让我去，我明年还要去，我在这儿也不安心。我说我也不是去享受，我是到最艰苦的地方去开荒。"在徐桂珍坚持不懈一再提出申请后，组织上终于批准她调动到苏北农场。20世纪50年代初，上海市人民政府发起"游民改造运动"，把妓女、乞丐等旧上海游民送往苏北新丰二十万亩荒地，在这里，旧社会游民被改造成社会主义新人。徐桂珍和于洸来自同一个村庄，同样参加了解放战争，如今又在同一个新的战场上奋战。

1952年12月，徐桂珍和于洸向组织提出了结婚申请，他们是农场中第一批结婚的情侣，他们的婚礼也肩负起向农场里的人们宣传《婚姻法》的责任。婚礼热闹而简朴，拓荒者们的新婚家具都是自己动手打造的，床铺是芦柴打的榔，小碗橱是用芦柴绑的，穿的是部队的军服，用部队里发的黄色的被子。

结婚以后，两人长期不在一起，徐桂珍说："因为那阵我是从部队下去的，哪里需要就调你去哪里，这个农场东西南北我都跑过，搬了17次家。晚上十二点钟回家去睡觉，早上五点多外头钟就响了，但是我们年轻时很开心，满脑子都是工作。"

1959年，由于生活条件差、工作繁重，再加上常常不能按时吃饭，于洗胃病加重，在虹口医院查出是晚期胃癌，33岁的徐桂珍将独自面对六个孩子。徐桂珍回忆说："有一次，他叹了一口气说自己还这么年轻，我很难过，跑到招待所呜呜呜哭了一顿，哭了一顿后，把脸洗洗再回来，我在他面前从来没有掉泪说悲观话。"徐桂珍的大女儿于苏生说："爸爸临终的时候，妈妈说，你放心好了，我一定把你这六个孩子养大。"

诀别的日子到来时，徐桂珍也没有流泪，她把丈夫的骨灰盒背回了山东莱阳两人共同的家乡。下葬时，她要求把丈夫的墓穴挖得大些，另一边留给自己。回到农场后，徐桂珍仍然没有流泪，大女儿于苏生回忆说："所有人都掉泪，都劝她，但她忍着眼泪，她眼泪是往肚子里咽的，而且还倒过来劝别人。后来，妈妈自己在家里又酗酒又抽烟，其实她原来不是抽烟的人，结果查出她的肝肿有四指，医生就跟她说，你不能抽烟和酗酒了。为了我们，妈妈想，如果我再死了，撇下这六个孩子怎么办，所以咬咬牙，把烟戒掉了，酒也戒掉了。"组织上给六个孩子每月40元抚恤金，徐桂珍考虑到农场里生活更加困难的人们，咬咬牙把钱退了。于苏生说："那时我妈妈都是省着给我们吃的，她自己真的是不吃，我那时才九岁，弟弟才一岁。"

一个小孩一点饭，下面掯点菜，油水也没有，就这样过来了。唯一的儿子海勇才一岁多，他咽不下饭菜，瘦得皮包骨头，比同龄孩子小许多。徐桂珍带着孩子四处求医，医生说孩子没病，是饿的，建议打B12催胖针，徐桂珍答应了，但儿子打针的腿比另一条腿短了一截，就此落下终身残疾。于海勇说自己一开始非常责怪母亲，他说："小时候我喜欢解放军，想以后要当兵，那时自己腿不好，我说过妈妈，都怪你，我这条腿不好，都是你害了我。"后来他发现，母亲躲在没人的地方落泪，他愧疚地和母亲说对不起，以后再不提这事情。听到孩子的话，徐桂珍也因愧疚而落泪，看到母亲的眼泪，年幼的儿子也一下子长大了。

"我经常梦见他没死，等会儿他会回来的。"徐桂珍说。2012年，徐桂珍86岁，两人1952年结婚，已经60年了。

携手走进桑榆晚景

那些20世纪50年代初携手的情侣们,有的在漫长的岁月里生死永诀,有的携手走进桑榆晚景。

黄宝妹无不埋怨又心疼地对老伴说:"自己身体养养好,也要锻炼锻炼,不要老睡懒觉,最近总是睡觉,睡觉不好的,没毛病也要睡出毛病来了。吃东西也要有营养,油水也要吃一点,不要一点都不吃,这样不好的,你想想看,你还有三年就要90岁了。"两人的感情被孩子们看在眼里,黄宝妹的儿子黄宗琪说:"几十年了,他们从来不争吵的。"黄宝妹的儿媳妇冯荣珍也说:"他们越老越恩爱,什么道理呢?爸爸身体不舒服,比如掉牙齿,她就很早起来去帮他挂号看牙齿。他们早上一起去花园里锻炼,两人一起去一起来,来来去去总是看到他们两个。"

朱永定和妻子风风雨雨六十年,磕磕绊绊一辈子,六十多年过去了,和初次见面时一样,朱永定还是把何素芬当成美丽而完美的小公主,何素芬也还是一样对朱永定有着很多的不满意。朱永定感慨地说:"人都会老的,年轻时的美基本在外貌,可是老年人的美往往是在心灵里,所以心灵的美比外貌的美更重要。所以我感觉她60岁以后,应该是她最美的时代,倒不是她17、18、19岁时。"何素芬依旧埋怨地说:"家务事做不来,而且他没有甜言蜜语,如果我家务做累了,他说些好话,老太婆你太辛苦了,他不说,我气就气他这个。我说他就是一个书呆子,不大痛惜别人的,就是脾气好。他什么都不会做,如果水龙头坏了,家里什么东西坏了,我都自己修,他都不管的。"

也许六十多年来,正如朱永定习惯了妻子生活上的照顾那样,何素芬也早已习惯了丈夫情感上的呵护。朱永定的大女儿朱世芳说:"母亲表面上看起来对父亲不怎么样,其实,骨子里还是非常非常爱他的,有时候父亲有点身体不适,出去不回来,她就非常担心。我父亲住院开刀,她每天都去陪夜,这么大年纪,我说你已经80多岁了,就不要去陪夜了,不行,她每天都坚持去。"朱永定的四女儿说:"过马路的时候,妈妈会说,看好你爸,他听不见喇叭的声音。"

五十多年过去了,红颜早成白发,可徐桂珍一直没有再嫁,徐桂珍说:"我一定要把六个孩子养大,使他们能够成人,我的责任就是这样,要对得起我死去的丈夫。我不会再找人了,一辈子就这样过来了。因为我把他送到家乡去了,所以我大部分时候做梦都是在我们家乡,梦见他在生病,我说,你身体不好,你自己注意,你等会儿回来。"

半个多世纪的光阴流转,改变了很多事情,却又改变不了有些事情。20世纪50年代的种种风尚,如今已成城市记忆,徐桂珍却固执地用自己的生活凝固了它们。虽然孩子们送给母亲的衣服挂满了衣橱,可徐桂珍对旧衣服仍然舍不得丢,像50年代大多数人习惯的那样补了又补,旧袜子也是缝了一层又一层。最无法改变的还是徐桂珍对于洸的思念,她无数次想起的是默默同行几年却不说一句话的少年往事,是一起建设农场的光辉岁月,虽然聚少离多,但那却是她一生中最幸福的日子。和唯一爱过的男人并肩作战,建设美丽的新中国,这是早已远去的上海爱情故事,没有经历过的人很难明白,那样的日子,是多么艰苦,也是多么幸福。

徐桂珍在谈到爱情时感慨地说:"我们这一辈子的生活过下来,不是放在嘴上的我爱你你爱我,而是行动上大家相互关心。"当问到吴华芳什么是爱情时,这位87岁高龄的老人没有回答,脸上却露出了17岁少年初恋般的羞涩,黄宝妹说:"啥叫爱情?他说不出来,老实人,他这个人辛苦了一辈子。"

(编写 李夕冉)

快乐的暑假

对50、60后们来说，相信大多数人还会对小时候的暑假生活留有一份美好的记忆。一到暑假，大家都会制定一份详细的暑期计划：上午做什么，下午干什么。不过，那些都是做给父母看的表面文章，其实大家心里早就有了暑假的玩耍打算。那个时候的暑假作业只是一个薄薄的本子，花上两天就能全部做完，而接下来的日程就是捉迷藏、看小人书、逮知了、捉蜻蜓、游泳、打水仗，每天的计划都排得满满的，有时，晚上还可以去看露天电影。虽然那个年代物质生活不是很富足，但那些平淡的日子却给孩子们带来了极大的满足和幸福，尤其是暑假生活，过得真是有滋有味。

游戏多欢乐

如今六七十岁的老人，回忆起那时的暑假，都有很多美好的回忆。刘沛记得那时他十来岁，住在杨浦区，到一个游泳场去游泳要走很多路，他说："那时大概要走一个小时，我们一般都吃完午饭后去，因为吃完午饭后的那段时间不是高峰，它的价格很便宜。"

那个年代没有空调，电风扇也是奢侈品，对孩子们来说，炎炎夏日里能够泡在水里清凉一个下午，那种快乐是极大的诱惑。为了多游一会，单安隆每次游泳都会像老师上课那样拖堂，他说："当时毕竟生活条件差，虽说是两分、三分钱一张票，但也是一笔数目，所以每一次游泳的时候呢，时间都是拖得很长的。"

快乐的暑假

去河里游泳

  那个年代女孩子要去游泳，非得有一件游泳衣，但父母不肯给钱买游泳衣，葛承红只得自己想办法解决。她说："我们小时候到菜场里面去剥毛豆，剥好毛豆称分量，然后卖斤数，再拿这个赚的钱去买一件三块几角的游泳衣，我第一件游泳衣就是拿这个钞票去买的。"葛承红没有想到，她第一次去游泳就被父亲打了一顿，她说："我姐姐要去游泳，不让我去，我硬是要跟她去，她硬是不让我去。她说，你要去游泳，在家里自己去脸盆里面闷水，会闷了再跟我去。她走之后，我就在后面跟着她，她走一步，我跟一步，她停下来，我也停下去。跟着姐姐到了游泳池，然后我就呛水了，姐姐回来告诉爸爸妈妈，我被爸爸打了一顿。"

  去游泳池游泳不仅要花钱，而且还不能尽兴，很多家里经济条件差的孩子干脆"铤而走险"，到黄浦江、苏州河里去游泳。那时候的许多上海家庭，由于孩子多，工作忙，父母对孩子的管理都是"粗放型"的，但是对于孩子去河里游泳一般都是禁止的，黄荣章回忆说："兄弟姐妹都五六个呢，爸爸妈妈也不管。家离黄浦江蛮近的，就结伴到黄浦江游泳去。虽然不会游，但胆子蛮大的，抱了一只篮球就跳下江去，人躺在篮球上面，用脚蹬游。游好回来不让爸爸妈妈晓得，快点冲好凉，擦干了回去。"

  20世纪五六十年代，上海苏州河的河水还比较清，每逢暑假，有许多

跳水比赛

顽皮的男孩除了下水游泳外,还要爬到苏州河的桥梁上进行跳水训练和比赛。鲁兴强回忆童年时的跳水经历说:"那个时候跳水是这样的,先是大家排成一排,一个一个跳下去,后来就比魄力,谁魄力大谁排在前面,排成一排,大家手搭在前一个人肩膀上,一个一个一起下去,不下去也要下去,你不下去后面人拿脚把你踢下去,就是练胆子。有一次跳下来,脚面被一块石头划开了。"鲁兴强那时才十来岁,已经是个游泳好手了。

那个年代是省吃俭用的年代,也是物尽其用的岁月,好多吃棒冰的男孩子,不会丢掉棒冰棍,甚至到马路边收集棒冰棍,用棒冰棍制作玩具。鲁兴强小时候曾把棒冰棍一根根扎起来做手枪,黄荣章也有过同样的童年回忆,心灵手巧的他为了制作玩具枪开动了很多脑筋,他说:"我记得在小学六年级的时候用棒冰棍做驳壳枪,就是八路军用的盒子炮,南京东路上有一个戏曲刀枪门市部,驳壳枪做得相当像,我们就去画,画好以后回来用木头雕,前面放根铁杆子,里面接个灯泡,都自己动脑筋。"

那个年代,放了暑假整天蹲在家里不出去玩的孩子是不多的,炎热的夏天,弄堂里的男孩子中午都不肯睡觉,听到知了叫,大多都会去逮知了。粘知了的工具很简单,一根竹竿、一团面即可,刘沛至今还记得逮知了的办法——面粉打成面筋,有了一定的黏度,放在竹子的顶端,有的时

快乐的暑假

粘知了

候也用松香，松香熔化了以后去粘。单安隆小时候也是抓知了的一把好手，他说："那个时候眼神也好，树大概有六七米高，我们一看就能看到黑的知了，像大拇指这样大小，然后很远地从树上把知了一叮叮下来。"在烈日的午后抓知了，孩子们通常都是满载而归。那时候上海市郊的住宅，房前屋后有不少树木，有的人家还种了葡萄、丝瓜等作物，而金乌虫、天牛、蟋蟀等昆虫都藏在里面，于是好多孩子就用自制的网罩去抓这些昆虫玩。

温文旆老人回忆起上世纪五六十年代的暑假生活，他如今依然保留着1960年的学生手册，读起了自己在小学六年级时获得的评语："最近上课的时候，表现得自由散漫，而且时常说粗话，屡教不改，希望今后要改正缺点，做个好队员。"温文旆小时候在暑假里喜欢踢足球、打乒乓、打弹子，还特别喜欢捉蟋蟀，他回忆自己小时候捉蟋蟀的经历时说："晚上拿个手电筒，两三个孩子一起去捉，一个照手电筒，一个翻，拿个蟋蟀网，再去买两只盆用来养。养蟋蟀也不敢养在家里面，爸爸妈妈要骂的，只能藏在走廊里面，有时放在厨房间里。晚上蟋蟀叫，但父母不晓得是我的。"那个年代上海的足球很红火，喜欢足球的温文旆为了看一场球，也会做些不得已的事情，他回忆说："足球票八分一张，买不起就钻墙头看，那时候的虹口足球场不像现在是水泥建筑,而是木头看台,我们先从虹口公园钻进去,再钻到体育场里,八分钱就省下来了。"那个年代的暑假生活,对于孩子们来说,玩是第一位的,对于家长来说,只要孩子玩得高兴,不在外面闯祸,也就别无他求。

冷饮多美味

在那个物资极度匮乏的年代,西瓜是夏天最解渴的食品,除了西瓜,度夏的孩子最盼望的是冰水或者棒冰,然而这些东西当时也不是轻轻松松就能吃到的。杨佩芬最怀念的还是小时候妈妈买的冰冷饮水,她说:"冰冷饮水就是水里面加一点醋,放一点糖,再放到井水里面冰一冰。那个时候没有冰箱,人们要求也不高,糖水,有一点酸酸的,就觉得蛮好吃的。"

孩子多,棒冰又太贵,家长就算省下来自己不吃,也很难满足孩子们的需求,会过日子的孩子们也会想出一个两全其美的好办法,陈金芳回忆说:"我记得一根棒冰四五分钱,棒头断掉的好像三分一根,那个时候条件

吃棒冰

有限啊,想想能够节约一分也好,一分钱可以派很多用场呢,即使这样,有时候还只能你舔一口,他舔一口。"

刘沛回忆起那时候几家人在一起吃晚饭的情景,各家搬出小饭桌、竹床、躺椅,吃完晚饭就在一起吃西瓜纳凉,他回忆说:"吃饭了,男孩子光着上身,在小椅子上坐成一排,大家就是你看我的我看你的,看谁家有好吃的,尝来尝去的。"葛承红也说:"小菜在门口摆着,大家开始吃了,你跑到我这儿来吃一口,我跑到你那儿去吃一口,看有什么好吃的小菜,大家挤挤,很开心的。"孩子们最希望大人们下达切西瓜的口令,随着咔嚓一声响,一个大红瓤、乌黑籽、冰凉冰凉的大西瓜八瓣开,大快朵颐之后,剩下的东西也是舍不得扔的,西瓜籽洗洗清爽,放在淘箩里面晒干,晒干后可以炒西瓜籽吃。

课外多精彩

很多学校为了巩固学生学到的知识,为学生组织了一个个校外小小班,规定学生上午三五成组,在指定的相邻的同学家里一起做暑假作业,而且一般是两个女孩两个男孩搭配一起写作业。如果都是男孩子是不行的,会打架,做功课的时候还要隔开来,一个女孩搭配一个男孩,这样男孩就不那么顽皮了,不会太闹。放暑假是两个月,小孩子们可能在三四天里面突击一下,把暑假作业做完,之后就可以腾出大量的时间出去玩了。贪玩的温文斾对暑假作业总是临时抱佛脚,他说:"老师布置的暑假作业,我经常拖得完不成,还有两三天马上要开学了,我被我妈妈和姐姐盯住,突击把这个功课做好,所以经常挨骂。"

20世纪五六十年代,大多数男生和部分女生比较贪玩,但是也有乖孩子把自己的暑假生活安排得井井有条的。退休教师吴敏慧小时候就是这样的乖乖女,她说:"我只想一心一意好好地读书,不管放寒假还是暑假,自己会定一个暑假计划或者寒假计划,几点钟做什么,讲好今天做一页就做一页,如果第二天我正好要出去玩了,晚上也会做好作业的,有的时候没有按计划做,我自己心会怦怦跳,好像是责怪自己怎么不遵守计划的时间呢。"

那个年代,像吴敏慧这样的乖孩子是不多见的,也许是这个原因,在两个月的暑假里,班主任老师会抽出时间到学生家里造访,而学生们最怕老师突然来访。曹亦隽说起老师家访的事依然心有余悸,他说:"就怕老师来,怕老师看我们做的功课。有的时候老师家访不会通知,因为邻居相互认识,走在路上人家就会告诉你,你们老师来了。"温文旆因为害怕,总是会在老师家访时逃出去,他说:"不敢待在家里,怕被妈妈骂,我妈妈请假在家里面,老师来了以后我逃掉了,但逃到外面去妈妈还是要来捉我的,把我捉回去。"

暑假里虽然能够尽情地玩耍,但也好多孩子在家长熏陶和老师教育下,趁暑假的时间阅读了不少自己喜欢的课外读物。那时候上海的很多图书馆天天开放,当时还是初中生的崔玮就在暑假阅读了许多中外名著,他说:"暑假里面就有整段整段的时间可以根据自己的爱好来阅读,我在初中的时候就已经涉猎了世界上的很多名著,包括《套中人》《茶花女》《安娜·卡列尼娜》。"

实际上读书的乐趣不亚于玩游戏,那个时候如果能够借到一本书小孩子们是很开心的,而且因为今天这本书借给你,明天就要借给第二个同学了,所以大家会抓紧时间看,甚至跑到路灯下面看,哪怕一晚上不睡觉也要把它看完。鲁兴强为了看书甚至把眼睛都看坏了,他说:"我喜欢看书,站着看书,坐着看书,有的时候坐在马桶上也看书,尤其是在睡前看书最多,我眼睛也有点看坏了。"暑期的课外阅读给孩子们插上了想象的翅膀,至今很多人还十分感谢那段岁月。

除了读书,孩子们还会结伴看暑期学生场电影,这些电影往往比平时的票价便宜,当然也是一票难求。杨佩芬讲到小时候看电影的经历时依然很兴奋,她说:"我们放假了,有专门学生场的票子,五分钱一张,一个暑假我们要看好几场电影,很开心的。"吴敏慧也清楚地记得那时候看电影的往事,她说:"离我家最近的电影院是胜利电影院和解放剧场,我会和同学一起去,当电影票便宜时,我们会一起去买当场票。"很多人为了省下路费就选择步行去电影院,为的就是能多看几场电影。

快乐的暑假

乘凉多自在

　　暑假的日子里最热闹的要数晚上乘凉时了,大人们在忙碌一天之后,开始享受那份难得的清闲和凉意,孩子们更是憋不住。只要不下雨,每天晚上,上海的弄堂里和马路边都是乘凉的人群,那是上海夏夜一道特殊的风景线。

　　那个年代,上海的石库门弄堂里大多都有水井,夏日的傍晚,人们会吊上一桶桶凉凉的井水浇在自家门口,给被骄阳烤了一整天的弄堂降降温。人们吃完了晚饭,就搬出躺椅、小板凳纳凉,下象棋,打扑克。没有电扇,就用蒲扇扇风驱蚊。纳凉的时光十分漫长,从吃晚饭开始一直到深夜十一二点,除了聊天、打牌、下棋,还能做很多自己喜欢的事情。在还没有光污染的上海,夜空中可以看到很多的星星,数星星也成为了夏日夜晚乘凉时刻的一项活动。

　　那个年代到了晚上,夏天的上海无论是弄堂里还是马路边,到处都是乘凉凑热闹的人群,女人们凑到一块七嘴八舌爱说家长里短,男人们开始

乘风凉

讲那些有趣的故事和新鲜事儿，有的人平时喜欢看一点书，比如福尔摩斯探案系列，看了之后会在乘凉的时候和大家一起分享，因此夏夜纳凉也是"故事会"的专场。这时候，会讲故事的人就成了明星，刘沛说："二十多个小孩就围着他，开始讲故事了，断断续续地讲了一段，他就要叫小朋友给他倒水去，再讲了一段又让人拿香烟去，那么再讲到高潮的时候，下回再说了，就是为了吊你们的胃口。"

只要故事一开讲，叽里呱啦的小孩子便安静了，随着夜色越来越浓，"故事会"的高潮即将到来，最惊心动魄的"鬼故事"总在接近午夜的时候开始讲起。沈谷惠说："打雷的时候就专门讲鬼故事，打雷本来就是很害怕的，再讲鬼故事，小朋友一叫，都逃啊，等一会儿再回来，就像人家做游戏一样。"鬼故事对于那个时候的小孩子来讲既恐惧，又让人兴奋，对于江云萍来说这也是一份难忘的回忆，她说："我隔壁有位邻居很会讲鬼故事，讲得绘声绘色的，讲完鬼故事一般总归到九十点钟了，要上去睡觉了。楼梯正好是暗的，路灯老是坏掉，我们拖着木拖板，拿个小矮凳，抢着要在前面先冲上楼去，等在后面的人要吓死了，当然实际上是很开心的。"

夜深了，暑气渐渐消退，乘凉的大人们和一群顽童，此时都静了下来，陶醉在美好的夜色里。黄荣章感慨地说："暑假是我们自己的暑假，在暑假里，我们学到了在学校里学不到的东西，经历了学校里没有经历过的东西，实际上这也是一个成长的过程。"

那时没有电视，也没有游戏机，暑假作业也不多，更没有各种各样的补习班，一放暑假，学生们个个像出了笼的鸟儿，享受暑假带来的快乐。崔玮说："我们小时候很开心的，虽然物资很贫乏，吃的也没有像现在那么丰富，但是我总觉得我们的精神都特别富足，不像现在的孩子那样会感到忧郁或孤独。"

暑假年年过，但是随着时代的变迁，如今的暑假已经失去了它的本意，现在的学生学业压力越来越大，被家长带着去参加各种各样的活动，被各种辅导班的补习占据了大量的课余时间，使他们失去了很多和同龄人一起玩耍的乐趣。特别是互联网的兴起，使得孩子们不再能够体会当年和小伙伴们一起动手、奔跑的乐趣，而是沉迷于电子游戏中，变得愈发孤独。同时家长也为教育子女付出了大量的精力和物力，竞争的愈发激烈导致家长和孩子双方都感到疲惫和焦灼不安。

  20世纪五六十年代的快乐暑期生活已成为远去的岁月，那些天真而又淳朴的快乐不会再回来了，当年的孩童，如今的老人，现在再次重拾那份记忆时，也打开了一幅永远不能复制的画卷。

（编写　李夕冉）

"的确良"的记忆

20世纪70年代,"的确良"风靡全国,这种面料挺括、耐穿、免烫,因此深受人们的青睐,虽然"的确良"的价格要比棉布价格高出很多,但只要商店里一有货源,就会被大家抢购一空。不过,真正代表"的确良"时代到来的是1975年上海金山石化总厂年产10万吨纤维生产线的上线,更多的"的确良"进入了普通百姓家,人们也渐渐地告别了那个打补丁的年代。

棉花让位,补丁时兴

1972年5月,一支外国摄影队来到上海,用镜头记录下了南京路和外滩的过往行人,在当年的镜头里,上海市民的着装显然是非常单调的,一些踏三轮车的车夫和清扫工人所穿的衣服更是有着非常显眼的补丁。

像这样的穿着,中老年人都很熟悉,华阳路街道的居民徐玲芝说:"我记得小时候,我们姐妹三个人总是穿同一件衣服,老大穿新,老二穿旧,老三穿的时候尽管没破,但是已经很旧了,兄弟姐妹多的孩子,穿到后来就会打补丁。"张迎萍是闸北区大宁街道的居民,她还记得小时候半夜醒来,迷迷糊糊地看见妈妈在幽暗的灯光下缝补衣服的情形,如今想起还有些心酸。

一部拍摄于1960年的新闻影片《千方百计节约棉布》,介绍了一家里弄服务社为居民缝补衣服的情形,影片里高昂的喇叭喊着:"丽园路蒙三居

"的确良"的记忆

里弄服务社为居民缝补衣服

委会生活服务站,积极贯彻为社会服务的方针,大力开展缝补业务。"当时的中国正处在经济困难时期,从那个年代过来的人都会有"新三年,旧三年,缝缝补补又三年"的生活记忆。

实际上,中国人做衣服的面料最早是丝和麻,在宋代之前,中国只有"绵"字而没有"棉"字,棉花是宋朝时从边疆传入中原的。宋末元初,在一个叫黄道婆的上海妇女的推动下,棉花的纺纱和织布技术从松江推广、普及至大江南北,上海的松江从此就有了"衣被天下"的美誉。近代以来,上海建起了很多纱厂、布厂,1928年,当时的上海市民还把棉花选为上海的市花,纺织行业成为上海最重要的支柱产业。

新中国成立以后,上海的纺织业一直受到党和政府的重视,50年代,纺织系统的劳模黄宝妹曾受到毛泽东主席的接见,她回忆说:"毛主席和我握手后,叫我坐,我看着他呆住了,话也讲不出,他先问我,你哪里人?我说是浦东人。他说,哦,浦东啊,做什么工作?我回答,纺织工人。他说,那好啊,纺纱工人有责任的,要让我们全国劳动人民都穿上衣服啊。"黄宝妹至今还清楚地记得毛主席说的话。

当时的中国,人口众多,耕地有限,无论是吃饭穿衣都要靠土地,所以多种粮食还是多种棉花成为一对矛盾,而当时"以粮为纲"的基本国策决定了棉花种植要让位于粮食,所以棉花总是不够的。从1954年起,我国开始发放布票,实行计划定量供应,各种布料、成衣、床上用品以及各

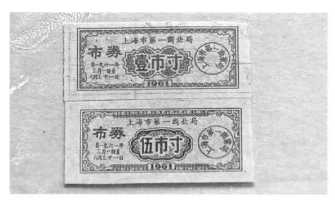

面值为一寸和五寸的上海布票

类纺织品都要凭布票购买。胡申南先生是位票证收藏家,他不仅收藏了布票,还收藏了当年政府发放布票的有关文件,他说:"我做了一个布票发放情况明细表,从1954年9月份到1955年8月份,大人是45尺,小孩是32尺。从1957年以后,减了一大半,大人只有17尺,小孩只有11尺,最困难的时候是1961年,那时候只分配到二尺六寸。二尺六寸能做什么东西,只好做一条短裤了。"接着,胡申南又说:"因为布票少不够用,当时上海时兴缝缝补补,所以那时候衣服带补丁一点都不稀奇。"

在那个缺衣少穿的年代,衣服最容易磨损的地方是上装的衣领、袖子和裤子的膝盖、臀部,所以这些地方常常打着补丁。在过去的一些影片中,很多人都带着一副袖套来重点保护衣服的袖口,胡申南从1962年开始在中药店工作,因为药店里比较脏,他就常常带着一副袖套。

穿有补丁的衣服也成为那个年代勤俭节约的标志,1959年7月23日,《解放日报》头版头条位置刊出通讯《南京路上好八连》,报道了八连艰苦奋斗的先进事迹,通讯中介绍八连有一个班长的衬衣缝了38个补丁还没舍得扔掉。

在那个年代,艰苦朴素和勤俭节约是舆论宣传的重要主题,如果哪个人衣服穿得漂亮一些,时髦一些,还可能会被说成是沾染了资产阶级的生活恶习,大宁路街道居民花永青说:"那个时候穿打补丁的衣服还算蛮光荣的,勤俭节约,说明这个孩子很好,很听话,很乖。"但补丁总不代表好日子,要让老百姓穿得暖和打扮漂亮的根本办法就要靠人造纤维。人造纤维分两大类:一类叫化学纤维,是用木材、芦苇等天然原料通过化学反

"的确良"的记忆

好八连战士缝补衣服

应的方法制成的;另一种叫合成纤维,是从石油、煤炭中提炼合成的,受到原料和工艺的影响,合成纤维的发展速度和发展空间远远超过了化学纤维。

1958年3月30日,《解放日报》登载了一则消息:我国自主研发的尼龙在上海诞生,这是我国最早的合成纤维。上海东华大学纺织学院院长邱夷平评价尼龙是一种比较有意思的纤维,它的耐磨性公认是最好的,但当时的尼龙染色性较差,穿着不舒服,因此并没有大规模地用作服装面料。这时候,另一种新面料开始在国际上流行,那就是"的确良"。

挺括耐穿的"的确良"

说起"的确良",它是一种舶来品。

20世纪30年代,美国杜邦公司的首席科学家卡罗瑟斯用石油聚合成了两种高分子材料。杜邦公司从其中一种材料中提炼出了锦纶纤维,英文叫作"尼龙"(nylon),这种"像蛛丝一样细,像钢丝一样强,像绢丝一样美"的纤维,在1939年年底实现了工业化生产,很快被制成各种纺织品;而另一种高分子材料纺出了另一种纤维,那就是涤纶纤维,英文叫作"特丽纶"(terylene)。

后来,杜邦公司买下了涤纶的专利,给它重新注册了名字,叫"Dacron",并大量生产,出口到世界各地。20世纪60年代初期,蔡黎明在上海纺织行业从事"的确良"的研究和开发，他对的确良的由来作了解释，它是从石油里裂解出来的一种聚酯纤维，英国人叫它特丽纶，美国人叫它达克纶，他说："'的确良'是一个翻译名词，是从香港传过来的，达克纶的英文'Dacron'用广东话说起来和'的确良'差不多，所以它就成为一个商品名称。"蔡黎明老人继续回忆说："当时制定了计划，我们在1961年的秋季交易会上正式向外经贸部驻港机构提出，希望他们帮我们进一点原料，那么我们就可以正式地开展试制……1963年，我们棉纺厂已经有五千锭子、一百多台布机在织'的确良'，开始织出来的'的确良'是府绸料，生产'的确良'衬衫，主要是供给出口用的，国内市场几乎没有，因为我们的目的不是拿外汇去买东西自己消耗，而是尽可能地为国家增加外汇，以进养出。"

如今上了年纪的人大约都记得当年市场上有很多紧俏商品叫"出口转内销"，这些出口产品由于在质量上有某些瑕疵或者因其他原因而被投放到国内市场上，上海绸布店里最早供应的的确良面料就是这种，而这些出口转内销的"的确良"面料在当时还是抢手货。

由于"的确良"和传统的棉布相比，挺括不皱，易洗易干，质地坚固，经久耐穿，而且色彩亮丽，不易褪色，因此穿着"的确良"的衣服成为当年的时尚。说起它，当年上海市民们似乎都赞不绝口：

"'的确良'不用熨烫就很挺，刚出来的时候觉得很新奇。"

"那个时候觉得自己有一件'的确良'，走路都神气了。"

"有了'的确良'，衣服就不像以前补一块弄一块了。"

蔡黎明科学地解释了它易洗易干的原因："'的确良'洗的时候不好绞的，只要放在水里，拎起来，让水自然地滴下来，因为涤纶的纤维含水量只有0.4%，而棉花的含水量是8.5%，所以涤纶混合了棉花以后，制成的衬衫干起来非常快。"

"的确良"易洗耐穿的优点，使补丁远离了人们的生活，很多人都记得第一次穿上"的确良"衣服的情形。大宁路街道居民张丽莉已经年逾六旬，她还记得用"的确良"的花布做了一件棉袄罩衫时的欣喜，她非常喜欢，因为这是过年的时候才穿的。

原上海石化涤纶厂工程师计来明也记得他的第一件"的确良"服装，

的确良衬衫是当年的时装

他说:"当时部队换装换成了'的确良',以前的布料子洗后就会起皱,部队里又没有办法熨烫,皱起来会影响军人的形象,但是'的确良'一穿就显得人很精神,用它做的衣服又耐洗又耐磨,可以穿很长时间。"他非常喜欢穿上"的确良"到驻地的街上走走,他回忆说:"穿一双青年式皮鞋、一条'的确良'蓝裤子、一件'的确良'白衬衫在街上走,看起来很潇洒,很神气,可以显示自己年轻英俊的风采。"

这种收腰剪裁的新式军装也成了当时许多年轻人追逐的梦想,徐庙娥不仅自己动手做军装,还为当时的男朋友花永青也做了一套,这令花永青大为感动,徐庙娥回忆说:"和他恋爱的时候,正好是流行军装的时候,看到人家穿军装觉得很好看,就买了一点'的确良'回来,自己裁,帮他做了一套。"

当时有些爱时髦的人由于经济能力有限,不可能买多件"的确良"衬衫,于是就做多个"的确良"的假领子轮流穿,每天给人焕然一新的感觉。这是因为棉布衣服的领口是最容易磨损的地方,而"的确良"的质地牢固,用它做的假领子也称为"节约领"。徐庙娥回忆说:"有的是尖角领,有的是圆领,有的是花边假领子,各种各样,人们每天以领子为标准翻花样,穿哪件衬衫就换哪个假领子,配套的。"不过,穿假领子的人外面的

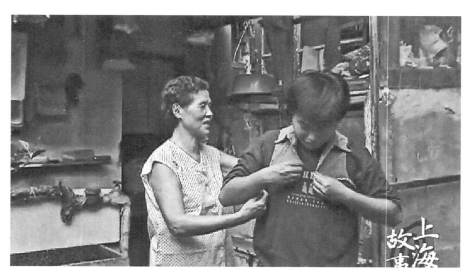

俗称"假领子"的节约领

衣服是不能脱的,一脱就露馅了,曾任上海第一丝绸印染厂厂长的石中善就遭遇过穿"的确良"假领子的尴尬。有一次他在宾馆谈外贸生意,看到人家外宾都脱衣服,穿一件衬衫,但是他不敢脱,他笑着回忆说:"脱了外套,假领子多难看啊,我说不热不热,实际上身上汗滴滴的。"

"的确良"在老百姓心目中的确优良,但也并非十全十美,只是它的诸如不透气这类的不足对于当年百姓的穿衣体验和生活经验来说是可以忽略不计的。

"的确良"风靡的年代

在三林世博创意园,随处可见原工业时代建筑的特点和样式:烟囱、蒸汽管道支架……整个园区充满了传统工业的沧桑韵味,亲水柱廊和休闲平台当年是装卸货物的运输码头。

这里原来是上海第十化纤厂的厂房,也是全国最早生产"的确良"的地方。20世纪60年代初,我国通过进口涤纶纤维来开发"的确良"面料,到1968年,我国开始进口聚酯切片,自己制造涤纶纤维。周福根1968年从华东纺织学院毕业后来到这里,从工人一直做到技术科长,他回忆说:"当时的涤纶切片主要是靠进口,价格相当昂贵。那时有个讲法,一粒像米粒一样大小的切片,值3分人民币,相当于一个大饼,所以当时我们加料的时候很小心,哪怕几粒切片掉了都拾起来用,因为很宝贵。"

1968年这家工厂的涤纶短纤维的年产量约500吨,然而,这样的产量对于广大老百姓的需求来说实在是杯水车薪,那时,全国每年进口涤纶达几十万吨。同时,"的确良"的纺织面料品种也增加了很多,蔡黎明回忆说:"从府绸做到面料,不仅棉纺有'的确良',毛纺也有毛'的确良'。棉纺'的确良'的比例是涤纶65%,棉花35%;毛纺'的确良'的比例是涤纶55%,毛45%。"

当时的"的确良"属于高档商品,普及程度不高,穿一件"的确良"就会引来周围许多羡慕的眼光。其中有一种用"的确良"织的卡其布受到广大百姓喜爱,简称"的卡",周福根当年的结婚礼服就是用"的卡"做的中山装。那时的棉纱卡其布8角3分一尺,而"的卡"要卖2元2角多一尺,价格将近棉卡其的三倍,是非常时髦的高档衣料,蔡黎明告诉我们说:"做一件衣裳要七八尺料子,就要十几块钱呢,在当时算是非常高档的消费了,但即使这样,它还是蛮受大家欢迎的,'的确良'在这一段时间里是作为一种风靡的纺织品存在的。"

那时,青年人上身穿"的确良"卡其布的上装,下身穿毛"的确良"的裤子,被说成是"上的下的",脚上再穿上一双7元6角5分钱买来的皮

"的卡"中山装在当时深受百姓喜爱

鞋，号称"765皮鞋"，再骑一辆新的自行车，那种感觉比现在开宝马、坐奔驰还要好，幸福指数就像是温度计浸在热水里，一下子就蹿得老高了。

"的确良"不仅受上海人喜欢，全国各地到上海来的人也都把购买"的确良"作为一项重要任务。1971年，毛泽东主席坐专列南下视察时，途经上海稍作休息，到了开车的时间，专列乘务员们才纷纷一路小跑赶回车上，看到这些年轻人气喘吁吁，主席随口问道："干什么去了？"乘务员们报告主席，利用休息时间，他们去购买"的确良"了，这东西只有在上海才买得到。

看到这些年轻人大谈"的确良"的优点，主席沉默不语，回到北京后，毛主席就跟周恩来总理说："我们能不能也搞点化纤？不要让老百姓穿衣这么千辛万苦，百姓百苦。"不久，一份有关的技术报告被送进了中南海，1972年2月5日，这份报告上有了毛主席的圈阅和周总理的批示，当年全国最大的石油化工企业将在上海开工建设，这就是后来的上海金山石化总厂。

化纤自由：金山石化总厂兴建投产

金山石化总厂的兴建是20世纪70年代上海工业建设的头号工程，它的建成投产将根本解决中国人缺衣少穿的问题，一个新的"的确良"时代到来了。

这里原本是潮来白茫茫、潮退空荡荡的一片海滩，1972年的冬天，突然有五万多人聚集到了这里，领头人龚兆源正是当年围堤指挥部的总指挥。现在的他已有百岁高龄，但仍然精神矍铄，说起当年领导海滩围地的运动，他说诀窍就是艰苦奋斗和依靠群众。当年这位总指挥的办公室兼住处还有一个有趣的称呼，叫"猪公馆"，龚兆源解释说："原来金山海滩边上有养猪的地方，我们把它拆掉之后，设置成一间一间的小房子，打扫干净，粉刷了一下，住进去就当宿舍了，所以我们叫它'猪公馆'。"

为了让五万农民建设者能够就近集结，他们动员附近的农家腾出客堂间，龚兆源回忆说："客堂间里面开地铺，每户人家住十二个人，一个人烧饭，一个人送饭，十个人上大堤。"因为人数实在太多，最远的要住到离围堤十多公里的农民家里，他补充说："一般天不亮农民就出来了，带着扁担、箩筐走到大堤，最远的要走两个小时，一天大概工作10小时，到下午天暗了才回来。前前后后一共一个半月，五万农民用锄头、铁把，用肩挑、扛，成功修筑了这个高九米、宽六米、长八公里的大堤。"

"丰衣足食"是中国人民的千年梦想，在这围垦出来的一万亩海滩上，新中国第一座大型石油化工联合装置将拔地而起，而它的建成，将改变中国人长期来缝缝补补的穿衣历史。

为了解决老百姓的穿衣难问题，中国政府决定大手笔地向发达工业国家引进石油化工装备，来发展化纤，打通化纤工业的全产业链。得知金山工程将要担负起解决全国人民穿衣问题的重担，上海全市都积极支援金山建设。计来明不曾想到他会和"的确良"打上一辈子的交道，1975年，他从部队退伍后来到了金山石化的涤纶厂，从一名操作工到工程师，一直工作到退休。张一飞当时是从上海炼油厂来到金山石化，参加化工一厂的筹建工作的，他回忆说："建上海石化总厂就是为了解决我们全国老百姓的穿衣问题，所以，领导找我一谈我就积极服从，第二天马上到石化去报到了。"他还记得刚到金山时的景象：围堤刚刚围好，还是海滩一片，睡觉的地方、吃的东西都没有，大家自力更生，借农民的房子住，十几个人睡在一个大客堂间里面。当时金山工地上还没有像样的生活设施，但参建者已达两万多人。

1974年6月8日，上海10个区的5 000名里弄加工组工人也赶赴金山支援当时的工程建设，形成了"千军万马战金山"的壮观景象。为了早日建成金山石化厂，工地上到处响彻学习大庆的口号：有条件要上，没有条件创造条件也要上。张一飞回忆说："当时没有卷扬机，大家齐心协力用人力把卷扬机、绞盘拖到现场；为了搬动做桩用的32米长的钢筋，所有的职工一米间隔上一个人，大家十几个人排好队，正步走，把钢筋掮了两三公里路，从仓库一直掮到现场……就是这样一点点创造条件把厂建起来的。"

金山工程是新中国第一次从西方工业国大规模地引进石油炼化装置，许多设备具有当时世界先进水平，而这些设备之庞大和沉重是我们之前从

金山石化一期工程

未遇到过的。当时要把这些大件设备运往金山，沿路的桥梁都得加固或重新建造，而如果从内河运输，沿河的桥梁高度又不够让这些大家伙通过，工人们就设计出一种"半潜式"的运输方法，把这些庞然大物运到金山。

金山石化一期工程建成投产后，当时有一个数字，说金山石化为全国人民每人增加了一米化纤原料，金山石化的建成为合成纤维国产化奠定了坚实的基础，之后我国几乎所有的石化企业都派人员到金山石化学习和接受培训。因此，原国家体改委主任、全国政协副主席陈锦华曾指出说："中国整个化纤工业的快速发展，上海石化的带头、示范和'老母鸡'作用，功不可没。"

近现代服装潮流的更替

不同于20世纪70年代初镜头里色彩单调的、打补丁的服装，拍摄于80年代的上海南京路的镜头里，来往行人的穿着打扮已成为亮丽的风景，而这才刚刚过了10年的光景。

我们可以说80年代南京路上穿着漂亮的人们是赶上了一个改革开放

的好时代，但是如果没有"的确良"，没有这么多新颖漂亮的化纤面料的生产上市，上海人的衣着打扮、南京路的景观风情肯定是会打折扣的。服装潮流的更替来源于面料科技的不断创新，这是服装设计界公认的定理。

1984年，上海石化总工程师徐以俊带队与上海纺织局的技术专家共同商讨如何一起开发新品种，以应对市场更多样化的需求。

1985年，上海服装商店更名为上海时装商店，这一字之差，说明了人们的着装需求已经从保暖转向要打扮漂亮了，原上海纺大教授包铭新将"时装"通俗易懂地解释为"还没有坏就要换的衣服"。

当时的时装样式和色彩基本上还是大同小异，以"的确良"为代表的化纤面料仍是市场的主流，但经久耐穿的"的卡"开始淡出市场，因为时装是不需要耐穿的。

腈纶毯是20世纪七八十年代的新品，当年结婚的人家都会备上一条，东华大学纺织学院院长邱夷平说："腈纶可以取代毛料，它洗一百遍也不会变小，所以可以常洗，保持清洁。"计来明认为腈纶最大的特点就是颜色鲜艳，他说："因为那时候颜色比较单调，所以腈纶出现后一下子就跳入了人的眼球。"

当时，腈纶绒线、腈纶开司米等新品颜色鲜艳，价格便宜，深受打毛线女士的欢迎。一时间棒针衫大行其道，成为时尚，连有关棒针衫编织的书籍也成为书店里的紧俏书，徐玲芝就买了一本《棒针编织500例》，这本书到现在还保存着。

那时候，很多人都热衷于自己做衣服，一是因为思想开始解放，正在从单一走向多元；二是由于服装的新款式、新面料不断出现激发了很多爱美人士的想象力。张丽莉为了漂亮，还用了一点细的开司米在衣服上面绣花，徐玲芝学会了用缝纫机之后，女儿的小衣服都是她做的。

当年自己做衣服的人大都是跟着电影、电视走，使得《大众电影》和《上海电视》杂志多了一个服装样式的参考功能，而服装裁剪书更是畅销。

进入90年代后，国际顶级时尚品牌集体进入我国，在迫使我国服装制造业重视品牌的同时，也让品牌概念在广大市民中由模糊到清晰，各种"牌子货"悄然进入人们的生活，促使人们完成了从"做衣穿"到"买衣穿"的转变。人们不再为一种新的衣服款式或面料而引发持续震动，相反，人们对服装设计、剪裁、制作工艺的要求越来越高。

上海电视台1994年推出的《科技博览》节目播出以后，人们提起"的确良"的频率渐渐减少了，人们在衣着上渐渐地倾向于回归自然，更喜欢穿全棉的服装，"的确良"曾经可以忽略不计的缺点如今开始凸显：

"穿起来很挺括，但是不透气。"

"觉得非常闷热。"

"还是穿全棉的好，穿起来舒服。"

曾经深受大家喜爱的"的确良"渐行渐远，可以毫不夸张地说，从1972年上海金山石化建设到1983年废除布票，正是以"的确良"为代表的化纤工业迅速发展，中国才能用这么短的时间实现了让13亿人口都能穿得暖和、穿得体面的美丽梦想。

从2003年起，中国成为世界第一的化纤生产大国和消费大国。也许今天人们已经不再留有"的确良"衬衫或"的卡"中山装，但是人们还是会把"的确良"留在记忆深处，因为那是一段难忘而美好的记忆。

（编写　王　俊）

会"做人家"的上海人

在老上海的口中,说一个人"做人家"往往带有赞赏的含义,是"节俭、会过日子"的意思。"会过日子"换成现在的说法就是聪明消费,花小钱享受精致的生活一直是老派上海人引以为傲的生活技巧。上海女性精于生活,懂得花钱,很会过日子,"做人家"是在别人看不到的地方节约,一个钢镚儿分两半花,出门则要衣着光鲜,举止时尚,所以"做人家"被创造性地理解为合理的理财观念。

穿:"新三年,旧三年,缝缝补补再三年"

"做人家"的第一要义就是衣服要光鲜,上海女性精于生活,懂得花钱,很会过日子,"新三年,旧三年,缝缝补补再三年",这在当年是不"坍台"的,相反还会赢得艰苦朴素的美誉。

20世纪五六十年代,由于实行计划经济,物资匮乏,上海的布店经常出售零头布,零头布若买得巧,可以做外套、短裤、马夹等,还有一些边角料会论斤卖,比如三角形的彩色织锦缎零料,聪明的上海女人用它拼出了窗帘、沙发套和被套,还节约了不少钱。

2013年夏天,82岁的退休教师戴乐怡奶奶和女儿姚臻又忙活开了,按照惯例,戴奶奶又要亲手为亲戚朋友、左邻右舍缝制夏装了。戴奶奶的这一手好针线活儿在她还是个大姑娘的时候就学会了,家里的四个孩子都是穿她亲手做的衣服长大的,她们几乎没有在商店买过衣服。几十年风风

过去一家人的衣服都是由妈妈自己做的

雨雨过去了,当年勤俭持家的手艺渐渐成了戴奶奶的爱好。

作为戴奶奶的小女儿,姚臻从小在妈妈身边,潜移默化地也学了一手好针线活儿,姚臻说:"爸爸妈妈收入应该不算很高,我妈妈精打细算,比如姐姐长大了衣服不好穿了就给我穿,穿得已经旧了,我妈妈就会把这件衣服拆开来翻个面,这样看上去就像新的。"

孔明珠是上海作家,在她的记忆中,童年的生活虽然不富裕,但是只要肯动脑筋,也能创造美好生活。她回忆起自己的三姐姐在一块"的确良"上面裁出一件衣服的料子,做成了两件衬衫,她非常感叹姐姐的本事。

"吃不穷,穿不穷,不会算计一世穷。"那时候上海的服装店里还有一种两面穿的双用衫,一面是咖啡色的灯芯绒,一面是宝蓝色的咔叽布,一衣两穿,很快便流行开来。如果家里有工人,一年还可以省几副纱手套下来,把它拆开来染成红的绿的,再结成一件纱衫给孩子穿。同样,劳动布的工作服也能省下来,改一下让孩子穿。日子虽然艰苦,但孩子们仍然有一个温暖的童年。作为教师的戴乐怡,自然也有她的法子,她回忆说:"我儿子小学五年级时有一次要到少年宫去接待外宾,我就把我一件毛料的灰色衣服染成黑的给他穿,还给他做了一件夹克衫,让他穿着这样的衣服去接待外宾。那天他接待了一位日本外宾，还跟他一起拍了照片，他很开心，很喜欢。"

那时候的棉毛衫裤，袖口、裤脚坏了，人们一定会找修补的店家，剪下破损的部分，换上新的袖口、裤脚，有时在臀部换一大块，有时接上一段，还可以混上一两年。尽管平时穿得艰苦，逢年过节的时候，孩子们还是能收获惊喜，姚臻回忆起自己的童年往事时兴奋地说："我记得大年三十前一天，我妈妈就开始张罗了，她在踏缝纫机的时候我就急死了，觉得我妈妈怎么还没有帮我做好，因为要一个一个东西接着做嘛。我就专门坐在她边上，就看着那台缝纫机，有一种我妈妈今天一定能帮我快点做好，我马上就要穿的感觉。"新衣服对小女孩的诱惑力自然不必说，小时候的姚臻从来没有想过，妈妈怎么会像变戏法一样为他们四个兄弟姐妹变出新年的衣服。

虽然那时候没有彩色胶卷，但是留在那一代人心中的童年全是五彩斑斓的，女孩子从母亲、外婆、奶奶那里学到这门手艺，今后全都派上了大用场。王桂华从小就擅长缝纫，几乎所有的衣服都是自己做的，当她确信当时自己的男友谈勤英就是相伴她一生的人的时候，她决定亲手为他打造一件定情物。她说："我就不声不响地让他有个惊喜，我去买了一块'的确良'，做了一条裤子，当时我男朋友看到这条裤子，很开心的。"接到王桂华的礼物，谈勤英欣喜若狂，当时他正面临分配工作，第二天就要去单位报到，他决定穿着这条特别的裤子去见未来的领导。没有想到的是，咖啡色带白条子的喇叭裤再加上一双荷兰式皮鞋，就因为这套时髦的衣服，单位领导说他流里流气的，谈勤英失去了人生的第一份工作，被调离了原定的岗位。尽管如此，夫妻二人的感情仍然很好，这个小家庭的成员都享受到了王桂华的缝纫手艺。

上海的家庭主妇是精于算计的，旧的衣服缝缝补补重复利用之后也舍不得扔掉，所有布质的衣服、破床单、被夹里到了无法再继续使用时，她们会按线缝拆碎，刷了糨糊褙硬衬，作为自制布鞋纳鞋底的主材。所谓"千层底"就是把这些破布、破衣服用面粉调成的糨糊贴在门板上，晒干之后，按照鞋样剪成一块一块，叠成一沓，再用纳鞋底的长针，一针一针密密麻麻地纳成的。

那年头，男性穿松紧鞋，女性穿搭襻鞋，冬天则有蚌壳棉鞋，黑面白塑料底，三元六角一双，对多子女家庭而言，也是不小的开销，而自己做就省多了。硬衬是鞋面的里衬，然后再配黑色直贡呢鞋面和黑色滚条，内衬白布，直到今天，很多人还保留着做鞋的手艺。

如果说仅仅是一个钢镚儿两半花，还不足以体现上海人的智慧，上海的女性喜欢摩登，最怕别人说"落伍、土气、小家子气"，再穷也要光鲜亮丽，因此催生了另一项创造发明——节约领，俗称"假领子"。这可以称得上是上海人对中国服装史的贡献。假领子的妙处在于用最少的布料维持了上海人的体面，而且洗换起来也相当方便，哈纪淑至今保留着当年做假领子的纸样，有些假领子做得非常精致，领子是硬扎，系领带也不会露拙。那个时候的男人能穿上妻子或者女友做的假领子是件相当让人羡慕的事情，手巧的王桂华就给自己的丈夫做过好几个假领子，她说："我帮他做领子，因为他是坐办公室的，很讲究形象。做个粉红的、白的，再做个藏青的，就这样轮流换了穿，穿出去人家都说他好看，他说，我老婆做的。他很自豪的。"

与假领子有异曲同工之妙的是绒线领子，是贴在女性大衣领子上的，用毛线编结，既保暖又时尚，还能使大衣领子免遭污损。上海女性擅长场面功夫，又知道分寸，穿得漂亮又得体，不管能力怎样，眼界是很高

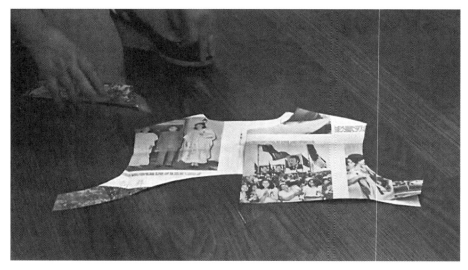

做假领子的纸样

的，就算在物资贫乏的年代，她们也精打细算，用最少的钱把自己打扮得最漂亮。

作家孔明珠记得小时候因为过生日得到了亲戚送的半斤绒线，这在当时属于奢侈品，可是半斤绒线做一件衣服又不够，她的妈妈就到办公室和同事商量怎么利用这些绒线，她回忆说："他们决定帮我结一件镂空的衣服，国庆节去参加活动的时候穿着，很神气的。"如今想到那件衣服，孔明珠依然很兴奋。像戴奶奶、姚臻这样的母女，在上海不在少数，上海人形象地把节约、勤俭称为"做人家"，上海人说一个人"做人家"往往带有赞赏的含义，而不是单纯地指对方"抠门"，"做人家"实际上就是一种不卑不亢的"小气"。

住：千钿要用，一钿要省

"做人家"作为上海特定时期特定情景下的常用词，其中的微妙意味就在一个"做"字上，它真切地传递出上海人勤俭持家的禀性和对生活质量的追求，它几乎成了上海人的符号和标签。上海的女人善于持家，上海的男人也不赖，接受"做人家"的教育是上海男人的必修课，从买菜做饭到设计维修自家的小阁楼，再到全家的出行、买房、装修，都是男人一手打理。"做人家"体现了深谙生活艰辛的普通上海市民朴素的理财观念。

那时候，节能的八芯煤油炉是自己用废旧马口铁罐头敲出来的，三角铁可以焊成金鱼缸，旧铅皮可以敲成台式八瓦小日光灯灯罩灯座……弄堂里随处可见上海男人在做木工活，刨花随风轻扬——喇叭箱、小菜橱、床边柜、写字台、沙发，就这样一件一件做成了。作为一家之主，打理房子，让一家人住得舒服的任务就自然而然落到了男人头上。

潘彩云和李明强是夫妻，如今他们俩经营着一家广告公司，辛苦半生，现在终于拥有了一套满意的住宅，回忆起当年住在阁楼的岁月，两人都感慨万千，潘彩云说："因为房子小，一要利用空间，二要利用地面，我们这张床只好用铺板，不能用棕绷，我姑娘最痛苦了，天天睡觉是打地铺

卖废旧报纸书籍

的,这个地铺一个人睡下去就不好动了。"那时候李明强常常为没有给妻子安逸的住所而自责,为此他想了很多办法改善生活质量,他说:"人家有彩电,我买不起彩电,我有一个黑白的也可以。人家有双缸洗衣机,我有一个单缸也可以。人家有四喇叭,我二喇叭也可以,总想着不要过得太寒酸。"

尽管李明强和潘彩云竭尽全力打造自己的小窝,但是有一个问题他始终无法解决。住在三层阁楼里,最大的困难就是用水问题,无论是洗澡,还是做饭,都要把干净水从楼下提上来,再把脏水提下去,非常不方便,排水很困难。那时候的上海,和李家夫妇住房条件类似的有成千上万,于是市面上很快出现了一种上排水的洗衣机,它一时成了家电市场的宠儿,潘彩云回忆说:"在金陵东路申花洗衣机门店,排队排了个通宵,买来一台上排水洗衣机,生活得到了改善,真的是很幸福,觉得自己小日子过得有滋有味的。"

那时候,聪明的上海人还发明了浴罩,浴罩像一个圆形的帐子,用钩子固定在房顶上,长长的透明塑料布套在浴缸或者脚盆上,形成一个封闭的小空间,然后在浴缸或者脚盆里放满热水,洗澡时就可以抵御寒冷。潘彩云听说了这个新东西,赶紧去买了一个。和大多数上海人一样,李家夫妇度过了几十年阁楼蜗居的生活,随着生活条件的改善,他们搬进了宽敞明亮的新居,但那句老话"千钿要用,一钿要省"还是深深烙在他们的生活习惯里。钱,必须花在该花的地方,不该花的,一个子儿也得计算着花,这大概就是老上海人勤俭持家的真谛。

在老上海人里,收入既要抚养孩子,又要赡养老人,一般人家是捉襟见肘的。劳动人民家庭,两口子的收入每月能够有一百多元,已经算得上"中产阶级",如果母亲是家庭妇女,家里负担四五个,甚至六七个孩子,就只能样样精打细算。在计划经济的年代里,大多数人家都是算着钞票过日子的,天天计算着油盐柴米、鞋头脚面,还拼命"轧"个三五元出来,到银行里买"贴花"搞个有奖储蓄,一年能省出几十元就很不错了。

上海市民的生活在新中国成立后得到了很大改善,但是在改革开放前,依旧难称富足,就如同有限的居住空间一样,每每陷入捉襟见肘之困,因此只能从生活的外围下手,从点滴省起。自己做煤球就是其中之一,那时候没有煤气,家家户户做煤球成了里弄的一道风景线,积少成多,细算下来,一个月还能省不少钱。

上海曾是中国最有活力的地方,也是近代城市制度的发祥地,但上海人口稠密、生存空间拥挤、狭窄,也造就了上海人精打细算、讲求实惠、会"做人家"的习惯,久而久之形成了一种特有的市民文化。上海人的精打细算都是群体生活锻炼出来的。在"七十二家房客"的蜗居年代,由于水表和电表都是多户人家合用的,每户人家轮流着"做东",移交记录用电量历史的本子,将每月所耗的电费,按照人头,摊派到每户人家,并挨家挨户地收取、缴纳。然而,算账也是一门学问,这并非是总用电量除以户数那么简单,谁家几个灯泡、谁家熄灯晚、无线电是否算灯泡,都必须纳入考虑的范围,算好了贴在外面公示,大家都没有异议时才予以执行。

传统的中国社会是聚族而居,而上海作为商业社会,人与人之间的利益关系覆盖了伦理关系,由于空间狭窄,形成了你占便宜我就得吃亏的局面,所以在个人利益上,上海人是不大讲究谦让的,于是有时在其他地方人看来,上海人有一种精明得不讲人情的味道。

吃：生活不苟且

计划经济年代，很多东西需要凭票证供应，20世纪60年代初，正值三年困难时期，蔬菜供应特别紧张，需要一清早去排队，陈月芬和谈勤英都经历过买菜的艰辛，谈勤英回忆当时用多孔砖排队的情景说："因为五点钟菜场开门，每天在三点钟、四点钟就要去排队了，每个人带一块砖过去。多孔砖用绳子穿好，一个人守在那里，其他人就会去休息，到时候再过来，这一块是你的，那一块是他的。"

在那时，人们想尽办法用篮子、拖鞋、塑料桶等作为排队者的替代品，陈月芬回忆说："那个时候买菜老可怜的，早上两三点钟就要去排队了，菜少啊。后来六点钟来的，眼泪淋淋地，一只空篮子拎回去。"那时候，陈月芬的这种遭遇就是全家人一天的梦魇，早上要是买不到菜，家里就会一天都没菜吃，为了有菜吃，小时候的谈勤英和陈月芬就不得不到小菜场去捡菜皮。谈勤英回忆说："捡来的菜不是一塌糊涂的，实际上这个菜还是很新鲜的。"陈月芬说："我总跟着人去拾茭白，回来放点酱油红烧。因为菜少，也难买，因此才去拾茭白。拾好回来，把上面削掉，放一点酱油，感觉比青菜好吃一点。"捡菜叶作为买不到菜的补救措施，可以挽救一家人的餐桌。

随着物资供应的逐步改善，老上海们总把"吃"和"做人家"紧密联系起来，比如人们常常会说"李家阿嫂真做人家，一块红腐乳要吃两顿饭"。在"吃"上面，上海人是功夫在戏外。

作家孔明珠是土生土长的上海人，她写了很多书，但"上海人的生活"是她作品不变的主题。她上得了厅堂，下得了厨房，即使在物资匮乏的年代，她也会烧出一菜多吃的菜来，孔明珠说："上海人日子过得精致，那时候也没有冰箱，一条鱼要分几种吃法，尾巴切下来做红烧划水，然后买一块豆腐烧豆腐鱼头汤，当中一段鱼身呢，我就做糟鱼，很有风味的，很好吃的。"

那个年代上海人的早餐多以泡饭为主，三分钱一根的油条，撕成两根或者四段，弄点酱油蘸蘸，或者是大块的红方乳腐，分成四块，一天吃一块，难得有一只咸鸭蛋，沿着熟鸭蛋的椭圆形外壳，用菜刀轻轻敲碎，小心翼翼地切成两半或者四瓣，咸菜、毛豆、萝卜干、八宝辣酱都是比较经得起存放的"过"泡饭的小菜。孔明珠出身知识分子家庭，对于"吃"更有创意，早餐时下饭的咸菜到了她家的餐桌上变得别有风情，她说："那个时候，发芽豆我们自己家里面会发的，可以烤咸菜，还可以拿咸菜卤来炸，又节约钞票又好吃。"

上海人在饮食上的节约催生了很多新鲜的吃法，吃菜泡饭，把隔夜冷饭和吃剩的菜共煮，小菜也不需要了。居家最经典的菜要数咸菜炒肉丝，咸菜入味，经得起吃，肉丝算是荤腥，改善了伙食，全家一起吃，不像红烧肉开销那么大，还可以作为面的浇头。逢年过节或者有客人来了，待客的上品菜肴便是带鱼。李亚红说："那时候煎了一点点的带鱼，煎带鱼的油舍不得扔掉，就用这个油拌菜饭吃，觉得真是美酒佳肴。"吃带鱼属于不折不扣的"打牙祭"，一条带鱼总要吃上好几天，同样一物多吃的"奢侈品"还有西瓜。那时候要买整个西瓜不太现实，要么家庭人口众多，要么是条件比较好的人家，一般人家都会去西瓜摊上买三分、五分一块的西瓜来解渴，而西瓜皮也是一定要物尽其用的。孔明珠回忆起小时候西瓜的别样吃法，她说："西瓜吃好以后呢，西瓜皮会留下来，扔掉蛮浪费的。反面青的皮用刀削掉，上面擦点盐，腌到第二天早上把它切成条，放点酱油、麻油、味精、一点点糖，就很好吃。"直到现在，孔明珠依然保持着多年前养成的自己制作小菜的习惯，她说："落市的时候，买一斤毛豆，大的毛豆，把两头剪掉炸着吃，瘪的毛豆挑出来剥毛豆肉，然后买一点萧山萝卜干，切成丁，炒一碗萝卜干毛豆子。"

在计划经济时代，像孔明珠这样会过日子的上海人不是少数，这种精打细算的生活方式被称作"做人家"，但也被人嘲笑为"小家子气"，但孔明珠认为，在经济收入拮据的年代，"做人家"并不是斤斤计较，而是合理的理财观念。

那时没有冰箱，中午、晚上吃不完的菜肴，一般会放进"架橱"，第二天热热再吃，即便是剩菜剩饭，孔明珠家也充分考虑到食物的卫生安全，还要兼顾美观，每一顿饭都吃得慎重，吃得体面。孔明珠谈到外婆家的节约习惯时说:"有一种感觉,剩菜也要很郑重其事地对待它,要珍惜食物,另外就是生活不苟且吧。"

用心的算计、物尽其用是老一代上海人的普遍观念。在那个年代,上海人在饭店用餐,从来不铺张,吃不完的一定要打包;办酒席的时候,客人一定会把走油蹄髈留下,让主人带回;如果单位食堂里有馒头供应,就买几只回家哄孩子,甚至在外面吃鲜肉汤团的时候,只吃汤团皮,留着鲜肉馅带回家,放几棵菜心一煮,就成了一道菜心肉圆汤了。当然,这些事情大家都心照不宣,并不会宣扬。上海人要的是体面,即便是在最艰苦的年代,带孩子去最好的餐厅消费也是有的,与其说是去吃饭,不如说是去开眼界,姚臻回忆起自己去红房子西餐厅吃饭的经历时说:"我记得小时候,我爸爸带我们到淮海路、陕西路的一个红房子西餐馆,教我们吃西餐。牛排怎么吃?刀叉左手拿什么,右手拿什么?"

行:省吃俭用只为一辆自行车

那时候,下得起馆子是有面子的事情,家有一辆自行车也是富裕的象征。当时,谁家门口停一辆坚固无比的十八型凤凰锰钢牛皮鞍座自行车,比今天一辆大奔还来得风光,很多人省吃俭用,就为了买一辆自行车。周月珍回忆说:"一方面也赶时髦,人家有自行车觉得很开心的,所以我们自己节约下钞票,第一件事情就买了一部自行车,自行车骑起来很神气。"自行车对于一个家庭,特别是男人的意义更加重大,上下班、接送孩子都靠它,李明强说:"我小孩五岁的时候,我把他送到艺校,那个时候就是骑自行车,他坐在我前面的横杠上面。"

有了自行车后,上海男人必定要学会自己保养修理,比如换胎、给轴承上牛油之类,换下来的内胎留着补胎用,多余的可以做木拖板的鞋帮,也可以切成橡皮筋,外胎可以打鞋掌。一个男人要是没有自行车,有时候会对他择偶造成一些障碍,但是当时一辆自行车的价钱要一百多块钱,对于一个刚刚参加工作的毛头小伙子来说确实是笔相当大的开销。不过,这样的问题难不倒聪明的上海人,陈月芬说:"南京路中央商场有卖自行车

会"做人家"的上海人

上海男人大多自己修理自行车

的零件，我先生就去买零件，大概半个月，一部女式的二十六寸自行车就装起来了。"

当年的有轨电车，票价按所乘坐的距离长短，分别是三分、六分、九分、一角二分，无轨电车是四分、七分、一角和一角三分，汽车为五分、一角、一角五分和两角。一辆自行车至少也要一百多块，为了攒足这笔钱，很多人步行了半年以上。

上海人的"做人家"还体现在买东西精打细算，货比三家。孔明珠讲到自己的购物技巧时说："买之前要规划好，货比三家，要挑一家最便宜最好的。""做人家"差不多成了举世公认的上海女性的集体性格，这种性格特征渗透在生活的方方面面，包括选女婿和看媳妇。退休职工郁尧增说："过去丈母娘挑选女婿呢，家里面家具一定要齐全，自己会打会弄，那么就会觉得这个女婿蛮好的，心灵手巧，女儿嫁过去不会吃苦的。婆婆看媳妇嘛，就是看这个媳妇是不是会过日子，不乱花钱，会做家务，会打算。"

大人的节约秉性当然也影响了孩子。在多子女家庭，老爸得学会理发，星期天依次给孩子理发。孩子的课本也用过期的挂历包封皮，草稿纸由专门的纸品店供应，从印刷厂出来的纸边两三寸宽，三五分能买一大沓，可以用上一个学期，拆开旧信封翻个身可以再糊成一只新信封，用旧挂历还可以做钱包——"做人家"是上海人处世和理财的"祖训"，自上海开埠以来即被运用到了生活的每个角落。

关于老一辈上海人的"做人家"，余秋雨在他的《上海人》一文里写道:"上海人远不是理想的现代城市人,一部扭曲的历史限制了他们,也塑造了他们,一个特殊的方位释放了他们,又制约了他们,他们在全国显得非常奇特,在世界上也显得有异。"如今,当新上海人重新审视上一代人的生活方式的时候,或许会会心一笑,然而做一个可爱的上海人,在打造节约型社会的今天,上海人的生活智慧,上海人对物质消费的审慎精神难道不值得肯定和发扬吗?

(编写 李夕冉)

寻找童年的味蕾

岁月的流淌，留下的也许是父母的味道，也许是家的情怀。吴国民12岁进入舞蹈学校，之后又出国进修，儿时妈妈的那碗红烧蹄髈慰藉着他在异国进修的思乡情。物资匮乏的年代，红烧肉圆难得一见，到了春节，灶台边肉的香味，令刘厚朋馋涎欲滴。当年陈宏生张逸如夫妇在家办喜事，新郎官亲自掌勺，四大菜为他平添喜色。曾几何时，年夜饭上的那条红烧鱼，要放到正月十五才能动筷，让张有余明白了长辈们期盼来年有余的心愿。还有新雅的烟熏鲳鱼、老正兴的草头圈子、扬州饭店的狮子头，这些上海人记忆深刻的菜肴，是味蕾上绽放的情缘，浓得化不开。

本帮老味

上海人做事向来讲究，饮食上也有许多规矩习俗，很多人家无论是家宴、喜宴，还是年夜饭，一桌菜必是八只冷盘、八只热炒、四个大菜、一个大汤和两道点心，由冷及热，循序渐进。而在物资匮乏时期的年夜饭上，一户人家要凑满八只冷盘确实不容易，于是，善于过日子的上海人，把八只冷盘合在一起，拼成一道什锦冷盘。

张有余在崇明农场工作六年以后回到上海顶替母亲进入厂职工食堂工作，他对当年家里的什锦冷盘印象深刻，他回忆说："什锦冷盘就是把五花八门的菜都拼在一起，包括熏鱼、鸡、鸭、鱼和牛肉等，还有海蜇头，甚至金瓜丝等。什锦冷盘虽然东西的量不多，但品种多，看起来又好看又

什锦冷盘

实惠。"在上海人的冷盘中,凉拌海蜇头或海蜇皮总会占据一席之地,经过醋等调味品浸泡后,海蜇头质脆而韧,清凉爽口,是人们春节餐桌上不可或缺的海产品。

上海人爱吃的四喜烤麸,也是冷盘中的一个名菜,四喜烤麸中的"喜"字是人们过年时要的好口彩。可是烧烤麸时到底是用刀切烧法正宗,还是手撕的正宗?陈宏生和李屹南各执一词,李屹南是一所职业技能培训学校的教师,擅长中式烹调,他说:"烤麸传统做法不是拿刀切开来的,是手撕,撕成大小差不多的一块一块。"而陈宏生喜爱烹饪,烧得一手好菜,是家里的大厨,他说:"烤麸有讲究的,一定要切成方的,不可以乱撕的,要四喜方头,像掷骰子的一粒粒骰子一样,也是讨口彩,四喜为福禄寿喜。"

老正兴菜馆厨师长胡斌烧的油爆虾色泽亮红,壳脆肉嫩。油爆虾需高温爆炒,放入葱姜末、糖等调味,这是上海人家喻户晓的一道本帮菜,也是百年老店老正兴的镇店之菜。老正兴菜馆总经理陈纪官介绍说:"我们选的都是青壳的大活虾,高温操作,烧好之后虾的色泽非常鲜红,外脆里嫩,甜中带咸,上口的时候甜蜜蜜的,收口的时候是咸的。"油爆虾分两种,一种是热吃的,热制热吃,还有一种是做冷盘的,油炸卤浸。

1971年进入餐饮行业的陈纪官从一名厨师做到老正兴菜馆总经理，他对老正兴的本帮菜红烧肚裆、下巴划水、草头圈子十分推崇。草头圈子也是比较有名气的一个菜，上海滩上有一种说法叫"老正兴的圈子，小花园的鞋子"。草头原名苜蓿，又称三叶草，"草头"是上海人的叫法。嫩嫩的草头用旺火大油炒熟，配上红烧的圈子，草头能吸收大肠的油脂，而大肠又吸进了草头的清香，搭配得非常好。

1971年进入新雅粤菜馆的钱正华现在是菜馆的行政总厨，在他的记忆里，新雅的清炒虾仁鲜嫩爽滑，掌勺的必定是头灶大师傅。产自江苏省建湖地区的柴虾是新雅清炒虾仁首选的主料，他们对虾的大小和剥虾的工艺都有严格的标准。虾剥好以后，必须用盐擦过，擦好以后再上浆，浆好以后要醒，一般来讲，大多数时候是醒一个晚上，第二天再炒，虾仁爽口而且透明。虾有两季，一季是春虾，一季是秋虾，春虾水分重，秋虾水分则没有这么重，所以一般用秋虾比较多。清炒虾仁上席，晶莹剔透，赛如明珠，曾被上海人看作菜中的上品。新雅加工虾仁有"三不见"的传统，叫"不见油，不见芡，不见水"，等虾仁吃干净，盘子还是非常干净的。钱正华说："新雅虾仁吃上去不是讲弹性，而是爽口，里面有汁水，一股鲜味出来，是虾自然的鲜味。"

一个小小的虾仁还见证了上海人生活水平的变化。20世纪70年代，人们的消费水平不高，清炒虾仁便成了混炒虾仁，钱正华解释说："因为那个时候价格贵，一盘虾仁要卖七角五分，一般人吃不起的，就加一点配料。我们当时的混炒虾仁有两种，青豆虾仁和笋炒虾仁。混炒了以后，价钱相对就便宜一点，好卖一点。"

"三黄"包括雄黄酒、黄瓜、黄鳝，每年四、五月份是最好的时节。响油鳝糊是传统的本帮炒菜，响油的"响"是沸腾的油倒在撒满蒜泥姜末葱花的鳝糊上发出的声响，老正兴菜馆厨师长胡斌说："响油鳝糊在上桌前，我们会在鳝丝当中放一点葱，用热油浇下去，端上去的时候，葱还在爆香，香味更加浓。"

扬州人所称的"狮子头"，上海人叫"大肉圆"，但不管是上海还是扬州，大家过年时都讲究团团圆圆，看上去喜庆而敦实的狮子头曾是上海人过年餐桌上少不了的一道菜。刘厚鹏是在上海长大的扬州人，有次他请朋

响油鳝糊

友吃饭,特地做了一道红烧狮子头,他回忆起小时候父母烧狮子头的情景时说:"小时候的大年夜,父母在烧狮子头,我们小朋友围着锅台转,打开锅盖,味道好得不得了,香味飘到楼上楼下,还没烧好我们就拿出一块吃,父母说,不能吃,晚上才能吃。"狮子头除了红烧,还可清炖,各人其味,清炖狮子头是淮扬菜系中一道传统名菜,口感松软,肥而不腻,肉圆三分肥肉,七分瘦肉,肉质鲜嫩,吃起来松香可口。

家乡滋味

家常菜是上海人生活的一道缩影,不仅记录了上海人的生活变迁,也铭刻了上海人对于家的浓情切意。母亲、父亲、外婆的家常菜是遥远而熟悉的家乡味道,红烧肚裆、下巴划水、草头圈子、红烧蹄髈等美味菜肴都是老上海人挥之不去的味蕾记忆。

上海人的家常菜中有很多是用豆制品和肉糜做食材的,比如百叶包肉、油面筋塞肉、油豆腐嵌肉等,庄玲回忆说:"我奶奶做的百叶包很好吃,里面有荠菜,都是野荠菜,很香很香的,荠菜里好像还有豆腐干,这个百叶包味道,我是永远忘不掉的。"

在父亲的影响下,段乐君从小就学会了买汏烧,邻居家办喜事,小小年纪的她还常常会去帮忙,跟在父亲屁股后面,烧了油爆虾、冬笋炒蹄筋、炒虾仁等。

寻找童年的味蕾

草头圈子

上海滩上有这样一句讲法
寻找童年的味蕾（上）

当年，很多新婚夫妇都在自己家里办喜事，喝喜酒，张逸如记得1969年她与丈夫陈宏生结婚的那一天，婚宴就是办在丈夫家的客堂间里。那天，还是新郎官亲自下厨掌勺，陈宏生清楚地记得，四个大菜有八宝鸭、全鸡、全蹄髈、粉皮鱼头汤，张逸如说："我想想也是蛮可怜的，新郎官烧饭，而且穿的不是新衣服，而是工作服，即使这样，大家也没有感到奇怪，反而称赞他说，张逸如，你幸福的，你的爱人很会烧东西吃，你有福了。"

从1954年开始，上海实行粮油凭票计划供应制度，植物油不够，很多人家会去买来很肥的猪肉和板油熬制猪油，炼完油之后剩下的猪油渣竟成了十分抢手的美食，段乐君回忆说："油是凭票的，一个人一个月半斤，油不够就熬猪油。猪油渣熬下来，可以派很多用场，斩斩碎可以烧豆腐。那个时候很馋，有时候会偷吃猪油渣，绵白糖蘸蘸吃。猪油渣炒青菜、猪油渣炒卷心菜都很香的。"

"摇啊摇，摇到外婆桥，外婆叫我好宝宝，糖一包，果一包，外婆买条鱼来烧，头勿熟，尾巴焦，盛在碗里吱吱叫，吃拉肚里呼呼跳。"这首上海人家喻户晓的童谣表达了孩子们对外婆的敬爱，无论是外婆还是奶奶，用心烧菜给孩子们吃，是老人疼爱小辈最直接的表达方式。沈玉莹对外婆烧的菜无比怀念，她回忆说："我奶奶弄的扣菜比较多，有扣肉、扣蛋卷、扣三丝，我印象最深的是蛋卷扣菌菇，那个时候就觉得这道菜很神奇，扣下来后会一圈一圈的，特别好看，小时候就很喜欢吃这个菜。"薛萍回忆说："我小时候最大的盼望就是每年大年初二到外婆家去，一是家

219

人团聚,还有就是可以吃一顿好菜,外婆总是会烧满满一桌菜,比如水笋烧肉、银丝芥菜、八宝辣酱,这是我们全家,也是我们这些小孩最开心的事情。"

红烧蹄髈是上海人所谓的四大菜之一,有和血脉、健腰腿的作用。12岁就进入上海舞蹈学校学习的吴国民当时住在学校里,半年才能回家一次,每次回家最爱吃的就是妈妈做的红烧蹄髈,他说:"我妈烧的红烧蹄髈,色面好,她是放冰糖的,不放水,用酱油、料酒慢慢烧的,真的是很好吃。上海本地都用大海碗装,一碗肉,我一顿可以把它全部吃掉。"20世纪80年代,吴国民出国去比利时进修,身在异乡的他仍然惦念着妈妈烧的红烧蹄髈,空余的时候自己也想试着做,第一次由于没有放料酒,他总觉得味道烧得不大对。那时候是1982年,没有条件打国际长途,只能写信回家,后来哥哥回信过来,说是因为他少放了一样调料。

薛萍是一家公司的部门管理人员,大年初二,上海人有去外婆家拜年的习俗,时隔多年她依然记得,每次年初二去外婆家,对外形似元宝的酸辣菜情有独钟。薛萍说:"酸辣菜像元宝一样的,卖相好,味道也好,又酸又辣。元宝形状也是为了过年讨个口彩,寓意元宝进门了,一年都有福气,财运旺盛。虽然当时不存在什么财运不财运的,能够生活平稳一

红烧蹄髈

点就已经是很大的盼望了。"20世纪60年代中期，过年难得吃一次大鱼大肉，外婆的酸辣菜可以一解口舌中的油腻，薛萍说："那时平常不太吃荤腥，吃了荤菜，总有一点油腻，吃了酸辣菜后就神清气爽了。后来这道菜就成了我们家的保留菜。吃到酸辣菜就会想到我外婆，想起我们以前的生活，虽然外婆已经过世了，但是她照顾我们这些小孩的恩情我们是不会忘记的。"

出生在惠南镇的沈玉莹是一个网站的美食栏目撰稿人，她的博客拥有300多万次的访问量，父亲做的那道蟹炒蛋，她取名为黄金蟹甲，沈玉莹说："我爸爸比较拿手的菜是梭子蟹炒蛋，他把蟹先炒熟，用水焖，然后把蛋液裹在蟹壳上，色面是金黄色的。我后来改良了这道菜，变成一蟹三吃，用梭子蟹的盖子煲一锅粥，就是海鲜粥，再把蛋留下来做蛋炒饭，是我在他做法上面的一种创新。"祖籍福建、出生在上海的段乐君对父亲教她做的那碗有着浓郁地方特色又清淡爽口的燕皮鱼丸汤留有美好的记忆，她说："平时爸爸烧小菜，我一直跟在后面，我都记得很清楚。过年时我爸爸会叫我们在盘子里放两个燕皮、两个鱼圆，再放些自己做的糕到隔壁邻居家拜年，邻居就会随手拿桌子上面的花生、糖给我盘子里面放一点。"

年有余味

上海人过年的菜肴极为讲究，不仅要味道好，还要讨口彩，图吉利。传统规矩说，好事成双，双数意味着吉利圆满，年夜饭的菜，双拼一定是两种菜，四喜肯定有四样配菜，八宝必定有八样菜。陈宏生烧的八宝菜是他家的一道传统菜，他说："从我小时候有记忆开始一直到现在，家里年年烧这个菜，就在过年时烧，讨口彩，上海话'八'跟'发'是一样的，过年时多点宝贝，发点财，有八宝，百事如意。"过年时，吉利的菜名更讨人喜欢，黄豆芽看似如意，油条子色泽金黄，两个菜炒在一起，上海人称作如意菜。

春节的几天里，亲戚朋友迎来送往，免不了会坐在一起吃吃喝喝，那

晒咸肉和酱油肉

就要准备充足的菜肴，熏鱼、水笋烧肉，还有烤麸，从大年夜开始吃到正月十五，碗碗相扣，盘盘相叠，数量之多，超乎人们的想象，大家互相走动，要准备足足一个礼拜的菜，碗橱根本不够用。

当看见上海人家窗户外、屋檐下悬挂着风鳗、酱油肉的时候，就预示快要过年了。风鳗（鳗鲞）原是一道宁波风味的冷菜，也是上海人的年菜，一般只有在冬至后才可以做。把筒鳗的肚皮剪开来，将里面的肠、血筋去掉，稍微撒些盐，或是用酱油、豆瓣酱抹一抹，放在客厅外面或者屋檐下面晾着，六七斤重的一条鳗最多不超过十天，肉的质感变紧，而口感还是非常嫩的。张逸如对此有着深刻的童年记忆："快到过年了，大人就把大块肉腌起来，屋檐下面晾着，很香很香的。"

年年有余，是人们对来年生活的一种憧憬和祝福，"鱼"与"余"谐音，年夜饭上的那条鱼便成了一家人祈福的载体。以前条件好一点的人家买一条花鲢，条件差些的就买一条白鱼。这条鱼一般都是在大年夜烧：第一，是为了大年夜祭祖；第二，这条鱼放着的目的是讨口彩，叫年年有余，一直要放到正月半。

什锦砂锅也叫全家福，是过年的应景菜，里面有鱼圆、肉圆、鸡块、冬笋、熏鱼和粉丝等。在上海，各户人家对这道菜放的配料各不相同，但

寻找童年的味蕾

全家福

其中蛋饺是必不可少的。蛋饺形似元宝，颜色金黄，在过年时更有招财进宝的寓意。庄玲说："那时一家人全部一起在忙这个全家福，我和妈妈一起做蛋饺，我小时候就喜欢帮我妈妈做，但是妈妈总感觉我在旁边捣蛋。"

不管是铜锅、电锅，还是砂锅，只要装得下食材，容得下幸福，便是全家福。随着最后一道全家福上席，年夜饭的高潮便被掀起了，人们在欢笑声中获得满足，一家人家其乐融融地围坐在一起，在祝福声中不忘感恩，庄玲回忆说："那个时候，我觉得这就是全家福，自从我奶奶过世后，我感觉这全家福就缺了一块，讲到这里，满满都是小时候的怀念。"段乐君同样无比怀念小时候的年味："每次过年，就会想到我爸爸，因为这些菜以前都是我爸爸自己亲手做的，以前虽然经济条件没有现在好，但过年的氛围很浓的。"

各地有各地用餐的规矩，上海人把人的行为举止统称为吃相，餐桌上的吃相是一种礼仪，也是一种教养。奶奶总是坐在朝南第一位，爸爸、妈妈坐在边上；老太不动手，晚辈是绝对不动手的，这实际是一种尊老的表现；不可以兜底去翻，要吃面上的，这也是一种传统的教育，否则就是吃相难看。

吃鱼也同样有规矩，不管什么鱼，糖醋黄鱼、红烧鲫鱼、红烧鲳鳊，鱼烧好之后端上来，大家只能吃上面半条，陈宏生解释说："第一，鱼不可以翻身，翻了以后，就等于像人家讲翻船一样的，你明天生意就没有了；第二，不能吃光，一定要年年有余。"

融合之味

作为国际化大都市的上海，中西合璧的本帮菜也是在西化背景下的一种文化产物。烟熏鲳鱼作为新雅饭店的招牌菜，也是中西合璧的本帮菜，名声之大几乎是老食客的必选。烟熏鲳鱼属于典型的西餐中做，是新雅以前的一个西餐师傅发明的，有中餐的味道，又有西餐的风格，所以上海人更加容易接受，直到现在还是延续了原有配方。烟熏鲳鱼的工艺品质要求高，据陈耀良介绍说，新雅所用的鲳鱼必须是长岭鲳鱼，每一条鲳鱼必须是两斤以上，每条鲳鱼能够加工两到三块烟熏鲳鱼。

20世纪八九十年代，粤菜进入上海，在海产品烹制上，比较注重营养，烹饪方式多为清蒸、煲汤或者滑炒。粤菜进入上海后，为了适应上海人的饮食习惯，口味上也比较清淡，搭配和颜色上都比较丰富，例如蚝油牛肉，它是一道著名的广东菜，用料十分讲究，规定只用弹子肉、蝴蝶肉这两块肉，其他部位都不用。改革开放以后，不光是粤菜，川菜也被引进来了，食材供应也逐步充足，人们敢于尝鲜，乐于尝鲜，上饭店也好，家里吃也好，对各地的饮食精华和烹饪技法有了新的认知。

如今，在上海这座"魔都"，来自中外各地的数之不尽的美食汇聚于此，各种融合菜和创新菜也在餐饮市场中愈发获得年轻人的青睐，饮食文化逐渐向着多元化方向发展，但是本帮菜作为上海的城市底色难以抹去，家的味道永远在上海人的记忆中牵连着一代代的人。寻一道菜，忆一世情，丰盛的菜肴能触发你的味蕾，而家人的欢聚，也是属于我们一场又一场的亲情盛宴。在中国，家族群是最基本的群体，过年时人们拼命去买火车票就是为了回家吃一顿年夜饭，可见饮食文化确实是我们中国的特色。食物可以把亲情、友情或邻里之情等都联系在一起，过年过节其实吃是其次，联络感情才是最重要的。

寻找童年的味蕾

　　岁月的流淌留下的也许是家的情怀，一顿饭、一桌菜是维系人们情感的重要媒介，上海人记忆深处的那些美味佳肴是味蕾上绽放的情缘，浓得化不开，年年岁岁菜相似，岁岁年年人不同。随着人们物质生活水平的提高，无论是过去的家常菜，还是年菜，留在人们内心深处的还是那份亲情和友情，一家人和睦融融地围坐在一起，这就是全家福。

（编写　李夕冉）

浓浓咖啡情

20世纪，被称为"东方巴黎"的上海以其开放包容的姿态接纳了一系列外来的新潮文化，咖啡便是其中之一。文人们喜欢在弥漫着咖啡香气的空间里描绘儿女情长，最知名的莫过于常德公寓里的那名奇女子，在公寓下面的小咖啡馆里，她日复一日地写出了轰动整个上海滩的作品。如今，小咖啡馆改名千彩书坊，成了"张爱玲迷"的朝圣之地。喜欢时尚的上海人对于咖啡这个舶来品也乐于接受，在许多老上海的记忆中，咖啡曾是他们年轻时的生活伴侣，特别是在中央广场或德大西菜社点上一杯咖啡，一边喝着咖啡，一边与朋友们谈天说地，感觉真的好极了。

爱恨情仇：万国咖啡馆时代

1843年上海开埠后的十余年间，外国侨民纷纷来到上海，把欧美喝咖啡的习惯和文化移植到了上海，咖啡随着外国传教士进入了这座海纳百川的城市。甲午战争以后，上海开始加快了经济发展的步伐，中国人也开设了银行、西药房、染料厂、邮局、保险公司，进出口贸易获得发展，有很多中国的白领和外国人一起工作。当时的上海以开放的态度，很快地接受了咖啡这个时髦的舶来品。在上海的外国商人看准了这个潜力无限的市场，纷纷在上海滩开店，这便是上海早期的咖啡馆。当时咖啡馆在上海主要分布在南京路淮海路一带，上海的咖啡文化应该说是全国引进最早的，普及的程度也是最高的。

浓浓咖啡情

到20世纪二三十年代的时候，仅仅在外滩地区，中外银行就有一百多家。各种各样的进出口贸易公司里出现了所谓的"写字间先生"，现在叫公司白领，其中绝大部分都是华人。上海咖啡馆的发展进入了一个繁荣的时期，在这一时期，上海滩遍布着形形色色的咖啡馆，咖啡的香气在这座城市里弥散四溢。著名的东海咖啡馆当时是叫Mars，还有沙利文，上海人以前只知道沙利文面包厂，其实那个地方也供应西餐，还供应咖啡和西点。南京西路，就在石门路以西陕西路以东这一带，也有很多咖啡馆，比如很有名的DDS咖啡馆、皇家咖啡馆，再往西到铜仁路口，有CPC咖啡馆，一听名字就知道咖啡文化确实是源自欧美的。当时的咖啡馆都是三合一，既卖咖啡，又卖西点，还卖西餐。在这些咖啡馆里，1897年建立的德大西菜社对于很多上了年纪的上海人来说是难以磨灭的记忆，尽管当时只出售简单的单品咖啡，但咖啡豆的香气还是让它成为当时的华侨和海归学子以及新派上海人的聚集之地。上海现代教育起步比较早，很多人到欧美去留学，从青少年时就开始喝咖啡，回国以后，形成了习惯，所以咖啡文化在这里生根。

中国人自古就有饮茶的习惯，咖啡却渐渐被当时很多上海人所接受，成为日常生活的一部分。当年在上海的各种公寓、各条弄堂里都开始出现咖啡爱好者的身影，上海音像资料馆研究馆员张景岳回忆起祖父时说："我的祖父原来是银行职员，养成了喝咖啡这个习惯，以后虽然他年纪大了，不工作了，但每天早晨总是在家里弄点牛奶咖啡，然后把沙利文面包的面包纸折开来，烤一烤以后涂一点白脱油，弄点果酱。"

1897年建立的德大西菜社

德大西菜社

老上海的咖啡馆

咖啡逐渐被上海人接受之后,开始慢慢改变人们的生活习惯,同时也影响了当时上海的文化,应浩同谈到对海派文化的理解,他说:"上海的海派文化、海派生活,我觉得是种很特别的生活,它不在乎你的经济能力有多少,而是一种生活状态,就像我们学校里有很多老先生天天都要喝咖啡。"

资深媒体人胡展奋说到自己弄堂里的一位老克勒时说:"整天就是和一帮朋友来往,玩的主要内容,一是听唱片,二是喝咖啡,我们这帮小鬼头他是不让进的,但是我们都闻得到味道。他们偷偷夹着唱片,黑胶唱片,夹进夹出,有京戏,有老歌,隔三岔五煮咖啡。他把烘焙好的咖啡豆拿来,自己用咖啡机研磨,咖啡磨得粗和细是自己掌握的,咖啡不能磨太细,会很苦。磨完以后还要烧,通过蒸汽的压力把咖啡抽吸出来,这个时候咖啡是最香的。"这些早期的咖啡爱好者们,使用那时简单的器具,钻研出自己独特的咖啡讲究,并潜移默化地影响着自己身边的人,顾吴伟说:"我爸爸和我们说品咖啡有三步——先闻、后看、再品。"

20世纪二三十年代的万国咖啡馆时期成了每一位热爱咖啡的老上海人绕不过去的回忆,这些老人年轻时大多居住在德大西莱社附近,如今他们不惜乘坐地铁,从城市各个角落汇聚到德大,除了喝一杯咖啡,更多的是怀念当时的味道。很多老人在德大喝咖啡,一喝就是好几年,日复一日,在咖啡馆里结识了志同道合的咖友,吸收了大量西方文化。留学归来的知识分子、文人墨客们渐渐开始喜欢在上海的咖啡馆里撰写爱恨情仇,描绘儿女情长，其中，最知名的莫过于常德公寓里的那名奇女子，张爱玲喜欢咖啡，写的小说也离不开咖啡，上海市民薛青说："我们家里住在静安寺附近，听家里老人说常德公寓楼下有家小的咖啡店，味道相当好，以前听说张爱玲经常去，因为她家住在常德公寓，就是喜欢经常去那里写写东西。"

口感革命：铁罐咖啡时代

1949年后，因为各种原因，虽然上海不再是万国咖啡馆，但南京路依然可称得上是咖啡馆林立，即便只是偶尔去上一次，也会被咖啡馆里的气氛感染，觉得这里的咖啡味道异常香浓。

20世纪五六十年代，为了回味咖啡的醇香，上海人依旧变着法子喝咖啡，在家里点上煤球炉，用"钢盅锅子"煮一锅黑黝黝的咖啡，不仅如此，当时上海咖啡馆的生意也不曾间断。咖啡文化在"文革"时期受到冲击，但市面上的咖啡店并没有被全部关掉，不少咖啡馆还地下半地下地存在着，因为喝咖啡是相当一部分上海人的生活习惯之一。所以"文革"的时候，南京路上大光明影院旁边的喜来临，一楼是没有咖啡的，但是二楼一定有咖啡，倒在大的玻璃杯里，或者红的、绿的塑料杯里。南京路靠近黄陂路的海燕咖啡馆也没有被关过，长年以来提供橘子水、咖啡、可可。

1958年，上海咖啡厂出产的铁罐咖啡不仅进入了很多上海普通百姓家，还走进了很多有名的咖啡馆。20世纪60年代到80年代，上海南京路上咖啡馆有上咖、德大、东海、喜来临，这些咖啡馆基本上卖的都是上海咖啡厂的咖啡。经过公私合营，那时的上海咖啡馆全部都换成了中文名字，比如CPC改成了上海咖啡馆，Mars改成了东海咖啡馆。铁罐咖啡以三块五毛一听的价格一卖就是很多年，在当时工资平均只有几十元的上海工薪族眼里，可以说是一种奢侈品，因此很多人即使咖啡喝完了，铁罐还是会放在家中玻璃橱显眼的位置。薛青说："一直到七八十年代，上海人结婚时如果玻璃橱里有一罐咖啡，还是很有面子的。"

当时的上海咖啡厂有很多被市民们推崇的产品，比如20世纪60年代，

上海牌咖啡茶

上海咖啡厂推出的一种包装很简单的"咖啡茶"。当时人们去买咖啡的话有两种选择,一种是前面讲的煮的咖啡,还有一种就是鹅牌咖啡,可以用开水冲饮,这也是老牌子,延续了几十年。张景岳回忆说:"我记得很清楚,这一小块鹅牌咖啡,小的硬纸盒包装,拿出来的话是白纸包着的,拿出一块,比麻将牌还大还厚,放进玻璃杯里,外面是白色像糖一样,里面是黑色的咖啡,用开水一冲一调,就是一杯咖啡。"

这种咖啡茶由于原材料和制作工艺相对比较简单,其口感以及味道和现在的咖啡有较大的区别。原料变少了,上海人便开始在喝法上做文章。当年的上海人喝咖啡的名堂有很多,咖啡煮好后,什么也不加叫清咖,加一点鲜奶就是奶咖,或者加上一个冰淇淋球,变成冰淇淋咖啡。不同的人在喝咖啡时喜好不同,加的调料也各有讲究,胡展奋认为咖啡文化是讲究多样化的,它的内涵很丰富,从来没有一种风格是可以一统天下的,他说:"比如拿破仑喝咖啡,他喜欢放白兰地,丘吉尔喝咖啡喜欢放肉桂粉或者豆蔻粉,咖啡本来就是提倡多样化的。巴尔扎克身体很壮实,喝咖啡就是他的命,他每天正常的饮食很少,面包什么的吃得不多,就靠咖啡。"

改革开放后,上海的咖啡馆迎来了全新的发展时期,去咖啡馆点一杯咖啡,和亲朋好友们坐下来聊聊天成了更多的上海市民日常生活的一部分。当时上海男女青年谈朋友,一般会选择在上海图书馆门口这个得天独厚的地方碰面,要看电影,斜对面是大光明,要到公园,旁边就是人民公园,要雅一点的,旁边就有海燕咖啡馆。

一些资深的咖啡爱好者们还会培养自己的孩子,把他们带到自己喜的咖啡馆，一起品味咖啡。市民顾吴伟讲到自己和咖啡有关的成人礼，她回忆说："我爸爸把我带到海燕咖啡馆，那时候娱乐场所很少，要么就是人民公园，要么就是大光明，要么就是咖啡馆。随后他就点好两杯咖啡、两块纯奶油蛋糕，边吃边聊，其实说话是不多的，现在回想起来，就是情在不言中。"在举行婚礼的前一天，父亲又将她领到海燕咖啡馆，她回忆了儿时的场景，父亲握着她的手说，新的生活要开始了，要离开自己的父母了，她感叹道："尽管都是在一个城市，但总归会有一种不舍，真的就是父女情深，所以对我来说，咖啡情怀更多的是一种思念。人们都说咖啡先苦后甜，但这些感觉都是短暂的，留给你的回味是无穷的。"时间久了，父亲领着去的咖啡馆对于孩子来说更多的是成为一种与亲人的共同回忆，许多感情便凝结在了浓厚的咖啡里。

走向大众：速溶咖啡时代

上海咖啡有百年历史，经历了数个时代的发展与变迁，每个时代都展现着自己不同的时代特色，从1843年上海开埠后到20世纪80年代初，咖啡爱好者们依旧保留着比较传统的咖啡饮用习惯，上海大小马路的咖啡馆客人不断。上海进入改革开放后，一系列的西方新鲜事物涌入中国，速溶咖啡便在八九十年代走进了上海市民的生活，为上海人带来了全新的咖啡体验。上海人喝咖啡的习惯也迎来了一轮新的改变。有了海归们的影响，速溶咖啡也逐渐成为了大学生们的标准配置。

80年代，电视广告加速了速溶咖啡在上海，甚至全国的扩散，电视里仿佛闻得到咖啡香气，使得原本根深蒂固以茶为主要饮料的中国人，对速溶咖啡产生了浓厚的兴趣。雀巢、麦斯威尔等品牌铺天盖地的广告宣传让咖啡很快地进入了上海普通百姓家庭，咖啡加伴侣成了当时上海人在家里招待客人的高档饮品，而每次到深圳去出差许多人都会带上几瓶大小不同的咖啡加伴侣送人。速溶咖啡流行到什么程度？胡展奋回忆说："在编辑部上班时，每人一杯。送朋友家人东西时，一听速溶咖啡，送礼属于拿得出手的。毛脚女婿上门，要求得岳丈岳母的欢心，就送速溶咖啡，包装得很精致,很有面子,速溶咖啡给大家带来的冲击是难以形容的。"

在当时外来的全新咖啡文化中,最成功的便是风靡上海乃至全国的速溶咖啡,胡展奋谈到自己第一次喝速溶咖啡的感受时说:"我第一次喝到这么好喝的咖啡,再加上咖啡伴侣丝丝柔滑,味道完全不一样,本身咖啡就很柔和,再加上伴侣,柔滑无限,入口口感很好,这是一次革命性的冲击。"上音附中民乐科副主任应浩同也说到自己第一次喝咖啡的情景:"我有一次去老师家里,看到雀巢咖啡,先把咖啡泡好,然后舀了勺咖啡伴侣进去,马上就有种奶咖的感觉,但味道又不一样。这是我第一次看到有这样喝的咖啡,因为以前家里咖啡都是煮出来的,有这样喝的咖啡,非常方便。"速溶咖啡依靠其简单便利、可以快速冲泡的优势,被大众所接纳,逐渐成为上海市民日常生活的必备品,早上起来,冲上一杯咖啡,开始一天的生活,这成了上海弄堂、公寓里,随处可见的景象。速溶咖啡在上海迅速站稳了脚跟,成为普通上海百姓钟爱的早餐饮品,市民陆素雯说:"我们现在已经习惯了,每天早上吃点面包,冲一杯咖啡喝,咖啡里再放点伴侣或者奶粉,味道不错的。"

即使现在,许多上海人还保留着早餐喝速溶咖啡的习惯,不仅如此,速溶咖啡对很多80后来说更是一种童年的回忆、时代的记忆。上海咖啡厂与雀巢速溶咖啡作为各自时代的咖啡标杆,凝聚着几代人的无数情结,咖啡店经营者孙玮靓说:"作为一个80后,我们从小时候就开始接触咖啡文化,小时候的记忆就是麦斯威尔和雀巢这样的速溶咖啡。"姚申申说:"咖啡对我来说,从小就看到父母和外婆一直喝,但是小时候他们都不让我喝,有时候我很好奇,就会偷偷地喝,从此以后随着我年龄的增长我也越来越喜欢这种饮料。"

如今世界各地著名的咖啡店在上海到处都是,咖啡成了很多人每天生活的一部分,但当年咖啡所蕴含的那份浓情依然会让很多人回味无穷,意犹未尽。即使咖啡越来越追求多元化,但品种再

雀巢速溶咖啡和咖啡伴侣

多,市场再丰富,许多人都忘不了速溶咖啡,它是最适合大众口味的咖啡,这也是咖啡走向大众的一个很重要的转折点,如果说以前大家对喝咖啡的人还带有一种文化上的敬畏的话,自从速溶咖啡普及之后就不分彼此了,大家都能喝,咖啡真正深入了千家万户。

百年馥郁:咖啡新时代

随着千禧年的到来,上海的咖啡格局发生了新的变化,咖啡文化进一步发展,速溶咖啡一枝独秀的时代渐渐过去,大批外国正宗的连锁咖啡店开始进入上海,同时,上海的外企把新的咖啡文化引进了办公室。自2000年淮海路上开设了第一家快餐咖啡店之后,在短短几年间,这些凭借"即买、即取、即走"的模式,流水线般生产的快餐咖啡以令人震惊的速度,在上海大街小巷四散开来,分布到各个角落,它们大多开在上海繁华的商圈、百货大厦、写字楼里,以其制作时间短,方便快捷,赢得了大批白领、上班族的喜爱。

随着时间的推移,很多国外品牌的咖啡店都能在上海大街上看到,人们都可以有机会走入咖啡店,享受咖啡情调,同事、客户、朋友谈事,就会约在这样有品牌的咖啡店里,方便快速。

这些从国外传来的咖啡品牌,尽管经营方式与制作技巧都一样,但是当它处于不同的文化环境中时仍产生了不一样的"化学反应",很多留学归来的海归们,在国外体验过同一品牌或者当地的咖啡文化,再回到上海便发现了许多不同之处,孙玮靓说:"我在国外的时候,就会觉得他们的咖啡和我们上海人从小接触的那种速溶咖啡是完全不一样的东西。因为有很长时间的文化积淀,所以他们喝咖啡会有很多流程和讲究,咖啡是他们生活中不可缺少的一个部分,就像茶对于我们中国人来说也一样。"金融从业者翁敏杰说:"澳洲人把咖啡融入生活中,像一种普通的饮料,回上海以后,我还是会跟朋友或亲人聚在一起喝,让我有一种家的感觉,有一种非常亲切的味道,我分不清我喜欢澳洲的咖啡多一些还是上海咖啡那种家的味道更多一些,对我来说,咖啡已经是生活中不可或缺的一部分。"

外国人和中国人的生活观念不一样，他们讲求慢节奏、比较沉静的生活方式，而国内的生活节奏快，在快速发展的现代社会，大家都异常忙碌，这使得很多年轻人对于喝咖啡的第一要求就是快速、便捷。

这批全新的咖啡创新者陆陆续续地开始在上海开起了各具特色的咖啡馆，他们往往对精品咖啡有着比较深刻的了解，并且掌握了一定的技术和知识，很多人甚至是专门从国外学习相关专业，然后再回到上海从事咖啡经营，孙玮靓谈到自己开咖啡店的动机时说："我去国外生活了两年，在那里读书，我的专业是西餐和点心师，学了两年，后来我就打算自己开一家咖啡店，应该说是学以致用。因为对上海的这份眷恋、这份情节，最后选择了回上海来开。上海是一个国际化大都市，对世界各地的文化都是有一定的接纳度的，那时正好开世博会，是一个很好的契机。我从国外回来以后，选在巨鹿路开了一家新的咖啡店，这是我的第二家咖啡店。为什么会选在巨鹿路呢？因为这条马路有着悠久的历史，旁边有两排法国梧桐，是一条很有韵味的小路，我的店就在弄堂里面，其实我就是想给顾客一种家的感觉。"

这些咖啡馆有别于众多的连锁咖啡店，它们往往开在富有情调的小弄堂里，也许并不显眼，甚至没有门牌，但每一家都秉承着不同的经营理念，以极富特色的咖啡、餐点和环境吸引了不同年龄层的消费者。众多的特色咖啡文化的爱好者往往追求环境与氛围的全新体验，相当一部分人是慕名而来，之后成了这一特色咖啡文化的拥趸。很多人对咖啡馆的要求就是安静，可以静静地坐在那里，看看书、拍拍照、聊聊天。

但是，被特色咖啡文化所吸引的消费者中更多的是真正喜爱咖啡、对咖啡有不同要求的人，他们游走于各个特色咖啡馆中，享受、回味那份浓情，这其中不乏很多老人，他们携伴而来，衣着款款，仿佛又回到了他们年轻时去咖啡馆谈恋爱、享受人生的时光。

孙玮靓说起了上海所独有的现象："阿姨和叔叔来这里不光是喝一杯咖啡、吃一块蛋糕，来了之后还会看一下房子，有些阿姨甚至会穿着旗袍来院子里拍照留念，这样能让她们也回忆起八九十年代她们所崇尚的一种文化，然后拿回家一看，非常高兴，触动了很多回忆。"这样独特的咖啡空间在给顾客带来美食享受的同时，更是一种文化的传播与渗透。一些特色咖啡店更多的是让你体验一种老上海的文化，而不是单纯的吃，孙玮靓的店里还有大白兔奶糖、华生牌电风扇，这些都是上海本地人小时候所接触到的，让大家在享受美食的同时，也可以感受一下小时候的生活场景，触发人们的上海情怀。

上海人所特有的包容态度，塑造了海派特色的咖啡馆文化，现代社会培育出的猎奇尝鲜心理，孕育了一大批不同特色的咖啡店。在上海，几乎每天都有新的咖啡馆开张，而海派情调的传承又培养了一批忠实甚至有些挑剔的顾客，他们可以几十年如一日地光顾同一家咖啡馆，孙玮靓说："我的老师他可以十几年风雨无阻地去一家咖啡店，其实就是买一个羊角面包然后点一杯普通的美式咖啡。"当今社会，咖啡馆成了公司白领、新潮老人乃至社会各个年龄阶层的人都热衷于光顾的公共空间，在上海街头也随处可见风格各异的小咖啡馆。

咖啡现在越来越多样化，它当然可以变成大众化的饮料，但这并不排斥它是精英文化的一部分，这两者并不矛盾，咖啡具有社交性，并且对一个地方的文化生活具有影响。纵观上海咖啡的百年发展，咖啡在上海人生活中扮演的角色不断变化，上海的咖啡文化也随着时代不断改变，变得越来越浓醇。上海是一个个性张扬的城市，西方欧陆文化和东方吴越文化在上海的结晶，经过一百多年发酵、沉淀，相互渗透，相互提携，取长补短，产生了一种新的美。兼容并蓄的海派气质造就了上海历经百年的浓郁咖啡文化，时代在不断地更迭，咖啡也将随着上海继续前行，尽管现在的我们无法预估其未来的景象，但这恰恰是咖啡文化令人着迷的地方。

（编写　李夕冉）

乘风凉

乘风凉,是上海人一种纳凉消暑的生活形态,也是一个人与人之间交流的平台。每当酷暑难耐之夜,上海市民纷纷走出屋外乘风凉,吃棒冰的、打牌的、讲故事的,林林总总构成了一道夏日夜晚的风景线。

乘风凉前的仪式感

夏天乘风凉,从古到今一直都有,它是一种自然形成的生活习俗,随着气温升高而出现,高级编辑袁念琪对乘风凉的理解是"乘风而凉",即借助风使人得到清凉。

古人乘凉是坐一只船,荡到河面上去,或者到湖边的柳树下,找个风凉的好地方。新中国成立初期,上海市民们大多是在自家的屋檐下、阳台上乘风凉,到了20世纪60年代,上海的人行道上也陆续出现了乘风凉的人群。

说起乘风凉的往事,上海市民们都记忆犹新,对于他们来说,首先需要做好的乘风凉前的准备有——冲凉水澡,泼湿滚烫的地面,吃好晚饭,带上躺椅、蒲扇等用具,等等,如此满满的仪式感才能更惬意地迎接夏日风凉的夜晚。

在车辆不多的年代,夏天的马路上,白色洒水车特别抢眼,每当下午听到洒水车悠扬的音乐声,就仿佛揭开了上海人乘风凉的序幕,上海市民王祺慧回忆说:"洒水车差不多早上一次,下午三四点钟一次,它伴着音乐

乘风凉

风吹过去 被高层建筑挡住了

竹床

一来,男孩子们就都赤膊跟着它奔跑,水车高,小孩小,回家后小孩从头到脚都被淋湿了,就像冲了个澡,开心得不得了。"炎热的夏日,虽然太阳已经落下山去,但是地上还是滚烫滚烫,洒水车过后,马路上变得湿漉漉的,少了些尘埃,多了些凉爽,人们也开始在自家门口泼上水,为晚上的乘风凉做准备。王祺慧说:"很多人家从井里吊上井水,往水泥地上浇,一浇就有一股热气蹿上来,等到水干了,地上也就凉了,很多人就从家里拿出席子,铺在地上。"

在居住条件非常有限的年代,乘风凉前的洗澡对于一些家庭而言只是简单的冲洗,男子在弄堂里拿着水管,或端着脸盆冲澡的景象,早已司空见惯。谢其祥是一位资深媒体人,他对幼时冲凉的情景印象深刻,他回忆说:"那时候男同志就在弄堂里洗澡,用水龙头冲,上身赤膊,下面穿一条短裤,小孩子们大都不穿衣服。"市民黄蓓兰补充说:"小男孩方便,假使小姑娘在家洗澡的话,一家人都要被赶出去的。"当年,洗完澡的小朋友身上都会被家长扑上白白的痱子粉或涂上香香的花露水,这是散发在乘风凉的人群中的、专属于夏天的味道。

洗完澡,吃晚饭,接着乘风凉,这几乎就是当年上海人夏天的生活作息。有些家庭还会在院子中、弄堂里、人行道上搭上桌子吃饭,在晚风中大快朵颐,这些情景对于上海浦东文化馆副研究馆员王鹏程来说仍然历历在目,他回忆说:"小孩洗完澡,涂得香喷喷的,大人把椅子放好,把家里烧好的菜全部搬上桌子,一家人一边乘风凉,一边吃晚饭,要是隔壁邻居的小孩来了,就给他也夹一点好吃的。"

70年代夏季的夜晚,乘风凉的人越聚越多,躺椅几乎成了家家户户乘凉的必备用品,此外还有竹榻、门板、小板凳和帆布床等。从傍晚开始,人们纷纷搬出这些可坐、可躺、可睡的用具占据着弄堂口、人行道,据梁大明介绍说:"那时候千奇百怪的躺椅都有,有些人用铁管,有些人用自来水管,如果没有木头,就用竹子、竹片,全部都是自己动手做的。"曾在安徽农场下乡的他就自己动手,用竹片做了一个躺椅,他回忆说:"我在安徽特地去挑老毛竹,砍下来,大小拿尺量好,劈成一袋一袋的,一千里路带回上海来,做成躺椅,越睡越灵。"

乘风凉不外乎休息和休闲,现在就是万事俱备,只欠东风了,乘风而凉,除了要借助大自然的风,也少不了人手一把蒲扇扇出来的"东风"。蒲扇是由蒲葵的叶和柄制作而成的扇子,扇面大而轻,这是上海人乘风凉时的标配。家庭主妇们还会用布条包边,延长其使用寿命,上海市民张云珍记得家里的扇子用到后来有一点坏了,大人就会拿出一条布条在边上绲绲边,使它牢一点,她回忆说:"布条要斜纹的,贴着圆的扇子比较服帖。"市民罗丽春也有同样的经历,她说:"过去做衣服剩下来的零散布条,不舍得扔掉,就先把它拼起来,所以有时候一把扇子上有好几块各种各样花样的布。"

乘风凉少不了人手一把蒲扇

乘风凉去哪儿

出门乘风凉，选择位置是很有讲究的，由于大楼的高度加快了空气流动，形成了所谓的穿堂风，所以大楼下面可谓最佳位置。

20世纪70年代前，24层的国际饭店曾是上海的最高建筑，饭店楼下的黄河路自然便是当时乘风凉的热门之地了，谢其祥还记得自己扛着凳子，走半个多小时到国际饭店旁边的黄河路上与同学相约一起乘凉的往事，他道出了这里热门的原因："一面是国际饭店后门的穿堂风，大得不得了，一面是长江剧场空调散发出来的冷气，有这两股风，待在那里真是惬意得不得了。那时，来得早的人把这里的位置都占满了，去得晚的人只能到凤阳路，再晚就到北京路，一直往后面延伸。"市民吴叔坤曾到国际饭店最高的地方去乘风凉，还绘声绘色地讲起他从上面往下望时看到的场景，他回忆说："下面的电车像香烟盒子一样大小，人像蚂蚁一样。"

与国际饭店隔街相邻的上海市第一百货商店，也是人们纳凉消暑的好去处。中百一店也是高楼，当年中百一店门口六合路上乌泱泱的乘风凉人群，至今还深深地留在张云珍的脑海里，她回忆说："中百一店前面有几级台阶，人们就坐在台阶上面乘风凉，中百一店不关门，有冷气会出来，这里乘风凉的人特别多。当初南京路上只有一条20路公交车，人们都坐在马路当中，有的把帆布床、钢丝床都搬来了，有些人把席子摊在地上，那时候男孩、男同志都赤着膊，穿着短裤乘风凉。"如果碰上中百一店有外宾到来，就是另一番情形，张云珍说："有外宾来时，警察要提前来做工作，把人行道上乘风凉的人移一移，居民当然也要面子，这时候他们都很自觉地把汗衫、背心穿起来。"

除了高楼大厦附近聚集了乘风凉人群，外滩的防汛墙边也是人头攒动，在那里的大多是成双成对的年轻恋人，王鹏程说："情人墙上是没有空位置的，特别是到了大热天，黄浦江旁边比较风凉，所以都是一对一对的情侣，虽然大家之间只空开一个虎口的距离，但是互不打扰。"

外滩情人墙

相比跑到老远的地方去抢占最佳位置，大多数上海人还是习惯于就近乘风凉。大家各有各的地方，互不干扰，又互通有无，弄堂口、路灯下，不分前后，各显神通。张菊如是一名出生在上海的美籍华人，在她记忆里，大弄堂口是属于门口几户人家的乘风凉场所，她回忆说："虽然没有划分过，但是大家心里约定俗成，不会去抢别人的地方，就像不会跑到人家家里去乘风凉一样。"

到了七八十年代，上海夏日的乘凉人数达到了高潮，弄堂里、高楼下、人行道上、苏州河边、黄浦江畔到处都有纳凉消暑的人群，但也有一些人选择在自家的阳台、花园里乘凉，闹中取静，别有一番闲情逸致。静安区中医院医生陆学镇喜欢睡在长凳子上看天上云的变化，觉得十分有趣，他说："太阳还没有完全落山，正好是红彤彤的云，小时候看《孙悟空三打白骨精》的小说，就会联想着看看这个云像什么，那个云又像什么。"谢其祥则喜欢看夜晚的星星、月亮，他说："从老虎窗钻出去，正好瓦片上面有一片平台，用报纸铺好，上面再铺席子，躺下一看，另外一番景象，旁边的野猫走过，叫两声，看看野猫，也是一番情趣。"在那个年代里，风在哪儿，乘风凉就去哪儿。

弄堂文化：乘风凉里的人情味

乘风凉建立的是一种关系，有亲情的、友情的、爱情的，这种关系维

乘风凉

在马路上乘风凉

系着人与人之间的联系和交流，满足了人们的基本需求。乘风凉是亲朋好友聚在一起、相互沟通交流的好机会，在上海人的观念里，吃饭一定要全家一起吃，才像一家人，尤其晚饭，是一家人一天相聚交流的重要时刻。张云珍家里有一张很大的八仙桌，乘风凉时爸爸妈妈、兄弟姐妹大家都围坐在一起。

乘风凉使得一家人增加了相处的时间，加深了相互间的感情，黄蓓兰讲起父亲，露出了温暖的笑容，她说："我很心疼我爸爸的，他很辛苦，男同志睡在门口一块一头高、一头低的铺板上面，他一开始说很热，我就在他背后，帮他扇扇子。"说着，黄蓓兰大笑起来，比画起扇扇子的动作，但是转眼她又眼含泪水地说："现在想想，我应该要做得更好一点，让爸爸更加开心一点，更舒服一点。"张菊如也回忆起与父亲相处的许多温馨的时刻，她说："爸爸在楼下乘风凉的时候，我就从楼上吊两个玉米下去诱惑他，先馋馋我爸爸，然后再放下去给他吃，蛮好玩的。"

那时候上海的房屋结构以石库门和新式里弄居多，乘风凉时，每户人家的房门几乎都是敞开的。开放的心态，也加深了邻居间的交流和往来，正如梁大明所说，乘风凉的人不仅是一家子、一幢楼，而是整条里弄，这

241

种和谐、融洽的人际关系，令人留恋。

张菊如那个时候喜欢跑到隔壁人家去帮着剥毛豆，还因此受到妈妈的责怪，她模仿着妈妈的语气说："你自己家里什么事情也不做，垃圾也不倒，葱也不买，跑到人家家里面去做这么多事情。"张菊如到现在还能够来往的就是乘风凉时候玩得好的一批小朋友，所以在她心里，乘风凉所结下的友谊是很牢靠的。

王凤宝已是位年近百岁的老奶奶，但是她对以前乘风凉的往事记忆犹新，她回忆说："我那时候拿个小凳子坐到后门口，和周围的街坊东讲西讲，今天买点什么菜，家里来过什么人，有点什么事情，吹吹风凉，扇扇扇子。"当年的上海盛夏，三五成群乘凉的小圈子层层叠叠，纵横交错，有说有笑。

除了聊天，乘风凉的人还喜欢四处打量，管管别人的闲事，特别是有不熟悉的生面孔走过来时，更能够引起他们的兴趣。吴叔坤至今依然清晰地记得自己作为毛脚女婿第一次上门时被邻居们关注的目光，当他穿过乘凉的人群时，觉得自己就像在走T台一样，他回忆说："旁边的人就像评委，大家看着，评头论足，有时候人还没到，消息已经传到家里，某某某，你朋友来了。"张云珍将这种场面称为"夹道欢迎"，她说："当初我姐姐谈朋友，男朋友来见未来的丈母娘，碰到天热的时候，真叫难为情，旁边乘风凉的人就像夹道欢迎一样，未来的姐夫跟着我姐姐从人堆里走过来，两边都是用注目礼看着他们，我姐姐也难为情极了。"吴叔坤回忆说："我们弄堂口有一部公用电话，乘风凉的时候，公用电话一响，某某人的电话来了，然后大家看到这个人打扮得非常漂亮出门，就知道了，哦，他谈朋友去了。"

上海人向来讲究规矩，吃饭有吃饭的规矩，乘风凉也有乘风凉的规矩，一般女孩子只坐在自家门口乘凉，晚上是不能睡在屋外的，这是一种教养，也是一种文明。袁念琪说："夏天乘风凉的时间蛮长的，要乘到很晚，号称露水落下来才收摊。"张云珍回忆说："男同志可能会在露天天井里睡一晚上，但是小姑娘是不可以睡在外面的，乘风凉乘得晚一点就都回去了。"

乘风凉使有相同生活背景的人聚在一起，造就了一种浓浓的人情味和邻里间亲如一家的关系，形成了一种特有的弄堂文化。

那些让人开心不已的乘凉零食

乘风凉的时候，除了聊天发呆，也少不了吃，有的自己动手做，有的在小贩手里买。那时候，张云珍的妈妈会在白天买一个南瓜，把里面的南瓜子拿出来洗干净晒干，炒一炒，等晚上乘风凉的时候吃。王祺慧记得很远就会传来小贩的叫卖声："酸辣菜来了，辣白菜来了，要吗？酸辣菜买吗？三分钱一盆。"

早些年，小朋友在乘风凉时，能吃上一支棒冰或是雪糕，就觉得非常满足了，上海塑料包装厂的退休职工胡颖还记得了卖冷饮的小贩打扮，她描述说："一个木头的箱子，斜背的，手里有一块木头，头上戴顶草帽，脖子上挂一条干的毛巾，擦脸用的，一路上走过来喊着，'棒冰买吗？棒冰，四分钱一根棒冰，八分钱一根雪糕'。"吴叔坤也记得这些耳熟能详的叫卖声，光明牌赤豆棒冰、奶油雪糕，小孩子一听到叫卖声就都奔了过去。黄方来常常向妈妈讨来四分钱去买棒冰吃，有时他姐姐为了省一分钱会去挑断的棒冰，要是没有断棒冰就等着，他们小时候都十分乖巧懂事，因为雪糕比棒冰贵，所以从来不提要吃雪糕，除非大人主动要买。

除此之外，乘风凉时谁能吃到一块简装的小冰砖，那简直是天大的享受，是要乐上好几天的，对此，袁念琪回忆说："冰砖分小冰砖、中冰砖、大冰砖，小冰砖简装是1角9分一块，中冰砖好像是3角2分一块，方方正正的。中冰砖也可以买半块的，上海人做事情比较聪明，切半块不是直的切，而是对角切，这样分成的两块正正好。双色冰砖，一半是白色的，一半可能是咖啡色或者是粉红色，大冰砖我记得是7角2分一块，长长的。"张菊如还介绍了她自己独特的冰砖吃法，她说："冰砖放在碗里，再放一点可乐汽水，乘风凉的时候吃，太棒了。"

乘风凉吃的水果之中，西瓜是人们的最爱。在上海人的记忆里，当年华东26号西瓜可以说是瓜果中的极品，梁大明回忆说："西瓜叫卖声，我到现在还记得很牢的，'沙啦利甜咯唻，三分、五分卖一块'，甜得发沙。"那时候要

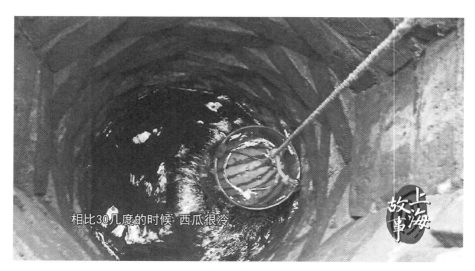

井水浸泡西瓜

刨冰

是一户人家切开一个西瓜,总是要给隔壁邻居送几块,真是邻里一家亲呀。

后来上海的冷饮市场上又出现了刨冰和冰霜。在酷暑难当的日子里,晚饭后到店里吃上一杯刨冰或冰霜是乘风凉的一件乐事,张云珍回忆说:"一块冰放在机器上转,转出来像雪花一样,舀一勺放在茶杯上面。赤豆刨冰吃起来是真的太解暑了,吃的时候生怕冰掉了,就拿调羹很小心地凿啊凿啊，凿到里面去，凿完了再开始一点点慢慢地吃。"后来还出现了冰霜，味道比刨冰还要好，颜色也好看，受到人们的喜爱。

从60年代开始，每到夏天，上海市场上就有散装啤酒出售，人们大都是白天买回来，留到晚饭或乘风凉时喝，王祺慧说："啤酒装在一个很大的油罐车子里，用一根很粗的管子接出来，前面放一个很大的保温桶，啤酒从车上灌进保温桶里，保温桶有一个小的龙头，啤酒一杯一杯从龙头中放出来。"市民徐光忠那时候经常用竹壳热水瓶到大统路老正兴买啤酒，他回忆说："一热水瓶啤酒五角六分，可以装七杯的样子。"

到了70年代，上海各大工矿企业开始注重防暑降温工作，工厂里会给在高温下作业的职工提供酸梅汤和盐汽水，可口凉爽的酸梅汤和盐汽水是小朋友们乘风凉时最喜爱的饮料，但他们也许不知道，这些饮料都是父母上班时舍不得喝专门省下带回来的。黄方来的爸爸会把饮料留到晚上带回家给孩子喝，第二天再带着空瓶回单位，王祺慧的爸爸也是如此，她回忆说："我爸爸是上钢三厂的，他们发高温票，他就省着不用，白天在单位里满头大汗的，到晚上，用家里带去的最小的热水瓶盛一些酸梅汤回来，有时候是上中班，回来的时候已经是半夜三更，我们都睡着了，还是会起来喝酸梅汤。"那时候他们兄弟姐妹一听到酸梅汤都开心得爬起来喝，后来渐渐长大了，懂事了，就让爸妈也一起喝，但是爸妈总是说他们在单位里喝过了。

即使是在那个生活条件不富裕的年代里，父母的爱依旧不会缺失，也正是在那个生活条件不富裕的年代，这些普通的乘凉零食就能让人开心不已。

花样百出：乘风凉这场大派对

现在夏天的傍晚，上海市民还是会到公园里游玩消暑，在树荫下三三两两地围坐在一起，聊天、打牌、下棋……回想起当年乘风凉的往事，大家都津津乐道。

听故事是当年乘风凉不可缺少的乐趣，也是小朋友们最开心、最期待的一件事。有位市民把自己在语文书上读到的内容改编为故事讲给大家听，还因此出了名。王鹏程说："那时候要是有个讲故事的人，他旁边就会围着很多小孩，听《三侠五义》《三国演义》《水浒传》……讲了一个又一个晚上，像说书一样。"黄方来说："说书的人都会有人'服侍'他的，有人给他递茶杯，有人给他留好靠背椅子，他们的要求就是，前一天晚上约好的，昨天讲的故事，今天要继续讲下去。"

那些贴近夜间气氛、花样百出、悬疑刺激的故事，小朋友们更是又怕又喜欢听，胡颖至今还记得小时候听故事时那种紧张的氛围，她回忆说："本来乘风凉，大家都空开坐，但是被故事吓到了，大家都朝前面挤，挤到最后，这个圈子越缩越小。"吴叔坤说："说书人一边讲，一边还要做动作吓你，比如我们小孩一起在路灯下听故事，讲到后门口的门里躲了一个人，他边讲边把你推进去，吓得你哇哇大叫，魂都没了。"

从20世纪50年代的暑期开始，上海的公园、操场上经常放露天电影，到了六七十年代，露天电影风头依旧，常常吸引乘风凉的市民蜂拥而至。梁大明记得复兴公园的草坪上在夜里放过《闪闪的红星》，围了很多人看，市民徐光忠也回忆说："那时候一块白色方布一拉好，就开始放露天电影，《小兵张嘎》《地道战》《地雷战》都放过。"1974年后，上海市区一些电影院陆续安装了冷气，大热天人们能在凉爽的电影院里，舒舒服服地看一场电影。住在电影院附近的孩子们更会利用这样得天独厚的便利条件——电影院运冰的大卡车经过弄堂时，如果冰不小心碎了，小朋友们就都开心地去捡冰，拿回家用冷开水冲一冲，放进茶杯里，加点糖和醋，就变成酸梅汤了。电影散场的时候，小朋友们也最起劲，趁机从旁边跑进去，坐到观影座位上，蹭一会儿凉也好。

乘风凉时玩得最多、参与度最高的游戏非打牌和下棋莫属，赢家能在人群中得意一会儿，输家也会接受小小的惩罚。在张云珍记忆里，玩得最多的是算24点，小孩子的反应很快；胡颖喜欢下四国大战军棋，她自创的"阵法"一路把对手杀到底；吴叔坤见到有些小孩耍小聪明用指甲在暗棋上做记号，他就想出把纸壳子罩在军旗上的办法破解；陆学镇记得打牌输的人要被惩罚刮鼻子，有几张牌就刮几个……

乘风凉时，人们都喜欢听听歌，听听戏，偶尔跟着哼唱两句，那

纳凉晚会

时候要是听到有人在播放邓丽君的歌,大家都会很羡慕,会去向他借磁带带回家拷一拷。陆学镇偶尔也会拿起吉他弹唱,当年和几个朋友一起在乘风凉时边弹边唱的情景,至今他都难以忘怀,对此梁大明也回忆说:"那时候光自己弹好像也不过瘾,要跟人家去比赛,叫作斩琴,或者斩歌。"

70年代,电视机还是上海人家稀罕的家用电器,每当盛夏之夜,一台电视机旁会围坐着许多看电视的人,王鹏程记得:"居委会的电视机有一个壳子,靠墙壁摆,一般位置比较低,做一个木架子就比较高了,这样看到的人就会多一些。把声音调到最响,那时候画面还是黑白的,前面的人坐着看,后面的人站着看,围得里三层、外三层。"

过去上海人的乘风凉像一个大派对,有道具,有场地,有食物,还有各种活动,人们乐在其中。

但是,随着电风扇、电视机、电冰箱,特别是空调进入千家万户,马路上、弄堂里乘风凉的人群开始减少,人们待在家里的时间慢慢多了起来。空调的普及使人们摆脱了高温天的困扰,并改变了上海人度夏的生活习惯,夏日乘凉早已不再是人们消暑的唯一选择。然而,还是会有些人愿意走出家门,重温当年乘风凉的场景,社区举办的纳凉晚会上,居民们有的带着小凳子，有的手摇扇子，聊聊家常，看看节目，上海市民们觉得这就是对过去乘风凉的一种传承，人们很喜欢这样的氛围。

  乘风凉的习俗从盛行到消失，反映了上海城市发展的轨迹，我们有理由去怀念、尊重这样一段历史，这一段历史留给上海人的记忆就像是夏天的风，总有一种惬意的感觉。

（编写　王　俊）

那些年，我们逛庙会

上海庙会的历史很悠久，每每说起庙会，人们会不约而同地说起城隍庙庙会、静安寺庙会、龙华庙会、真如庙会。早期的上海庙会仅仅是一种隆重的祭祀活动，而随着经济活动的展开以及人们交流的需要，庙会在保持祭祀活动性质的同时，又渐渐融入了集市交易活动和一些娱乐活动。许多人赶庙会的记忆就是一路赶一路吃，家里平时吃不到的东西，庙会上都有。庙会上不仅有皮影戏、西洋镜、吹糖、转糖盘等，人们的耳边还会响起小商贩们此起彼伏的叫卖声和庙会上的锣鼓声，上海的庙会经历了几个世纪的岁月，逐渐形成了规模宏大的民俗盛会。2008年，对于庙会来说是一个特殊的年份，经国务院批准，庙会被列入国家非物质文化遗产名录，此后，民间庙会在非遗名义下获得了重生，人们身着盛装，倾巢出动，巡游踏舞，万人空巷，一派节日的气氛。

庙会：从宗教祭祀、集市贸易到文化娱乐

庙会原先是一种以寺庙法事活动为依托的大型民间文化娱乐活动。庙会的历史由来已久，早期的庙会仅仅是一种隆重的祭祀活动，随着经济的发展和人们的需要，庙会又逐渐融入了集市贸易和娱乐活动，因为它总是和贸易买卖相结合，所以习惯上也叫庙市。

上海市非遗保护协会常务理事吴少华指出，庙会是经过了千百年传下来的一种传统文化，有一个时期曾把它当做封建迷信，"文革"以后的庙

会，其宗教色彩在逐步淡化，它同民间艺术、文化结合起来以后，更适应现代社会的需求，从中又能体现出我国的传统文化。上海市民俗文化学会会长仲富兰教授则说，庙市是在寺庙的旁边形成的一个小的市场，因为来烧香的香客，需要购买香烛和食物，需要零售业，时间长了，人越来越多就变成集会了，所以叫庙会。

著名评弹老艺人陈再文说，庙会把四乡八镇的农民都吸引了过来，庙会上卖的东西形形色色，五花八门的都有，生活用品总是占多数，比如开门七件事的油、盐、酱、醋、柴、米、盐，以及衣服、鞋子、小孩的玩具，可以拿出来卖的东西都会在这一天拿出来。庙会既热闹，又能提高寺庙的声誉，吸引人来，老百姓也都喜欢，所以庙会就开始发展起来了。

庙会是乡土民俗的一种特殊形式，也是我国特有的经济现象和民间文化，它有广泛的群众基础和丰富的内涵。明清两代，上海盛行举办庙会，到新中国成立前夕，上海已经有130个庙会举办地，比较有名的庙会举办地有龙华寺、静安寺、真如寺、城隍庙、文庙等，到1959年，上海郊县还有46处庙会举办地。

1958年后，上海的庙会由自发而聚改为在政府组织下举办，实行庙会交易与宗教活动分别管理，寺内安排宗教活动，寺外进行物资交流，资深媒体人张景岳介绍说："以前是大家自发去摆摊位，现在市里面有组织地来叫大家去，所以每次庙会的时候，总归有几百家。像农村、市郊的生产合作社制作各种各样的手工制品，大家都去摆摊，市里再组织全上海各种有名的商店，包括吃的、用的各行业，都去庙会设摊，那时候很热闹，一天时间已经不够了，后来就变成四天。"

说到庙会的文化功能，不能不提上海的文庙书市。文庙位于上海老城厢，是上海城区唯一祭祀孔子的庙宇，文庙东北角的仿明清书坊式的书市，是上海闻名的淘书乐园。逛文庙是上海文化人的一种爱好，评弹老艺人陈再文回忆说："上海文庙路有个文庙，以前也办过庙会，所以到现在为止文庙路上文庙的对面，半开间、一开间的小店铺密密麻麻，这都是过去摆摊位遗留下来的。泮池门前就是一大片广场，都摆满书摊，到现在还是成千上万的、五花八门的书都有，你要想淘书就到这里去淘，这比旧书店里的书要多很多。"

那些年，我们逛庙会

1985年文庙庙会

　　那些年，庙会上的演出形式丰富多彩，浦东说书是上海地方的曲艺形式，演员在演出时还有出奇的招数，陈再文老先生至今还记得当年的情景，他回忆说："上海以前有一种地方曲艺叫沪书，像苏州评弹的说大书，在庙会里面出现过。沪书不是单单讲故事，也可以拿新闻唱，评弹演员有时会卖关子，会停下来请大家买一点自己做的梨膏糖，糖卖掉后，再把结尾讲给大家听。"

　　据中国民俗学会理事蔡丰明介绍，上海的庙会形式是非常多的，总体来说可以分成三种类型：第一种是比较大型的、综合性的、带有都市特点的庙会；第二种是乡镇型的，主要是在乡镇举办，祭祀的主要对象是某一个比较具有地方性特色的地方神；第三种就是由外来移民在上海举办的、带有会馆特性的庙会。

三月三到龙华

　　龙华是江南著名的古镇之一，有着悠久的历史，相传早在三国年间，龙华寺和龙华塔就相继建立起来，在漫长的岁月中，虽然龙华寺屡有兴废,但"龙华"之名却一直流传了下来。"上海没有花,大家到龙华,龙华的桃花也涨了价",金嗓子周璇唱的这首歌会勾起很多老年朋友当年去龙华赏桃花、逛庙会的记忆。还有一首老歌唱道:"三月初三游龙华,白相龙华采桃花,你也采桃花,他也采桃花,桃花树上结着疤,你嘛在笑,花嘛在哭,望大家,爱桃花,来年再来游龙华。"

上海市民陈惠娟回忆,每次听到周璇这首歌,她就想起小时候参加庙会的情景,父亲没有空,总是叫隔壁邻居的阿婆、曾祖母带她一起去参加庙会。在庙会里面买东西,吃东西,样样都有,有很多从来也没有见过的东西,让生活在农村的她大开眼界。资深媒体人张景岳回忆说:"我印象特别深的是什么呢?还没有进入庙会里面,在外面空地上,我就看得不舍得走,两个人在唱滑稽,讲'你岁数大,还是我岁数大?我今年三十七,你今年四十三,我来数,一、二、三、四、五,数到三十七,我出生了,你还要再过几年才数到四十三',讲笑话,唱滑稽,小孩看了觉得很好玩。"

为什么要在三月三到龙华庙会看桃花呢?是因为龙华寺供奉的主要是弥勒佛,弥勒佛的生日就是三月初三,这一天肯定要举行道场来祭奉弥勒佛。所有的庙会都有宗教形式,这个宗教形式非常接地气,非常受老百姓的欢迎。

龙华庙会

龙华的出名不仅仅因为有龙华寺、古塔和龙华桃花，更是因为有龙华庙会，从小生活在龙华塔边的人说到龙华庙会，个个都很来劲。上海龙华镇原住民吴永福描绘了庙会期间的热闹劲，他回忆说："庙会期间，各方面的人都来做生意，有牵着猴子耍猴的，有来卖梨膏糖的、走钢丝的，还有拉洋琴的、看西洋镜的，无奇不有，当时的龙华相当热闹。"

上海龙华庙会的历史可以追溯到唐代垂拱年间，到了清代，龙华庙会已进入全盛期。当年，每逢龙华寺举行大型法事庙会，来看热闹的人便会蜂拥而至，上海市民潘麟发回忆起自己小时候被父亲带着去看庙会时的情景："行街队伍跑出来了，那个时候人山人海，人都朝中间挤，我们小孩就看不见了，小孩怎么挤得过大人呢？我爸爸就把我朝肩膀上一放，我骑在他肩膀上，我看得见，他看不见呀，他前面都是人，那么他怎么办呢？他问我看见了什么，我就给他汇报，一会儿看见蚌壳精了，一会儿看到打莲湘了，一会儿又看见江南丝竹了，我爸爸听了就像自己看见一样。"

"行街"活动又叫出会，是我国传统的民俗活动，这对于今天的年轻人来说也许相当陌生，然而在庙会的历史上，出会却是最隆重、最热闹的节庆形式。上海三林文化非遗保护办公室的王介其介绍，出会就是老百姓在烧香拜佛的时候让老爷走出庙，祈求老爷保佑风调雨顺，在出会的时候，老百姓在一路上跟着老爷。著名评弹老艺人陈再文回忆，出会比庙会还要热闹，沿路经过的地方，吸引了人山人海，男女老少都挤过来看出会，所以出会和庙会的表演形式是截然不同的。

1986年，曾经被改称为"城乡物资交流会"的活动已恢复为"庙会"，当年，龙华寺的香火依然那么旺盛，赶庙会的人仍然那么多，上海市民俗文化学会会长仲富兰认为，当时社会处于物资匮乏的时期，庙会上各种各样的商品起到了互通有无的作用。参加庙会的人们也对庙会上丰富的商品感到兴奋和诧异，上海市民张丽珍回忆，80年代的时候商品都是计划供应，吃肉要肉票，吃蛋要蛋票，到了庙会上，各种小吃都能吃到，让她觉得非常开心，她说："我们那个时候去庙会，买点吃吃，各种各样的小吃，盐津枣、话梅，这种都是三角包，价格都是五分钱一包、一角钱一包，萝卜干只有三分钱一包。"

1986年龙华庙会

改革开放初期,上海的商业也开始繁荣起来,各种商品也能买得到,但人们依然不会错过一年一度的龙华庙会。庙会上的商品中,用的有各种服装、鞋帽、家具、家电,吃的有龙华羊肉、龙华五香豆、龙华豆腐干、龙华素斋,玩的有皮影戏、荡湖船。逛庙会,图的就是热闹,要的就是这样一种欢乐的氛围。

画家陈秋生,从小与书画结下了不解情缘,他的书画,法度严谨,笔墨细腻,那时候龙华举行庙会,主办方总是请他来书写对联。回忆起当时的热闹场面,他说:"庙会上要写书法作为表演,我会写字,他们就请我表演表演去,给他们庙会助助兴。那时年轻嘛,不知道天高地厚就去写了,写的时候,生意好到什么程度?他们把我的纸拎着,排队写,说我写字像扫地一样,写得快,蛮热闹的,足足写了两个小时没停过。我带去厚厚一叠纸,全部被他们拎着写完了。组织方对我说成本费还是要给的,当时给了我大概三五元钱吧,我拿了这三五元钱当场消费掉了,吃吃馄饨,买买瓜子,吃吃汤团,也蛮好玩的。"

剪影也是庙会上很受游客欢迎的项目,一把剪刀,一张卡纸,仅仅几十秒的时间,一幅惟妙惟肖的侧身人像就呈现在你面前。许定国擅长剪影,每年庙会,他都会去表演他的绝技,他回忆说:"我看着你的脸,把你侧面的影子剪出来,因为我剪得蛮像的,所以边上人都看着我剪,我剪得好,旁边的人都给我鼓掌,人家越是鼓掌,我心里感觉很欣慰,就剪得越起劲。"

四月八到静安

一段拍摄于80多年前的珍贵影像是上海音像资料馆的一位资料员在收藏市场上发现的,影像记录了20世纪30年代上海静安寺举办庙会时的盛况,在影像中,静安寺外路上都是摆摊的,一个接着一个,上面都有布做篷。

从清光绪七年,也就是1881年起,上海市区的静安寺每逢农历四月初八佛教创始人释迦牟尼的生辰,都会举办三到四天庙会。静安寺相传建于三国孙吴赤乌年间,1881年,静安寺一带还属于城郊,之后几十年,昔日的乡村古庙逐渐变为沪上闹市区中的一大名刹。

资深媒体人张景岳认为,静安寺庙会的出现是跟整个上海市发展相关的,以前为什么没有呢?他说:"因为以前老城厢离静安寺太远了,假如坐独轮车的话,人家以前讲过,老太太要到静安寺烧香,从城里面出来,要到下午才能到静安寺,她要住一晚上,第二天才能够回去,你想多不方便。"

1949年后,静安寺庙会的范围越来越大,北从北京西路起,南到南京西路,东从常德路起,西边要延伸到乌鲁木齐北路,最亮眼的是商品都放在两边的人行道上,主要是销售城里难得见到的杂货和手工制品。仲富兰说:"庙会多了以后,它要形成自己的特色,就像商品一样,要形成自己的品牌。你要买躺椅吗?你要买竹编制品吗?你就到静安寺去淘,大家用的晾衣裳竹竿,你平时要买买不到的,庙会时就会有。"

张景岳展示了一段1961年的新闻影像,从中可以看到,静安寺庙会真的是城乡交流的一个集中体现,庙会上有很多农民自己做出来的东西,比如用竹子、木头、铁器制作的各种物件,有晒东西用的大的匾、儿童推车,他还记得他的爱人到静安寺庙会去买夏天乘凉用的竹矮凳,同样,对于赶庙会的农民来说,他要买的则是城市里生产的东西。张景岳回忆说:

1961年静安寺庙会

"农民到这个地方来赶庙会呢,他就买市里的东西,市里各家有名的商店都在那边摆摊位,农民们会买服装、买鞋子、买热水瓶,买各种各样的东西。"

静安寺庙会规模一年胜过一年,拥挤不堪,1961年举办四天庙会,依然是商贾云集,游人如织,进庙的香客达36万人次,逛庙会的市民达400万人次。由于静安寺位于闹市中心,这直接影响到交通和社会治安,1963年,静安寺庙会宣布停办,张景岳回忆说:"静安寺地区已经成为上海西部地区一个热闹的商业中心,很多公交车都要从那边通过。1960年元旦这一天,上海新设了一条从静安寺到江湾五角场的有轨电车,所以这个地方已经成为上海一个很热闹的商业中心和交通枢纽,庙会举办时四天不能够通车,全部堵塞,这怎么行呢?所以上海市不得不在1963年痛苦地作出决定,从此以后静安寺庙会不办了。"

城隍庙庙会:中国三大庙会之一

上海的庙会有"三月三到龙华,看桃花,四月八到静安,逛庙会"的说法，但最具影响力的还是城隍庙的庙会，它与北京地坛庙会、南京夫子庙庙会合称中国的三大庙会。

上海地区自唐代起就建有城隍庙，在唐代，上海地区属华亭县，在当时华亭县的西面建有华亭县的城隍庙。

元至元十四年（1277年）华亭县升为华亭府，翌年，改称松江府，华亭县城隍庙也随之改称松江府城隍庙。由于缺乏历史资料，松江府城隍庙中供奉的城隍神是谁已经无法考证了，据传说，华亭县城隍庙内供奉的城隍神是汉代刘邦的大将纪信。

元至元二十九年（1292年）上海县建立，当时，由于上海县城的规模并不大，因此县内并未修建自己的城隍庙，城内居民祭拜城隍神是到城郊的淡井庙（现位于上海市永嘉路12号）去祭拜松江府城隍神。明永乐年间，随着上海县规模的不断扩大，城内居民人数不断增加，出城祭拜城隍神多有不便，于是当时的上海知县张守约将上海城内供奉金山神主博陆侯霍光的金山神祠改建为上海城隍庙，供奉上海城隍秦裕伯，但是霍光也不能没有，所以就是"一庙两城隍"，正面供奉的是秦裕伯，反面的是霍光。到了近代以后，因为陈化成抗英殉国，也是位英雄，所以老百姓也要纪念他，也将他请到城隍庙去，所以最多的时候上海曾经有过"一庙三城隍"。

民国时期，城隍庙每年分别在清明前一天、七月十五中元和十月初一进行三次规模盛大的出巡，被称为"三巡会"。在那些日子里，人们把城隍从庙里抬出来进行巡游，行遍老城厢内外。上海圣堂庙会市级非遗传承人张开华介绍，在城隍出行期间，巡游队伍浩浩荡荡的，前呼后拥，前面都是彩旗，后面跟着一大群人，大家抬着城隍出来兜一圈，寓意是让城隍观察民情民风，也寄托了老百姓祈求国泰民安、风调雨顺之意。

在所有城隍祭祀的活动中，当数"三巡会"最为隆重，也最吸引人，陈再文回忆说："城隍老爷的塑像被请出来，像轿子这样坐好，八个人扛，游行队伍呢，像阅兵式那样让人家看，有旗幡、旗帜飘荡开路，还有搞行牌的，行牌就是写有'肃静''回避'等字样的牌子。"

上海市民陆润翔那个时候还小，只有10来岁，所以每次出会都会跟着父亲去看，在他印象中巡游队伍大概有500多米长，从城隍庙出来以后，沿方浜中路穿出去到老西门，然后就沿着老西门、小西门兜一圈，再

民国时期城隍庙庙会

回到城隍庙。正因为祭祀城隍的人很多，因此商贩、民间艺人也趁此机会纷纷前往，形成了巨大的人气和市场，每逢庙会，总是人头攒动，摩肩接踵，街上也荡漾着浓郁的欢乐气氛。陈再文回忆说："做生意的人脑子很灵活，庙会这么多人，总归要买东西吃，早上来，有时候下午回去，点心、中饭总归要吃的，所以饮食摊贩很多，都是一个一个摊位，一家一家店。城隍庙门前就有很多吃的，油豆腐粉丝汤、生煎馒头，最有名的是一家素香斋素食馆，素香斋一碗面，有香菇面、素什锦面，到现在上海老百姓还会牵记它。"

上海市民潘麟发则记得卖白果的摊贩的叫卖声，他模仿说："香是香来，糯是糯，一粒开花两粒大，两粒开花大白果，要吃白果我来数，一分钱买一颗，小朋友你要吃几粒啊？哦，五分钱，一粒、两粒、三粒、四粒、五粒、六粒，再加你一粒，小朋友吃了力气大。"

而庙会上的各种民俗技艺展示，不同的人也可以按自己的兴趣各取所需，小孩子喜欢糖画、捏泥人、剪纸，年纪大一点的喜欢书法、刻章、金石等。从文化上说，庙会给民间艺人和工匠提供了展示才艺的机会，从经济上说，庙会又是商业、服务和消费者的聚集场所，因此便形成了民俗与经济活动的完美结合。

城隍庙庙会：三巡会

都说上海是一座历史文化名城，而城隍庙的庙会就是上海历史和文化的一种鲜活展示。

浦东三林：三月半圣堂庙会

对庙会来说，2008年是一个特殊的年份，这一年，经国务院批准，北京、上海等全国很多地方的庙会被列入第二批国家级非物质文化遗产名录，其中就包括浦东三林的"三月半"圣堂庙会。

崇福道院，俗称"圣堂"，相传是三国时期东吴名将陆逊的祠堂，数百年来，庙会是这个道院的传统特色活动，三林的老百姓称之为"三月半场"。明清以后，"三月半"圣堂庙会，商贩云集，游客更是从上海浦西、湖州、杭州等地远道而来。庙会通常以圣堂庙为中心，北到杨思老街，南至三林老街，道路两侧，货摊、小吃摊接连不断，进香的游客接踵摩肩，成了三林的一道风景，上海圣堂庙会市级非遗传承人张开华介绍说："庙会是中国的一种民俗，它有时间性，有空间性，比如像三月三的龙华庙会，它是个民俗庙会，只有在农历的三月初三才举行。那我们圣堂庙会呢，是每年的农历三月半即三月十五举行,一般持续三天时间,所以说它的时间性是非常明显的,空间性就是指庙会一般都围绕在寺庙周边。"张开华说,有一句民谚叫"三月半,上圣堂",就是指农历三月半有个庙会,老百姓到圣堂庙去烧香,赶集市,参与庙会活动。所以1986年的时候,老百姓强烈呼吁,希望政府能够恢复圣堂老庙,因为其历史很悠久。

2008年,在圣堂庙的边上,举行了一次恢复性的圣堂庙会,由于政府相当支持,加之三林人已经盼望了很长时间,这次庙会计划举办五天,后来延长到十天,来参与活动的人数达到10万人次左右。以往,上海的大多数古镇都有庙会活动,但要实现庙会文化的创新,就需要民间的力量积极参与进来,非物质文化遗产浦东三林瓷刻传承人张宗贤说:"圣堂庙修复了以后,大家觉得庙会是个文化现象,于是召集了上海浦东地区的一些书法家、画家一起写字、画画,形成了文化的氛围,还有杂技、道教的吹吹打打,这类活动相当多。再加上文化中心组织了全上海的民间传人,一个个在我们三林塘举办展览活动,于是圣堂庙会就一点一点做大了。"

王宝雅是土生土长的三林人,擅长腰鼓,每届三林庙会,她都是积极的参与者和组织者。2008年,圣堂庙会恢复以后,群众性的表演队也组织起来了,王宝雅是管腰鼓队的,她把全镇的腰鼓姐妹统统组织起来,人们

被纳入浦东新区非遗名录的三林圣堂庙会

也都踊跃地参加，从来不计报酬，为什么呢？因为她们觉得民俗还不传承的话就要消失了，所以一定要传承乡土的文化，一代一代往下传。上海市非遗保护协会常务理事吴少华认为，现在可以欣赏的东西多了，人们不一定要到庙会上去看演出，去买东西，我们要传承庙会的什么呢？是庙会这种文化，这种人与人之间接触的社会交际方式，把三林的民俗风情、民间表演、民间美食结合起来，使之成为民间文化的一个嘉年华。

2007年，圣堂庙会被纳入浦东新区"非遗"保护名录，好看、好吃、好玩成了大家对三林庙会最朴实的感受，王介其介绍说："我们现在的地点分两块，一块在圣堂庙里面，一块是在三林老街上，称为上海市民俗文化节。参加庙会的人两边都跑的，因为他信仰宗教，可以去庙里烧烧香、拜拜佛，然后再到老街上看看，买买东西，所以，现在比以前内容更丰富，老百姓特别喜欢，一到庙会的时候，真是人山人海。"重新恢复后的三林庙会，迎合了当代市民对文化娱乐的需求，也为这一传承久远的民间活动注入了更加丰富的文化内涵。

庙会，作为上海民俗文化的载体，曾经见证了上海的市井繁华和世俗变化的往昔，如今，它又以创新的形式和与时俱进的内涵继续融入我们的生活之中。

（编写　陈　强）

中百一店的美好记忆

在许多上海人的心目中,上海市第一百货商店一直是上海人购物的首选之地,日常生活用品或是人生中的大件物品都会选择来中百一店买。第一百货商店的前身是大新公司,建立于1936年,它曾经是远东最大的百货商店,1949年新中国成立后,大新公司改制为国营企业,更名为上海市第一百货商店。无论是营业面积、商品种类,还是服务质量、销售规模,中百一店一直在全国百货零售行业中雄居榜首,是名副其实的中华第一店。家住六合路的张云珍每天都要路过中百一店,在她的记忆里,中百一店是她小时候与伙伴们平日里玩耍或夏天避暑的乐园。几十年来,中百一店不仅仅是上海本地人最喜爱的购物场所,同时也是许多外地游客来上海出差或旅游时购物的首选。

去百家不如来一家

上海市第一百货商店的前身是上海市日用品公司门市部,许多老上海人习惯称它为"中百一店"或"中百公司",它是新中国成立后全国第一家国营百货公司,几年后整体迁入南京东路830号,即原来大新公司的原址。上海音像资料馆研究馆员张景岳说:"'国营上海百货公司'八个大字、48根雄伟的柱子、顶上挂的宫灯都给上海人留下了很深的印象。"

上海的商业向来都很发达,被称作"中华第一商业街"的南京东路也一直是上海百货商场最集中的地方。1892年到1907年,在河南路以东

改建前的第一百货大楼外景

的南京路上原来就有外商开设的四家百货公司——惠罗、福利、泰兴、汇司，一战以后，随着民族工业发展，民族资本也逐渐发展起来，1917年、1918年在浙江路、南京路口，先施、永安百货先后开张，后来因为生意好，1926年，在广西路、贵州路路口又开了一家新新公司，又过了十年，1936年1月，在西藏路口又开了一家大新百货公司。

在改革开放初期，中百一店也成为很多外宾购物的地方，20世纪七八十年代，中百一店更是成为一个热门的景点。外宾要么到友谊商店去买东西，要么就是来中百一店，因为中百一店品种比较多，再加上是地处市中心的大型百货商店，所以外宾往往都是乘着大巴来中百一店。

当时的中百一店可以算得上是品类最齐全的商场，有一句广告语流传在上海市民中间，那就是"去百家不如来一家"。姚臻是中百一店的忠实顾客，她至今都记得当年在那里买过的一件大衣，她说："我当初在农场文艺宣传队，我们经常要下基层、连队、工厂去演出，大家都需要买一件大衣。我妈妈说，这个大衣还是比较贵的，后来就陪我到中百一店去买，买了一件灰色的带有海芙绒领子的大衣，四十多块钱，当初穿了真的算很时尚的。"

中百一店令人印象深刻的，除了种类繁多的商品，还有大厅里的自动扶梯，资深媒体人谢其祥回忆起自己小时候排队乘电梯的经历，他说："当时1936年造大楼的时候，造了这部自动扶梯。那个时候我还在读书呢，每天都去乘。当时它是全国第一部自动扶梯，大家都很好奇所以乘电梯的人很多，是要排队的。我们乘上去再下来，后来时间一长，人越来越多了，工作人员就把我们拉出来，说你这个小朋友，刚刚乘过了。"住在附近的张云珍也清楚地记得当时很多人专门来乘自动扶梯的盛况，她回忆说："七八十年代的时候，中百一店生意越来越好，排队乘电梯的人多得不得了，要排好几个弯，一直要排到中百一店门外面，外地游客来这里都要乘乘这个自动扶梯。"

中百一店能提供给上海市民各种需要的商品，一方面店方要自己出去采购，另一方面还要靠兄弟单位的支持，当时作为副经理的马导农对此深有体会。他回忆说："当时正好遇到三年困难时期，商品比较紧张，因此我去了中百一店以后的首要任务就是要想办法组织货源。1974年我出了一次差，到内蒙古自治区的百货公司，进了四百公斤全毛毛线，四百公尺花呢、呢绒，结果这个单子送给姜席主任看，他认为四百公尺太少了，上海第一百货商店是个大店，就在后面加了个零，变成了四千公尺。"1962年进店的蔡邦彦最初被分配在摄影器材柜台，在照相机很紧俏的年代，他也要自己跑到偏远的厂里去进货，他回忆说："我记得我们去采购的一个地方在江西，目标就是向他们厂里采购两百台海鸥205。那一天晚上，我在他们食堂里面吃饭，拿上江西的四特酒，喝了三两以后，大家脚已经飘了，他们厂长就说，好，你们要两百台，就给你们两百台。第二天他们业务科长又来跟我们说，再给你们一百台，我们非常高兴。过了几天，三百台照

中百一店的美好记忆

中百一店拥有全国第一部自动扶梯

相机就用卡车运过来了,货来了以后,六合路已经开始排队了,两个小时内这批海鸥205相机全部被卖完。"

主动、热情、耐心、周到

早在20世纪50年代,中百一店就提出了一个八字服务方针,一度成为行业标准,1950年进入中百一店的劳模张鸿勋至今对那八个字仍牢记于心——主动、热情、耐心、周到。这八个字不仅在全国商业部门是首创,即使在现在,有些服务行业的服务标准,也经常离不开这八个字。老一辈的中百一店营业员心中时刻牢记这八个字,始终把顾客的需要放在第一位。

中百一店对服务态度要求最高,柜台里面有一种特殊的服务——定做,职工会帮顾客到厂里定做,再邮寄给顾客,甚至有时候是自掏腰包的。这些事情通常都是工作范围之外的,但是叶婉珍老人从未觉得是负

20世纪50年代的顾客服务处

担,总觉得自己要对得起顾客的信任,更要对得起中百一店的好名声。她回忆起自己在工作中的一些小事说:"成都来的两位女同志,到了上海,要买粉红色的高筒靴,这个颜色我们很紧缺的。我说,你把地址写下来,有了以后,我帮你寄过去,她开心死了。她写了很多表扬信,我都没有交上去,自己放起来了,这些信我本来想烧掉,但我老伴讲,你不要烧掉,把这些东西保存起来,看看蛮好的。"

说起对中百一店的好感,陈必发深有体会,20世纪70年代初,他为了给母亲过生日时曾在一楼食品柜台买过生日蛋糕,他说:"我跟我小妹妹一起去买的,买好之后我在店里东看西看,我妹妹拿蛋糕晃荡晃荡,蛋糕掉在地上了。中午就要回去给母亲过五十岁生日,但是蛋糕掉到地上了,我妹妹急傻了,我也傻了。我们两个人再到中百一店那个卖蛋糕的柜台上,跟人家说,可能你们没有扎好,里面出来一个像班长一样的人说,小妹妹不要紧,我们帮你解决,原来的底板再给你裱个花,给你换个盒子。我们很感动,后来大家高高兴兴把这个生日过了。这件事情我脑子里一直记得很清楚,中百一店的信誉好,它的服务质量好啊。"

除了把每一位顾客的要求放在第一位的服务精神,中百一店还开创了很多特色服务。一些商品可以办理托运,打包以后送到火车站,再托运到外地。张鸿勋老人记得当时中百一店就有设立"顾客邮购服务处",一个专门的部门负责帮外地顾客办理托运业务,这也是中百一店的创举。因为名声在外,很多外地顾客以及一些单位还会专门汇款和来信,请中百一店代为购买一些在当地买不到的商品。国营企业从外地写采购信来,几个经办员就把要买的东西集中起来,再把单子送到装箱托运小组,提好货以后帮他们装箱,再送出去,最后由采购小组统一结账,货款多退少补。

中百一店曾经涌现出很多岗位达人,这些营业员无论走到哪个岗位都会潜心钻研专业技能。董雅芳老人是一位老劳模,她去过很多柜台工作,在钟表柜台就学着修理手表,到了金笔柜台就学着在金笔上刻字。

关楫常老人是当时中百一店里为数不多会英语的营业员,而他自学的英语到了关键时刻就派上了用场,关楫常回忆说:"那个时候出租车很难

金笔刻字曾是免费服务

代修玩具服务

叫,有一次,一位外国女顾客要叫辆车子赶着回去,她急死了,后来我打电话打到国际饭店,国际饭店那里有车子,叫他停到六合路。车子来了,这位外宾也很高兴,给了我一个拥抱。"

华昕是中百一店的第一位女经理,20世纪70年代,她刚进商场的时候被分配在手表柜台。她回忆说有的外地顾客把钱缝在最里面的衬衣、衬裤里面,所以来买东西的时候首先一个动作就是解裤带,再把一叠钱拿出来,而中百一店的营业员很多时候也体谅他们远道而来,对他们会给予特别的照顾。邵依琳记得当时有一位顾客是江西的,他来买的是紧缺的上海海鸥120照相机,已经排队排了好几天了,都没买到,她回忆说:"后来我就帮他弄了一台,但是我说,你要到几点钟以后,没有顾客的时候再来,他很感动,过一段时间还给我寄茶叶过来。"

20世纪七八十年代最受大家欢迎的要数自行车、手表、缝纫机这三大件了,很多人很早就想买凤凰牌自行车和蝴蝶牌缝纫机,在好不容易弄到票子之后便迫不及待地往中百一店赶去。谢其祥退休前在《解放日报》工作，当年负责新闻热线，他就曾经接到过一位常熟顾客打来的电话，专程向中百一店的马桂宁师傅表示感谢，原来他剪小了一块布料，做不了衣服，马师傅主动帮他将这块料子卖给了另一位顾客。

正是这种把顾客需求放在第一位的指导思想使得中百一店成为当时上海市民购物的首选，这么多年来，上海人就是本着对中百一店的信任，都习惯到那里去买东西。亲戚朋友到上海来，到哪里去转转？那就是中百一店。

"中华第一店"的旧情结

中百一店曾经被誉为"中华第一店"，在上海人心中，这里不仅可以买到各种称心的商品，更是他们开阔眼界、提高生活品质的地方，无论是"上山下乡"，还是当兵入伍、结婚生子，中百一店的历史沧桑也承载着上海人曾经岁月的美好记忆。

在很多上海人的记忆中，人生中很多开心、重要的时刻都和中百一店有着紧密联系，张云珍回忆自己小时候最开心的事情就是到中百一店买糕点，她说："60年代初期，最开心的就是等爸爸下班有空了，我和我妹妹两个人拿上两张难得的糕点券，手牵手就到中百一店去了。我家里到中百一店只有50米，他们一楼就有糕点柜台，饼干很便宜的，好像只要四五角钱一斤。"

陈必发至今还保留着当年的入伍通知书，这张通知书也记录着他和中百一店的过往记忆，他回忆说："1965年8月5日，我入伍了，入伍前父亲送了我一块手表。当时一块上海牌手表对于一个十六周岁的年轻人来讲，其实真不简单啊，我父亲拿出一张票说，送给你吧，你入伍了，以后到部队去，要上学，平时还要放哨，这手表对你有用处。因为当时我们家里有五个小孩，靠我父亲一个人工作，买块手表也不容易的，所以这个印象特别深，这块表就是到中百一店去买的。"后来陈必发转业回来，到了要结婚的时候，中百一店又一次成为他置办家庭用品的地方，比如蝴蝶牌的缝

1953年的中百一店

纫机、第一套中山装,都是在中百一店买的。

中百一店对于很多上海人来说不仅是一个购物的首选地,同时也是一个放松心情、给生活增添乐趣的地方。在资深媒体人胡展奋心里,星期六的下午和晚上是逛中百一店最好的时候,他印象中爸爸妈妈下班后总是会相约在中百一店见面,很多上海市民也是,下班以后会选择直接进中百一店,就像是游园一样。那时候,中百一店的人流用"摩肩接踵"形容一点都不过分。

在电子商品紧俏的年代,因为长期排队而促成商场营业员和顾客喜结良缘的故事也时有发生。中百一店老职工李兆佩回忆说有一段时间收音机因为太紧俏实行顾客登记制度,有一位在云南路饮食店里面的小姑娘,在自己无线电小组的一位姓李的营业员的手里登记了一台,后来收音机到货了,这位姓李的营业员赶快去通知小姑娘,使她买到了这台红灯牌收音机。后来他们两个人开始谈朋友并结婚了,生了两个小孩。李兆佩说柜台上这种事情很常见的。

汤金龙从小喜爱乐器,从中百一店买来的一把琴陪伴了他很多年,他说："我是1968年12月份到农场去的，在农场我已经会拉二胡了。我印象很深的是，我到中百一店买了一把琴，二十五块钱，是红木的，在农场六年我这把琴是随身带的。"汤金龙忆起往事，当年中百一店的美好形象至今还保留在他脑海里，他觉得当时上海一共有十家百货商店，中百一店是最出名的。

很多上海人对中百一店都有着一种怀旧的情结，潘彩云已经搬过几次家了，但三十多年前结婚时在中百一店买的很多东西——一对底部印有牡丹花的热水瓶、一对红双喜牌的面盆、高脚痰盂，还有拉丝杯，至今还伴随着她每天的生活。

上海的橱窗之窗

除了在中百一店能买到的各种物品，那些展示商品的大橱窗也一直留在人们的脑海中，例如自行车陈列，吊在半空中，像在飞一样。中百一店那些精美的橱窗都是出自商场一些专业设计人员之手，史久乔当年就是在中百一店广告部，专门负责橱窗的设计摆放。橱窗设计和布置以自己动手为主，根据季节性变化进行更换。南京路沿街的橱窗作为一个重点展示面，更换也比较勤，一年总共有四次。那些高大明亮的玻璃橱窗里陈列着那个时代最新最美的一些工业品，展示了当年最流行的装扮，成为上海街头的一道风景，是上海的橱窗之窗。在大橱窗里面，有最漂亮的凤凰牌自行车，倾斜着腾空昂首向上，还有当年上海人引以为自豪的各种工业品，让过往的行人遐想无限。在那个商品种类相对单一的年代，中百一店的橱窗甚至成了上海人捕捉时尚潮流的标杆。它无形中培养了大家的审美和趣味，比如穿着黑皮鞋，如果搭配一双白袜子，在色差上就会显得很突兀，橱窗里面的模特会穿黑皮鞋搭配一双咖啡的袜子；它有时候也是一个露天大课堂，比如它会告诉你，骑自行车最好不要穿大衣，否则会很土，应该搭配皮夹克或者滑雪衫这类短款的外套。就这样，无数上海人就慢慢学会了时尚。

上海一直是走在时尚前沿的一座城市，中百一店作为当时最大的百货

20世纪70年代中百一店橱窗

商店,在这方面当然不会落后,这也跟橱窗设计者们的审美观和捕捉时尚的能力是分不开的。

  早在20世纪六七十年代,中百一店在全国也已经有了响当当的名气,从1953年搬进大新公司原址一直到1995年,可以说是一枝独秀,不但全上海的老百姓都会去,全中国的老百姓到了上海也会去中百一店买东西,他们觉得中百一店买的东西是最好的,衣服款式都是最新颖的。

  除了中百一店超大的营业面积和琳琅满目的商品使其在全国享有声誉之外,上海"上山下乡"的知青把中百一店的各式商品带到各地也是它名声在外的重要原因,上海的肥皂、糖、花布等都受到了外省市老百姓的喜爱。上海音像资料馆研究馆员张景岳回忆自己上山下乡的经历时说:"1969年12月,我要去安徽插队落户,每个人接到通知的时候,还会收到一张上山下乡专用品的购货单,我就到中百一店去,一看这里有一个上山下乡用品专用柜,买什么呢?其他我都忘了,有两样东西我记得特别清楚,一个是蚊帐,因为上海不用蚊帐,农村要用,还有一个就是毛毯,这个毛毯很实用,但是很便宜,我一用就用了14年,一直到考进研究生回上海又带了回来。"20世纪50年代到80年代初,整个中国的轻工业品、日用商品,"上海制造"是头一块牌子,大家都相信上海货质量是最好的,而上海货基本都集中在中百一店出售。

到了改革开放的年代,中百一店做了大胆尝试,迈出了重要的一步,培育了很多品牌。那是1986年12月的时候,第一百货商店引进了一家叫杨百万的个体户的帐子,这个商品在上海也引起了很大的震动。当时第一百货商店是国营商店,整个大气候还是计划经济,做出这个决定是因为当时商店的领导得到了消息,在四川成都有一个叫杨百万的帐子销售得非常好,当时他们楼面的商场经理朱信伟就特地到成都去现场考察。朱信伟是到大学里进修之后又回到商场工作的,也是中百一店的第一位大学生楼面经理,他说:"我想帐子有什么新花头呢?一看,果然不一样,一般的帐子都是棉的、麻的、纱的,它是用进口尼龙丝做的,旁边搞了绣花,有各种颜色。"传统帐子那时只要二三十元一顶,但杨百万的帐子要卖到一百多元一顶,价格很高,而且这种新的联销专柜的销售模式能否被广大顾客接受也是一个未知数,但最后,这款帐子的销售额在半个月内达到了14万元,相当于原来卖20元、30元一顶帐子的半年的销售额,这也说明人们消费水平提高了。1986年以后,整个百货行业都开始走联销专柜这条路。同样是楼面经理的李兆佩也在改革的大潮里做了尝试,把一个原先并不知名的保暖内衣品牌推广开来,这个品牌就是俞兆林。俞兆林在进入中百一店之前,在四川路上已经销售了两年,生意不佳,后来俞兆林本人带着检测报告和身份证亲自找到李兆佩,并花费四万元在《新民晚报》上做了一条广告,第一炮就打响了,在整个上海卖疯了。

在改革初见成效后,中百一店又把目光转向了进口商品,上海人也成为全中国最早用上进口品牌的消费者。最早引进的是三个品牌的进口化妆品,一个是英国的夏士莲,一个是法国的巴黎之夜,还有一个就是马来西亚的永芳。

陈宇先是《上海商务分志》的编辑部主任,在他的印象中,中百一店一直是上海商业的一面旗帜。当时有个统计数据,1985年的时候,中百一店一年的零售额是2.42亿元,全市则为173亿元,所以在上海它是第一,在20世纪八九十年代，中百一店是全国首屈一指的百货商店。

卢群是在1989年进入中百一店工作的，主要从事商场的数据统计和分析，在各项全国商业评比中，中百一店一直走在最前面，这对卢群个人来说也是一种骄傲。

在胡展奋看来，中百一店是上海一个不可磨灭的地标，它不仅仅是地理意义的地标，也是上海人精神上的一个坐标，他认为中百一店既是时尚产品、最新科技产品、最新工艺品的一个展示厅，同时它又是融合各地游客、消费者的一个大平台，无数人在这里购物后带着愉快的心情离开。

中百一店陪伴着几代上海人的生活，见证了上海这座城市的发展，也和上海这座城市的人们共同走向美好的未来。

（编写　李夕冉）

那些年我们的国庆节

从20世纪50年代起,每逢新中国的国庆日,上海人有一项"集体内容"是少不了的——在人民广场举行国庆游行庆典活动。直至20世纪70年代初,上海取消了国庆游行庆祝活动,改为通过其他各种形式为祖国庆生。到2019年,中华人民共和国已经走过了70年的光辉历程,面对70载沧桑巨变,人们许多尘封的记忆被唤醒,让我们回顾那些年的国庆节,重温上海这座城市发展进步的历史。

庆祝新中国诞生的"狂欢周"

10月1日是新中国的生日,从20世纪50年代开始,首都北京经常会举行盛大的阅兵仪式和庆祝游行,全国各大中城市也会组织游行庆祝活动,逢五逢十更是隆重。对于国庆节,上海人有许多难以磨灭的记忆。

1949年10月1日,是新中国诞生的日子。在举世瞩目的北京天安门广场上,开国大典隆重举行。

"中华人民共和国中央人民政府,今天成立了。"

当毛泽东主席向全世界庄严宣告中华人民共和国成立时,举国一片欢腾,上海百老德育讲师团常务副团长姚振尧激动地说:"中华人民共和国成立了,毛主席在天安门城楼上宣布中国人民从此站起来了,我们那个欢欣鼓舞、那个高兴劲就不要提了。"

那天上海是阴雨天,人们一边冒雨彩排游行节目,一边收听广播感受

黄其与同事在人民广场合影

黄其在播音间

开国大典的盛况,那天在上海,许许多多有收音机的临街住户响应上海各大媒体的号召,将收音机移近窗口,以便让更多的上海民众听到北京首都开国大典的盛况。而当时上海人民广播电台还没有现场转播的设备,所以只是转播北京中央人民广播电台的国庆大典,上海人民广播电台第一代播音员黄其说:"我们在人民广场主席台旁边搭了个小房间,当场把游行队伍的现状一一报告给听众听。"作为新中国第一代播音员,黄其多次和播音组的同事亲临人民广场,为现场观众介绍游行队伍的情况,她回忆说:"每年的国庆节,我们都会到人民广场现场转播上海游行队伍的情况……我们每次很早就开始做准备工作,到十一的时候,更是早上四五点钟就起来到人民广场准备了。"

据记载,新中国成立前的那些天,上海国旗热销,供不应求,姚振尧回忆说:"那时候,家家户户、机关、学校、工厂都挂上了红旗——五星红旗,但是我们老百姓家的红旗供应就一下子紧张了,不可能每户都买到,那怎么办呢?我们就买红纸、黄纸,剪了五角星,照着五星红旗的规格贴上去。"

1949年10月2日下午4点,上海人民保卫世界和平、庆祝人民政协与中央人民政府成立大会在市中心的跑马厅隆重举行,跑马厅这块土地,过去被称为"冒险家的乐园",被外国人侵占了九十多年,此刻终于重新回到了上海人民的怀抱,变成上海人民自己的广场。一队一队的群众在跑马厅这块市中心最大的空地进行大规模的游行庆典,庆祝新中国诞生,当时还是小朋友的姚振尧也去凑了热闹,他回忆说:"大家都准备欢庆、游行,有组织的游行队伍很多,四面八方向人民广场涌去,非常开心。"

1949年上海人民在跑马厅举行游行庆典

曾经上海：烟火气中的魔都记忆

1949年10月8日上海国庆游行庆典活动

从这一天开始的"狂欢周"在10月8日那天汇聚成了一次全市游行活动的大高潮，原计划20万人的游行最终统计有50万人参加，许多人从中午12点开始游行到次日凌晨才散去，整整历时16小时，姚振尧回忆说："我记得等到我们回家，有两个小伙伴走路也走不动了，在商店的边上睡了一会才起来继续走，反正就是高兴，就是狂欢。"

一年之中最盛大的节日

1950年10月1日，上海在蒙蒙细雨中迎来了新中国成立一周年纪念日，序幕从上午8点开启，在放飞的和平鸽的引领下，驻沪陆海空军领队、战斗英雄和劳动模范作为前导，分四路同时按规定路线分段、分区举行游行。游行队伍中有一只大白鸽的模型十分引人注目，当时朝鲜战争已经爆发，为了展示上海人民对于世界和平的热烈期盼，游行队伍中便出现了这样一支特别的队伍。在他们之中，还有一支队伍十分抢眼，就是人民空军的队伍。在这一年的2月6日，上海遭受了国民党飞机的猛烈袭击，这对刚刚获得新生的上海来说是一次严峻的考验，记录当年游行盛况的影像资料里这样说道：

"人民的空军出现在会场上，他们是保卫祖国领空的光荣战士，就是这支年轻的队伍，在'二六'反轰炸斗争中已经显示了惊人的力量。"

已是耄耋之年的庄友娣，当时就在自家门口观看从外马路出发，至跑马厅、小东门的第四路解放军的队伍，她回忆说："我家住在小东门，人民路经过这里，哎呀，我当时兴奋极了，带着我妹妹一次一次地等，从十点钟一直等到十二点半，浩浩荡荡的队伍终于来了。"人民解放军的飒爽英姿，庄友娣至今仍历历在目，她回忆说："队伍前面是吹着大喇叭、小喇叭的军乐队，大鼓大得不得了，吧啦吧啦地敲，后面红旗飘飘，再后面是一批解放军队伍，一排一排地走过去，我就一个一个地看，我觉得解放军是一支特殊的队伍，我18年来从来没看到过纪律这么好的军队。"黄其介绍说："这里面有工人队伍，有文艺界的队伍，还有少年儿童的队伍，每支队伍都有他们的特色，印象特别深刻的是文艺队伍，载歌载舞地走过来，打着腰鼓，扭着秧歌。"

1950年庆祝国庆的市民游行队伍中，我们可以看到上海普通女性新旧服装的对比，家庭妇女们仍然穿着传统的旗袍，讲台上的女干部穿着象征革命的列宁装，而女学生们则穿着象征劳动的衬衫和工装裤。

1950年上海国庆游行庆典活动

现任百老团团长的戚泉木一共参加过两次国庆游行，1950年的国庆游行他是列席代表，这全靠他姐姐的引荐，戚泉木说："我姐姐是纺织工人，她专门向党支部书记讲，我弟弟从家乡回来了，他是少先队大队长，他要求参加游行。工厂的党支部书记说，好啊，让他参加吧，作为一个列席代表吧，就这样我成了他们纺织厂游行队伍里年纪最小的一员，还戴着红领巾。但是我跟他们一起喊口号，一起参加游行，现场气氛非常浓，因为我们的翻身感都很强烈，满怀着对党的激情和对祖国的热爱。"

播音员黄其和她的同事以高亢激昂的语调解说："在一片红旗如海、鲜花徐徐的人群里，人们看到了无数座巨大的生产图表和各种模型。"电波把人民广场国庆游行庆典的热烈盛况传播到上海的千家万户，让不能到达现场的市民同样感受到现场的欢庆气氛，黄其回忆说："我们播音时有厚厚的一本稿子，都是由各个记者采访回来写成的，当时，每个厂都会将自己的名称打在横幅上，举着横幅在人民广场的大道上走，我们看到一个厂来了，就把他们的情况向听众介绍。"她还演示了当年现场解说的模式："各位听众，现在过来的是什么什么队伍，他们穿戴着什么工装，手里拿着红旗或者气球……"回忆起解说国庆游行庆典的心情，她说："我们都要高亢地解说，因为你声音轻了就听不见了，游行队伍太热闹了，声音很响。游行队伍是浩浩荡荡的，要到中午差不多12点钟，整个队伍才走完。"黄其老人现在已经满头白发，但是她的声音依旧像国庆游行庆典解说时那样温和有力。

人民的心声就是时代的最强音，作为资深播音员的陈醇对游行现场的解说也颇有心得，他回忆说："我们作为现场解说，要根据场面的大小、参加人员的多少、离观众的远近来确定声调，比如介绍主席台的人物，就离得近，介绍现场观众的情绪，那就得离得远了，听的人也会跟着我们一起兴奋。"

1952年，上海市人民政府将旧上海"跑马厅"的北半部辟建成人民公园，南半部辟建为人民广场，建造起检阅台和观礼台，并筑成一条临时性的大道，到1954年正式建成铺有花岗石路面的人民大道。从此，人民广场这一重要的政治活动中心有了良好的设施，每逢新中国的国庆日，上海人有一项"集体内容"是少不了的，那就是在人民广场举行国庆游行庆典活动，姚振尧回忆说："国庆大游行，就是我们一年之中最盛大的一个节日,这也是所有上海市民的心声。"

首条新闻片·创新宣传画

1958年10月1日的国庆游行对于新中国第一代播音员张芝和陈醇来说印象特别深刻,在张芝心里,这是她最难忘的一次国庆节,她回忆说:"我们早晨七点钟不到就到了人民广场,那天正好下了雨,下完以后转天晴,马上就是蓝天白云了,我们感到非常高兴。"

陈醇对这一年的国庆印象也极其深刻,他说:"上午我们在广场主席台上介绍,下午就搞录音剪辑,晚上新闻播出。"当天上午,陈醇和张芝在进行了国庆集会和游行的实况转播后,下午又被借调到即将试播的上海电视台,为电视台记者当天上午拍摄的国庆游行的新闻纪录片配音。

"上海人民庆祝1958年国庆节游行开始了……"

这是上海电视台当晚首次开播的第一条新闻片,它的拍摄制作和播出因陋就简,让人难忘。据张芝回忆,1958年10月1日的第一档新闻是她和陈醇在电视台播音间里面直播的,陈醇说:"当时,电视台没有录像机,

1958年国庆游行实况

拍下来以后我们又没有其他地方去放映、剪辑，就到电影厂去剪辑，完成以后再拿回来，就像放电影一样放映在一块荧幕上。"

当年这条片长8分钟、记录1958年国庆游行实况的新闻片，是用旧摄影机和过期八年的胶片拍摄的，它当天拍摄制作，当晚就在上海永安大楼的演播室播出了，这一天也被载入了中国电视的史册。

张芝的女儿朱宁当天晚上和邻居、朋友一起收看了这则画面并不怎么清晰的新闻，她回忆说："我们家里那时候有一台电视机，我们给邻居、同学都写了小纸条，上面画的是像电影院一样的门票，然后搬了小板凳，早早地守在电视机前面。那时候的信号质量很差，所以屏幕图像都很乱，脸晃来晃去的，但我们都非常高兴。"

1959年新中国迎来了建国十周年，这一年，广播和电视对国庆游行庆典的盛况同时进行了转播。

"上海人民广播电台，各位听众，我们现在在市中心的人民广场向各位播音，广播上海人民庆祝中华人民共和国成立十周年大会庆祝仪式和游行的实况。"

至于电视台转播，这一年由于有了较好的设备，是现场转播，黄其说："这个就不用解说了，因为它有画面。"那些年国庆游行队形的内容是以抬举表现各种主题的画像、模型为主，同时配有一些宣传画，反映党的路线和中心工作。1959年十周年大庆的游行队伍中有一幅题为"毛主席万岁"的宣传画让人眼前一亮：一位美丽雅致的中国女性肩负着一个可爱的小女孩，她们深情地远望着天安门城楼上的毛主席，把"毛主席万岁"这样一句口号化为了一幅美丽的图画。这是画家哈琼文特别为国庆十周年创作的，它在人物造型上突破了传统表现模式，成为人们记忆中最喜爱的画卷。

"排着方阵、穿着各种显示工种服装的队伍，拉着横幅，举着标语，手捧鲜花的群众队伍，一路喊着口号前行，让人热血沸腾。"

"上海文艺界遵循着党的教导，百花齐放，推陈出新，十年来取得了巨大的成就。"

"目前全市有三百万人参加经常的体育锻炼，大批优秀运动员在群众性体育活动中产生。"

那些充满年代感的解说声音仿佛还萦绕在耳……

1959年国庆游行庆典活动

工农业出色成就的检阅

1964年是中华人民共和国十五周年大庆，新中国自力更生、发奋图强，各条战线捷报频传，上海这一年的国庆大游行展示了工业战线的出色成就：

"凤凰牌轿车是我们制造的。

电子静电加速器我们也能造。

半导体收音机，大型工具显微镜，超声波鱼群探测器等显示了本市仪表电讯工业正向高精尖的方向迈进。

化学纤维纺织品获得了迅速发展，上海的纺织产品远销世界许多地区和国家。"

那些年的国庆，工人、农民等各行各业都把自己的劳动成果、建设成就，用彩车和模型的装扮亮相，向祖国报喜，受人民检阅。1965年的国庆游行队伍里，上海的机电制造工人扛着上海首创的一万两千吨水压机和双水内冷汽轮发电机的模型走过了上海的人民广场。

"一万两千吨水压机的制造成功更是我国工业史上值得大书特书的一笔，这是机器里的巨无霸，它标志着上海重型机器制造工业的发展水平。"

1964年国庆游行庆典活动

1965年国庆游行庆典活动

那是一个激情燃烧的年代,中国工人和科技人员凭着"外国人有的,我们要有,外国人没有的,我们也要有"的一股拼劲,创造了一个又一个奇迹。朱恒是上海电机厂退休工人、全国劳动模范,他回忆说:"庆祝国庆,我们都把生产出来的发电机做成模型送到上海人民广场,参加到游行队伍中去,敲锣打鼓的。"

青年是祖国的未来、民族的希望,每年的游行队伍里都少不了青年学生,他们以昂扬的风姿展现着如"早晨八九点钟的太阳"般积极向上的精神风貌。姚振尧回忆起了自己年轻时参加游行的点滴,他感到很自豪,他说:"我们那个游行队伍经过主席台的时候,扩音器里面传来了很大的声音,'大家看啊,上海外国语学院的东方巨龙来了'。那时候我们感觉到真是光荣,真是兴奋,好像自己整个身体都会发光,高兴得不得了。大学生在当时来说是国家的骄子,人民的骄子,是国家建设的生力军,所以当时我们学习也都很刻苦。"

农业是国民经济的基础,20世纪50年代末、60年代初,我国经历了三年困难时期,广大农民艰苦奋斗,战天斗地,全国各行各业大力支援农业生产。于是,在1965年的国庆游行队伍中,上海郊区的农民开着我国自己制造的大型拖拉机,以及满载着丰富的农产品的彩车,满怀信心地走在人民大道上,姚振尧回忆说:"国庆游行全民欢腾的那种气氛可以说达到了高潮,大家都是发自内心的,我们在游行当中情绪很饱满,精力也很充沛,实际上都是游行完了以后才知道累,游行完睡上三天还想睡。"

国庆的夜晚,上海大都市的彩灯和霓虹灯都亮了起来,去各景点观彩灯看焰火的人流如潮。当缤纷的焰火照亮都市夜空时,人们欢呼雀跃,享受国庆夜晚特有的美景,黄其说:"当时可以说从早到晚都有庆祝活动,有很多活动是在晚上,各个公园都有游园会,有一些青年晚上就在那里跳集体舞,有的公园还有演出,很热闹。"人们都沉浸在节日的欢乐气氛中,庄友娣那时候也去挤外滩,看外滩的灯光开起来,她回忆说:"由看游行到看灯光,同样非常伟大、非常庄严、非常明亮,就像中国的前途一样。"

20世纪70年代初,上海市不再举办国庆游行庆祝活动,改为通过其他各种形式为祖国庆生,但对于亲历者来说,这一段段记忆是无法磨灭的,甚至影响着他们的一生,正如朱宁所说:"因为我是过来人,我会对国庆有一种特殊的感情。"

国庆纪念日承载了国家和民族的集体信念,国庆纪念日里的庆典活动则有彰显实力、增强民心、体现凝聚力的作用。回眸过去,那些我们曾经一起经历的国庆节,通过广播和电视留下的影视档案,串起了上海这座城市弥足珍贵的记忆,让我们见证了新中国的发展和进步,真切地感受祖国那筚路蓝缕、披荆斩棘大踏步前进的豪迈气概。

(编写 王 俊)

"刑警803"的故事

在20世纪80年代末,上海人民广播电台创作了大型系列广播剧《刑警803》,而当年许多上海人并不知道在公安局里还有这样一支刑警队伍。编创人员通过到公安局体验生活,发掘了大量的刑警故事题材,之后再通过专业的广播器材和拟音设备创作出了一部部广播剧作品,揭开了公安刑侦的神秘面纱。1990年8月第一部作品《蓝村怪案》一经播出,就受到了听众的广泛喜爱,并且也成为中国连续播出时间最长的广播剧。《刑警803》不仅以惊心动魄的故事情节吸引了大量听众,编创人员与听众深入的互动也成为这个广播剧的一大特色,为法治教育起到了很大的作用。广播剧《刑警803》不仅成为上海人一个时代的声音记忆,也为公安刑警在广大市民心目中树立了一座丰碑。

刑侦题材广播剧的破冰与长青

原上海人民广播电台一级导演雷国芬回忆,1988年,广播剧组开始准备投入这个剧目的创作。

1989年,正当上海人民广播电台与上海市公安局积极筹备题材与剧本的时候,关于这部公安题材的广播连续剧,应该取什么名字,大家各抒己见,始终拿不定主意。后来上海人民广播电台的瞿新华问上海市公安局的张声华处长刑侦处在哪里、地址在什么地方,张声华回答说在中山北一路803号。瞿新华马上灵光闪现,他说节目就叫803,803是后来剧中刘刚的代号,因此这部广播剧就叫《刑警803》。

在当时,公安刑侦工作对老百姓来说还是非常神秘的,侦探故事和小说是百姓热衷的内容,由上海人民广播电台与上海市公安局联合制作的《刑警803》,揭开了公安刑侦的神秘面纱,打破了案件对外宣传的常规。那么这一禁区又是如何突破的呢?

《刑警803》的编剧之一杨展业回忆,改革开放之后,人们对文艺作品题材的要求相当广泛,不像之前那么单一,其中,公安题材是大家很感兴趣的,而且对于上海市公安局,普通人一般只闻其名,知道上海警方破案很厉害,但并不了解具体情况。因此,当年上海人民广播电台的编剧和市公安局法宣处沟通后,一拍即合,上海市公安局领导很有魄力地发出指示:"非常欢迎电台组织剧作家,创作反映当代刑警的战斗生活的作品,塑造中国公安侦探的英雄形象。"

杨展业是第一批参加《刑警803》创作的编剧,据他回忆,第一次开编剧会议的时候,足有三四十人参加。广播剧《刑警803》即将诞生,但是隔行如隔山,广播剧编剧对公安刑事侦查的工作性质并不熟悉,要他们写出符合现实生活的公安题材广播剧更是难上加难。于是,上海人民广播电台组织编剧们到公安局刑侦处体验生活,编剧们来到公安局刑侦处

803是刑警代号

"刑警803"的故事

听案例、看案卷、参观实验室，了解刑侦部门的构成，实地体验803的工作，杨展业回忆说："走进了803还是蛮开眼界的，基本上了解了803是怎么样构成的，有几个支队，803的一些实验室、化验室，当时我们也都去参观了。"

1990年8月10日，由上海人民广播电台原创的《刑警803》大型系列广播剧正式开播，首播剧目是《蓝村怪案》，由此开始至今，《刑警803》成为中国连续播出时间最长的广播剧。它一经播出就深受广大听众的喜爱，由于大多数内容取自真实案例，所以在当时的背景下，该剧立刻引起了广大听众的共鸣，也引起了社会的极大轰动，国内外数十家报纸、刊物、电台、电视台等新闻媒体相继发表消息、评论，报道广播剧《刑警803》相关的活动和听众反应。

当年《刑警803》的剧作者们深入生活，在不到半年的时间里，便创作了《蓝村怪案》《擒拿东北虎》《罪恶的天使》等15部76集广播剧本，以后又创作出《风雨之夜》《太平洋迷踪》等四十多集节目，讲述了形形色色案件的侦破过程，成为法制教育的好作品。

真实跌宕的案件情节、炉火纯青的声音艺术使《刑警803》成为中国广播剧的文化品牌。20世纪90年代，全国共有三十多家电台购买了播出

首播剧《蓝村怪案》

版权，上海的出版社也结集出版了《刑警803》的剧本集和连环画。进入21世纪，《刑警803》剧组大胆创新，又推出了新的版本，雷国芬说："从第一部到现在，社会生活变了，公安破案的方式变了，罪犯的犯罪方式也变了，而且所有的人都在现在的社会里发生了很大的变化，我们也是随着这个变化而变化，可以说是不断地成长。"

2001年，新版《刑警803》正式开播，与90年代的版本不同，改版后的"803"不再是刘刚的代号，而是成为上海刑警的代号。

从1990年8月10日，大型系列广播剧《刑警803》播出至今已近30年的时间了，《刑警803》老版和新版的播出总量已经超过千集，它是迄今为止全国播出时间最长的广播剧，热心听众吴国瑛由衷地说："四代导演，大家这么多人能够整整坚持了30年，我觉得这是一件很不容易的事情。"

当广播剧《刑警803》在社会上不断形成一个个收听热潮的时候，其中有一位特别的听众，他就是文学泰斗巴金。有一天巴金生日，朋友来祝寿，告辞时，巴老执意要送客人出门，刚走出客厅时就听到背后巴金家人在催促："节目开始了！开始了！"巴金一下子停下了脚步，很抱歉地说："不好意思，我要去听'803'了。"巴金的家人在旁边补充说："他每集都不落下的。"

伴随着互联网的发展，人们的生活方式正在发生巨大的改变，广播的收听方式也从过去的空中电波增加为网络的接收。

刑警与编剧：从真实案件而来的故事

为了完成每年创作100集《刑警803》的目标，上海人民广播电台特别邀请了一批著名编剧参与到节目的创作中，国家一级编剧陈慧君介绍，这些创作人员都是当时上海戏剧界比较著名的编剧，以及上海戏剧学院的一些老师，这些老师现在都是教授、专家级的了，创作能力很强。

同时，上海市公安局刑侦处几十年办案工作积累了很多扑朔迷离的案件故事，也让上海的广播剧创作者获得了创作的源泉。1988年上海发生了一起特大毒品走私案，当时的上海市公安局刑侦处接到举报——在上海虹桥机场即将飞往美国旧金山的CA981次航班上有人以托运锦鲤鱼的名义贩运毒品海洛因，《疯狂的海洛因》就是根据这起真实案例改编的广播剧。在真实案件中，刑警部门在得到这一消息后，要求机场方面立刻控制住这批货物，于是，在广播剧中再现了这样一个情节：

803：浦江，浦江，803呼叫，803呼叫。

浦江台：浦江听到，浦江听到，请讲。

803：请立刻紧急通报机场海关缉私队，协助查扣一批运往美国的活体锦鲤鱼，案由是涉嫌重大走私。

位于北京东路外滩附近的上海友谊商店是一座涉外文物礼品商店，1999年8月30日凌晨，友谊商店存放的镇店之宝——一个清朝白玉花瓶和一尊白玉观音被盗，这起案件是上海解放以来首起特大古玩盗窃案，由此，广播剧编剧将这起盗窃文物案改编为《刑警803》第41部《白玉观音》。这起案件的侦破工作可谓惊心动魄，跌宕起伏，作为当时广播剧《刑警803》编创组的一员，时隔20年，杨展业依然能够回忆起当年在上海市公安局刑事侦查处采访友谊商店文物盗窃案侦破的过程。

在监控录像中，半夜一点多钟，一只手出现在商店的窗外，虽然只有短短几秒，也可以认定那就是犯罪嫌疑人的手，而在刑警的现场录像中，五楼商品被盗现场附近有一把扳手，在四楼平台则发现一根绳索，绳索垂到地面。

在真实案件中，刑警根据监控录像中出现的一只手与四楼平台留下的一根绳索，判定犯罪嫌疑人为了要将绳索带入商场，身上应该背着一只比较大的双肩包，

广播剧编剧在创作《白玉观音》时，基本还原了这一情节：

探员：哎，一只手。

苗正：什么？什么？发现什么了？

探员：你看探头，一只手。

苗正：罪犯的手出现在1点30分08秒。

乔丽娜手中举着一张照片，照片上一个穿牛仔衬衣的青年，头戴棒球帽，帽檐压得低低的，右肩挎着一只露丝娜菜的工作包，背景为商厦大门的入口处。

黄浦公安分局的刑警们就根据这个模糊的手掌印，推测出了犯罪嫌疑人的性别、身高、职业等，最终破获了这起案值高达700万元的特大盗窃案。

"当晚，霹雳行动小组向粤东出发，当他们经过陆丰县时，所有刑警都换上破衣烂衫，装扮成农民工，分头住进当地简陋的小旅馆。午夜时分，苗正和丁小军走进当地公安局，与刑侦队长杨昆仑见面……"（《刑警803》第190部《霹雳行动》）

这是发生在2015年的一起真实案件，上海刑警奔赴广东汕尾侦破了一起毒品大案。1月30日凌晨2时许，广东省汕尾市陆河县南告水库堤坝外，一辆黑色的丰田轿车冒出浓烟，这是上海刑警在广东警方的配合下对犯罪嫌疑人实施抓捕，当时警方和毒贩发生了枪战。这起缉毒案件，便被编剧陈慧君改编为广播剧《刑警803》第190部《霹雳行动》，陈慧君回忆说："毒品都是用麻袋装的，很厉害，整个村都是这样，上海警方参与这次行动，最后将其全部铲除。当时听这个案子破获的过程，真是听得我心潮澎湃，我特别激动，所以后来就写成了《霹雳行动》，被改编为广播剧《刑警803》，经过艺术加工使得剧情更为紧张激烈。"

陈慧君觉得，创作《刑警803》的过程锻炼了她的构思能力和编织情节的能力，从1992年至2017年，陈慧君总共为《刑警803》创作了30部156集剧本，成为最高产的《刑警803》编剧，其中，《霹雳行动》获得了第15届中国广播电视协会金奖。

为了能够警示犯罪分子，提高老百姓的防范意识，《刑警803》剧组将一些大案要案编入广播剧中。20世纪80年代末，中国南方铁路沿线发生了一系列抢劫盗窃案，这也是新中国成立以来最大的系列恶性案件，广播剧《刑警803》的《擒拿东北虎》叙述的就是这个故事。在真实的案件中，为了将这群罪恶累累的"东北虎"一网打尽，已经离休的原上海市公安局刑侦处处长、江南名探端木宏峪临危受命，负责指挥全国公安联手擒拿罪犯。

当年的端木宏峪由于积劳成疾，双腿患有严重的肌肉萎缩症，但是他依然拄着拐杖，拖着病弱的身体，整整十个月，足迹踏遍了全国二十多个城市，他带领干警们用智慧和侦查技能将62名犯罪嫌疑人捉拿归案，端

"刑警803"的故事

神探端木宏峪

木宏峪也因此被授予公安部一等功。

在刑警803这一群体之中,有着许多像端木宏峪这样的名探,而这些惩恶扬善的幕后英雄并不被世人所知晓,编剧杨展业说:"我们这第一批的编剧,当初接触的都是他们这一批神探,803里面最过得硬的一些人,外表看上去极普通,但是破案极其能干。"现实社会中的案件,它的离奇程度往往会突破任何编剧的想象,所以也造就了像端木宏峪这样的一批神探,这也是广播剧《刑警803》生命力的源泉。

如今,神探端木宏峪已经长眠于世,他从1949年接管旧上海公安局直到1995年病故,破获了众多的大案要案,为共和国的安宁作出了不朽的功绩。他是现实生活中刑警803以及全体公安干警的杰出代表,为了缅怀这位神探,上海市公安局在中山北一路803号刑警总队的大院里竖立起了一座端木宏峪的铜像。

随着21世纪的到来,以及人们生活水平的不断提高,如何防范财产类犯罪成为新版《刑警803》主要的内容,《刑警803》的创作人员根据真实的案例创作了广播剧《神秘的蜘蛛人》。

2000年以后,上海市的一些住宅小区陆续发生入室盗窃案,令人费解的是所有失窃的人家都住在高层。经过警方的排查发现,这一连串的案件竟然是小偷通过水管攀爬至门窗没有锁紧的住户,实施入室盗窃的。在真

端木宏峪的铜像

实案件中,刑警通过犯罪嫌疑人留下的一只脚印,估算出了犯罪嫌疑人的身高,上海市公安局刑事侦查总队警官马杰介绍说:"传统的侦查模式阶段,比较多的都是由案到人,有现场了,有报案了,我们去侦查,大部分都是借助于传统的刑事技术手段,主要依靠的是侦查员,或者说领衔侦查员的各种推理判断,这对分析的能力要求很高。现在更加强调的是团队协作,整个信息的加工分析、情报的研判分析都是要通过大家合作来完成的。"

刑侦现实的发展,让《刑警803》也有了变化,上海人民广播电台广播剧一级导演徐国春说:"到了新版的《刑警803》,人物设置上有很大的转变,因为考虑到当时刑侦工作随着时代的变化,已经有了很大的发展,所以新版不再完全是神探式的,当然,在很多侦探文学当中还是以核心人物为主,但因为我们这个题材是现实主义风格,所以很多内容还是要与现实中刑警探案的情况保持一致。"

热情追剧的听众

梅海星是上海人民广播电台的忠实听众,退休前在上海航道管理处工作，当时他的单位就在上海人民广播电台附近，由于这个原因梅先生对广播电台各档节目格外关注。他记得1990年8月，上海人民广播电台的广播剧科在《每周广播电视》上登出了一条启示，告诉听众从8月份开始，大型广播剧《刑警803》要开播了，希望大家收听，从那时候起，梅海星每天坚持收听《刑警803》。

"光荣的刑警，忠诚的803，你用一腔热血，你用一片柔情，编织一曲橄榄色的歌。"这是由著名歌手刘欢演唱的《刑警803》主题曲，每当这首歌曲响起时，许多热心听众就会像梅海星那样，坐在收音机旁欣然收听，领略其惊险曲折的剧情故事，一些听众至今都难以忘怀。

热心听众吴国瑛回忆，《刑警803》伴随着她的成长，她从少女时代一直到后来成为母亲，不但每期节目的首播要听，次日的重播也不会错过。那时她已经有了追剧的概念了，如今她的女儿也已经十几岁了，女儿也会和她一起听《刑警803》节目。出租车司机何培明也觉得听这个节目会上瘾，听了这集就想听下一集，有时生意也不做，把车子停在路边听《刑警803》，听完了再开车做生意。原上海人民广播电台一级导演雷国芬有一次乘坐公交车，正好站在一个售票员的旁边，售票员忙完以后，就拿起半导体收音机贴着耳朵听《刑警803》，雷国芬就问她：你上班的时候怎么可以听803？售票员说这部广播剧听了就停不下来，像猫在抓一样，不听不知道情节怎么发展。

广播剧《刑警803》随着电波进入了上海的千家万户，人们对刑警这一警种也有了认识，吴国瑛觉得警察这个行当并不是一般人都有机会去深入接触他们的，怎么样让更多的公众了解公安系统、公安战线，广播剧提供了一个很好的载体。因此可以说，广播剧《刑警803》的播出拉近了普通上海市民与上海刑警之间的距离，一部部剧集中的悬疑剧情塑造了一个个生动的刑警形象，成为803迷茶余饭后的谈资。

上海人民广播电台一级导演徐国春通过听众来信才知道，不少盲人和老年人也是803节目的忠实听众。伴随着广播剧的不断播出，《刑警803》逐渐成长为一档家喻户晓的广播节目。一个个充满悬疑的故事被声情并茂地演绎出来，这些故事创作的背后，更是凝聚着广播剧人的汗水和真挚的情感，而这种真挚也通过无线电波，感动和启迪着收音机前的无数听众。

上海人民广播电台与上海市公安局曾经共同举办听众见面会，取名为"真假803相会活动"，当时，上海市公安局刑侦处的刑警们与《刑警803》的演员参加了这场联谊会，场面火热，令人难忘。梅海星记得，见面会在银河宾馆举办，他每次都会参加，并珍藏活动通知、电台来信等资料。因为作为热心听众，梅海星经常将自己对《刑警803》的听后感寄给上海人民广播电台，每次投稿，他都会收到上海人民广播电台的回信。

在梅海星的家中存放着大量《刑警803》的录音带，原来，当年梅海星经常在外出差，会错过收听节目的机会，于是他就让家人及时录音，以便出差回来后就可以马上收听。随着时光的流逝，梅先生家中的大多数录音带已经无法播放，可是他依然不愿意扔掉这些录音带。

当年的梅先生和许多热心听众还多次被邀请到广播电台参与节目的播出，《刑警803》通过一个个真实的故事和各种活动影响着广大听众，让大家知法、懂法、守法。

1993年，上海市人民代表大会邀请上海市民走进人大，评议人大的法规修改，梅海星作为市民代表出席了会议，这也是上海市最早一批走进人大、参加人大条例修改的市民群众。

也有的听众由于听了《刑警803》的节目，立下了从警的志愿。上海市公安局刑事侦查总队的马杰警官从小在松江泗泾长大，他之所以会成为一名刑警，与广播剧《刑警803》有着密不可分的关系。1993年，正在读高三的马杰在老宅家中看书时，邻居家的收音机里传来了广播剧《刑警803》的实况声，他回忆起那天的情景："我一听好像是在讲一个破案的故事，我就去隔壁问了，'阿婆，你在听什么节目啊？'阿婆说'我在听刑警803啊'，当时对803没什么概念的，刑警我是知道的，搞破案的。803是什么意思呢？阿婆对我说，弟弟，803很厉害的，803是上海刑警中的精英，侦破的都是重特大案子。"

没过多久，马杰居住的泗泾古镇发生了一起非常离奇的储蓄所盗窃案，由于案情重大，惊动了刑警803，没想到现实中的803仅仅用了一周的时间就锁定犯罪嫌疑人，并将其绳之以法。从此，"803"作为一个英雄的代号深深烙在了少年马杰的心中，他也因此产生了当警察的愿望。就这样，马杰高中毕业后考入警官学校，1995年，他以优异的成绩被分配至上海市公安局虹口分局指挥中心，经过一段时间的磨炼，他终于如愿以偿，成为了803的一名刑警。

广播剧：闭着眼睛看电视

上海的广播剧有着比较悠久的历史，早在1933年，为了纪念抗日救亡的"一·二八事变"一周年，当时上海的电台制作了中国历史上第一部广播剧《恐怖的回忆》，原上海音像资料馆研究员张景岳介绍说："当时由于技术手段局限，只能够采用直播，而且形式比较单一，就是像表演话剧一样直接播出去，给人的感觉就好像在剧场里听声音一样，比较单调。"

1949年新中国成立以后，上海人民广播电台为了制作老百姓喜闻乐见的广播节目，专门成立了广播剧组来制作广播剧，雷国芬回忆说："其实，最早的广播剧是直播的，剧本好了以后，演员们都站在话筒前开始录制。我们那个时候的条件也比较简陋，当时的拟音都是最简单的，后来有了录音技术以后，才能录好声音再把音乐效果都合成进去。"

广播剧配音中

随着录音设备的引进,录音技术不断成熟,广播剧的播出方式从直播改为录播,大大提升了广播剧的声音效果,增加了播出数量。

1990年大型系列广播剧《刑警803》一经播出,便好评如潮,精良的制作使广播剧有一种"闭上眼睛看电视"的感觉。张景岳道出了其中的一个原因,他说:"当时他们请了上海电影译制厂的那些资深的演员,像曹雷、丁建华、乔臻、刘广宁等,什么样的人物讲什么样的语气,惟妙惟肖,真的已经达到炉火纯青的地步,所以节目风靡整个上海。"

在广播剧《刑警803》中,有许多悲欢离合的故事,有的给听众带来希望,也有的让人感到惆怅,而有些故事的结局虽然并不理想,但却能给听众带来警示。广播剧通过艺术加工,将这些故事以声音的形式传播给了听众。

在剧中,汽车声、马蹄声、枪声、风雨声,各种声音都是要靠拟音来实现的,在听众眼中,这是一个神奇的工作,在广播剧导演的眼中,拟音也是非常重要的。苏东生是上海电影制片厂的拟音师,也一直从事着广播剧的拟音工作,他精湛的模拟再现始终得到同事们的称赞,他认为,广播剧拟音师的最高境界就是你在表演,而不是在拟音。在广播剧中,许多让听众感到身临其境的音响效果,都是用普通百姓认为的废弃物做成的。广

苏东生在拟音中

播剧是一种让听众自己可以想象的"电影",许多扣人心弦的环境声主要是靠拟音来烘托效果,再加上配音演员的联袂参演,听着收音机中的声音,你就能想象出人物的形象来。

在《刑警803》里,对于相关的情节,除了现场的各种音效起到重要作用外,演员声情并茂的再现,也让听众有一种身临其境的感觉,所以雷国芬说:"广播剧有一句术语,叫'用耳朵来写戏',从一开始创作起,考虑的就是声音的组合,而不考虑画面。广播剧是听觉艺术,听众看不到演员的具体动作,但可以从声音里,知道演员在干什么。"演员王一然说:"你说广播剧没有观众会看到你真的流眼泪,但我表演时真的是鼻涕一把眼泪一把,我觉得投入不投入还是有区别的,装哭、装腔作势和你真的感情流露,我觉得观众是能感觉到的。"

互联网带来了新兴媒体的蓬勃发展,这对传统广播的发展既是挑战也是机遇,新媒体也将为传统广播导入新的理念,提供新的渠道和平台,上海人民广播电台《刑警803》等文化品牌一定会有更加广阔的发展天地。

(编写　陈　强)

友谊地久天长

国之交在于民相亲,民相亲在于心相通。民间外交是人与人的交流,人与人的交流最重要的是心灵的交流,从新中国成立开始,中苏友好交流、支持亚非拉人民的反帝反殖民主义斗争、艺术和体育领域的"乒乓外交""芭蕾外交"乃至国际电视节、国际电影节的举办,上海的民间外交在上海市对外友协的组织领导下不断深入开展,上海的"朋友圈"不断扩大,真正称得上"我们的朋友遍天下"。

中苏友好的日子

1949年11月的一天,上海一所小学的老师领着学生,来到了位于岳阳路口的普希金铜像前,小学生们怀着崇敬的心情集体朗诵了普希金的诗,那些年里,行走在上海的马路上,也就置身于中苏友好的氛围里。1952年年底,中国各地都举办了"中苏友好月"活动,而俄语翻译也成了当时最紧缺的人才,干祖瑛老人就是其中之一。年逾八旬的原上海市人民对外友好协会工作人员干祖瑛记得,1952年11月领导专门找她谈话,让她去中苏友好月上担任俄语翻译作为实习和锻炼,当时来华的苏联文艺代表团最大的是亚历山德罗夫指挥的苏军红旗歌舞团,此外还有艺术工作者代表团、电影工作者代表团等较小的团体。

建造于20世纪50年代中期的中苏友好大厦,后来改名为上海展览中心,当年,在大厦的广场正中还矗立着一座主题为"中苏友好"的雕塑,

友谊地久天长

1952年11月26日的"中苏友好月"活动

这是由苏联雕塑家创作的。干祖瑛后来担任了苏联雕塑家的翻译和助手，如今还常常想起当年与苏联雕塑家们一起工作的场景，她记忆里这座雕像大概有四五层楼高，工作时上下要爬脚手架，她当时也是穿好了工作服，和苏联雕塑家一起爬脚手架。几个月的朝夕相处，干祖瑛与苏联雕塑家结下了友谊，其中一位雕塑家给干祖瑛起了一个俄罗斯名字，她回忆说："苏联雕塑家问我的名字是什么意思，我说，祖瑛就是祖国英雄的意思，他说，那我们祖国的英雄就是'卓娅'，我们就叫你'卓娅'吧。两位雕塑家说，你跟我们工作了几个月，我们总要给你一个纪念品吧，我给你塑一个雕像，代表新中国的妇女。我也挺高兴，这样一个纪念品确实让我很感动，很遗憾没有留下一张照片。"中苏友好大厦建成后，苏联和东欧社会主义国家的各种展览会都在这里举办，展览会吸引了很多上海市民前去参观，苏联和东欧国家的各种展会为当时的上海人打开了一扇了解世界的小窗。

20世纪50年代，中苏友好的氛围非常浓厚，当时上海的电影院经常举办苏联电影展映。陈昊苏是陈毅元帅的长子，也是原中国人民对外友好协会会长，那时他正在上海的一所小学里读书，对中苏友好有着深刻的记忆。他记得学校里也有中苏友好活动，大家的参与热情都非常高涨，苏联电影节就像一个盛大的节日，因为那个时候苏联电影本身的吸引力是非常高的，一下子就有十几部苏联电影都被译成中文，配上了汉语对白，各大电影院都是盛况空前。

1955年中苏友好大厦竣工

1949年12月，中苏友协上海分会成立，新上海的第一任市长陈毅担任了中苏友协上海分会的会长。后来，中苏友协上海分会更名为上海市中苏友好协会，干祖瑛成为协会的一名工作人员，在上海越剧团出访苏联的时候，干祖瑛与苏联老朋友不期而遇。这部由上海越剧演员袁雪芬和范瑞娟主演的《梁山伯与祝英台》讲述了一个中国古代的爱情故事，它还被搬上了银幕，成为新中国拍摄的第一部彩色戏曲片。上海市国际关系学会会长杨洁勉认为，这部中国传统戏剧是民间外交的一张名片，他说："周总理用它来向世界各国宣传，中国人民是爱好和平的，向往幸福的，对于爱情

友谊地久天长

1956年,苏联电影代表团访沪,受到上海人民的热烈欢迎

是忠贞不渝的,这个要比官方的、一本正经的所谓宣誓起到更好的作用。"

1956年,一首优美动听的歌曲在苏联人中唱响了。1957年,上海青年薛范把这首《莫斯科郊外的晚上》翻译成中文,这首歌很快就唱响在中国的大地上,成为当时中国人最喜爱的外国歌曲之一。到了20世纪90年代,上海举办了苏联经典歌曲的演唱会,很多中老年观众听到这些苏联老歌都激动不已,这些歌曲勾起了他们青春的记忆,也勾起了一座城市的集体记忆。

我们的朋友遍天下

20世纪五六十年代,中国人民有一句很响亮的口号:我们的朋友遍天下。1954年,周恩来总理出访印度、缅甸,和两国领导人共同倡导和平共处五项原则,1955年4月,亚非会议在印度尼西亚的万隆举行。

就在印尼万隆的亚非会议召开的十多天后,即1955年5月初,一个中国小女孩出生了,她的父母亲为她取名亚非,薛亚非回忆说:"爸爸妈妈那个时候都在部队,大家讨论给孩子起名字,因为正值亚非会议(万隆会议）召开，所以就说如果是个男孩就叫万隆，如果是个女孩就叫亚非。后来万隆会议是4月份结束的，我是5月初出生，是个女孩，爸爸妈妈就叫我亚非，跟我差不多时候出生的一个男孩就叫万隆。"那时候，中国人都很关心国家大事和国际形势，父母亲为儿女取名字也会跟国家大事联系在一起，出生在万隆会议之际的，叫亚非，出生在《宪法》诞生时的，叫诞宪，薛亚非认为，起名字很能反映这家父母亲的一些价值取向，包括对事物的判断和价值观等。

退休前担任上海市对外友协亚非拉处负责人的吴文君，1960年考入北京外国语大学，学的是小语种——非洲的斯瓦西里语，其实，吴文君当时根本就没有报考这个专业，是因为国际形势及对非工作的需要，而被招入这个专业的。大学毕业后，吴文君就去了非洲，担任了中国援非医疗队的翻译。最早派出的上海援非医疗队是1963年赴非洲的，当年，吴文君所在的中国医疗队来到了坦赞铁路工地上，就在坦赞铁路建设的前期勘探测量工程中，吴文君所在医疗队走进了原始森林，为工程技术人员送医送药，吴文君对那里险恶的工作环境记忆犹新："那个地方挺吓人的，有很多地方都要经过原始森林，我们有一个工作人员因为天热，光着膀子，那些蜜蜂全都叮在他身上，你知道蜂的刺是有毒的，后来我们就用手工拔。"在坦赞铁路建设工程中，有66名中国工人和技术人员献出了宝贵的生命，新中国的成立为第三世界人民的国际独立、民族解放运动做出了榜样。

直至今日，上海的援非医疗仍在继续，上海市浦东新区人民医院麻醉科的陈弘医生几年前参加了上海援助非洲摩洛哥医疗队，曾经和医疗队的骨科医生一起为一位125岁的高龄患者做手术。这位患者股骨颈骨折，当地医院都不敢为这样的高龄患者做麻醉，而上海医疗队成功地为这位非洲的老寿星做了手术，陈弘回忆说："如果我们中国医生不在，他这条腿就保不住了，对他来说只能躺在床上了，不可能起来了。但是我们让一个125岁的人能够站起来，还能够走路，他还过来跟我们拥抱，我们也有一种成就感。"

在上海援摩医疗队里，还有一位曾经两次援助摩洛哥的女医生，她叫杨继红，来自上海市普陀区中心医院妇产科，她回忆起第一次赴非洲开展医疗援助的经历时说:"那个时候我们毕竟还很年轻,刚刚三十出头,也是第一次去那么远的地方。那时候我从来没坐过飞机,那是第一次坐飞机,一坐就是十多个小时,家人在机场送我的时候,孩子哭着不让我走的情形到现在还记忆犹新。我第一天值班就碰到了一个在国内没看到过的病——子宫破裂、横位,就看到一个小孩的手伸在外面,当时我从来没有碰到过这种情况,但是好在那时候老医疗队员还在,他就带着我们,教我们怎么做,以后再碰到子宫破裂我就不怕了。"当2011年第二次参加援摩医疗队的时候,杨继红已经年过半百,但她依然义无反顾地奔赴那个令她牵挂的地方,而那里的人们也没有忘记她,她二十多年前接生的孩子都赶了过来看望她。

除了对外援助,接待来访的国外友好组织和人士,广交朋友,让他们了解新中国的建设成就和变化,也是对外友协工作的一部分。上海文化广场是上海最大的室内会场,20世纪五六十年代,很多上海人民声援亚非拉人民反帝国主义、反殖民主义斗争的大会就是在文化广场举行的,而亚非拉国家很多文艺团体的访华演出也经常地被安排在文化广场。林德明老人在60年代担任过对外文协上海分会的副会长,各国友好人士访问上海时,他负责接待工作,他介绍说,接待外宾,当时上海有几个王牌项目:参观工业展览会,看中国的工业情况;参观上海的马桥公社、马陆公社,看农业、工业;访问曹杨新村,看人民生活。

曹杨新村是上海在新中国成立后兴建的第一个工人新村,也是对外开放单位,"做一天上海人"已经成为上海民间外交的一个保留节目了。周康乐老人家住曹杨新村,退休之后外国游客就是他们家的常客,老夫妻俩妻子掌勺,丈夫接待。老人退休之后的这十几年里接待过来自世界各地的外国朋友,其中也不乏一些特别的人士,如美国总统专机"空军一号"的机长。在与外国人交朋友的过程中,他还向外国朋友讲述了这些年来上海人方方面面的巨大变化,他回忆说:"我就举个例子给他们听,我大学毕业工作的时候每个月的工资是58块5,当时买一辆自行车60块钱,现在我退休了,我的退休金是六千块,自行车一辆算三百,可以买20辆自行车,我说这就是生活上的变化。"

各国青少年之间的友谊代表着民间外交和人民友好的未来,早在80

曹杨新村接待外宾

年代末,上海市友协就开始举办上海国际少年儿童艺术节。曾任上海市友协亚欧处处长的童志强对1994年举办的一场"我托大海捎封信"的漂流瓶活动记忆犹新,他回忆说:"漂流瓶里面装着1994年上海少年儿童文化艺术节的邀请信,把艺术节的内容、活动日期等事项都写在里面,如果有谁捡到信的话,就请他找中国驻当地的使领馆确认能不能参加这一年的儿童文化艺术节。"起先大家对这个活动并没有抱很大的希望,不知道漂流瓶是否真的能被外国小朋友捡到,但是三个月之后他们居然收到了回音,童志强回忆说:"大概到了当年四、五月份,中国驻南非的使领馆来消息了,南非开普敦附近海边上有个小姑娘捡到了漂流瓶,中国驻南非使领馆反馈消息以后,我方由东航提供来回机票,邀请她和一位家长一起来华。"

2016年7月,就在迎接上海市友协成立60周年的日子里,第12届国际青少年互动友谊营开营了,友谊营活动已经形成了"欢乐、互动、友谊、使者"的鲜明特色,为促进上海青少年与世界各国青少年之间的交流和友谊起到了推动作用。

捡到漂流瓶的南非开普敦小姑娘

乒乓与芭蕾推动民间外交

上海是中国国家领导人经常会见各国友好人士的地方，上海的民间外交一直走在前面，它是中国对外关系的窗口和前沿。毛泽东曾在上海会见英国元帅蒙哥马利，宋庆龄曾在上海会见墨西哥友人，苏联作家爱伦堡、智利诗人聂鲁达也早在1951年就访问过上海。

2016年4月15日，上海江湾体育馆内举行了一场中外乒乓球友谊比赛，而早在1971年的4月15日，美国乒乓球队就从北京飞抵上海访问，他们在江湾体育馆与上海乒乓球队进行了一场友谊赛，后来人们用"小球推动大球"来比喻中美关系由民间外交推动了官方外交。当年美国乒乓球协会的主席还致函上海市对外友协，表示将永远不会忘记这次在上海所结下的友谊。

对于老一辈的电影演员梁波罗来说，五十多年前在上海举行的中日青年大联欢活动是一段难忘的人生经历。1965年9月间，两百多名日本青年在上海和五千多名上海青年举行了大联欢,他记得晚饭后,中国人、日本人手挽着手,在淮海路上走。老一辈的芭蕾舞演员凌桂明是芭蕾舞剧《白毛女》中男主角大春的扮演者,他也参加了1965年的中日青年大联欢活动,他还记得当时日本青年送给上海青年的小礼物,多为一把扇子,扇子上面写着"中日友好""中日友谊万岁"等。

日本松山芭蕾舞团曾经于1958年、1964年和1966年三次来上海访问演出,他们演出的剧目是中国题材的《白毛女》。松山芭蕾舞团团长清水正夫和主要演员松山树子是中国人民的老朋友。1972年夏天,中国上海舞剧团出访日本,在日本演出中国芭蕾舞剧《白毛女》,白毛女的扮演者石钟琴是老一代中国人非常熟悉的芭蕾舞演员,她记得出访时在日本的紧张气氛和松山芭蕾舞团日方演员对他们的保护,她回忆说:"那个时候中日还没有建交,日本右翼势力也蛮厉害的,所以我们一到日本,我们坐的大巴前后都有警车开道。日本的友好人士,包括松山芭蕾舞团的全体演员都像义工一样,在我们入住饭店的周围和饭店内的几个层面站岗,生怕右翼分子来捣乱。我们在演出的时候,小清水穿了大春的服装,森下洋子穿了喜儿白毛女的服装在后台候命,万一在演出当中发生意外情况,他们保护我们,让我们撤退,他们出去顶。"

朱实老人是上海市对外友协老一代的工作人员,1972年中国上海舞剧团访日演出,他作为舞剧团的秘书亲历了中日民间外交促进官方外交,促成日本田中首相访华的历史进程,他回忆说:"周恩来总理交代给舞剧团的任务就是在日本期间多联络各方人士搞好关系,促进日本首相田中角荣和外相大平正三访华,上海舞剧团访日期间,积极穿针引线,用'芭蕾外交'的文化桥梁促成了田中首相访问中国。"

凌桂明还记得,当年他们访日归来时,受到了祖国高规格的迎接,在虹桥机场,党政军领导、文艺界人士及各界群众约三千人夹道欢迎他们的凯旋,他们被称为民间大使。中日友好是和中日两国民间人士的长期努力分不开的,而上海舞剧团则是在关键时刻承担了关键使命,起了关键的作用。1972年9月,日本首相田中角荣访问中国,中日两国发表了联合公报,建立了大使级外交关系。

此后,在电影领域,也有不少日本影视演员和中国的译制片演员致力

1972年《白毛女》舞剧团访日

于促进中日文化交流。栗原小卷是20世纪七八十年代上海人都很熟悉的日本电影明星，1979年她第一次访问上海，也是她第一次访问中国，作为日本电影代表团的一员，她带来了《生死恋》这部电影。在这之前，她主演的另一部影片《望乡》已经在中国公映了，这是两部风格完全不同的电影，却都受到了中国人民的喜爱。

栗原小卷说她和中国很有缘分，这不仅仅是因为她的电影为中国观众所喜闻乐见，而且因为她还担任了日中文化交流协会的副会长，和同年成立的上海市人民对外友好协会一起，两个协会秉承着和平友好的宗旨和理念，在六十多年的时间里，共同开展中日民间文化交流活动。

用现在的话来说，当年，很多上海的年轻人都是栗原小卷的粉丝。改革开放初期，一大批外国电影在上海电影院里公映，而这些电影很多都是由上海电影译制片厂的演员来配音的，刘广宁当年就是为《生死恋》中栗原小卷扮演的夏子配音的，而这样的配音并不容易，她回忆说："像《生死恋》是没有剧本的，所以要靠日语翻译从原片上听下来，对日语水平的要求就高了，那时候上海电影译制片厂是没有日语翻译的，只有英语、俄语翻译，所以我们就从外面请了水平高的日语翻译来。"

刘广宁说到的日语翻译，很多都来自当年的上海友协，朱实老人在那些年里就利用业余时间翻译了多部日本电影和电视剧，在朱实的记忆中，他翻译过的日本影视剧有二三十部，如《幸福的黄手帕》《绝唱》《寅次郎的故事》等。

上海的"朋友圈"

上海市友协成立于1956年，是上海开展全市性对外民间交往的人民团体。在六十多年的岁月里，上海市友协广泛深入地开展各项民间外交和人民友好的活动，交了许许多多的朋友。

这些外国友人都是中国人民的老朋友了，也是上海市友协的老朋友了，上海市友协开展民间外交，对于这些国际友人给予了格外的重视，也与他们有着亲密的交往。曾任上海市人民对外友好协会副会长的陈一心老人回忆说："新西兰国际友人路易·艾黎，从1927年来华以后，在中国待了整整60年，在上海待了整整10年，我在1987年3月6日亲自接待他，我们说欢迎你来上海，他却很风趣地用上海话跟我们讲，大家好，我在上海住了10年了，我们哄堂大笑。"

1990年4月，党中央、国务院决定开发开放上海浦东，国内外的投资者和创业者涌入浦东。曾经担任上海市副市长、浦东新区管委会主任的赵启正是浦东开发的领导者之一，在浦东的开发历程中，上海的民间外交一直扮演着重要的角色，在招商引资中穿针引线，牵线搭桥，被外国友人称为"浦东赵"的赵启正对此感受颇深。说到浦东的开发开放，赵启正谈起了上海市友协所做的贡献，当时除了上海人，大多数中国人也并不知道浦东在哪里，更不要说外国人。他记得当年美国一个航空公司的总裁在和平饭店和他一起吃饭，那位总裁望着黄浦江，问他到浦东远吗，是由高速公路去还是坐飞机去，由此他就深感浦东的知名度不够，人家根本不知道世界上有个浦东。而对外友协原来就有很多外国朋友，他们就把外国朋友请来，让他们了解浦东，了解上海的发展梦想。赵启正认为，上海的发展和开放也给上海的民间外交提供了一个大的舞台。

夏永芳曾经担任上海市对外友协欧美处的处长,接待过很多外国领导人的夫人,她回忆起一次陪一位美国副助理国务卿的夫人在上海街头修鞋的往事,她说:"有一位美国副助理国务卿的夫人达姆夫人,想去修一下自己的鞋子,我们就走到建国西路口,找到了一位老皮匠。顿时这位皮匠周围就围上了一圈人,七嘴八舌地问达姆夫人'美国人还要修鞋吗,扔了不就是了吗?'等等,夫人不断跟他们对话,我就做翻译。这位老鞋匠工作已经37年了,默默地修好了两根鞋扣,另外还帮她整修了鞋底,只收了两块钱。达姆夫人又满意又吃惊,她说,在美国十块美金都不够,而且也找不到修理的地方。"在看似平常的陪同工作中,夏永芳结交了很多外国朋友,而很多外国朋友也为上海当起了义务宣传员。

她记得新西兰有一位副总领事在任满临走之前,说他待在上海那么多年,时间越久就越喜欢上海,现在不得不离开,但是回到新西兰,他还要去做中国的"宣传部长",要把自己体会的一切告诉当地人。他说,他74岁的母亲到上海来,没有请导游,一个人叫出租车出行,两个星期下来安全无事地周游了上海,对于上海这么安全的城市,他的印象真的很好,所

夏永芳陪同塞拉利昂国家元首斯特拉瑟的夫人(右一)选购商品

以愿意做上海的"宣传部长"。

吴文君曾经担任过上海市友协亚非拉处的负责人,她在接待外国友人的过程中体会到友协的工作很多时候都体现在一些细微的地方,比如"买买买"有的时候也会成为他们工作的一部分。

上海市长宁区古北小区中有一片国际社区,曾经是一名土耳其外交官的诺杨先生在这里已经住了20年了,能说一口流利的中国话。当年他和居委会开始接触是希望居委会发给他一块"文明家庭"的铜牌,后来,诺杨先生就成了小区居委工作的热心志愿者,他回忆说:"政府派我到上海来设立土耳其驻上海的总领馆,我是领馆的元老,我卖了以后就实在不太愿意走了,所以我从外交系统辞职,等于是下海,去了银行工作。"诺杨先生不做外交官了,他成了银行的一名职员,也成了上海的常住居民。之所以不想离开上海,是因为他觉得上海是很有活力的一个城市,天天在变化,天天在发展,这一点非常吸引人,自己可以在这个环境中找到自己的位置,也找到自己的发展道路。2005年,诺杨先生获得了上海市白玉兰荣誉奖,2012年成为上海市荣誉市民。

从1989年开始,上海每年都会向一批外籍人士颁发白玉兰纪念奖、白玉兰荣誉奖以及"上海荣誉市民"的称号,表彰他们对上海做出的贡献。来自日本的藤本道生先生曾获得过白玉兰荣誉奖,嘉定的紫藤园就是在他的引进和种植下成为如今远近闻名的紫藤观赏胜地。在他的家乡和气町附近有个紫藤公园,所以他就想到在上海建一个紫藤公园,作为双方友好的象征。1997年初,藤本先生亲自将27个品种的100余棵紫藤幼苗从日本引种到了嘉定城南的古城河畔,嘉定区园林绿化部门几位曾经跟藤本先生一起工作的技术人员,对于他的敬业精神都特别感动,上海市嘉定区园林绿化管理所副所长袁惠青回忆起当时的情景说:"因为他年纪大了,一开始说好是要我们这边找几个有技术的、会嫁接的技术工人,然后他来教会他们,没想到他当时身体力行,坚持一棵一棵由他亲自跪在地上去接种,一共接种了三天,数量达五六百棵,这么大的年龄,而且是跪在地上,可想而知他有多么辛苦。"

随着中国的国力增强和上海城市的发展,上海人在民间外交上更加大气,更加包容,世界各国人民都进入了上海的"朋友圈",原上海市对外友好协会会长周慕尧说:"上海的氛围很适宜搞对外的民间友好交流,友协最大的工作,这60年来就是三个字——'交朋友',友协60年来交了很多很多的朋友,这就是上海友协真正的价值,因为这些朋友对上海整体的经济、社会和人文发展都起了很大的作用。"

歌曲《友谊地久天长》中唱道:"友谊万岁,朋友,友谊万岁。举杯痛饮,同声歌颂,友谊地久天长。"上海的民间外交是一座桥,连通了世界各国,而友协的工作则是在搭建这座看不见的桥梁。

(编写 陈 强)

海上大戏院

上海开埠后，茶园曾作为上海演剧场所的主力军延续了半个多世纪，到了清末民初，新式舞台逐步取代了传统的演艺模式，镜框式的舞台、机械转台以及舞美灯光等给观众们带来了全新的视觉体验。到了20世纪二三十年代，各地方剧种先后进入上海各戏院、剧场登台献艺，同时，外国的演艺团体也纷纷来沪表演。评弹表演艺术家陈再文清楚地记得自己每天放学后到戏院报到的情景，知名滑稽演员刘敏小时候为了省一张戏票的钱，经常站在剧场小卖部里看演出。当年，沪上的戏院、剧场、大小舞台遍布街头巷尾，上海"远东百老汇"的美名传遍海内外。

上海："远东百老汇"

上海从20世纪30年代开始就被称为"远东百老汇"，戏院剧场集中地主要是以西藏路、南京路为中心的一块区域里面，北到北京路、新闸路，南到淮海路、金陵路，西面到静安寺这一带，这个规模应该说是非常可观的。当时沪上的戏院、剧场、大小舞台遍布街头巷尾，上海"远东百老汇"之名一时声名远扬，这时的上海，租界中的新式舞台如雨后春笋般崛起，并成功引进了欧美、日本的镜框式舞台，成为当时国内最先进的演出场所。

年近退休的李建华最初出于兴趣爱好，开启了对上海老剧场、大戏院影像的搜集和史料的整理工作，那些在历史舞台上"消失"又"重生"的

海上大戏院

早先的戏院广告

老剧场、大戏院在他的走访下，又重新进入了人们的视线。

上海自1843年开埠后，在同治年间，已经有大批的徽班进入上海，茶园作为上海营业性演剧场所的主力军延续了半个多世纪。据清代有关史料和《申报》记载，以"茶园"命名的戏园就超过了百余家。上海的一家艺术档案馆发现了一张地契资料，这就是过去在上海唱戏的艺人买土地的记录。撰写过《上海文化娱乐场所志》的邱国明说起茶园的历史如数家珍，他说："这张戏单是1862年买的，同治元年，从这张地契资料可以证实我们上海的戏班那个时候已经具有一定规模了，并在上海驻扎下来了。"那时候《申报》副刊的后面几版，全部刊登戏院广告，如果是有实力的戏院，有时候会买下整版，连续几天登载演出广告。

茶园到了清末民初逐步被新式舞台所代替，而新式舞台在建筑结构上也吸收了上海首家西式戏院——兰心大戏院的特点。兰心大戏院的英文名字叫Lyceum Theatre，中国人把它翻译成"兰心"，所以兰心之名事实上起源于此，有些史料记载王韬或者其他的文人心血来潮，起了这样的一个非常漂亮的名称，实际上都是误传，名字是由音译而来。兰心大戏院遭到火烧后于1872年重建，1873年又重新开张。兰心大戏院在上海有非常重要的地位，原址于20世纪30年代被拆，戏院搬到了现在的茂名路上。邱国

民国初年的西式舞台

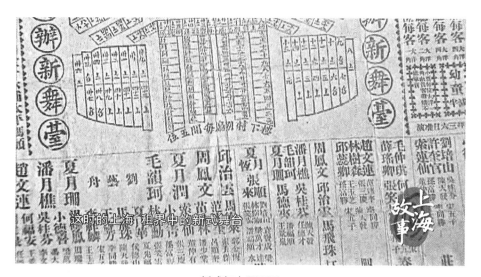

新式舞台平面图

明说:"上海过去有四大舞台、五大舞台之说,它们都有新旧两家,就是说这五大舞台都有新的,也有老的,比如说新舞台,它有老的新舞台,也有新的新舞台,每一家都有两个地址。"新式舞台基本上还是保存了我国原来传统的茶园戏台的特点,茶园戏台一般来说是三面观看的,戏台突出在大厅当中,有池座、有楼座,就像古戏台的那种式样。新式舞台一部分继承了过去茶园式戏台大台唇的特色，因为它也适宜于中国传统戏曲的表演，另一方面它还借鉴了日本机械舞台的设施，舞台当中有个平台可以旋转。

在20世纪30年代兴起的这些舞台中，最为人所熟知的莫过于以演京剧为主的天蟾舞台了，上海市民沈家桢就还记得儿时跟父亲去天蟾舞台看京剧大戏的情景，他说："那个时候，天蟾舞台有三层楼，有一千二到两千个座位，我当时还小，往舞台上望很吓人的，如果都是围着看的，就像一个饭碗，如果从顶上看下去，它就像扇形一样。"评弹艺术家陈再文回忆说："我所知道的天蟾舞台有三楼，并不大，没有多少排数，大部分楼上的不一定是恭恭敬敬坐着看戏的，站起来看的人很多，而且叫好拍手最起劲的就是三楼的，因为坐在下面的人都比较文雅一点，不会这样狂声地大叫，最多拍拍手，三楼就哇哇叫好。"当时的上海在黄梅季节很容易发大水，许多戏迷甚至愿意蹚水到剧院来看戏，上海市民李建华说："天蟾舞台也会发大水的，水会漫进剧场，那么脚就搁到前排椅子的椅背上面，戏结束了积水不会流光，就出五角钱请人背出来。"

如果说天蟾舞台因建筑外观为圆形，观众厅三层的楼高颇具特色，

旧时的天蟾舞台

那么共舞台就是以机关布景演出连台本戏为特点，以低廉票价、通俗剧目跻身沪上四大京剧舞台之列的。在端午节常演不衰的《白蛇传》就展现了各种不同的机关布景，赵如泉剧团里的李如春曾经赤膊拿条真的蛇到台上演出。

海派京剧的机关布景得到了上海观众的热烈追捧，观众的看戏习惯也悄然发生了改变。以前京剧演出一桌二椅，就是靠演员在台上唱，所以以前北京话说"听戏"，就是指闭着眼听。解放前，上海一些京剧演员为了吸引观众，把国外的先进技术引进到上海京剧演出的舞台上来，有了机关布景，听戏就变成了看戏。陈再文说："李如春在中国大戏院演出过一部时装戏，叫《就是我》，是部侦探戏，侦探穿着像卓别林那样的大礼服，用一根钢丝缆绳吊在身上，从二层楼飞到场子里。"

1936年3月9日卓别林到上海，梅兰芳先生陪同他到共舞台观看京剧《火烧红莲寺》，就是用机关布景演出的，看了一半，梅兰芳先生又陪着卓别林到新光大戏院，即现在的新光剧场，看马连良先生的《法门寺》。资深媒体人秦来来说："当时，卓别林看到机关布景傻了，怎么有这么强的表演力量？"20世纪30年代沪上各大戏院舞台上，不仅有国内各地戏曲、曲艺数十种，海外引进的电影、歌剧、芭蕾、马戏也纷纷登台献艺，一时间，上海成为远东地区国际文化艺术中心。

当时的金城大戏院位于北京路上，以放映国产片为主，偶尔也演出戏曲，这里还是《义勇军进行曲》唱响的地方。如今的黄浦剧场的前身就是金城大戏院，最早它被大家亲切地称为"国片之宫"，因为当时黄浦剧场只放映国产进步电影，如《渔光曲》《人生》《风云儿女》这些进步电影都是在黄浦剧场首映的，而当时其他的影院如大光明电影院、国泰电影院等都是放美国片的。1935年8月16日，上海音乐界、电影界和戏剧界进步人士冲破阻力，在这里举行了《义勇军进行曲》曲作者聂耳的追悼会。抗战时期，金城大戏院的地下金库则成为了防空洞，进口的一堵墙曾经是防空洞的门，是30年代保留到现在的。

在20世纪40年代初，美琪大戏院开幕，戏院的名字通过向社会公开有奖征集才最终确定下来，取其"美轮美奂、琪玉无瑕"的意思。据考证，美琪大戏院这个地方的原址就是原来的大华饭店，大华饭店是蒋介

海上大戏院

美琪大戏院旧貌

石和宋美龄结婚的地方，也会专门举办展览会，其中一部分的主要建筑于1940年被改建为美琪大戏院。抗战胜利后，喜爱看戏的上海人在美琪大戏院迎来了梅兰芳首次对外复出演出。

梅兰芳先生八年不唱戏，一次俞振飞先生到梅先生家里去，梅先生非常痛苦地跟他说，我完了，俞先生说，怎么说你完了呢？他说我没有嗓子了，因为八年不唱戏了，拳不离手，曲不离口。八年不开口，他这个调唱不上去了，俞振飞先生就跟他说了，你不要急，唱唱昆曲，昆曲的调门相对比较低一点。俞振飞先生还说，我给你吹笛子，你唱昆曲吊吊嗓子。这样一吊，果然把梅先生的嗓子吊起来了，梅先生就在俞振飞先生帮衬之下在美琪大戏院演昆曲从而复出，梅兰芳曾经在《舞台生活四十年》中提及这段经历。他印象至深的是当时上海舞台上的一切都在进步，已经开始朝着新的方向，迈步朝前走了。

儿时的看戏经历

上海即使到了战火纷飞的20世纪40年代，文化事业依然没有停止其发展的步伐，越、沪、淮、扬等剧种纷纷在上海的各剧场建立自己的演出阵地，形成了以地域特色划分的观众群。全国各地的人在上海都有，便形成了一个个同乡会，比如浦东同乡会、宁波同乡会、山东同乡会、广东同乡会。苏北来的人喜欢听当地的扬剧、淮剧，因此上海淮剧团也就在上海站住脚了，秦来来说："宁波人晚上要去看绍兴戏的，那么苏州人到上海来晚上就要听听书，张鉴庭先生的《十美图》一定要去听听。"

听绍兴戏的主要是宁绍帮，即宁波和绍兴人。上海的越剧戏馆有老西门的同乐大戏院，承德路、威海路的同福大戏院，黄金荣开设的黄金大戏院、长江剧场，老石桥湖北大戏院、大兰大戏院。

身为广东人的卓汝平还记得儿时第一次走进群众剧场时的情景，他说："那个时候，大概是抗战刚刚胜利，我妈妈带我回到这里。那时候的群众剧场叫广东大戏院，正好有一部广东戏，叫《神鞭侠》，有一个镜头到现在我都记得。一个日本人叼了根香烟，他拿鞭子一抽，把香烟抽掉了，我印象是很深的。那个时候我们看戏不买票的，像我妈妈这样打工的人，不舍得买票子的，广东话叫打戏钉，也就是说不买票，但开场你不能进去，人家要票的，看到大概三分之二的时候剧场门就开了，我们就钻进去看，有空位子就去坐，没有空位子站着也能看。"

著名评弹演员刘敏小时候为了省下一张戏票的钱，竟然把她的专座设在了小卖部，刘敏回忆起自己小时候看戏的经历时说："从前在延安路，有一爿戏馆叫龙门大戏院，里面有个小卖部，管小卖部的是我堂房的阿姨。我要看戏了，我阿姨就说，你在我小卖部的柜台上坐着看戏，等于是戏馆的最后一排，我是看得见的，只是看得糊涂一点。"

评弹艺术家陈再文儿时家境殷实，他也清楚地记得自己放学后经常去戏院戏馆报到的情景，陈再文说："因为我父亲是经商的，他经常请客人看看戏，听听书，所以我父亲在上海的几爿大的戏馆一年四季是长包位子的，我和兄弟吃好晚饭、做好功课就到戏馆、书场里去，反正那个时候里面的服务人员会热情招待，把前面的几排位子留好，茶、点心、小吃都会拿上来。"

为观众找好戏，为好戏找观众

1949年新中国成立后，上海的戏剧舞台发展揭开了崭新的历史篇章，上海改造和新建了一批专业戏院和剧场，并对戏院、剧场进行了合理布局，形成了以国营、公营剧场为主体的大、中、小相结合的上海剧场体系。

邱国明说："我们市文化局直属的六家单位，后来又把文化广场算进来，一共七家单位一直是由市文化局直管的，其他剧场一般都是放在区里面由区级文化馆分管的。市直管的就是兰心、卡尔登（长江剧场）、美琪、天蟾（劳动剧场）、共舞台、人民大舞台，这六家剧场戏院的舞台条件相对来说是比较好的。"市民穆晓炯说："浦东基本上没什么戏看，只有一家东昌电影院，可以看看电影，对面有（工人）俱乐部，有时候会演一些戏，名家基本上是不会到浦东来的，那么，浦东人看戏主要是从陆家嘴码头摆渡到延安路去，那儿有许多戏院。"邱国明还说："50年代的时候我们就想建国家大剧院，当时周总理、陈毅亲自批准，这个剧场的模型、图纸基本上都出来了，但是没造成功。规划的地址就设在上海展览馆的对面，就是现在的波特曼大酒店、上海商城这里。"

由于当时文化生活的匮乏，所以去戏院看戏、到电影院看电影成了很多百姓茶余饭后最喜闻乐见的娱乐活动，60年代出生的穆晓炯还清楚地记得第一次跟随父母去看戏的情景，穆晓炯说："大人带我去看的都是星期天的日场，一般都是外地的剧团或者戏校的剧团，比较便宜，主要为了让孩子去体验体验剧场的氛围。我第一次去看的是《白蛇传》，因为《白蛇传》有一些武打的场面，故事情节也比较有意思，神怪这样的主题比较有吸引力，所以家长带我去看了。"

尽管当时物质条件不尽如人意，但会"做人家"的上海人对于看戏的热情却不减，为了看戏练就了攒钱和精打细算的本领，穆晓炯说："因为我也喜欢看戏，爸妈说这样，你考试每次考一百分，可以看一个日场的戏，四次一百分就可以去看一场夜场的，或者看一场名家的戏。是去看便宜的，还是看贵的，就看我的考试成绩。"市民卓如平说："50年代，从初中一直到高中，因为星期六下午不上课，一吃好饭我就乘1路有轨电车，从横浜桥站乘到丽都花园门口下来去看戏，买最便宜的票，我一个人坐在后面，每个星期都去看。"

看戏最不好的位置就是最后面，因为看不清楚，以前年纪大的人，为了节约，买最后几排的票，演员出场了，表情也看不清楚，要带望远镜去看。稍好一点的座位是稍微靠前面一点，但是靠旁边，观众要斜着看，秦来来回忆说："我们小时候毕竟大家生活条件都差不多，经常要看戏是有点困难的，戏院票价最高是一块一角，最低票价是天蟾舞台三楼的后座，是两角，但基本上这个两角的票它是不卖的。"秦来来还清楚地记得他同学利用时间差省钱看戏的妙招，他说："当时有些从外地到上海来出差的人会去看戏，上海到宁波的轮船都是晚上十点钟开船的，所以看到九点钟，他就要走了，戏一般到八点三刻、九点钟时有中场休息，我同学发现了就问要离场的人说'爷叔，你等一会儿还进来吗？'人家说我走了，就把票根给他了，这样一来，他就坐上了五角、六角的位子，甚至于七角、八角的位子也被他坐到了，这样看戏就更加有劲了。"

看戏时坐的座位其实非常讲究，懂戏的人会根据自己的喜好，选择价格适中又符合自己欣赏习惯的位置。以前我们买票子说买两边的，买两边有两种买法，一种买左面的，正对着乐队，不看乐队的人要买右面的，右面是看演员出场，甚至可以看到演员候场。而第一排看戏最不好，头抬得很高，首长来看戏都是坐第八排以后了，不会坐在最前面的，坐在后面视野比较宽一些。

名家刚刚出来就鼓掌，这个就叫碰头彩，说明这个演员有名气，没有名气的演员出来，观众一时还不了解，不会鼓掌，悄然无声，只有等他一点一点演出名堂了，唱得好了，观众才会叫好。秦来来说："有的人喜欢看上场门的，演员上场，特别像京戏，一声倒板，九龙口亮相，有的人喜欢看这个，'好'，演员一出来亮相，他就叫好，他喜欢这儿的位子。"

热门爆满的戏目通常选择座位的余地很小，有票进场就已经足够令人欢欣鼓舞了。上海戏剧学院戏曲创作班毕业的王韵健曾经在人民大舞台看过越剧《红楼梦》，对当时舞台上华丽的布景仍然印象深刻，他说："印象最深的舞台，最华丽的就是《红楼梦》。我第一次看《红楼梦》，座位是蛮偏的，舞台有许多看不到。人民大舞台的舞台很宽，一个大观园的布景相当好，漂亮得不得了，美轮美奂，服装、布景都是很大型的，整个这样的布景演出小的剧场是不可能实现的。"过去接待国外院团的演出都在人民大舞台，因为国外大型的音乐舞蹈团在一般小场子演不了，而人民大舞台一楼、二楼一共2 062个位子，能够满足大型演出的需求。

很多真正喜欢看戏的人往往不是冲着剧情，因为舞台上所有的台词他们都熟悉，比如《梁祝·楼台会》《盘夫索夫》《红楼梦》，下面的观众可以跟台上演员一起唱，看了十遍、二十遍还要看，下面一句台词说什么观众都知道，真正令他们痴迷的往往是演员、表演、布景、服装、动作等。绍兴小百花越剧团1986年首次来沪，在瑞金剧场上演《劈山救母》一炮打响，赢得了一批忠实的观众，这些戏迷几乎是伴随着演员共同成长的。曾经在瑞金剧场从事管理工作的蔡金元说起小百花

1957年越剧《红楼梦》布景设计图

首次来沪演出记忆犹新，那次演出共有15场，瑞金剧场的座位有1 303个，15场是19 000多人次，票能不能卖得出去，他心里没底。他就走访了许多越剧迷，而越剧迷纷纷表示说："好啊，我们要看啊，新的一代扮相漂亮，记忆力又好，又可爱。"王韵健回忆当年谢幕的情景时说："特别到最后谢幕，最后一场，知道要结束了，戏迷们几乎都要冲上去。"

对于很多喜欢听京剧的人，有的唱词他听不懂，特别是青衣，有的唱腔如果不熟悉的话，虽然这个戏的情节他是知道的，但许多唱词是听不懂的。因此早在20世纪六七十年代，剧场就很人性化地为戏迷们提供了唱词字幕的服务。

老戏院，新剧场

瑞金剧场作为以演出越剧为主的专业剧场在上海占有一席之地，新中国成立后上海市人民淮剧团也在金城大戏院站稳了脚跟。1957年年底，周恩来总理提议将金城大戏院更名为黄浦剧场，并亲笔题字，沿用至今，成为一段佳话。黄浦剧场副总经理茅亦铭说："黄浦剧场地处市中心，当时淮剧团在这儿有很多演出，筱文艳同志也是著名的淮剧演员，她和周总理的关系很好。她当时年纪比较轻，就很调皮地跟周总理说：总理，你是不是能够给我们这个剧场起个名字？周总理就问了，你们这个剧场是属于上海哪个区？边上的职工都说，这儿是黄浦区，周总理就说了，这样吧，取名黄浦剧场吧。"

70年代以后新建的一批剧场，主打为普通大众服务，基本可以满足一般的演出需要，到了改革开放后的80年代，那些年久失修的老戏院舞台的问题就逐渐暴露了出来，邱国明说："以前，天蟾舞台就是这样的，外面下大雨，里面也下大雨，整个屋顶全部漏水，剧场里面全部都是水，观众厅里面稍微好一点，在角角落落里，水就流下来了。"当时文化主管部门向上级部门汇报剧场的情况，拟分批地进行改造，为此增加修缮的投入。在热火朝天的市场经济大潮中，上海那些曾经有着辉煌历史的老剧场和戏院如今却落寞地静待在城市一隅,很多还是没有逃脱被拆除的命运。上海瑞金剧场就遇到了交通改造,因为修建高架桥,被切掉了一半。市民李建华说:"有些戏院没有人看,再加上长期没有维护,变为危房被拆除。复兴路与陕西路交界的地方有个上海电影院,解放前叫上海大戏院,我觉得它被拆除很可惜的,这个地方地段这么好,说拆就拆,而且它是造在居民集中的地方,开在弄堂口,人家进进出出都看得到的,到了90年代以后,就彻底关张了。"

与此同时,上海的演出市场也百花齐放。80年代初期,由于话剧剧目紧跟时代,剧本经常更新,受到了知识分子的追捧和喜爱,话剧演出再次火爆起来。长江剧场是当时上海主要的话剧演出场所,诞生于1923年的卡尔登大戏院,由英国人投资兴建,它见证了中国话剧走向商业化的风风雨雨,被誉为"话剧大本营",中国现代话剧的扛鼎之作《雷雨》《日出》都是在这里首次公演并产生巨大轰动的。1951年12月起,它被更名为"长江剧场",话剧迷缪迅当时几乎跑遍了上海所有上演话剧的地方,他回忆说:"那个时候,我是骑着自行车到处跑,哪里有戏有表演,哪里有好的话剧,我就到哪里。那个时候人艺也好,长江剧场也好,他们都是有一、二两层楼,所以可以坐一千多人,坐在后面也听得非常清楚,看得非常清楚。"

到了90年代,上海大剧院的建成使沪上的文化娱乐设施跃上了一个新的台阶,2005年投入运营的上海东方艺术中心堪与国际同类设施相媲美,也为上海这座国际化大都市增添了新的景观。上海大剧院的造价将近五亿元,实现了完全跟国际接轨。

对于这样翻天覆地的变化,秦来来感叹说:"改革开放以后,当然有不少剧场消失了,但是又有新的剧场建起来了,比如我们刚才说到的上海大剧院。20世纪三四十年代的剧场到现在有了质的变化,剧场的质量提高了,观剧的舒适程度提高了,剧场演员运用现代化技术的手段提高了,这些都给我们看戏带来一种全新的享受。"

上海大戏院,历经了七十余年沧桑变迁,在2017年3月重新迎客,开幕大戏与最初一样,上演的依然是曹禺先生的话剧《原野》。在老戏院改造翻修的同时,一大批新建剧院也在不同的商业区横空出世,关于"剧场群"的概念也开始进入了我们的视线。在演出市场日益多样的今天,承载着上海文化历史沧桑的老戏院与国际化的新剧场交相辉映。

(编写 李夕冉)

"双字辈"的故事

说起上海的滑稽戏,观众自然会想到姚慕双、周柏春和他们的"双字辈"。戏迷陈金星至今还记得,几十人在弄堂口守着一台电视机观看"双字辈"师徒演出的火爆场面,在文章中提出"双字辈"一词的徐维新在细细梳理"双"字班、"双"字第一班、"双"字第二班等诸多"双字辈"间的因缘际会时总是感慨万千。20世纪七八十年代,经历了短暂沉寂的上海滑稽舞台又焕发出了蓬勃生机,"双字辈"排演的诸多剧目轰动一时。"双字辈"们传承了姚慕双、周柏春的幽默与高雅,建立了不同的表演风格和特色,担当起了光大上海滑稽戏的重任,成了上海滑稽界的中坚力量。虽然许多"双字辈"艺术家已经离开了我们,但他们的音容笑貌永远留在了无数观众的记忆里。

从"姚周"到"双字辈"

中国第一部故事片《难夫难妻》上映于1913年,影片由郑正秋执导,片中主角则是由早期的文明戏演员丁楚鹤扮演,而在这一时期广受欢迎的新剧(即文明戏)正是如今上海滑稽的前身。上海滑稽是滑稽戏和独脚戏的总称,它是在上海这片五方杂处的土地上孕育出来的一朵奇葩,也和中国话剧的产生是同步的。

滑稽泰斗姚慕双之子姚勇儿介绍说,上海的滑稽戏、独角戏从20世纪20年代开始从电台走向剧场,再返回电台,再到剧场,滑稽戏是上海土生土长的、从都市文明中产生出来的一个剧种。虽然说上海是中国戏曲的半壁江山，但是很多剧种的发源地不是在上海，只有滑稽，它的发源地、发祥地都在上海的都市，都在市区，是从南京路、西藏路、福州路的一些剧场、电台里出来的，所以上海的滑稽戏和独角戏，真的是上海的一张名片。

上海滑稽是在上海诞生的戏剧样式，如今，听上海市民聊起上海滑稽，他们口中出现频率最高的一个词就是"双字辈"。徐维新是从戏迷入行的上海滑稽的编剧，他对上海滑稽颇有研究，他介绍说："双字辈是在1948年到1950年左右投在姚慕双、周柏春门下的一批青年，他们也是分一批一批的，吴双艺、王双柏、郑双麟，再加上一个钱双恩，这个是双字第一班。过了不久，有沈双亮、王双庆、袁双奇几个人加入组成了双字班。再后来，又有张双勤、李双俊组成了双字第二班，实际上'双字辈'里面以班名义命名的就是这样三批人。"

1984年，徐维新比较系统地了解和调查了"双字辈"的状况，后来在戏剧报纸《舞台与观众》上写了一篇题为《滑稽界的双字辈》的文章，第一次提出了"双字辈"的概念，并统计出"双字辈"成员前前后后共有二十多人。姚勇儿列举了"双字辈"的主要演员：吴双艺、王双庆、翁双杰、童双春、王双柏、沈双亮、沈双麟、吴双龙、傅双虎、李双静、张双

姚慕双、周柏春和"双字辈"演员

"双字辈"的故事

1980年李青、方艳华在文联拜师姚慕双、周柏春

勤、沈双华、钱双恩；还有女演员诸葛英、上官琴、欧阳丽；到80年代，又收了李青、方艳华，以及无锡的钱吟梅、杭州的金小华，和评弹演员沈中英。

以上这些都是滑稽戏迷们耳熟能详的滑稽大腕，而关于这些"双字辈"名字的由来，童双春曾在香港一次演出的自我介绍中，做了一番幽默的解释。他说："1985年，我到香港去，第一次介绍自己，是这样介绍的：我们是姚慕双、周柏春两位老师的学生，外面人称'双字辈'。为什么叫双字辈？因为我们名字当中都有一个'双'字，像吴双艺、王双庆、童双春、翁双杰，这些是我们男学生，女学生名字当中没有双，姓当中有双，是复姓，如司徒、欧阳、上官、诸葛，她的'双'是藏在里面的，叫'内双'，我们男学生的'双'是放在外面的，称为'外双'。双字辈年纪蛮大了，现在都变'老双'了，有两个新拜师的，年纪比较轻，这个是'轻双'，有两个块头比较大，分量比较重，这个是'重双'，唱歌的李双江他不是双字辈，硬要加一个双，这个叫'硬双'。"

"双字辈"成员、著名滑稽表演艺术家王双柏表示自己之所以当年取了"双柏"的艺名，就是想把姚、周两位老师放在自己的名字里，他回忆说："柏是周柏春的柏，双是姚慕双的双，这两位老师在我的名字里面一放，这样呢，两位老师的名字就永远铭记在我心目当中。"让王双柏想要永远铭记的姚慕双和周柏春，合称"姚周"，他们不仅是"双字辈"的恩师，更是上海滑稽界的一代大师。

在上海滑稽史上，姚慕双、周柏春被称为"新三大家"中的领衔者，据曲艺批评家徐维新介绍，在20世纪20年代末，王无能、江笑笑、刘春山，在滑稽史上被称作"三大家"。到40年代中，又出现了滑稽的"新三大家"：姚慕双、周柏春一家；杨华生、张樵侬、笑嘻嘻、沈一乐一家，也叫"杨张笑沈"；还有一家叫"程刘于"，即程笑飞、小刘春山、于祥明，它的谐音叫"阵头雨"。在新三大家中，姚、周又是领衔的那个，名望是比较高的。

王双庆则指出了姚、周两位老师的表演特点，出言吐语比较文雅，肚子里学问好，出口成章，表演过的段子都相当有水平，非但噱，还有知识性和趣味性。

程门立雪，偷师学艺

上海滑稽界"双字辈"演员在拜师学艺中发生了很多故事，古话说"疾学在于尊师"，当年王双柏慕名向姚、周拜师时，真的就像那个家喻户晓的成语故事一般，有段"程门立雪"的佳话。

据徐维新介绍，收谁做徒弟也不是姚慕双、周柏春自己决定的，他们的妈妈在其中也是起作用的，需要她点头，让她看过觉得这个人可以，姚、周才能收他做学生。当然也有一些人因其执着，感动了姚、周。之所以收徒非常慎重，据王双柏说，也是担心一些人是由于心血来潮觉得滑稽戏好玩而来拜师，热情一过也就放弃了，而他自己学艺则是常年坚持，风雨无阻。

有一次是小年夜，那一天下了大雪，王双柏和另外两人就站在电台的门口，等姚慕双、周柏春出来，一定要拜他们为师，王双柏回忆说："电台就在老师家的隔壁，等到姚慕双、周柏春从家里走出来，看到门口雪白的三个人站着，两位老师说快进来，心疼死了，这么冷的天在门口等着，感动到了，就把我们叫到里面去，马上把我们身上的雪弄掉，对我们说这么冷的天就不要来了呀。我们对老师说，我们实在太喜欢滑稽事业了，希望老师能够收我们三个人做学生。"

过去由于社会上对戏曲演员存有职业偏见，加上家庭环境的各不相同，在当年的"双字辈"弟子中，有人因为入行而被迫离家出走，如王双柏，也有人因拜师而成就了一段姻缘，如王双庆。王双柏回忆起那段因为投身滑稽戏而与父母闹翻，不得已出来租房的经历，他说："我父母说，你要唱戏呢，我不反对的，要么唱京剧，要么唱沪剧，这些是讲得出的，唱滑稽，他说我讲也讲不出。最后父母跟我闹翻了，对我说你要唱滑稽，你就不要认我这个父母，你给我滚。我跟郑双麟两个人商量好，挑时间离家出走，那么要去借房子了，在市区是借不起的，偏远一点的地方价钱便宜点，我们就借在打浦桥。刚巧有一间房间可以借给我们的，但是二房东有一个条件，让我们不要开窗。我们又不敢问为什么不要开窗，晚上睡觉时，房间里不能开窗，闷死了，我们把窗一开，发现隔壁是养猪的，才知道自己上当了，怪不得叫我们不要开窗，我们以为有什么秘密呢。"

王双庆结婚是在1950年10月，在他拜师之后一年，男方的媒人正是老师姚慕双，女方媒人则是姚慕双的老师何双呆，证婚人请的是上海戏曲改进协会的主席董天民，下面宾客中唱滑稽的演员很多，"双"字班全来了，然后一档一档上去表演。

正所谓"师傅领进门，修行靠个人"，"双字辈"的成长离不开姚、周两位老师的指点，更有他们个人的用心和努力。王双庆对那段学艺的岁月记忆犹新，他回忆起那段日子时说："姚、周两位老师当时忙得不得了，日日夜夜忙，当时他们兄弟有辆小汽车，开来开去，在上海到处表演，他们没时间教我们的，全靠的什么呢？身教重于言教，主要靠我们自己看，所以我们学艺属于偷的，滑稽艺术是偷来的。姚、周两位老师上台表演，我们跟过去看，他们上电台播音，我们跟过去听、看、学，自己回来在记事本上记记，温习温习。"

徐维新认为，姚、周看似没有专门教学，实际上对学生是有严格要求和规范的，比如独角戏的两个演员应该怎么站，姚、周都有自己的规定，你站错了就不对了，上首是上首位置，下首是下首位置。

王双庆原名王嘉庆，他拜师的时候，周柏春给他取艺名"王双春"，这个"春"字，正来自先生自己名字里的"春"，可见周柏春对这位徒弟的喜欢。可是王双庆不想把原名改得这么彻底，周柏春听了并不生气，他和哥哥姚慕双商量后给徒弟重新起了"王双庆"的艺名。

王双庆的独角戏名段有《看电影》《滑稽北国之春》《拉黄包车》等，在滑稽戏《甜酸苦辣》《大闹明伦堂》等作品中也均有出色表演。

对于老师的教诲帮助，"双字辈"的演员们都铭记在心，王双柏觉得，自己的一大遗憾，"就是'断奶'断得太早了，离开师傅太早了，翅膀毛还没有干就想飞了，所以我一直讲的，我两个师兄弟，他们非常幸福，在老师的悉心培养之下，都成了名角儿"。童双春也觉得，自己"人生的起步点上是姚、周两位老师为自己起了一个好的开头，使我站稳了脚跟，得到了锻炼、提高和成长。我从心底里讲，蛮感激我两位恩师的"。

滑稽戏的黄金时代

寒来暑往，这样一批投在姚慕双、周柏春门下的有志青年，他们的滑稽表演艺术日益成熟，自20世纪60年代起成为滑稽艺术界的中坚力量。徐维新认为，在滑稽界，从20世纪50年代到80年代，"双字辈"是中流砥柱，没有他们坚持的话，滑稽艺术的传承就会成为大问题。上海滑稽剧团那个时候有"三座大山""四座小山""一个飞来峰"的说法，"三座大山"是指姚慕双、周柏春、袁一灵，"四座小山"是指吴双艺、王双庆、童双春、翁双杰,"飞来峰"则是指严顺开。

20世纪50年代,收听广播中的滑稽戏和独角戏,就是上海百姓喜闻乐见的娱乐形式。那个年代,没有电视,老百姓的娱乐活动很少,广播电台播出的滑稽戏让全上海的"浴池无人、电车空驶、路人罕有",戏迷陈金星说:"我记得在50年代的时候,夜饭吃好,我就什么事情都不管了,就等在收音机边上听姚慕双、周柏春两位老师的滑稽。"王双柏也有同样的回忆,他说:"从六点到八点,姚慕双、周柏春自由弹唱,你骑一辆自行车到全上海去兜一圈,每一户人家,卖糖炒栗子的、水果摊、裁缝店、剃头店,每家每户都在收听姚、周的节目,收听率高到百分之两百。"

到了七八十年代,经历了短暂沉寂的上海滑稽舞台又焕发出蓬勃生机,"双字辈"排演的诸多剧目轰动一时。戏迷瞿铭荣记得,当年两张《满园春色》的票子就可以换一双荷兰牌皮鞋,而外地观众来看《路灯下的宝贝》则要先凭介绍信到劳动剧场登记。

1978年,改革开放的春风吹遍了中国大地,上海滑稽界满怀热情复排的滑稽戏《满园春色》让广大观众欣喜万分。当时电视台进行了实况转

姚慕双在《满园春色》中饰演4号服务员

1978年《满园春色》剧照

播,由于电视机还未普及,戏迷瞿铭荣至今还记得老百姓争看电视的情景,他回忆说:"看《满园春色》的时候,热闹到什么程度?如果一个人家里有一个电视机的话,大家会拥到他家里去看实况转播。家里地方太小,如果有一个好心人,派头大一点的,会把自家电视机摆在门口,在不通公交、不通汽车的马路的上街沿上,把电线拉出来,放电视给大家看,不是一个、两个人看,而是几十个人看。那个时候,观众心里面满是对戏曲的一种饥饿感。"

《满园春色》这出戏是在1960年划入上海艺术剧院的滑稽剧团的首演剧目。当时吴双艺饰演的8号服务员十分出彩,与先生姚慕双饰演的4号服务员、周柏春饰演的2号服务员相得益彰。1963年《满园春色》应邀进京演出,受到前来观看的周恩来、朱德、董必武、陈毅等中央领导的充分肯定。

十年"文革"结束以后,当年投在姚慕双、周柏春门下的"双字辈"学生成为上海滑稽界的中坚力量,他们排演的诸多剧目轰动一时,一票难求。姚慕双的儿子姚勇儿长期和父亲生活在一起,耳闻目染,对上海滑稽

1963年《满园春色》在北京演出，演职人员与陈毅、李先念等领导人合影

界的情况很熟悉，他记得当年观众为看一场滑稽还惊动了消防队。原来，由于夜里天太冷，通宵排队买票的观众找来饭店放菜的竹筐，放进几只轮胎焚烧用以取暖，结果演出《满园春色》的解放剧场门前出现了一堆堆篝火，才导致虹口区消防局、派出所都出动了。

《满园春色》里有一句经典台词："这位是炼钢工人，炼钢工人好极了，哎呀，亲爱的炼钢工人，你们为祖国的钢铁夜以继日地劳动，战高温夺高产，亲爱的同志们，伟大！伟大！"而陈毅在观看此剧后，也同样以"伟大"予以高度评价："伟大，伟大，你们非常伟大！创作了一个社会主义的滑稽戏。"童双春回忆，那段时期是滑稽戏的黄金时代，《满园春色》一连演出半年，广受欢迎，一直满座，在电视中也播放过三次。在文化宫里看《满园春色》的电视播出，原本3分钱一张票被炒到一角钱，那时两张《满园春色》的票子，可以换两包凤凰牌香烟或是24元钱一双的荷兰牌皮鞋。

如果说，70年代末80年代初的那几年是滑稽戏的黄金时代，那么当年风华正茂的"双字辈"，也正是在这一时期迎来了他们艺术的春天。"文革"之后，除了《满园春色》，还有两出滑稽戏影响很大，一部是《出色的答案》，另一部是《性命交关》。那时滑稽戏创作的气氛也是空前高涨，一方面是演员由于艺术春天到来而产生的艺术冲动，另一方面也是由于观众十几年来没有好好看过滑稽戏而产生的对看戏的渴望。

1978年《出色的答案》剧照

1979年《性命交关》剧照

《性命交关》是与《出色的答案》同时期的一出滑稽大戏,它的排演出人意料地引起了美国喜剧大师鲍勃·霍普的注意,据编剧之一徐维新介绍,该剧讲述的是"文革"中的医护战线,童双春、吴双艺、翁双杰、李青、王双庆等分别在剧中饰演不同角色。李青回忆,那时中美建交不久,他们正在上海兰心大戏院演出《性命交关》,戏院门口有很多观众在等票子,引起了住在对面锦江饭店的鲍勃·霍普的兴趣,他弄来票子观看了该剧,一下子看中了李青、袁一灵、翁双杰,并将三人借调到北京拍摄《通向中国之路》,这也是新中国成立后中美合拍的第一部电视片。

俗中见雅，各成一派

那个年代"双字辈"各位师兄弟的表演各具特色，吴双艺"稳"，童双春"阳"，翁双杰"跳"，王双庆"阴"，李青"爆"，这"双字辈"五虎将真是个性鲜明，用他们自己的话说，真是占尽了戏剧里面的生旦净末丑，因而他们的表演也是色彩纷呈。

吴双艺是"双字辈"中的大师兄，他对独脚戏"说、学、做、唱"的技巧掌握相当娴熟，演出剧目近百出。他善于刻画人物，表演幽默，语言诙谐，独角戏《看电影》《打电话》等都给戏迷留下了深刻的印象，戏迷陈金星至今还能背得出戏中的台词："喂，你是谁啊？我的声音你也听不出的，我是小毛的爹。"而吴双艺在《全体会》中的表演也得到了赞许，徐维新评价说："曾经有一个段子是老艺人朱翔飞演的，到他手里再演，叫《全体会》，讲身体里面的各个器官开会。他要演很多的器官，用拟人的手法把它模拟出来，他既要用方言来区别，又要叙述，这一点我觉得其他人就做不到。"

童双春外貌英俊，在滑稽戏中多扮演正派小生角色，如《满园春色》中的饭店龙书记、《出色的答案》中的科研人员曾晓勇、《性命交关》中"靠边"的外科医生常春来。为了在戏中既挖掘出正面人物的喜剧因素，又掌握分寸，他努力探索，获得了成功，姚勇儿评价说："童双春是演小生的料，本身舞台形象好，用现在的话讲起来就是比较帅，浓眉大眼，年纪轻、身材好、嗓子好，身上的功夫也好，练过武功什么的，因此他是以演正派为主的。"而童双春创作的绕口令《玲珑塔》以其难度之大，又使他的艺术上了另外一个台阶，这从《玲珑塔》的选段中可见一斑："伯伯晒大麦，来了八只鸭，八只是白鸭，白鸭只只白，只只白的鸭，要吃伯伯麦。白伯伯，看大麦，赶白鸭，赶走白鸭保大麦，赶走八只白的鸭，守牢八百八十八斤白的麦。刚刚赶走八只白的鸭，突然间，天上乌云遮得蓝天变了色，狂风吹散地上晒的麦，滴滴答答落湿伯伯头上白头发，涕涕溻溻淋湿伯伯脚上白布袜。天上变颜色，地上晒大麦，落湿白头发，淋湿白布袜,白布袜,白头发,晒大麦,变颜色。"

在上海滑稽界王双庆被公认为是多面手,有时候姚慕双、周柏春因病因事"二缺一",王双庆便会上台替补他们其中的一个,笑咪咪、袁一灵等前辈也爱同王双庆合作,姚勇儿评价他说:"王双庆比较冷面,他是阴噱,也是学周柏春一派。当然,王双庆人非常聪明,他除了演出,自己也创作过很多独脚戏和小戏,而且他除了学姚、周之外,还学其他的派别,如袁一灵老师、笑咪咪老师他也学的。"戏迷瞿铭荣说:"王双庆人比较瘦,给观众印象来讲呢,他比较适合演引人笑的戏,印象最深的是什么呢?在《大闹明伦堂》中饰演的秀才。"

深度近视眼镜是王双庆的一个标志,王双庆回忆说:"开始上台的时候,我的眼镜度数已经是600—700度了,在唱戏和可以戴眼镜的时候我尽量戴眼镜,这副眼镜成了我王双庆的标志。有一次因为天热流了很多汗,我滑了一个空心跟头,一副眼镜跌在地上,下面'哗',是满堂彩,也是倒彩。这一下子我慌了,因为看不清了,在台上开始摸,一摸,摸到了眼镜,拿起来,我想这怎么办呢?临时脑筋一动,我说你们看见没有,我空心跟头,头不着地翻过去,这副眼镜跌在地上,两块玻璃,你们看,一块也没有碎,这个就是真功夫,老实说京剧的武生演员也比不上,下面又是'哗',这是一个噱头。"

1981年《路灯下的宝贝》剧组合影

在滑稽戏《路灯下的宝贝》中，二十多岁的蒋二毛是由当时已经55岁的小胖子翁双杰演的，开始导演担心他难以胜任，翁双杰拍胸担保："你放心。"于是他每天早晨练习跳绳，不久就瘦了9公斤，戏中的蒋二毛要爬脚手架，翁双杰天天练习攀登，戏迷陈金星说："我为什么会被《路灯下的宝贝》感动呢？因为'双字辈'演员这个时候年龄已经蛮大了，但是他们克服了年龄上的障碍，翁双杰还扮演了一个小青年，蹦蹦跳跳很活跃，而且扮得非常像，就像一个当代的小青年，所以我很佩服这几位老师。"

李青表演夸张有致，擅长扮演各类穿针引线的人物，独脚戏代表作有《赞红娘》《唱山歌》《调查户口》《瞎子店》等，在《性命交关》等滑稽戏中也有出色表演。

如今，上海滑稽已经被列入了国家级非物质文化遗产名录，承前启后的"双字辈"艺术家在传承中也有自己的创新，逐渐形成了他们各不相同的艺术风格。在传承上，"双字辈"演员像姚慕双、周柏春两位老师一样，没有低俗的表演和语言，但在艺术道路上，他们也没有刻意去学老师的语音语调，不拘泥于姚、周两位老师的表演，还吸收了其他很多人的长处，再充实自己，因此这二十几位"双字辈"滑稽演员的艺术都可以各成一派。

姚慕双、周柏春两位滑稽泰斗共同培养了"双字辈"滑稽戏演员数十人，他们的作品也深入人心，在滑稽界享有崇高的威望，而"双字辈"为了追随和传承姚周"俗中见雅、智逗噱头"的充满书卷气的表演体系，他们发奋图强，传承创新，用色彩纷呈的表演艺术为广大群众带来了难以忘怀的欢乐和愉悦。

（编写 陈 强）

难忘的《外国名歌200首》

20世纪50年代,有一本叫《外国名歌200首》的书家喻户晓,这本外国歌曲袖珍本收集了世界各地的224首电影插曲、民歌和流行歌曲,有苏联、南斯拉夫、印度尼西亚的,也有意大利、德国、巴西等国家的,像《莫斯科郊外的晚上》《喀秋莎》等苏联歌曲在当时非常风靡,几乎所有的年轻人都会哼唱。《外国名歌200首》和《外国名歌200首续编》给当时的音乐爱好者们带去了精神食粮,歌集里所反映的人类情感和经典旋律曾激励了一代又一代人。如今《外国名歌200首》出版已过去了六十年,但每每唱起其中的某首歌曲或哼起某段旋律,人们总会有非常亲切的感受和美好的回忆。

了解世界音乐的窗口

新中国成立以后,为了丰富人民群众的精神文化生活,同时打开一扇了解世界音乐的窗口,北京音乐出版社在1958年11月出版了一本专门登载外国歌曲的歌集,名字就叫《外国名歌200首》。歌集总共收录了224首外国歌曲,分为现代歌曲、民歌和古典歌曲三个部分,现代歌曲主要收录的是第二次世界大战中苏联、东欧等一些社会主义国家和亚非拉国家的歌曲。

据乐评人李定国介绍,这本歌集收录的是世界各国的歌曲代表作,很多都是人民群众喜闻乐见的,如《鸽子》《小路》《红河村》《含苞欲放的

难忘的《外国名歌200首》

《外国名歌200首》

《外国名歌200首续编》

花》《深深的海洋》《苏姗娜》《西波涅》等。上海市民李申认为，歌集反映了不同国家人们的生活、学习、工作、爱情、劳动的情况，非常通俗易懂，非常上口。作曲家沈传薪也认为，这些歌曲反映的面很广，有歌唱母亲、父亲、兄妹的，也有歌唱家庭、爱情的。在当时革命歌曲传唱的氛围下，这种异国情调歌曲的传入，对于普通人来说，无异于一种全新的体验。

这是一本简谱中文版的袖珍本歌曲集,可以放进衣服口袋里,方便音乐爱好者随时随地翻看,学习哼唱,上海市民胡芷苓说:"这本书小小的,是蛮袖珍的一本书,比课本长度要少掉三分之一,但是蛮厚的。"中国船舶工业公司第708研究所研究员周师鹏说自己凡是出差或旅游总会带上《外国名歌200首》。

《外国名歌200首》得以广为传唱,有赖于一个阵容强大的译配者群体,他们为歌集出版作出了相当大的贡献,比如编译《我的太阳》的尚家骧、编译《欢乐颂》的邓映易、编译《莫斯科郊外的晚上》的薛范等都功不可没。沈传薪认为,歌集中的歌很全,有各个国家不同风格的,翻译者又将其译为中国人能够理解的歌词,以传播外来文化。所以这本书虽小,它的分量很重,情谊很深,内涵很多。对此乐评人李定国介绍说:"为了这本歌集的中文翻译和配歌能够通达易唱、朗朗上口,音乐出版社请了很多中国当代的音乐、翻译方面的名家来参加编译工作,其中有钱仁康、安娥、赵沨、尚家骧、邓映易、廖晓帆等等。"男高音歌唱家戚长伟也认为歌词的翻译极为重要,他说:"你唱意大利文,中国听众肯定听不懂,那如果翻译成中文是有讲究的。薛范专门翻译苏联歌曲,翻得好。中国的语言有白话文和文言文之分,有时候,你翻得太文雅了,听众听起来就不习

《莫斯科郊外的晚上》翻译者薛范

惯,要口语化翻译,唱得顺了,大家听得明白。"

除了现代歌曲和民歌,《外国名歌200首》及续编中的古典歌曲一共有153首,占了全部歌曲的三分之一,如意大利的《小夜曲》是《外国名歌200首》中的第215首,还有选自歌剧《蝴蝶夫人》中的《当晴朗的一天》是《外国名歌200首续编》中的第219首,这些歌曲当年在推广和普及高雅艺术中起到了积极作用,女中音歌唱家徐镛回忆说:"我们家有一部电唱机,像五斗柜那么大,两边橱门打开,可以放唱片,爸爸没事就在家里放唱片,所以我听了很多很多外国音乐。"

市民胡芷苓不仅十分喜爱书中收录的歌曲,她还乐于跟同学们一起分享,当年没有复印机,抄写起来十分辛苦,但他们却乐在其中,她回忆说:"后来一位男同学看到了,悄悄地跟我讲,你借给我看看好吗?我说,借是不借的,你喜欢哪一首歌,我就抄写给你。他说,我喜欢《田野静悄悄》。我说,好的,等下课后,我抄给你。结果下课后,两个人就在课堂上抄,他说抄一张不够的,他带了一张蓝印纸,再复写一张,这样一抄就有两张了。同学们很顽皮的,看到我们两个人放学了不回去,就趴在窗户上看,又跑进来拿起这张蓝印纸看,因为新写过字的蓝印纸是看得出上面的字迹的,后来小朋友就叫我'黑眼睛、黑眼睛',因为歌词里有一句,'黑眼睛的姑娘,她把我遗忘'。"

20世纪五六十年代,抄写《外国名歌200首》是音乐爱好者热衷去做的一件事,因为花5角5分钱去买一本《外国名歌200首》,在当时对不少人来说真是一种奢望。上海市民沈明昌喜欢拉手风琴,因此不得不把简谱转抄成五线谱,他回忆说:"因为我喜欢手风琴,怎么样使自己喜欢的歌曲变为手风琴的乐曲呢?那个时候,我就想到把这些歌曲一份一份抄下来,合起来大概总共抄了三本,五线谱像蝌蚪一样,要一个个画出来的,而且又不好涂改,要一稿形成,那个时候的确是花了很多的工夫,才形成现在这些内容,一直保存到现在。"

市民石红军也会用黑色的硬面抄从这200多首歌曲中抄录自己喜欢的,用于自己练唱和收藏,而市民陈道森一字一句抄写下来的歌词和乐谱却要拿去给合唱队排练时用。有时,合唱队会试着用原文演唱,他还要根据自己的理解,并听过外国人的演唱后,根据其发音,在歌词的原文上标

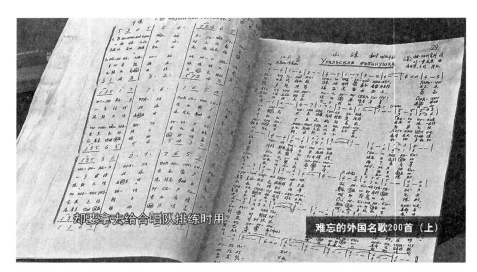

音乐爱好者抄写的歌谱

注出中文的发音,为此,他从歌集中选取了100首自己喜欢唱的,编成了一本多种语言的外国歌曲集。

风靡大江南北的苏联歌曲

在《外国名歌200首》中,苏联时期的歌曲有70多首,占了约三分之一,如《莫斯科郊外的晚上》《山楂树》《伏尔加船夫曲》《喀秋莎》《红莓花儿开》等歌曲反映了卫国战争时期苏联人民的革命激情和对幸福生活的憧憬,因此一经出版,便深受人们的喜爱。那时,人们可以通过收音机从电台广播中听到这些歌曲,对这些歌也是耳熟能详。

《喀秋莎》是一首家喻户晓的苏联歌曲,是《外国名歌200首》中的第27首,它描写了一位姑娘对参军入伍、保卫祖国的心上人的思念。卫国战争中,苏军官兵甚至把他们的火箭炮也命名为"喀秋莎",可见这首歌的影响之大。

华东师范大学研究员翁思再解释说:"歌词'正当梨花开遍了天涯,河上飘着柔美的轻纱,喀秋莎站在峻峭的岸上,歌声好像明媚的春光'

中，喀秋莎是一位女性，一个女孩子的名字，她想念她在前方的男朋友，这个男朋友是位战士，歌曲歌颂这位反法西斯战士，它通过一个女性的爱情口吻、以她的视角来表现，所以就具备了一种人性的力量，一种人类共同的力量。"

在纪念俄罗斯卫国战争胜利70周年庆典上，中国人民解放军三军仪仗方队伴着《喀秋莎》的旋律，昂首步入阅兵现场。上海市民沈明昌认为，《喀秋莎》音乐不仅仅是老百姓比较喜欢的，在重大的、庄严的场合中，采用这首歌曲也是用以表达对俄罗斯人民的尊重。

有一次，兰州军区文工团在上海招生，现在已是国家二级演员的徐锋当时考试时便是凭着演唱这首《喀秋莎》而被招进了文工团。

徐锋因为一首歌改变自己的人生轨迹，曹妮嫡也因为爱唱《红莓花儿开》使得这名远赴云南插队落户的知青改变了命运，踏上梦寐以求的音乐之路。这首苏联歌曲是《外国名歌200首》中的第24首，曹妮嫡回忆，1970年年底她插队到云南，一开始被分到基层的连队里，但由于她会唱歌，就被选到团部宣传队，当地山水很美，散步时她情不自禁地会唱起

年轻时的曹妮嫡在宣传队里演出

《红莓花儿开》。曹妮婻是幸运的，《外国名歌200首》给予她的很多帮助，加上她自身的努力，1979年，曹妮婻如愿考进了上海音乐学院，后来还留校做了一名声乐教师，她觉得这200多首歌曲一直陪伴着她，歌曲的旋律给了她很多营养。

一直以来，青年男女之间常常用歌声来倾诉自己对恋人的感情，李达丰、胡慧芳夫妇当年在谈恋爱时，李达丰就曾用一首《莫斯科郊外的晚上》打动了胡慧芳的心。这首苏联歌曲是收录在《外国名歌200首》中的第25首，李达丰回忆说："我蛮喜欢唱歌的，从小就喜欢，最早的时候是听我二姐唱，她经常唱《莫斯科郊外的晚上》《三套车》《春天里的花园花儿多美丽》等歌曲，我觉得非常悦耳，非常动听。"胡慧芳回忆说："我们第一次碰面是在复兴公园，因为我们都住在卢湾区，所以经常到复兴公园去走走。接触一年后，大家已经相处得蛮熟悉了，他就对我唱了《莫斯科郊外的晚上》这首歌。"听到恋人认真地对自己唱起了"深夜花园里四处静悄悄，树叶也不再沙沙响，夜色多么好，令人心神往，在这迷人的晚上"，胡慧芳深受感动，两个人走到了一起。

人们常说，爱情是艺术作品中永恒的主题，《外国名歌200首》也不例外，除了《莫斯科郊外的晚上》，歌集中还选收了一批情真意切、艺术感染力很强的爱情歌曲。当时还是初中生的胡芷苓曾买了一本《外国名歌200首》，由于年纪小，对感情似懂非懂，她听过一个邻居大哥吹口哨，后来她才知道，吹的是《田野静悄悄》。《田野静悄悄》是一首典型的俄罗斯风格民歌，是《外国名歌200首》中的第72首，歌曲中优美的旋律深深打动着年少时的胡芷苓，她回忆说："我只知道旋律好听，很有味道的，我听过邻居大哥唱，用口哨吹出来，觉得怎么这么美。还听我姐姐的同学在晒台上唱，他们唱得就像和声一样，有的高，有的低，真好听。"

著名音乐人与《外国名歌200首》

这些外国民歌除了在上海的电台和音乐会播出和演唱以外，1985年的"卡西欧家庭演唱大奖赛"对传播这些歌曲也起到了积极的作用。当年，

难忘的《外国名歌200首》

任桂珍和女儿在"卡西欧家庭演唱大奖赛"中演唱《纺织姑娘》

歌唱家饶余鉴(右)、任桂珍夫妇

女高音歌唱家任桂珍就以一曲《纺织姑娘》获得了大赛的家庭特别荣誉奖,这首俄罗斯民歌是《外国名歌200首》中的第74首。任桂珍回忆,那个时候报名的人不太多,恐怕当时人们还不太习惯这种形式,后来电视台编导找到她说,任老师,你带个头吧,你带着孩子一块去参加,那时她的丈夫饶余鉴老师还在国外。任桂珍因为喜欢唱歌,觉得这是好事,就带了

347

两个女儿去参加。她问女儿会唱啥,女儿说,《纺织姑娘》我们听到过。

在音乐家的家庭中,有的是夫唱妇随,也有妇唱夫随,歌唱家饶余鉴、任桂珍夫妇合作的一首意大利民歌《桑塔露琪亚》,唱得悦耳动听。对于专攻意大利美声唱法的饶余鉴而言,俄罗斯民歌《三套车》更是唱得饱含深情。这首歌曲是《外国名歌200首》中的第65首,饶余鉴介绍说:"冰雪遮盖着伏尔加河,冰河上跑着三套车,有人在唱着忧郁的歌,唱歌的是那赶车的人,歌曲是叙事性的,一个问,一个答。"

著名钢琴家王述是已故著名男低音歌唱家温可铮的夫人,她记得,《外国名歌200首》还曾经被作为上海音乐学院声乐系的教材使用,她回忆说:"上海音乐学院声乐系把书中很多首歌分别供初级、中级、高级班作为教学材料使用。《我的太阳》《黎明》是中级班用的,《老人河》《伏尔加船夫曲》《跳蚤之歌》,这些则是要给高级班唱的。"

每当王述静静地聆听温可铮的歌声时,仿佛是在用心与天堂里的爱人对话。至今,王述还记得当年他们生活的一幕幕温馨的场景,她回忆说:"我们两个是一起的,上台在一起,家里也在一起,从早到晚都在一起。

年轻时的温可铮(右)、王述夫妇

苏石林对温可铮特别喜欢，因为他从来没有遇到一个学生这样执着、认真，只要给他歌，下一次上课时，他总是已经会唱了，第二次来上课，全部能背得出。"温可铮对歌唱事业的认真和执着，表现在他对艺术精益求精的追求上。他演唱的《跳蚤之歌》会把歌中的各式笑声演绎得惟妙惟肖，这首歌是收录在《外国名歌200首》续编中的第206首，王述回忆说："温老师唱过《跳蚤之歌》，《跳蚤之歌》是一首讽刺的歌，要带表演的，里面有很多笑声，有媚笑、有讥笑，有不得已的笑，有跳蚤咬得身上痒得忍不住的笑，到最后来个大笑，也就是这只跳蚤碰到我们人民，人民把它掐死后胜利的笑。"如今，满头银丝的王述会时常坐在电脑前整理温可铮教授留下的珍贵资料，书写他辉煌的艺术成就。

在作曲家沈传薪的作品中，可以看到《外国名歌200首》及续编对他在歌曲创作上的影响。他认为，书中收录的外国歌曲的和声规律、旋律走法、音乐形象以及各种丰富多彩的元素开阔了自己的创作视野，对自己的作曲起了很大的作用，他说："从我自己的体会中，我的很多大作品，比如大提琴协奏曲《寻梦土山湾》，那肯定采用了上海道道地地的民歌，但是我的结构、弦法，一定是很洋气的，当然我不是照搬，而是吸取了它的走向。"

在1986年第一届上海国际电视节上，沈传薪为电视节创作的歌曲受到广大观众的欢迎和好评，他回忆说："外国名歌肯定对我的音乐创作有很大的影响，第一届上海国际电视节节歌是我作曲的，我当时想，上海电视节是国际电视节，我首先要写成外国风格的，中国的元素反而要少一点。外国人听了，都觉得喜欢，词好像是'TV、TV，大家齐努力'，完全是外国曲风。"

爱乐者的精神食粮

很多中国音乐爱好者在《外国名歌200首》中得到了丰富的养分，这些世界音乐的精华也为他们的生活平添了无穷的乐趣。乐评人李定国回忆，这本歌集一经出版就受到了广大群众，尤其是音乐爱好者和专业音乐工作者的热烈欢迎，歌集一版再版，仍旧供不应求。1958年出版的《外国名歌200首》一时风靡全国，深入人心，1961年，音乐出版社又出版了这个歌集的续编，同样得以广泛流传，一直影响至今。

《国际歌》是《外国名歌200首》中少量的欧洲革命歌曲之一，编者特意把它放在歌曲集的首页，这首气势磅礴的歌曲曾长久地激荡在当年还是学生的陆廷玮心里。

"起来，饥寒交迫的奴隶！起来，全世界受苦的人！"

台上合唱队演唱的《国际歌》铿锵有力，台下离休干部陆廷玮听得荡气回肠，歌声唤起了他当年作为交通大学进步学生的一段记忆，他说："在《国际歌》中，需要表达的感情在歌曲里都表现得非常淋漓尽致，所以我蛮佩服《国际歌》的作曲者的。唱了这首歌以后，你的心要像被烘托出来，革命感情都产生了，另外它的词也非常好，唤起奴隶把旧社会推翻，写得非常有力。"

在上海市民沈明昌家里排练的是由一群退休老同事组成的小乐队，在乐器伴奏下，一首《红河村》唱得娓娓动听。《红河村》是一首加拿大民歌，又名《红河谷》，是1958年出版的《外国名歌200首》中的第131首，他回忆说："一次偶然的机会，有人听到这首歌，说很好听，我就去打听，从别人口中知道了有一本歌曲集叫《外国名歌200首》。"

沈明昌退休前一直从事金融工作，在《外国名歌200首》的影响下，音乐后来成为他生活中不可或缺的一部分，他回忆说："那时候，插队落户到农村去，鸡叫起来到农田里去劳动，天黑以后回到住处，周而复始，生活是相当单调的。好在我懂一点音乐，就参加了公社文艺宣传队，我比较喜欢拉手风琴，会拉《剪羊毛》《鸽子》等，这些歌听起来都很悠扬，尽管并没有演出，但我们空闲的时候可以唱，大家觉得彼此之间有共同的爱好。我爱人舞蹈跳得比较好，在这方面就互帮互学，形成了一种默契，这种默契一直走到了我们生活当中。"

音乐丰富了沈明昌的生活，一首俄罗斯民歌《伏尔加船夫曲》也曾激励着在农村插队落户的罗魏，这首歌曲是《外国名歌200首》中的第62首。罗魏下乡的地方是大草原，一边放牛放马，一边引吭高歌，他心里觉得非常痛快。他记得，当地的农牧民觉得他唱出来的歌就像收音机里放的一样,后来温可铮老师到四平去招生,把罗魏招到了上海音乐学院,后来他成为了一名男高音歌唱家。

精通各类西洋乐器的周师鹏从小喜爱音乐,尤其是外国歌曲,一首巴西民歌《在路旁》至今他都记忆犹新,这首歌曲是收录在《外国名歌200首》续编中的第148首。他说:"这首歌是首情歌,比较有味道。我凡是去考合唱团,人家叫我唱一首歌,我就唱《在路旁》,比较短,两三分钟的歌曲,比较上口,容易抒发感情。"

除了巴西民歌,一首朝鲜民歌《桔梗谣》吸引了翁思再选择了去吉林延边插队落户,在边疆从事文艺工作的经历与他后来成为一名高校的研究员、高级记者、京剧学者和剧作家有很重要的关系。这首歌是收录在《外国名歌200首》中的第109首,他记得自己当年的想法:既然要选择一个地方插队落户,可能一辈子都待在那边,自然要选一个漂亮一点的地方。当时他觉得《桔梗谣》的音乐好听,曾经打动过他,因此翁思再选择了延边朝鲜族自治州,后来他又参加了当地的文工团,并考取了延边京剧团。

翁思再为新编历史京剧《大唐贵妃》写的主题曲《梨花颂》深受《外国名歌200首》的影响,歌曲的内容表达了丰富的情感,对此他说:"要使自己的作品能够具有永恒的力量,要避免概念化,又要写人类共通的感情,写永恒的爱情。"

上海市民李申正在演奏的是《哎哟,妈妈》的曲子,这是一首旋律欢快的印度尼西亚民歌,是收录在《外国名歌200首》中的第119首。李申娴熟的指法,离不开妈妈从小对他的培养,他回忆说:"我妈妈是音乐教师,她订了很多音乐杂志和音乐书籍,其中有两本《外国名歌200首》简装本。在我们家所有的音乐书中,这两本书是我们兄弟姐妹当中互相传阅次数最多的两本书,跟着姐姐、哥哥他们一起唱起来,我觉得我们非常开心,加上妈妈的伴奏,觉得特别亲切。"

《外国名歌200首》和续编影响深远,它兼顾了作品的思想性和艺术性,内容真挚,曲调优美,歌词通俗,韵味无穷,具有很强的艺术生命力,在提高人们音乐素养的同时,还活跃了群众的文化生活。资深媒体人谢其祥说:"《外国名歌200首》比较系统地引进国外的音乐到中国来,是一本普及的音乐读物,它影响了30后、40后、50后一直到60后四代年轻人的成长生活过程。"

"欢乐女神，圣洁美丽。……在你光辉照耀下面，人们团结成兄弟。"

激动人心的合唱曲《欢乐颂》唱响在街道社区的舞台上，催人奋进，这首歌曲是贝多芬《第九交响曲》第四乐章中的主要部分，表达了人们对自由、平等生活的渴望。这首合唱曲是收录在《外国名歌200首》中的第160首，乐评人李定国认为，如同《欢乐颂》，《外国名歌200首》及续编中绝大多数作品都是积极向上、闪耀着理想主义光芒的，这些作品是劳动者对美好生活和纯真爱情的向往，有对远大理想的追求、对崇高事业的奉献和对人民命运的关注，这些不朽的旋律都是对过去岁月的留痕和写照，也是这个时期人们心中情感的缩影和吟唱。

（编写　陈　强）

我为越剧狂

悠悠泮溪曲折蜿蜒,一群花样少女从乡间走出,此后上海开始有了越剧,也产生了一批特殊的人群——越剧迷。说到越剧,每个人都有很多美好的记忆,每当唱腔一起,越剧迷们就仿佛在享受一道丰盛的文化大餐。一声"天上掉下个林妹妹"那高亢清脆的唱腔,荡气回肠,仿佛一股甘冽的清泉,滋润着越剧迷的心灵深处。

风靡大江南北的越剧

越剧最初是浙江嵊县一带农村草台演出的戏曲形式,19世纪20年代被称为"绍兴文戏",它吸收了京剧、绍剧的表演程式,向古装大戏方向发展。1925年9月,上海的演出广告中首次将它称为"越剧",之后,一些有名的越剧演员几乎都汇集于上海,不过,越剧的兴起得益于上海的越剧迷,正如著名评弹演员刘敏说:"有上海滩上这么多观众,越剧就发展得快了。"

20世纪五六十年代是越剧的黄金时期,出现了一批有重大影响力的越剧精品,如《梁山伯与祝英台》《西厢记》《红楼梦》《祥林嫂》等,其中有些剧目还被拍成了电影,于是,越剧一下子风靡大江南北。

1955年拍摄的第一部国产彩色戏曲艺术片《梁山伯与祝英台》曾经感动了无数红尘中的痴情儿女,刘敏回忆说:"这部彩色电影一出来,上海就轰动得不得了,我背着书包去读书,在公交车上就听见有人在唱'久别

彩色戏曲艺术片《梁山伯与祝英台》剧照

重逢梁山伯'……"说到戏里这句戏词,她自然而然地唱了出来,声音婉转动听,接着她又笑着说:"有一次,一个苏北老太在复兴公园,也在唱'久别重逢梁山伯',上自七十岁的老人,下到七八岁的小孩,人人都会唱这个片段,可想而知越剧当时的盛行程度,这部戏里所有的词,我那时熟悉到都能背出来。"

越剧《梁山伯与祝英台》可以说是越剧舞台上演出历史最悠久的骨子老戏,从落地唱书到女子越剧,经过几代艺术家的舞台实践,成为越剧小生、旦角演员必修的看家戏,这个古老的民间传说故事也受到全中国民众的喜爱。那个年代,上海的大街小巷,到处都有人在唱《梁祝》,工厂、机关的广播喇叭里放的也是《梁祝》。

如果说《梁祝》是一部通俗的民间悲剧,那么越剧《西厢记》则是一部典型的中国式歌剧,一部诗化的歌舞剧,其舞台布景和人物服饰清丽典雅,人物的一举一动、一颦一笑,风情万种,耐人品味。刘敏说:"相比《梁祝》较传统的服装,《西厢记》的服装更新颖,张生穿的衣服,一套一套颜色衬得非常好,上面的绣花绣得恰到好处,特别漂亮。"

后来《西厢记》里许多唱段都成为越剧的经典唱段,令人百听不厌,著名越剧表演艺术家徐玉兰说:"《西厢记》曾到苏联演出,苏联有位画家说他最喜欢台上的小生,感觉我们中国古代的书生就是这个样子——拿一把扇子,穿得风流倜傥,十分潇洒,从这也可以看出外国人开始喜欢越剧了。"

1958年2月18日,越剧《红楼梦》首演于上海共舞台和大舞台,连续

越剧电影《西厢记》剧照

越剧电影《红楼梦》剧照

一个多月的演出,几乎场场客满,不少市民举家观看,一声"天上掉下个林妹妹",让人终生难忘。在许多越剧迷的心中,越剧《红楼梦》几乎就是越剧的代名词,1962年《红楼梦》被拍成电影后,越剧观众更是遍布海内外。当时为了看《红楼梦》电影,全国各地都出现观众通宵排队买票的独特风景。许多越剧迷都认为,徐玉兰和王文娟与电影里她们塑造的贾宝玉和林黛玉的角色已经融为一体了。

越剧就像有某种魔力,深深地吸引着这些戏迷,他们就像如今的追星族,追逐着心中的偶像,有人不禁会问,越剧这巨大的魅力是从何而来呢?徐玉兰回答说:"一般剧种都是男女合演,但是越剧的特点是女子越剧,小生也是女子扮的,所以扮相比较秀丽、潇洒,这种公子哥儿同花旦两个人谈恋爱的情节,粉丝们是最喜欢看的,那个时候,越剧的粉丝可疯狂了,特别是迷小生。"刘敏有个朋友,就是被"越剧皇帝"尹桂芳一声

"妹妹"迷得睡三天醒不过来。越剧迷章志茜也提到了越剧的魅力，她说："越剧的唱腔非常优美，让人心情舒展，越剧的打扮也非常漂亮，相比其他剧种更时尚，色彩搭配比较柔和。"

过去，越剧剧目以才子佳人题材为主，唱腔优美抒情，风格缠绵悱恻，倡导自由、平等的爱情，这在当时很受女性观众的欢迎，因此，越剧迷大都是女性。

20世纪五六十年代，文艺界推陈出新，百花齐放，随着社会主义建设事业的发展，上海越剧界开始走向全国，章志茜说："那时，上海的越剧团本来有几十个，但是为了把越剧的花朵撒遍全国，一下子都出去了。"

1958年，尹桂芳的芳华剧团被派往福建，越剧迷们打听好了尹桂芳赴福建的火车时间后，自发从各地赶来送行，章志茜回忆说："他们在月台上等桂芳老师，还有很多人挤到火车上，去问她是哪一个车厢、哪一个座位？大家心情很复杂，都恋恋不舍的。后来尹老师来了，大家都挤上前去，但是都保护她，让她上了火车以后，看她在窗口跟大家打招呼。"

对于越剧迷来说，越剧真是一个奇特的戏种，让人有种说不出的愉悦、放不下的迷恋。

"上海人对于越剧是情有独钟的"

越剧迷，这是一个特殊的人群，越剧是他们生命的一部分，他们可以省吃俭用，可以废寝忘食，只为了看一眼心中的偶像。

上海的洋泾社区学校里，一些上了年纪的越剧迷不管严寒酷暑都会来这里学唱越剧，学校的校长顾建华说："上海人对于越剧是情有独钟的。"

陈斓大姐原来是位越剧迷，几十年迷下来早已成为越剧迷的老师了，她对越剧常用的几种甩水袖动作进行了讲解，她说："如果你要看旁边的人，要把自己的面孔遮起来往这边看他，就这样把袖子甩起来，感觉很害羞的样子，如果你很激动，就要这样用力一甩，还有一种甩袖是很柔和的，像是要抱你的感觉。"她边说边示范每一个动作，眼神、手势立马变得优雅，有韵味，陈斓说："水袖是靠抛出去的，不是扔出去，它的各种动作表示各种意思。"

刘敏是上海著名的评弹演员,小时候围着戏台听戏,一个劲地往前挤,完全是因为好玩和好奇,上学以后,每当收音机里播放越剧,她总会拿个小椅子坐下来听,渐渐地就迷上了越剧。她有个表姨当时在龙门大戏院里摆糖果摊,她就借此便利免费进去看戏,她把这叫作看"隑壁戏",就是"隑在墙壁上,在墙角落里看戏"。刘敏十分有戏曲天分,在戏院里听见什么,回家就会唱了,还会做动作,她说:"我把床上的被子拆掉,把被面盖在身上,当作行头,就在家里唱戏。"她从小对越剧的痴迷程度就是如此之深,在她十三四岁时,正面临小升初的阶段,还是要去看戏,这一段时间,妈妈差点要用扫帚敲她。她还回忆说:"当时上海人民广播电台有一档节目,知名越剧演员都会上电台唱戏,我就白天不上课,到广播电台门口等,不管刮风、下雪,要等到她们出来,找她们签名,一起在那儿等的有很多小姑娘,我是里面最小的。"

那个年代,老百姓的文化娱乐生活还很单调,赵慧珍大姐记得那时自己的孩子只有一岁多,有一次为了看越剧,她连孩子也不管了,如今提起这件事她仍然觉得很内疚,她说:"那个时候条件不是很好,电话什么的都没有,小孩子晚上总是吵着要妈妈,但是我一直在剧场里看戏,等到散场以后才乘车回去。一下车,发现他的爸爸抱着孩子在车站等我,那个时候,我一下子觉得自己很有歉意。"

很多越剧迷如今回忆起来,都会把自己迷上越剧这件事归功于自己的母亲和外婆,因为孩子从小跟着这些老越剧迷长大,对越剧耳濡目染,所以慢慢变成了小越剧迷。童志荣从六岁起就开始跟着妈妈看越剧,上中学以后,童志荣为了看戏,省下妈妈给她坐车和吃午饭的钱,她说:"我早上早点起来,不乘车子,跑到学校里去,中午就随便买点吃的,这样省下钱,等到星期六、星期天就去看绍兴戏。"如今几十年过去了,她回想起来觉得自己很幸福,因为跟着妈妈看到了很多著名越剧演员如筱丹桂、马樟花、姚水娟等等,说起越剧,现在已经年逾八十的童志荣毫不吝啬对它的赞美:"那个时候,姚水娟在上海皇后大戏院演出《泪洒相思地》,她唱了十八个'我为她',赞得不得了。越剧太美了,不但是人美,而且服装美,布景美,音乐美,唱腔也美。"

章志茜说自己的人生是和越剧分不开的，她也是跟着母亲看了越剧，从此就痴迷上了，她回忆说："那唱腔，那亦步亦趋的台步和优雅的甩袖都让我看得惊叹不已。"章志茜收藏着厚厚一叠自己看过的越剧戏票以及各种各样与越剧有关的资料，有时，出版社还要去找她要照片。很多名家都给她签过名，她也一直收藏着，其中向尹桂芳老师要签名的经历让她记忆深刻，她说："我们很早就在群众剧场的后台等，等尹老师来的时候，人们都像疯子一样奔过去。尹桂芳一看这么多人需要签名，连声道歉说对不起，马上要演出化妆了，来不及签呀，在大家的再三请求下，于是尹老师决定把签名的簿子拿进去，等化完妆后再签，第一场演出结束后再拿出来还给大家，大家满口答应，开心得不得了。"

　　王佩飞记得自己曾经接到过一次越剧演员手里的鲜花，激动得睡不着觉，她回忆说："有一次谢幕时，演员们手里面都捧着很多鲜花，她们朝前一步，到台口把鲜花扔下来，巧得不得了，我正好接到一束，我想着这是越剧演员拿过的鲜花，就觉得心里面有一点回味了，晚上回到家里还在想这件事情，想了很长时间才睡着。"

　　很多人对于越剧都有自己美好的记忆，在越剧迷的心里，能让美妙的越剧陪伴自己，能和自己喜爱的越剧演员近距离接触，那是无比开心的事。

　　越剧的不断创新，加上广播和影视的广泛传播，使得喜欢越剧的人越来越多，越剧迷的队伍不断扩大，他们由喜欢越剧到迷恋、上瘾，一直到老还是那么爱好，那么痴迷，情有独钟。

越剧复苏

　　1979年9月24日，处于半瘫痪中的尹桂芳在上海艺术研究所和上海越剧院的帮助下，举办了盛况空前的"尹桂芳越剧流派演唱会"。这一天，一手一足瘫痪的她重新登台，与袁雪芬一起唱起了《山河恋》中的"送信"选段。这次演出在上海的越剧迷心目中留下了深刻的印象，刘敏回忆起当年的盛况，兴奋之情溢于言表，其实，能够在这次演唱会上见到心仪已久的著名越剧演员，上海的越剧迷都显得格外激动。

1979年的中国，走上了改革开放的道路，文化艺术开始复苏，老百姓如久旱的禾苗，如饥似渴地享受文化生活，中学语文教师徐萍说："很多年没有看到纯正的越剧了，所以越剧迷的热情一下子爆发出来了，那时买票是要排队的，一般来讲比较好的戏，如果不提早一个月去托关系买，是买不到的。"那时还是学生的徐萍为了听越剧，把母亲每个月给的五毛零花钱积攒下来，偷偷地买了台半导体收音机。那时候她想学戏，半夜一二点钟的时候，躲在被子里面听越剧，她说："有时候听得伤心了就躲在被子里面哭了出来，爸爸妈妈听到声音，起来一看，哦，发现原来我在偷听越剧，真是到了情不自禁的地步。"有一出戏是《五女拜寿》，徐萍大概看了15场，以至于"这出戏从头到尾，所有演员的每一句台词，都能够背得滚瓜烂熟"。

70年代末80年代初，人们的生活并不富裕，然而越剧迷们省吃俭用，为的就是见一见心中的偶像，听一听迷人的越剧。章志茜的妈妈在其他地方很节约，但是看戏的钱不会省。赵慧珍很珍惜每次看越剧的时光，她回忆说："每次看越剧绝不是看完就走的，不仅要等到谢幕，还要在后台等这些演员，合上一张影，得到一个签名。"说着，她拿出了珍藏的几张王文娟老师和她的学生王志萍的照片，与大家分享。

那时候，周晓芬还是个学生，因为跟着母亲去看越剧，一颗越剧的种子悄悄埋进了她年少童真的心灵，她不仅想学越剧，还梦想进越剧团，她跟妈妈说："哪一天我也要成为电影里的贾宝玉，你让我去学吧。"妈妈心疼她，告诉她练功会很苦的，但她说："没关系，我有决心。"后来周晓芬考进了浙江省温州越剧团，有一年来上海演出，终于实现了童年的梦想——见到了徐玉兰。徐玉兰让周晓芬住在自己家里，手把手教她越剧艺术，她印象最深的第一场戏是演贾宝玉，要把哭灵哭好，要把葬花葬好，要把"天上掉下个林妹妹"演好。在20世纪末的出国潮中，周晓芬去了国外，然而她念念不忘的还是越剧和自己的恩师，她这样说："走南闯北了一圈，回来还是想念老师，现在希望能够继续把越剧发扬传承下去。"

"文革"结束以后，很多老艺术家年事已高，大多都已不能直接登台演出了，越剧亟待培养新人。1980年，上海越剧院在"文革"以后，第一

1980年上海越剧院面向社会招考演员

华怡青扮演的林黛玉

次面向社会招考演员。

  著名演员华怡青清晰地记得自己报考上海越剧院的情景,她回忆说:"报考的人多得不得了,越剧院学馆在汾阳路,排队一直排到了复兴路。"这一次招生,吸引了3 000多人来报名,经过层层筛选,最后只录取了三个人,华怡青就是其中一位。几年以后华怡青扮演了《红楼梦》中的林黛玉,她凭着自己的青春靓丽以及和角色性格吻合的气质而一举成名,成为上海越剧院著名袁派花旦。从那时候起,华怡青有了一批忠实的戏迷,几十年来一直追随着她,关心她,鼓励她,但有时一些热情的戏迷也会对她个人的生活造成困扰,华怡青回忆说:"我那个时候谈恋爱,他们就怕我要放弃艺术了,天天跟着我,我觉得自己一点自由也没有。但其实他们也是好意,觉得我当时23岁,年纪还小,可以大一点再考虑个人问题,对艺术要精益求精。"

越剧以其诗情画意的形式和表现出的丰富的人性之美，影响着青年人的人生观和爱情观，那时许多喜欢越剧的女青年择偶时都要求对方也喜欢越剧。80年代中期，蔡金元在上海瑞金剧场主管业务，接触过众多的越剧迷，就曾碰到因越剧而结缘的夫妻，他说："当时不少越剧迷是越剧演到哪儿，他们就跟到哪儿，越剧演几场，他们就去看几场。我问他们原因，他们就说，太好看了，不看我会难过的。"这是越剧复苏的年代，更是越剧迷在久别越剧之后热情大爆发的年代。

越剧大奖赛：故事仍在继续

20世纪80年代后，老百姓的日子越过越好，电视逐渐普及到普通的上海人家，越剧通过电视和广播的传播再一次激起人们的热情。

戏迷赵慧珍、章志茜对当时的两场越剧电视大奖赛至今还记忆犹新，赵慧珍回忆说："江浙沪越剧大奖赛，我场场去看，正好有一位朋友把票让给了我，而且是最好的座位，五排、六排，旁边坐的是傅全香、戚雅仙、王文娟她们。"章志茜记得电视大奖赛那天，家里来了位亲戚要她陪着上街，但她又不忍心放弃收看电视，该怎么办呢？她回忆说："我只好拎了一个小的收音机放在口袋里，陪她兜马路，但是一直不肯放下收音机，她跟我说要买什么东西，我都说'好，好，好'，实际上我根本没注意听，一直在专注听我的越剧，前台的营业员指指我说这个人肯定是越剧迷，我心里面在暗暗好笑。"越剧大奖赛吸引了无数观众，甚至成了广大越剧爱好者的节日。

那时候徐萍已是一位中学语文教师，工作之余，她不是去看越剧，就是上业余越剧班排练演出，她回忆说："我那时下班以后在外面吃顿晚饭，就跑到剧团里面排练，排练完经常是晚上十一二点了，没有公交，我只好叫出租车回家，我的主要花费就是在越剧上面。"

从越剧迷成长为业余越剧演员的徐萍还上演过不少越剧剧目，家里的越剧行头也添置了不少，她一件一件介绍说："这些是我为了演出订的各种各样的帽子，其中梁山伯的帽子就有两顶，一顶是专门演《楼台会》戴的，跟这套衣服配套，颜色是一样的。这几套是《红楼梦》的全套服装，我在《红楼梦》里演花旦，所以这套就是演林黛玉进府时穿的。"徐萍的丈夫戴国平补充说："她自己穿的衣服很随便的，三四十元一件，但她的衣柜装满了高级的越剧服装，尽管一场越剧表演只有半小时或者一两个小时，但她就是喜欢，自己照样买各种专业服装。"

那个年代的上海不仅经常举办各种专业的越剧大奖赛，而且还每年举办越剧迷的电视大奖赛。在1985年上海市越剧戏迷电视大赛中，有位年仅12岁的小戏迷拔得了头筹，可见后生可畏。徐萍也参加过各种越剧大奖赛，获得过很多奖项，在她看来这些奖杯是她青春的回忆，也是她一生的追求。

2004年，"一代风华"七十周年庆演出，首映式原定于上午9点开始，8点刚过，国泰电影院大厅就站满了热情的观众。四位越剧老艺术家步入电影院放映厅时，受到了戏迷们的热烈欢迎，王佩飞说："袁雪芬、范瑞娟、傅全香和徐玉兰，她们都有七十多年的舞台艺术生涯。演出连续举行了五六天，五六场节目，我每天晚上都去看，因为演出者都是这些老艺术家以及他们的弟子，所以每一场都精彩绝伦。"袁雪芬、范瑞娟、傅全香、徐玉兰四位德高望重、在海内外享有盛誉的越剧表演艺术家用这样的方式

2004年"一代风华"七十周年庆演出现场（从左至右：袁雪芬、范瑞娟、傅全香、徐玉兰）

告别了舞台和喜爱她们的观众,这同时也告诉人们,越剧进入了又一个新的时代。

2006年7月24日,"越女争锋——越剧青年演员电视挑战赛"在上海举行,这次大赛让江、浙、沪、闽四地的许多青年越剧人才脱颖而出,这些破土而出的越剧新苗延续着越剧迷们心里的梦想。"越剧大奖赛""越女争锋"创造了越剧新的奇迹,影响遍及全国。

许多原来的上海越剧迷现在都已经成了外婆级人物,她们熏陶出了许多小越剧迷,全家迷恋越剧在上海已经不是什么稀罕事。由于对越剧的爱好,这些年上了年纪的越剧迷人老心未老,生活变得很充实,人生也更丰富。

如今,进入多元文化的时代,越剧已经不可能再回到过去的黄金年代了,然而只要有名家演出,还是会出现盛况空前的场面。2013年6月的一天,上海越剧院为纪念越剧改革七十周年,上演了压轴大戏《舞台姐妹情》,这台演出汇集了上海越剧界老、中、青九代演员。那天戏迷们从上海各个地方早早赶来,凌晨5点不到,上海逸夫舞台门口就排起了长队,开票不久,所有的戏票一售而空,空前的盛况仿佛又回到了20世纪五六十年代越剧的鼎盛时期。

《舞台姐妹情》演出现场

一票难求是众多越剧迷对当时盛况的一致记忆，刘敏回忆说："徐玉兰老师的唱功不减当年，她婉转的唱腔，台上的精神——精、气、神正好都在点子上。"《舞台姐妹情》连续演出六场，场场爆满，剧场内的气氛一次次达到高潮，这是越剧史上难得一见的场面，将永远留在人们的心中。

写过长篇小说《后宫甄嬛传》的流潋紫也是一位越剧迷，她从小就跟着奶奶和外婆看越剧。电视剧《甄嬛传》风靡全国后，她无偿向上海越剧院提供了自己作品的改编权并亲自出任该剧的文学顾问，她只有一个小小的心愿，那就是演出成功后让她穿一下戏服拍张照，因为她实在太迷恋越剧了。

2013年10月，古装戏《甄嬛》在上海首演，依然是满台青春靓丽，戏迷们的喝彩声此起彼伏。然而越剧迷们的故事还未讲完，也不可能讲完，因为他们的故事仍在时时发生，并且还在不断地延续。

（编写　王　俊）

我与《梁祝》的那些事

1959年,在那个纯情的年代,两位纯情的年轻人在上海音乐学院的校园里写下了一首纯情的作品,不久,这首作品就从校园飞向了全国,而后又传遍了世界各地。一位老华侨深情地感慨说:"有阳光的地方就有华人,而有华人的地方就有《梁祝》。"

小提琴民族化的曲折历程

何占豪是小提琴协奏曲《梁山伯与祝英台》的作者之一,他出生在浙江诸暨,从小就受到家乡音乐的熏陶,进入浙江越剧团后,他对西洋乐器小提琴产生了浓厚的兴趣,一直想把小提琴的演奏融入越剧当中。对于这一想法,何占豪回忆说:"年轻人很喜欢,但是,当地一批演员和音乐人都持反对态度,他们其实也有道理,因为小提琴的风格与戏曲的曲风不一样。"

在双方争执不下之时,时任浙江省戏曲家协会主席的盖叫天得知此事,但令何占豪感到意外的是,盖老也不支持在越剧中增加小提琴演奏的想法,何占豪回忆说:"那时候,我很希望他能说一句支持我们年轻人,但是没有,在这种情况下,我也动摇了,是不是该坚持。还好这时有一个关键人物出现了,他就是我的老师,也是我们现在的同事。"何占豪所提到的关键人物就是著名越剧音乐家贺仁忠,他一针见血地指出了小提琴运用到越剧中的问题所在——缺乏风格,这也正是大家反对它的原因。对此何占豪进行了反思，他说："那么与越剧相适应的小提琴风格从哪里来呢？从歌唱里来，从唱腔里来，就是将演员演唱的风格乐器化，所以就我跟着贺老师一起模仿演员的唱腔，然后根据乐器的性能再进行加工。他还教我拉了一个曲子——《二泉映月》，我是第一个用小提琴向他学《二泉映月》的民族风格的，他告诉我，如果我拉小提琴能够拉出风格来的话，这个事情就可以解决了，就这样，反对的声音渐渐越来越少。"

1957年，24岁的何占豪离开了浙江越剧团，考进了上海音乐学院小提琴进修班，与本科学生丁芷诺、俞丽拿等人成了同班同学。当时恰逢教学改革，改革的中心内容就是要为人民服务、为工农兵服务，那时，小提琴班每年都要下乡为农民演出，但没想到的是，专业水准很高的小提琴演奏并没有受到大家的欢迎，著名小提琴演奏家俞丽拿说："我们还筛选了一点外国普及的曲子来演奏，但老百姓对小提琴这个乐器不熟悉，对于外语的歌词也听不懂，所以我们演出时，他们拍几下手就不想听了，我们也很苦恼。"何占豪询问当地的农民想听什么，才知道原来他们喜欢听用上海土话唱的越剧、沪剧。

下乡回来后，同学们都在探讨"西洋乐器小提琴如何才能被中国民众接受和喜欢"的问题，身为上海音乐学院管弦系党支部书记的刘品得知此事后，提出了自己的观点，何占豪说："书记是部队里来的，脑子里有工农的观念，他当时讲了一句话，小提琴要被老百姓喜欢必须民族化，如果要民族化，就要从我们擅长的小提琴特性来突破。"

当时全国提倡"打破迷信，解放思想"，于是，在系领导的支持下，小提琴专业的何占豪等六位同学成立了"小提琴民族化实验小组"。当时，俞丽拿有机会去参加国际比赛，而且国家、学校也需要国际比赛人才，但是她毅然决定放弃这次机会，俞丽拿回忆说："我坚决要求参加小提琴民族化实验小组，因为我觉得中国人民不喜欢小提琴是我们最焦虑的事情，这个事情比什么都重要。"

这是新中国第一批国内培养出来的具有较高水平的演奏人才，是一群立志于创造中国小提琴学派的年轻人，在短短的几个月内，他们就创作改编了一批具有民族特色的弦乐作品，比如《步步高》、青海民歌《四季调》、广东音乐《旱天雷》等。他们那时候去外滩广场练琴，很多路人围

我与《梁祝》的那些事

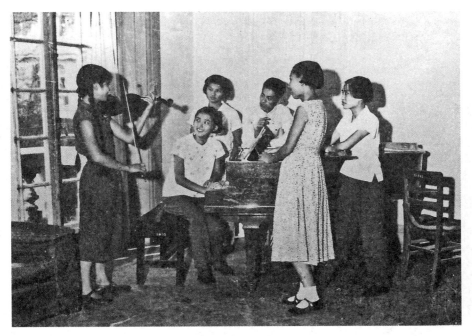

小提琴民族化实验小组

上来观看,俞丽拿说:"老百姓听得懂了,他们脸上的表情就不一样了,那么对这个乐器的成见自然就没有了。"

此时的何占豪想起了在浙江越剧团时自己曾用小提琴模仿过二胡《二泉映月》的演奏,于是他和丁芷诺搭档,将《二泉映月》和弦乐配在一起,没想到在下乡演出时竟获得了意想不到的效果,何占豪说:"老百姓不仅听懂了,还觉得很好听,所以小提琴就是从这个曲子开始民族化的。"

但是,下乡演出的成功并没有得到专业老师们的一致认可,有的人认为何占豪打乱了小提琴演奏的原有技法,走了一条歪路。那时候国内已经兴起了"大鸣、大放、大字报、大辩论"的运动,在这场争论中,双方达成了到学校大礼堂去辩论的共识。

有位同学站起来,用审问的语气问何占豪:"你把《二泉映月》改成小提琴作品,你用了几根弦?"

"我用了两根弦,外面两根弦。"

"小提琴有几根弦?"

"小提琴有四根弦。"

"那你的小提琴多了两根弦,我建议你把小提琴里面两根弦拆掉,以后你的小提琴就两根弦。"

全场哄堂大笑,何占豪反问说:"世界名曲巴赫《G弦上的咏叹调》你拉过没有?"

"我当然拉过,这是高级水平的。"

"《G弦上的咏叹调》用几根弦?"

"一根弦够了。"

"你多了三根弦,你把它们拆掉吧。"

何占豪说:"表面上这是我们同学之间的一种调侃,实际上这个辩论真是有里程碑意义的,因为它说明了小提琴民族化不是简单的移植,而必须要把这个乐器本身的特色与民族的音调相融合,用小提琴的性能来讲民族的语言。"

在小提琴民族化实验小组里,何占豪根据农村的艺术实践和农民的要求写下了弦乐四重奏《梁祝》,这就是被许多人所称的"小梁祝",后来发展成小提琴协奏曲《梁祝》的源头。弦乐四重奏"小梁祝"是由四把弦乐器组合而成演奏的,包含两把小提琴、一把中提琴和一把大提琴。

一个偶然的机会,"小梁祝"被推荐给当时来上海访问的著名捷克斯洛伐克四重奏代表团进行演奏,何占豪回忆说:"捷克斯洛伐克四重奏代表团到我们学校来访问演出,与管弦系的同学对话,问我们有没有四重奏可以演奏,师妹丁芷诺推荐了我的'小梁祝'。但是我没有学过作曲,完全是凭感觉创作,还用越剧曲谱的记号在本子上勾勾画画,觉得拿不出手。这时,办公室主任说,你是学生,现在国外的老师来访问是很好的机会,拿出来让他们指导指导。第二天我就得知,代表团正在拉我们的作品,但是因为画得乱七八糟的,他们看不懂,希望我用国际上正规的指法标好,以便他们试奏。"

音乐是没有国界的,小提琴协奏曲"小梁祝"的推出为实验小组在小提琴民族化的探索中增加了更多的自信,也为外国乐团提供了了解中国音乐的机会。

小提琴协奏曲《梁祝》的诞生

1958年,全国掀起了轰轰烈烈的大炼钢铁运动,人民的热情空前高涨,第二年恰逢国庆十周年,各行各业纷纷以自己的实际行动向国庆十周年献礼。实验小组在讨论献礼作品时,首先想到的是《大炼钢铁》和《女民兵》两首曲目,而排在末位的《梁祝》只是凑数,因为何占豪想起孟波院长曾经说过《梁祝》,就添上了"写上去,由领导挑",何占豪回忆说:"孟院长一看,第三个是我写的,又和越剧相关,就说何占豪自己会拉小提琴,又会越剧,这个有点希望,他就在这个节目上面打了勾。"

献礼作品确定后,他们又遇到了新的困难,实验小组的成员都是管弦系的,没有人学过作曲,要完成如此规模的协奏曲,他们恐怕还没有能力驾驭。这时,《梁祝》的另一位作者陈钢走进了他们的视野,陈钢出生于音乐世家,他的父亲陈歌辛是《玫瑰玫瑰我爱你》《夜上海》等上海老歌的作者,在上海滩被誉为"歌仙"。

当时学校向实验小组提出了更高的要求:与"小梁祝"相比,新的协奏曲主题应更深刻、深情。为此,何占豪再次回到越剧演出现场体验生活,寻找《梁祝》的主题,他回忆说:"当时喜欢越剧的观众里小姑娘居

年轻时的何占豪

年轻时的陈钢

多，我就在她们后面观察她们喜欢听什么。剧场里刚好上演的是《红楼梦》，那些小姑娘都在等那一句尹派的唱腔——'林妹妹呀'，听到之后，她们就发疯一样地尖叫。"第二天，何占豪领悟到了什么叫深情，就是贾宝玉对林黛玉那种深深的感情，他说："这句'林妹妹呀'是发自肺腑的声音，是从心里唱出来的，所以才会受到大家的喜爱。"他把这些打动人心的旋律记了下来，默默钻研。

在展开部"哭灵""控诉"的旋律中，小提琴的散板独奏与乐队的快板齐奏交替出现，变化运用了京剧倒板与越剧紧拉慢唱的手法，深刻地表现了祝英台在坟前对封建礼教的血泪控诉。再现部描述"化蝶"的旋律中，长笛吹奏出柔美的华彩旋律，与竖琴的滑奏相互映衬，把人们引向神话般的仙境。独奏小提琴再次奏出了爱情主题，展现出梁山伯与祝英台在封建势力压迫下死去后，化作一对蝴蝶在花丛中欢乐自由地飞舞。

《梁祝》的故事在中国已经流传了1 600多年，20世纪50年代，由上海越剧院创编的越剧舞台剧《梁山伯与祝英台》由于编剧及表演出色、音乐优美纷纷被全国各越剧团效仿演出，给全国的老百姓留下了深刻的印象。在那个特定的历史阶段，想要把中国才子佳人的故事通过西方小提琴协奏曲的形式呈现出来是需要一定胆魄的，幸好有像何占豪一样的一群有胆魄的人，他们创作的小提琴协奏曲《梁祝》大量借鉴了传统戏曲的音调，并在此基础上不断加以创新和修改，终于成就了今天百听不厌的优美曲调。

1959年5月27日，小提琴协奏曲《梁山伯与祝英台》在上海兰心大戏院首次公演，18岁的俞丽拿担任小提琴独奏

1959年5月27日,小提琴协奏曲《梁山伯与祝英台》在上海兰心大戏院首次公演,当时年仅18岁的俞丽拿担任了小提琴独奏,而《梁祝》的两位作者,何占豪在台上拉琴,陈钢则站在侧幕后焦急地等待着演出结束后观众们的反应。

何占豪的内心也很忐忑,他回忆说:"一开始演完了之后,一点声音也没有,我觉得完了,我们失败了,然而,过了比较长的时间,忽然,'哗——'一阵掌声爆发,经久不息,无论是指挥谢幕,俞丽拿谢幕,还是我与陈钢一起鞠躬表示感谢,台下一直在鼓掌。"俞丽拿说:"一般新作品的音乐会是不会有返场准备的,但我们这一场演出结束后,又把《梁祝》拉了一遍,这是史无前例的。"陈钢对俞丽拿的演出表现记忆深刻,他说:"她当时18岁,梳了短头发,穿了长裙子,上台时,大家也没有特别注意到她,但是越拉她就越把人吸引住了,你会觉得她就是祝英台,她完全跟祝英台同命运,共呼吸,所以俞丽拿那时候的形象就定格在人们的心里——一个拉小提琴的'祝英台'上台了。"

《梁祝》首演成功立刻引起了轰动,第二天,这首由上海音乐学院两位学生创作的作品经电台播出后迅速传遍全国。一年后,为庆祝中华人民共和国成立十一周年,远在莫斯科的另一位中国留学生举行了一场音乐会,指挥演奏了《梁祝》,由此,《梁祝》开始走出国门,传向世界。

一名海外学子的"梁祝情缘"

1959年,正在莫斯科音乐学院指挥系留学的曹鹏很快从《人民日报》得到了《梁祝》首演成功的消息,为纪念中华人民共和国建国十一周年,曹鹏决定在莫斯科举办一场"中国交响乐作品"的毕业音乐会,他回忆说:"我马上联系了我在国内的夫人帮我买了一本《梁祝》总谱寄给我,当时是1960年5月,在那个通信困难的年代,航空运输也需要半个月,我收到后赶紧与苏联方面讲,准备抄谱等一系列工作。"

这本1960年上海文艺出版社出版的《梁祝》总谱保存至今已有些污损和残缺,但手写的俄文标注在今天看来仍然惹眼,正是这本总谱第一次

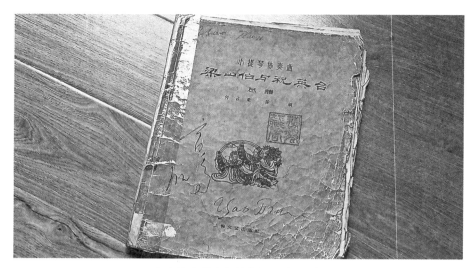

1960年上海文艺出版社出版的《梁祝》总谱

以小提琴协奏曲的形式向海外讲述了梁山伯与祝英台的凄美爱情故事,也成就了一位指挥家半个多世纪的"梁祝情缘"。

在国外演出,准备工作要比国内复杂得多,由于演奏员都是俄国学生,要让他们完全理解《梁祝》的主题,就要费上一番脑筋。曹鹏回忆说:"我怕他们以为标题'梁山伯与祝英台'是作者,特地在抄谱时写了三个惊叹号注明,在跟乐队讲解故事情节的时候,他们不理解,我说这就是西方国家的'罗密欧与朱丽叶',他们就懂了。"

对于音乐理解上的差异可以沟通解决,但小提琴协奏曲《梁祝》中使用的一件中国乐器却让曹鹏不得不向国内求助,这件乐器就是板鼓。他本想写信给国内请求寄一个过来,但是由于物流运输和经费问题,这一方案没有成功。求助国内无果,曹鹏只能把视线转移到博物馆中,他依稀记得在莫斯科的音乐博物馆中看到过中国乐器,于是他抱着试试看的心态在莫斯科的各大博物馆中寻找板鼓,最终,在莫斯科音乐学院格林卡音乐博物馆的大玻璃橱窗里找到了,他回忆说:"我兴奋得不得了,马上就奔到馆长那里,她马上把板鼓拿出来,一套器具全部借给我,借条都不要,还祝我音乐会成功,我非常感谢!"

鼓是中国戏曲乐队中的指挥乐器,当时连国内的西洋乐器演奏员也

我与《梁祝》的那些事

不会打板鼓，突然让苏联的音乐家来演奏，难度可想而知。但曹鹏没有想到，演奏板鼓的音乐家却找到了他们特有的演奏方法——两个人分着打，一个打鼓，一个打板，曹鹏兴奋地说："简直跟一个人演奏一样，打得非常好，我很高兴，当时大家都在排练厅，打完鼓全乐队都鼓掌。"

一切准备就绪，曹鹏对这场音乐会感到信心十足，他说："因为这个作品是用中国的故事按照西洋的作曲规律来写的，有引子、呈示部、发展部和结尾，所以很容易理解，而且我们有最好的乐队，最好的独奏家。最后演出时，我是背对观众的，但是我能感觉到观众对我们的认可。"

1960年10月5日，小提琴协奏曲《梁祝》在莫斯科工会大厦圆柱大厅奏响，这是我国历史上首次在海外演出的"中国交响音乐作品"专场音乐会，也是小提琴协奏曲《梁祝》的海外首演。演出取得的巨大成功让当时负责这场音乐会的电台总编做出了两个决定：一是要向国际转播，二是要录音保存，他说："我们第二天就进广播大厦的排练厅录音，把《梁祝》录了下来，这个很珍贵。"

而更凑巧的是，曹鹏的夫人当时正在兰州电影制片厂当导演，她竟然在毫不知情的情况下无意中从广播电台里听到了音乐会的国际转播，曹鹏说："她当时在兰州电影制片厂做导演，也不知怎么回事，偶然打开了一个很旧的收音机，一听是我的声音，我正在说，我在这里举办一个音乐会，我指挥的是中国作品，这在中国历史上是第一次。她听见了，还把整场广

1960年5月曹鹏在莫斯科工会大厦圆柱大厅指挥《梁祝》海外首演

373

播音乐会听了下来,太难得了。当时没有长途电话,而且我也不知道转播到底几点钟开始,所以来不及通知她。"

曹鹏的女儿、小提琴演奏家夏小曹继承了父亲与《梁祝》的渊源,生在上海、学在北京、成名于纽约的夏小曹在佛罗里达交响乐团做副首席时,被指挥看中开始演奏《梁祝》,没想到《梁祝》在美国的受欢迎程度远远出乎她的意料。夏小曹回忆说:"那是第一次在佛罗里达拉这个曲子,非常轰动,每一次演出都是连着三场音乐会,很多人跟着听了三场,当时送花的人很多,有人送到乐团来,还有人送到家里来,我的房间里全都是花。"《梁祝》在海外广受欢迎。

1995年7月,应台湾高雄市交响乐团的邀请,夏小曹与父亲首次同台演出了《梁祝》,当地媒体称之为"父女同台,梁祝情缘"。每次谈到合作的感受时,夏小曹都会用"幸福"两个字来形容,她说:"那是我第一次和父亲一起上台,又兴奋又紧张。我记得在台上的时候,我回头一看是爸爸,他冲我笑了一笑,吓我一跳。父女同台的感觉别人是很难体会到的,至今为止,每次与他的合作我都觉得是很幸福的事。"

夏小曹与父亲曹鹏在高雄首次同台演出《梁祝》

1999年，为纪念《梁祝》发表40周年，曹鹏父女与俄罗斯爱乐乐团合作，录制了《梁祝》唱片。后来，夏小曹又与陈钢合作，拍摄了《梁祝》首部MTV，一时间，这首小提琴协奏曲《梁祝》的好评如潮。

蔓延开的"梁祝热"

正当曹鹏在国外为自己的音乐会做准备的时候，国内的"梁祝热"也渐渐蔓延开来。

《梁祝》首演后的第二天，全国各大报纸就刊登报道，中央人民广播电台也播放了之前录制好的排练录音，《梁祝》的作者和演奏者开始被全国的老百姓所熟知，陈钢说："我觉得中国有个交响音乐作品能够感动大家，这是非常开心的一件事。"

首演结束后不久，俞丽拿就收到了全国各地大量"梁祝迷"的来信，但有趣的是，能完全写对她名字的人却寥寥无几，俞丽拿笑着说："有的甚至是三个字没有一个写对的，把我的名字写成'余利娜'，或者'于丽娜'，从此以后，我一辈子就总是跟人解释，我是俞丽拿不是于丽娜，连周总理都问过我，到底你是哪个字啊。"

《梁祝》音乐会的国际转播以及国内唱片的发行使"梁祝迷"如雨后春笋般遍地生长，"文革"期间，许多"梁祝迷"在夜深人静的时候关好房门，拉起窗帘偷偷地欣赏这首曲子，其中就包括当年在新疆军垦农场下乡的知青易中天。"梁祝迷"沈卫当年只是一名刚刚读初中的学生，至今他依然清晰地记得那时与小伙伴们连续逃课偷听《梁祝》的情景，他回忆说："那时候我家里有台唱机，我的一个哥们说，他父亲藏着《梁山伯与祝英台》的唱片，我们就做他的思想工作，一定要叫他把唱片拿出来听。一天下午，他趁父亲上班，把唱片拿了出来，我们关好门窗，拉好窗帘，偷偷听了起来。那时候的唱片音质不是很好，但音乐响起来以后很抒情，那种旋律仿佛可以穿透我们的心灵，就这样，我们连续听了三天。"

《梁祝》优美的曲调深深打动了年轻人，但是在那个时候，《梁祝》已被禁演，总谱更是无处可寻。买不到总谱的年轻人就边听边拉，硬是把《梁祝》的曲谱背了下来，而今他们早已约定，退休后还会聚在一起再续"梁祝缘"。

《梁祝》首演时，酷爱音乐的黄正东就坐在兰心大戏院的台下，当时的他怎么也不会想到若干年后自己的儿子黄蒙拉竟会跟随俞丽拿去学习小提琴并成为一名出色的小提琴演奏家。黄蒙拉的启蒙老师是上海电影乐团的首席张欣，后来一次偶然的机会，读小学五年级的他投奔到了俞丽拿名下，一直追随俞老师直至研究生毕业。

在俞丽拿老师的悉心指导下，黄蒙拉在第49届意大利帕格尼尼小提琴比赛中一举夺得最高金奖，成为继吕思清、黄滨之后中国第三个帕格尼尼金奖得主。在黄蒙拉看来，《梁祝》对于自己有着特殊的意义，从在俞老师的生日会上演奏《梁祝》片段到开始在国际上正式演奏《梁祝》，《梁祝》在师生两代的诠释下完成了传承。

作为《梁祝》的作者之一的陈钢在《梁祝》的国际传播方面也起到了重要的作用，他说："1997年7月2日，香港回归的第二天，那时我正好在美国好莱坞。好莱坞碗形剧场举行了一个盛大的庆典，在庆典上，中国艺术家第一次指挥美国的好莱坞交响乐团演出了中国艺术家的作品，其中就有《梁祝》，演奏者是吕思清，指挥是胡咏言。露天舞台后面是一片群山，当《梁祝》开始演奏的时候，乐队的引子一出来，掌声就响起来了，所以我感觉就好像是听到从山里面传过来了一阵阵掌声的浪潮。在音乐会结束的时候，天幕上显示出一行字——为中国喝彩，用英文写的，我觉得非常激动，也非常骄傲，《梁祝》已经把我们和我们的国家、我们的民族连在一起了。"这场由小提琴家吕思清在好莱坞碗形剧场的演出，陈钢至今难以忘怀。

在国际上，《梁祝》被翻译成"The Butterfly Lovers"，意为"蝴蝶情人"，并被形象地称为中国的《罗密欧与朱丽叶》。许多中外音乐家和演奏家对这首乐曲更是情有独钟，世界级小提琴大师艾萨·斯特恩生前曾对《梁祝》赞不绝口，他说："《梁祝》真的好啊，很美丽！"日本著名的音乐家小泽征尔说："小提琴协奏曲《梁祝》这支曲子很神圣，必须要跪着听。"理查德·克莱德曼、肯尼基、西崎崇子、盛中国等演奏家都在不同的场合演奏过这一经典乐曲，一位马来西亚华侨感慨地说："有太阳的地方就有华人，而有华人的地方就有《梁祝》。"

　　《梁祝》是中国的蝴蝶，凝结着中华民族的想象力，《梁祝》用最纯洁的爱情感动了中国，也感动了整个世界。

（编写　王　俊）

一代人，一套书

1977年，国务院副总理邓小平拍板恢复高考，这让渴望读大学的知青汪向明兴奋了好几天，但即刻面临的问题是复习教材的缺乏，单靠过去中学时期学的《工业基础知识》《农业基础知识》已远远不够，就在这时，一套"数理化自学丛书"风靡上海，这给当时那些渴望考上大学的考生们带来了希望。但这套丛书一上柜就被抢购一空，于是，一位叫徐福生的出版社编辑不顾种种争议，毅然重印、赶印了这套自学丛书，使许多考生自信地踏进了阔别11年的高考考场。

命运转机

1977年，中国在结束了十年"文革"后，发生了一件关系到国家和青年命运的大事，那就是恢复高考。当时中国的大多数知识青年在农村和农场上山下乡当农民，而上海刚刚出版的这套"数理化自学丛书"为当时要参加高考的知识青年雪中送炭，解了他们的燃眉之急。在黑龙江、江西、安徽、云南等地的上海知青都渴望得到这套"数理化自学丛书"。当书店卷帘门还未全部拉开时，排队的人群已经像潮水一般涌向了柜台，上海新华书店退休员工王惠娟回忆说："大家都拥上来，每天几乎都是乒乒乓乓的声音，当时都是闭架的玻璃柜台，不是像现在这样开架的，三天两头柜台被挤碎掉。"这套"数理化自学丛书"包括《代数》《物理》《化学》《平面几何》《立体几何》《平面解析几何》《三角》等共17册，30多年前，这

数理化自学丛书

套自学丛书为何成了一代知识青年翘首以盼的香饽饽呢?

  教师汪向明,曾经是一位77级高考考生。1969年3月11日,高中毕业的汪向明带着集体乘车证踏上了开往江西的列车,在广阔的天地里务农的他从来不曾放弃对知识的渴求,汪向明说:"我在乡下的时候也看书,而且我还带了一个半导体收音机去,收听外语学习的广播。在乡下的那段岁月里,读书的愿望没有破灭,即使不能读大学,也想学一点东西。"男儿有泪不轻弹,但是回首那个"僵化的时代",文化是"洪水猛兽",好学是大逆不道,汪向明求知的心被折磨得满目疮痍,他说:"想读书的念头是一直没断过的,但是受高等教育是不敢想的,真的不敢想。"

  1977年8月,邓小平在北京主持召开了科学与教育工作座谈会,在这次会议上,邓小平当场拍板,改变"文革"时期靠推荐上大学的高校招生办法,决定在1977年的当年,中国恢复高考。这个特大喜讯激活了包括汪向明在内的数百万知识青年沉寂的心田。

  安徽阜阳的高考状元王东风和成绩排名第四的万曼影当年是一对恋人,如今他们是上海交通大学的夫妻教授。万曼影原来是上海一个重点中学的学生,1969年随着上山下乡运动的滚滚洪流去了安徽农村插队,1974年大学里招收工农兵学员,她也被推荐过。当时招收工农兵学员是要进行面试的,而和她同一组参加面试的有一个是安徽当地县革委会领导的女

1977年8月,科学与教育工作座谈会

1977年高考考场

儿,后来就是这个连中国共产党是1921年7月1日成立的这点常识都没有的人被推荐成了工农兵大学生,这让万曼影感到非常沮丧。

高考是一种真正公平公正选拔人才的招生制度,但是面对这个得来不易的机会,一心想上大学的万曼影又心慌了,她回忆说:"1977年我们也去考了,考试的时候心里真没底,因为复习的时间短,也就那么两三个月就匆匆忙忙上阵了。"同样关心恢复高考这件大事的还有曾任上海市新闻出版局局长的焦扬,20世纪70年代她作为一名知识青年在山东农村务农,后来被抽调到山东省知识青年办公室当了一名知青小报的编辑,当1977年恢复高考的消息传来时,焦扬的心情五味杂陈,她说:"高兴有之,兴奋有之,但是也有恐慌,也有不安。因为我们学习的知识太少,而且作为知青,那时候什么学习班也没有,你想找个老师都不知道该找谁。"

当时和焦扬有同样心情的是整整一代人,"文革"十年,他们的学业被中断了,他们离开课堂太久了,现在要考大学了,怎么复习呢?复习材料呢?焦扬说:"也找了一些高考复习资料,就是中学的一些教材,但是越看心里越没底,越看心里越发慌,我们压根没学过这门课。地理课连地图怎么看、上北下南都搞不清楚,看到数学心里发毛的,看着那些题目根本不知道怎么去应付它的。"

对于如今参加高考的考生们来说,这是不可思议的,怎么会这样呢?但历史就是这样的,一群原本在田间劳作,在工厂做工的青年人,由于历史的原因,他们连中学都没有好好上过,如今突然有机会考大学了,心里当然会发慌。也就是在这时候,焦扬听说上海有一套"数理化自学丛书"对复习迎考很有帮助,便立即托人去寻觅,焦扬回忆说:"有朋友介绍了这套书,说特别好,不需要老师,你只要自己看,认真地看,认真地做完它所有的习题你就可以参加高考了。这下把我们的心思都说活了,八仙过海各显神通,托亲戚,托朋友去买。"

特别是对于汪向明而言,"文革"年代,父母蒙冤受辱,被诬陷为"叛徒",以他的家庭出身是不可能被推荐为工农兵大学生的,汪向明坦言:"看到有同学被招收为工农兵大学生了,那年头都不敢嫉妒人家,能读大学,真让我非常羡慕,但我不敢想。"在恢复高考前,汪向明想得最多的是自己将来的命运,他说:"我下乡第二年的时候,我爸妈被赶到乡下去了,我就在想以自己的政治条件,招工、招生是轮不上的,我想这辈子没指望了,真的想到过死。但是我想我不能死,当时那个氛围里如果是死,就是自绝于党、自绝于人民的。"恢复高考的喜讯打消了汪向明悲观的想法,他可以真正公平公正地为自己赢得读书的机会了。而此时,他最渴望、最需要的就是复习迎考的书籍和资料,当得知同在一个生产队的另一个知青托人从上海买来了刚刚出版的"数理化自学丛书"中的《代数》第一册时,他羡慕不已,汪向明回忆说:"我就死皮赖脸地跟人家讨,我就说你借我看一看,结果他很不情愿地把书一扔扔给我,我打开一看,我自己就识相了,书上面写着'书与老婆恕不外借',都说到这个份上了,再说人家也是非常需要的,后来我就打退堂鼓了。"

同样求而不得"数理化自学丛书"的还有一位年轻人,他叫郑伟安,原来在上海卢湾区街道房修队做小木匠，恢复高考后，他跳过了高中和大学本科，直接考上了华东师范大学数学系的研究生，经媒体报道后，一度成为家喻户晓的传奇人物。四十多年过去了，他至今仍记得"文革"年代，他曾看见过这套"数理化自学丛书"，不过不是在新华书店里，而是在废品回收站里。这套书在第一次出版时生不逢时，命运多舛，在"四清"中受到批判，被认为是培养修正主义的苗子，因为当时"学会数理化，走遍天下都不怕"被认为是修正主义路线的产物，结果书都被销毁，最后沦为了废品。当郑伟安在废品回收站看到这套丛书的时候，他很想把它买下来，但最终还是放弃了，郑伟安说："我买的都是便宜的书，"数理化自学丛书"，它一本就要七八角了吧，当时我觉得这个太贵了，买不起。我买的是工科中专的立体几何等教材，这些大概只有一毛钱一本。"看来即使在"读书无用论"盛行的年代里，还是有人在悄悄地看书，悄悄地自学，还是有人会到废品回收站里去淘书，在那个特殊的年代里，废品站成为特殊的书店。郑伟安说："我觉得国家总归需要科学家，需要工程师，需要高端人才的。"有了这样的信念，当年的小木匠寒窗苦读，潜心钻研，躲进小楼成一统，管它春夏与秋冬，直到1977年恢复高考，"小木匠"郑伟安跳级进入了大学，他的命运从此改变。同样的，曾经生不逢时的"数理化自学丛书"，在中国恢复高考后也迎来了它生命的第二个春天，这是因为中国迎来了一个科学的春天、教育的春天。

一书难求

1977年，上海高考的时间被确定为12月11日和12日，这是新中国历史上唯一一次冬季高考，同时也是最为仓促的一次，因为恢复高考的消息1977年10月21日才登报，离开考日期只有一个多月。"文革"年代，中学的教科书是两本很薄的课本，一本叫《工业基础知识》涉及一些物理知识，主要是机器的构造、机器的运作，另一本叫《农业基础知识》主要涉及化学、农药。就在知识青年们为找不到复习教材愁眉不展的时候，上海科学技术出版社一个名叫徐福生的编辑和知青们想到了一起，徐福生回忆说:"1977年8、9月份吧,我在苏老(苏步青)那里,知道他在北京参加了邓小平同志召集的一个老教授们、科研人员参加的座谈会,回来他很兴奋,给了我一个信息,说当年就要恢复高考了。但是,当时中学的教材就两种,《工业基础知识》和《农业基础知识》,没有数理化的,什么准备都没有怎么迎考呢?"作为一个出版人,徐福生的第一反应就是书,他说:"知识青年中有基础好的,也有基础差的,更多的人没有念过高中,有的初中都没念过,只有高小水平。荒废那么多年,我太了解他们了,如果我要高考总要找书吧,将心比心嘛。"

徐福生想到了一套在20世纪60年代曾经出版过的"数理化自学丛书",然而全套再版发行已经赶不上1977年的高考日期了,于是决定争分夺秒,分批赶印,《代数》第一册首先面市,为复习迎考的考生们雪中送炭。徐福生说:"真的是满腔热情的,这个一点不假,上海话说'一门心思',我就是要尽快地为第一批应考的知青提供服务。"

1977年的秋冬之际,不仅仅是准备参加高考的考生们在紧张地复兴迎考,作为出版社编辑的徐福生和他的同事们,还有印刷厂的工人师傅们也在"赶考",他们要赶在高考之前推出"数理化自学丛书",哪怕是抢先发行其中的一册或两册。徐福生说:"发到印刷厂里去,老师傅哪个家里没有知识青年呀,家家户户都有,因此都带了这样一种特殊的感情来干这个工作,甚至他的感情比我们还要强烈,经过手的同志,都带着这份感情来突击赶排出版。"由于高考临近,时间仓促,要在极短的时间再版发行这套丛书困难重

印刷厂加班加点赶印
《代数》第一册

重，徐福生回忆说："这本书在'四清'的时候被批判了，'文化大革命'时又被批判了，把保存的纸型全部都烧毁了，都烧掉了，就没法重印。"

纸型指的是印刷用的浇铸铅版的模型，没有纸型，意味着印刷厂必须重新拣字排版，而这往往是印刷过程中最繁重的环节。如今在中华印刷厂的厂史陈列室，还能见到早已被淘汰的"热排"设备，当年印刷厂的老师傅们就是用这种老式的设备赶印这套丛书的，原商务印书馆上海印刷厂工会主席徐家宝说："当时的排版和现在不能比，都是手工做的，可能正文是五号字，标题有可能是三号字、二号字，尤其是数理化科技方面的书稿更加复杂，一个标点符号、一个数字、一个外文，都很复杂的。"照正常的速度，重印一套像"数理化自学丛书"这样的科技类书籍至少需要半年以上，但是这对1977年就要参加高考的考生来说就太晚了。

因此，商务印书馆上海印刷厂的工人们三班人每班8小时日夜工作，六部机器一直在运转，当时可谓千人一心，全力以赴，齐心协力。当年上海的这家印刷厂车间成为全社会的一个风向标，"春江水暖鸭先知"，印刷厂的工人师傅们强烈地感受到，"读书无用论"的荒唐年代结束了，一个由恢复高考而引领的全社会读书热潮正在扑面而来。

最终，在印刷厂全体员工的日夜奋战下，"数理化自学丛书"中的《代数》第一册终于赶在1977年高考前的一个月面市了，当正在复习迎考的77级考生在上海的新华书店排队买到这本书的时候，他们喜出望外的心情是可想而知的。

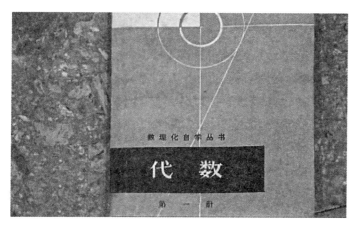

《代数》第一册

随后，1978年，"数理化自学丛书"全套17本得以整套再版发行，相较77级考生而言，78、79级考生们因为有了这套丛书，对高考又平添了几分自信。

不过由于这套丛书实在太热门了，可谓洛阳纸贵，1978年上海南京东路上，离新华书店的开门时间还有几个小时，门外早已是人头攒动，排起了长队。新华书店退休员工励钟林回忆说："排队看不到头，也看不到尾，一圈一圈的，从山东路、九江路、汉口路一直排到河南路，四条马路啊。有的人拿着小板凳，因为人实在是太多了，大家都是半夜里来排队的。"在排队的人群里除了青年人，大多是中老年人，他们来书店的目标非常一致，都是为了抢购一套"数理化自学丛书"，励钟林对此依然记忆犹新，他说："那真是非常感人的场面，可见大家对知识的渴望。一般来买书的都是家长来，牵动了一家人，有的不是一个人来买的，他和老伴一起来，带着小孩一起来，为了能多买几套。"

新华书店门口甚至出现了"黄牛"倒买倒卖的现象，新华书店员工谢翠凤还因为劝阻"黄牛"被打。与此同时，印刷厂也遇到了怪事，厂里的工人师傅们突然变得吃香起来，印刷厂工人严以忠说："就为了这套书，社会上相当疯狂，每户人家都在看这套书，要这套书，相当紧张，我记得那个时候向我们讨的人也有，想办法叫我们偷的人也有。"由于这套丛书在市面上的脱销，于是有些印刷厂工人就无奈地顺手牵羊，把刚刚印好的还散发着油墨气味的书籍拿回家去，为此，厂里不得不增派保卫人员严加看守，印刷

等待书店开门的读者

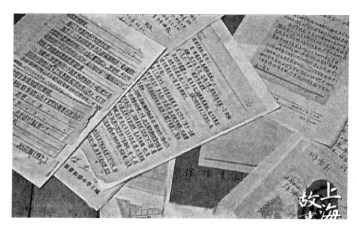

来自全国各地求购丛书的信件

厂变得有点像造币厂了。

"数理化自学丛书"再版后,编辑徐福生收到了全国各地许多读者的来信,其中有一封写道:"徐教授,我是一个待业青年,在农村县城里面有关学习的资料和书很快就卖完了,所以我自己要买'数理化自学丛书'有困难,所以我把钱寄给你,或者先给我垫付一下,请您帮我买一套。"徐福生还记得其中有一个来自河南荥阳的监狱里面的青年,来信要买书,他回忆说:"感触颇深的,我想念书这是好事,我就把我手边的一套样书送给了他,送套书能够激励一个人,也是我们做编辑的一个责任吧。"

当时"数理化自学丛书"在上海已经供不应求了,许多人在新华书店门口通宵排队,往往是刚上架转眼就被抢购一空,励钟林说:"当时这本书一出来就轰动了整个上海,也可以说是轰动了全国,大家都迫切需要这本书,所以一再重印,成了中国出版史上的一个奇迹。"在《上海出版志》上,我们看到了对这套"数理化自学丛书"明确的销量记载,共发行了7 395万册,这个数字连至今火爆全国、创造销量第一的《明朝那些事儿》都望尘莫及,后者刚刚突破了500万册。

幕后之师

这套"数理化自学丛书"由上海人民出版社、上海科学技术出版社于20世纪60年代出版发行,"文革"前和"文革"中两次遭遇批判而被废弃,1977年恢复高考前夕,编辑徐福生和印刷厂工人想尽办法重印这套丛书,于当年12月高考前赶印出了《代数》第一册,1978年7月出齐了全套17本,为一届又一届参加高考的青年们雪中送炭。

当出版社和印刷厂对"数理化自学丛书"突击重排之时,民间也在"再版"这套丛书,那就是手抄本的不胫而走。当年正在江西插队落户的汪向明苦于没有复习资料之时,有一个人给他寄来了希望,这个人就是汪向明的舅舅郭在理,他说:"那个时候,我很快就从朋友那里弄到这本书,但是人家也要用的,他不可能借给我很长时间,所以唯一的办法就是抄,手腕抄酸了就休息一下,继续抄。"汪向明说:"我舅舅寄给我的那个东西,我还保留在书橱里,还是'文革'年代的这么一个本子,上面都是当时的数学题,他抄得很仔细,抄完了以后他还反复校对。"汪向明收到这个手抄本后,立刻就夜以继日、废寝忘食地做功课、解题目,由于他是"文革"前的高中生,知识基础还比较扎实,再加上有了和高考对路子的复习资料,这使他参加高考的信心大增。1977年冬天,复习了一个多月之后,汪向明踏进了阔别11年的考场,那一年全国有570万名二三十岁的青年,怀揣着一个共同的梦想涌进了考场,最后有27万考生被大学录取,汪向明就是其中的幸运儿,他如愿考上了江西省上饶师范学院。时隔三十多年,当汪向明看到电影《高考1977》时,依旧激动不已。如今,汪向明还珍藏着那个手抄本,这已成为他人生的一个见证和纪念,也许是在考上大学以后,他才意识到,当年,就在他翻开这个手抄本的时候,他的人生也将翻开新的一页。

正是因为这套丛书,许多被"文革"耽误的青年人的命运从此就有了改变。与其他许多考生一样,焦扬也是这套自学丛书的受益者,在这个"不见面老师"的引领下,焦扬一步步由浅入深地迈进了知识的殿堂,登上了象牙塔。"数理化自学丛书"圆了许多人的大学梦,也改变了一代人的命运。1978年安徽省阜阳市高考成绩公布了,在4 000多名当地参加高考的知青中,名列前茅的四个人的成绩都超过了400分,而他们都是上海知青。王东风说:"公布分数了以后,我抄在这个本子上,到现在还是能找到。我是安徽阜阳地区高考总分的第一名,443分,万曼影是402.5分。"

只有初中文化的王东风和万曼影在众多考生中脱颖而出的消息，在安徽当地炸开了锅，人们将功劳归结于一套上海出版的高考复习宝典——"数理化自学丛书"，后来成为上海交通大学副教授的万曼影说："很多人问我要，好像这本书有仙气似的。"

万曼影除了有"数理化自学丛书"这个不露面的老师外，还有一个私人家教，那就是她的恋人王东风。当时，王东风因为有家事回了上海，全身心地复习"数理化自学丛书"，两人频繁地通信，而他们的两地情书上写的几乎全是学习的心得和复习的要点，王东风说："她工作很忙，在半夜里利用别人睡觉的时间来复习，我有什么学习心得都写在信里面发给她。"最终在这个"不露面老师"的指导下，万曼影与王东风双双以400分以上的优异成绩考入了上海交大，而焦扬也收到了复旦大学新闻系的录取通知书。万曼影说："我们不能忘记启蒙老师，这套书在我人生道路上起到的作用应该是功不可没的。"焦扬也说："好像有一个老师带着你一步一步由浅入深地步入知识的殿堂，一直深入核心灵魂所在的地方，帮我们打开一扇窗、一扇门，让我们一点一点地接触知识、接触真理，一本书改变了一代人的命运这句话不是一句广告，也不是随便这么说说的，这真是历史上的奇迹。"这套丛书就像知识的阶梯，引领着当年高考的知青一步步走向大学的校门，这套丛书也像一块敲门砖，叩响的是命运之门。

在1977年恢复高考后的几届考生中，很多知识青年都把这套"数理化自学丛书"作为考上大学的一件法宝，焦扬从最初的心里发毛，到后来的从容应考，感受特别深，她说："这本书的编辑，用我们现在时髦的语言来说，是需求导向，定位特别准，从基本的知识点、基本的概念入手，它所有的例题和习题都是有助于你消化基本的定义和概念的，并没有刻意地追求那些偏题、难题、怪题。"当年，几乎所有的考生都没有经过中学阶段的系统学习，更没有什么高考补习班来指导和帮助考生们复习迎考，然而这套系统性的自学丛书在一个很特殊的年代里起到了特殊的作用。

1977年恢复高考时，中国著名电光源专家蔡祖泉的儿子蔡中卫正在部队里当兵，有一天他的父亲突然来了，并且带来了一样宝贝。在蔡中卫的印象中，他当兵五年了，这是父亲第二次来看他，蔡中卫回忆说："在我印象当中，他是没有时间来关心我的，有一次他突然间来了，带了一套书，放在包里,像宝贝一样地拿出来。他还跟我说有好几本书还很难买,大家都抢着买,被他买到了。"一套"数理化自学丛书",当年成为父子情深的见证,如今也成了儿子对已故父亲最温暖、最深情的记忆。这套丛书既饱含了父亲过去由于工作忙而疏于对子女培养和教育的歉意,更寄寓了父亲对儿子的期盼和祝福,父亲当年说的话蔡中卫依然记忆深刻,父亲说:"从个人来说你要有发展,读书除了是一种途径之外,关键可以增长知识,第二我们国家的技术人员、工程类人员非常缺少,急需要这方面的人才来填补'文化大革命'造成的真空。"

读书奇观

1977年恢复高考引发了全社会的读书热,很多青年人的求知欲、读书欲被唤醒和激活了。恢复高考后,一大清早上海图书馆还没有开门,青年人就已经在门口排起了长队,上海图书馆的老员工们至今还记得当年图书馆开门时的盛况,曾任上海图书馆参考部主任的万清玉回忆说:"印象最深的是读者把门都挤碎了,那个门玻璃都是很厚的,所以要把那个玻璃挤碎的话,不是一个两个人能做到的。"

众多的读者废寝忘食地看书学习,他们中也有为数不多的人在做"数理化自学丛书"中的习题。原先图书馆的五套、十套丛书已经满足不了需

排队等待图书馆开门的青年人

要，和新华书店说明情况后又增加了几十套，万清玉说："有的读者早上进来，晚上出去，带几个大饼，我们供应开水，他们其间就不走了。窗台上坐的也是人，坐在窗台上还要赶运气的，来晚一点的就只能坐在地板上或是外面的阳台上。"

当年有一句话经常被人提起，那就是把"文革"十年所失去的时间追回来，看看这壮观的读书场面，离"读书无用论"被叫停只有几年的时间。这印证了恩格斯说过的至理名言，没有哪一次巨大的历史灾难不是以巨大的历史进步作为补偿的。有人说这是中国有史以来少有的一场读书热潮，在这场全社会的读书热潮中，上海的一位摄影师薛宝其花了七年的时间，用心拍下了青年人专心读书的很多精彩瞬间，薛宝其说："看到了很多读书的场面，我就觉得应该集中力量来拍读书热的照片，从1978年开始一直拍到1985年。当时在我的眼里到处是朗朗读书声，我听了这个读书声非常高兴，感觉这是中华民族复兴的前奏曲，老百姓拼命念书，这不就是我们民族的希望嘛。"

（编写　李夕冉）

集邮那些事

上海的马路边和弄堂口曾经是集邮迷们的天堂，集邮家林霏开至今仍珍藏着1952年从"小山东"邮摊觅来的集邮册。20世纪80年代改革开放后，社会上的集邮热情高涨，集邮也从弄堂里转到了思南路邮电局、南昌路和人民广场三角花园，最后在太原路口的肇嘉浜路街心花园安营扎寨，这就是后来成为全国四大邮市之一的上海太原路邮市。邮市如股市，暴涨暴跌，上海太原路不仅有一夜暴富、手拿大哥大的邮商，也有社会小人物甜酸苦辣的故事。

"打桩模子"们的商机

2011年1月3日，元旦假期的最后一天，寒风凛冽，气温降到了零度，晚上8点，只有几个人顶着刺骨的寒风等候在北苏州路276号的门口，但到了第二天的傍晚6点，有一百多人加入了排队的行列，队伍也渐渐地排到了四川北路口，这其中有人为了买到生肖票，前一两天晚上就开始在那儿排队，甚至还有人拿上躺椅就睡在邮局门口。

上海是中国集邮文化的发祥地，20世纪四五十年代，除了邮政部门的集邮柜台、商店以外，四川中路桥沿街居民楼边的邮摊是上海老集邮迷们不可或缺的回忆，上海集邮家林霏开至今还保存着从"小山东"邮摊买到的集邮册，他回忆起这个邮摊时说："人们来了就搬个小凳子坐在旁边看邮票，一看就一个小时，到现在我还保留着一个集邮本，很粗糙的，是手工

飞机票

做的,上面我还写着1952年购自四川北路桥堍,就是桥下面的'小山东'邮摊,定价人民币一万块,那是旧币,相当于现在的一块钱。"

正当集邮迷们沉醉在集邮的乐趣中时,"文革"开始,集邮陷入了历史最低谷,邮商、邮摊更是销声匿迹。集邮家邵林至今仍珍藏着伯父邵洵美送给他的一枚"飞机图"样票,邵洵美认为这枚邮票是很有意义的,也很有价值,因为这是全世界最早用飞机作为邮票图案的,尤其孙中山还把它作为普遍邮票的图案。为了保存这枚珍邮,邵林可谓绞尽脑汁,最后他想到把它放在上海市图书馆阅览证的照片的底下,这是最安全的"保险箱"。

20世纪80年代初,改革开放的春风吹遍大江南北,许多人开始寻找工作以外的娱乐,而集邮因为门槛低成了当时许多百姓的选择,集邮的热潮开始涌动,人们都没有料到集邮会这样普及。集邮热的形成与"文革"结束以后老百姓文化上的饥渴不无关系,那时候,没有互联网,也没有游戏机,流行音乐也传播得不多。那个年代集邮的人大多都有从信封上剪邮票的经历,集邮也作为一种"有文化"的象征,开始在社会上蔓延。集邮热的兴起让一部分人嗅到了商机,最初的物物交换很自然地发展成了物钱交换,早期上海人所谓的"打桩模子"(指无许可证设摊做生意的人)也开始介入邮票交易,这从另一个侧面带动了集邮热潮。上海市集邮协会理事周显东介绍了"打桩模子",他说:"除了我们集邮爱好者之外,还有很多所谓的'打桩模子',这些'打桩模子'最早不是玩邮票的,市场上时兴什么,他们就买卖什么,应该说他们是对市场经济了解最早的一批人。"买卖邮票的人中有一些过去是无业的,这些人回到上海以后没有工作,发现在邮票上面每天赚个几十块钱很容易,那么就开始买卖邮票。而对于很多爱好邮票的人,集邮可以让他们得到知识上的乐趣,丰富文化生活,这些因素都加快了集邮热的形成。

于是,在邮政门市部的门口和弄堂里自发形成了一些早期的邮市,比如思南路、淮海中路的邮局门市部,最多的时候能有几百人,后来邮市不断扩大,逐渐延伸到了旁边的南昌路上。每天下班以后,大概四五点钟,人就多起来了,一直到路灯都亮了还不散,人山人海的集邮迷在马路上交换邮票,集邮家林霏开回忆起自己买邮票的经历时说:"我印象当中有一个瘦高个的瘸子,拄着拐杖,他那个本子里有许多外国邮票,我在他那里就买过一枚,因为对那个'撒尿小孩'雕像的故事很有兴趣,但是之前找不到这个邮票,结果在他的本子里挑到了。"

"打桩模子"把自己倒卖的邮票加价几分甚至一毛多出手,每天销售的利润相当可观,对于当时工资还很低的人们来说,几分、几毛已经是相当刺激了。买卖可以讨价还价的,像一般的新邮票,加一点钱就卖了。

20世纪80年代初的中国,自由市场还是资本主义的尾巴,邮票交易会被扣上投机倒把的帽子,这些自发形成的邮市经常被执法部门冲击,如

马路邮市

果被抓到了，不仅邮票要被充公，甚至还会被告到单位里去，集邮爱好者陶彦回忆说："有的时候你会听到'有人来了'，然后大家立刻把邮票簿子一拿，往包里一塞，立刻就跑。"倒卖邮票的可观收益使得一部分集邮爱好者动了"下海"的念头，但更多的人还是只把自己多余的邮票卖出，用获得的收益再去买自己喜欢或者缺少的邮票，这就是所谓的"以邮养邮"。

从1980年至1983年，上海这种自发形成的邮市经常被取缔，于是"弄堂游击队"从思南路邮电局转战到了南昌路，而后又转到人民广场三角花园和中山公园等地。

太原路邮市里的富翁

由于太原路口的肇家浜路街心花园交通方便，而且在枫林、天平和斜土路的交界地带，"弄堂游击队"在此大量聚集起来。

太原路邮市的名气越来越大，大量的外地邮商利用邮票的地区差价，从外省市大量收购邮票来太原路销售，不过，此时的太原路邮市仍然不合法，时常会受到"三整顿"办公室的整顿。

1985年至1988年间，尽管上海太原路邮市已成气候，但仍属于民间自发的邮票市场，屡遭取缔。因为集邮爱好者需要市场，也随着思想的逐步开放，1988年10月4日，经徐汇区人民政府批准，"太原路邮票交换市场"正式挂牌，成为上海市第一个露天邮票钱币收藏品市场。

1991年，太原路邮市达到了它的第一个高潮，热闹得基本上连站人的地方都没有，许多人只能把摊位摆到邮市外的人行道上，后来连马路对面都是人。邮票先是一个月一个价，后来一周一价，再后来一天一个价，因为当时人们可以投资的对象非常少，只有两样东西可以投资，一个是股票，一个是邮票，这两个市场往往是负相关的。上海云洲商厦市场部经理助理徐建华说："1991年、1992年是邮市的疯狂时期，炒作的人也很多，有了交易，有了利润，那么肯定有人坐庄。"

坐庄首先要有灵通的信息，然后利用地区和时间上的差价大量囤积某种邮票，等到合适的时机再散布邮票涨价的信息，把邮票抛售出去，这

当年太原路上的邮票交换市场

时就出现了一批庄家大老板在太原路对面的好望角宾馆包下客房,手拿大哥大,对太原路邮市一目了然,他遥控整个市场,并雇佣"马仔"打探消息。"马仔"到市场上各个摊位去收购邮票,按照上海话来说,就是"刮掉",全部收掉后大老板就准备坐庄了。上海市集邮协会理事周显东介绍说这种坐庄是从股票借过来的一种模式,他说:"他要炒作某个题材的邮票,比如说梅兰芳小型张,他可以先大量地收进,然后在市场上放风,说这个小型张涨了,因为早期市场还没有一个正规渠道披露消息,价格逐渐上涨后,然后他再卖出去,这就是早期坐庄的模式,邮市逐渐产生。"

除了坐庄的大老板,1991年的太原路邮市上还有许多小人物,他们整天在市场上挤来挤去,买进后加价几毛钱再卖出,利润虽低,但量很大,一天收入也有几十、上百甚至上千元。用上海话来讲他们应该是现在的"黄牛",用北京话来讲是"二传手",实际上都是在这个市场上渔翁得利的人。

而那时太原路邮市的一些标志,像蘑菇亭、门口卖冰棍和油墩子的小摊,至今都是集邮迷们津津乐道的话题。蘑菇亭的四周都是栏杆,有两个出入口,一个东一个西,两边的人行道也很宽,大概有两米,后来因为拓宽马路,就拆除了。

1991年的邮市热潮造就了一批手拿大哥大的富翁，也使太原路的邮市逐渐成为全国的四大邮市之一，而疯狂的邮市最终以邮政公司的大量增发而偃旗息鼓。1997年2月，上海太原路邮市整体迁入大木桥路的云洲商厦，一部分执着于邮市的"老太原"依然跟进，在5楼和6楼驻扎下来，邮市并没有从此一蹶不振，搬迁到云洲商厦的邮市此刻正酝酿着更大的疯狂。

关于"猴票"的神话

1979年的一天，画坛大师黄永玉接受他的学生、上海市邮政局设计师邵柏林的邀请，设计了新中国第一套生肖票——"猴票"，当时的黄永玉无论如何也不会料到这枚小小猴票竟然成了中国邮票史上的一个神话、中国邮票市场上的一个标志，让后来的中国邮市风生水起。

1980年是中国传统纪年中的庚申年，所以黄永玉设计的第一轮猴票又被称为"庚申猴"，猴票是特种邮票，编号为T46，全套一枚，面值人民币8分。与今天生肖票发售时的火爆场面相反，猴票在发行之初遭遇的竟是无人问津的尴尬境地，虽然最初的销售并不理想，但它还是凭借精美的设计和精良的印刷赢得了人们广泛的赞誉。1980年底，猴票已经难觅，而到第二年鸡票发行的时候，已经有很多人注意到了生肖票的价值，开始出现抢购的现象。

猴票的设计非常漂亮，它是雕刻版的，这也是鉴定猴票真假的一个很重要的方面，因为它雕刻的东西很精细，毛是一根一根的，猴子的眼睛很有神，特别明亮。集邮家邵林至今还保留着一个非常珍贵的猴票实寄封，每次谈起这个实寄封，他都很自豪，因为它记录着自己集邮的历史。1983年，猴票价格已经涨到了两块钱左右，从1985年到太原路邮市搬迁前夕，一版猴票已经从几百元上涨到了一千多元。很多人现在回忆，都喜欢把整版猴票的价格与当年结婚的成本以及最时髦用品的价格联系在一起比较，邮商陈炼青回忆说："我们那时候卖掉一半猴版可以结个婚，买个录音机也是一个猴版的价格。"

集邮那些事

1980年发行的猴年邮票是中国发行的第一套生肖邮票

改革开放以后,邮票拍卖活动一直牵动着邮市的走势,当时有两枚邮票的价格与邮市息息相关:一枚是"全国山河一片红",另一枚就是猴票,而猴票因为流通量大,成了当时邮市里最大的风向标。

如今,猴票作为生肖票的经典已经融入许多中国人的文化基因中,演变成了改革开放后中国财富的一种缩影,周显东讲了一个与猴票有关的小故事,他说:"有一个邮政部门的老职工有几张单位发的猴票,他也不懂,就一直放在家里。过了很多年之后,突然听说猴子邮票非常值钱了,他找出来那版的猴票,最后就给他儿子结婚买了房子,办了喜酒,因为猴票当时价格已经涨得很厉害了。"集邮爱好者吴洪熙也讲述了他和猴票的故事,他回忆说:"那是1980年2月中下旬的时候,我记得很清楚,问同事借了八分钱买了一枚,但顺手就把邮票往上衣口袋里一放,那天是星期六,等下个礼拜一早晨想起来,我口袋里还有一枚邮票的时候,那件衣服已经被工人师傅送到洗衣房洗掉了。"

周显东认为这两个财富故事,就像中国的改革开放一样,猴子邮票也是中国改革开放中财富的一种缩影,他说:"有人保留了财富,有人得到了财富最后又散去了财富,所以给人生很多感悟。实际上财富不一定要留在身边,你曾经拥有过了就可以了,就像我曾经也拥有过很多猴子邮票,但是最后没有了,也挺好,至少你玩过猴子邮票了。"

每年的1月5日是生肖邮票发售的日子,由上海市集邮协会搭台,各基层集邮协会配合。2008年开始的通宵集邮沙龙活动早已成了集邮迷们心目中的"春晚",上海市集邮协会先放一些集邮的电影,展示一年中发行的所有邮票,还有一些知识竞赛、知识问答等有奖活动,另外还邀请集邮爱好者自娱自乐。在整个晚上的时间,活动搞得非常丰富多彩。

从1980年中国发行第一套猴年邮票起,生肖邮票见证了中国邮市的起伏和疯狂,至今仍然引领着集邮热潮,牵动着邮市的神经。生肖票跟中国人的文化基因有很大关系,很多人即使不集邮,但是自己的生肖,他还是愿意去买一张。

"静工"和"卢工"邮市里的疯狂

20世纪80年代初,上海和全国一样,兴起了集邮热,除了自发形成的邮市以外,上海的沪东、沪西等工人文化宫和体育场里面,形成了早期的邮票市场,各家工人俱乐部也出现了邮票交换活动,其中以上海静安和卢湾两个区最有特色,它们就是后来"静工"和"卢工"邮市的前身。

静安区是上海的文化特色区,收集外国邮票的爱好者较多,静安工人俱乐部和区集邮协会因势利导,决定把每个星期天上午作为固定的邮票交

当年的"静工"邮市

集邮那些事

当年的"卢工"邮市

换活动时间。由于外国邮票交流占据绝对主力,"静工邮市"就独树一帜成为外邮交流的主要场所。

上海的"卢工"是中国邮市中不可忽视的重要角色,它脱胎于思南路上的自发邮票交换市场,后来从马路上迁入卢湾区工人俱乐部,形成了"卢工邮市"的雏形。1996年,卢工邮市进行了改建和扩建,可容纳上万人入市交易,从而彻底告别了地摊式交易。改建后的卢工邮市也吸引了一批"老太原"的入驻,随着1997年2月太原路邮市搬入云洲商厦,"卢工"和云洲商厦一起迎来了1997年上海邮市的狂潮。

当年很多人在邮票市场上发了大财,邮商徐有庆回忆说:"1997年是新中国集邮最火热、最火爆、最火红、最激情四射的年月,火爆的程度就像现在正月十五城隍庙九曲桥上的人流一模一样,甚至有过之而无不及。"

这次热潮不只是邮品的疯狂,币、卡也加入其中。上海太原路邮市成立之后,在马路对面的绿化带渐渐形成了钱币市场,后来邮市搬迁,钱币市场也随之搬入云洲商厦。90年代初,电话卡出现后很快就加入邮票和钱币的行列中,形成了邮币卡市场,并与邮票和钱币一起将1997年的邮市疯狂推向了高潮。

1997年热潮中最为疯狂的还是邮票,那个时候整箱的邮票大量涌进

"卢工"，有的甚至都没打开过，又转到下家的手里，甚至在一些人的操作下，当时的邮票交易出现了期货的影子，徐有庆回忆当时的热潮时说："当时，外地的邮票经营商都用编织袋、考克箱、旅行箱把邮票带到上海，带到卢工集邮市场来设摊。我们有很多的集邮爱好者和邮商看到外地的邮商有邮票，整版的邮票几乎都不还价的，也不看品相，只要你开价，大家都争前恐后地抢购。"当时都是现金交易，成交量大，很多人都是拎着大包入场，有人成交时甚至只是将两叠现金放在一起，厚度差不多就可以了，根本来不及数。

当时邮票的价格不是一天一个价，而是一小时一个价，有时候一套邮票，仅仅在场里转半个小时叫价就上涨了20%，上海市卢工邮市党支部副书记傅君芳回忆说："我两百三买的青少年（电话磁卡），走几步路，就可以加几十块钱卖掉，当时就这么火爆，生意真的很好，那是你想象不到的。"

1997年的上海卢工，每家商户是用隔断隔开的，由于人太多，说话要不断地大声喊叫才能听清楚，就像早期股市的报价一样。由于入场的人太多，上海卢工邮票市场管理所为了控制人流，提高广大集邮爱好者的兴趣，曾经发了卢工集邮市场的金卡和银卡，金卡就相当于贵宾卡，可以终身使用，用不着再去排队购票，凭着金卡就可以进市场，银卡规定一年使用期，当时金卡、银卡也被抢购一空。疯狂的邮市吸引了其他行业的人投入其中，也造就了一批腰缠万贯的富翁。

1997年7月，香港回归之际发行金箔邮票，面值50元的邮票，一上市就被炒到了400元，随后一路狂跌，邮市的暴跌也随之而来，很多大邮商的财富被一夜削平，从此一蹶不振。

上海太原路、"静工""卢工"邮市见证了改革开放后上海经济的发展，集邮也由此成为人们财富积累的缩影，那些狂热的集邮岁月早已留存在整个城市的记忆里，偶尔也会被人们回忆起来，津津乐道。

（编写　李夕冉）

难忘的"海外影视"

2015年5月16日，汇聚老中青三代配音演员的"声音的味道——传声之夜"配音艺术家专场演出在上海大宁剧院开启，此次演出不仅请来了上海电影译制厂的元老级人物，还将远离观众视线20年之久的上海电视台《海外影视》栏目的配音班底首次带到台前。久不露面的清秀小生"姿三四郎"晨光与柔美淑婉的"早乙美"张欢再续前缘；天真执着的"赤名莉香"梅梅与"三上健一"刘家祯回忆人生，互诉衷肠；《成长的烦恼》里三位有爱的家庭成员一同分享幕后乐事，都激发出现场浓浓的怀旧情绪。

《姿三四郎》一炮而红

上海，中国无数经典译制片的摇篮，从20世纪80年代开始，来自海外的影视与中国的声音在电视荧屏上完美邂逅，开启了一段属于译制片的黄金时代。1981年夏天一到周末的傍晚，上海的大街小巷会准时传出一首粗犷的日本歌曲，而每到此时，街上的行人就早早赶回家里，坐在电视机前观看上海电视台的第一部译制片《姿三四郎》。

在那个黑白电视机开始进入普通家庭的年代，看电视也就顺理成章地成为中国百姓夜生活的重要内容，而优秀海外影视剧的引进则把人们看电视的热情推向了一个新的高峰。但令人意想不到的是，《姿三四郎》译制之初，电视台竟然没有专门的译制部门，当时还是上海电视台播出科科长、主抓播音员工作的黄其接到台领导的临时任务，让她组织日本电视剧

《姿三四郎》的译制工作。黄其回忆说:"虽然我爱看,但我不懂,后来就特别请了上海电影译制片厂的两位导演,毕克和苏秀来帮助我们搞译制,我们就临时组织了一个班子。"

1981年5月1日,就在当年的劳动节那天,临时组建起来的队伍开始了日本电视连续剧《姿三四郎》的译制工作。虽然黄其费尽周折,请到了译制片厂的毕克和苏秀担任导演,但译制场所和设备的缺乏却是在短时间内解决不了的问题,黄其说:"小播是台里的一个演播室,当时我们拿帘子拉起一块布,在里面录,有时候外面人走来走去,所以常常被打岔。全台就这么两部机器,大家都要用,所以我每天都是在吃饭之前先把机器抢好,因为晚上要录。"

《姿三四郎》的配音演员大部分都是业余的,因此译制工作中出现了许多意想不到的问题。《姿三四郎》中男女主角的配音演员分别由当时还是新闻主播的晨光和儿艺的话剧演员张欢担任,张欢更是一人独挑两角,分别为剧中的两个性格截然不同的女主角早乙美和高子配音,他们首先要面临的是从本职工作到配音演员的角色转换,张欢回忆说:"我要抓早乙美的那个基调,因为我感觉她跟我自己的个性比较相近,而高子是一个贵族小姐,她说话是非常傲慢的,总有那种居高临下的感觉。"著名主持人

《姿三四郎》配音小组

晨光也回忆说:"我记得那时候很好玩,我们一到播音的时候,所有的工作人员,录音员、配音演员,大家都在小播里面坐着,灯一关后,每个人都不出声了,只有我那个播音台上灯亮了。半个小时播完以后,那边灯一关,这边灯一打开,又开始配音。"

1981年7月4日,《姿三四郎》在上海电视台首播,这部关于日本明治年代一位柔道家的电视剧牵动着千万上海人的心,每逢播出时,许多人就站在商店的橱窗前观看,甚至有人把电视机搬到户外空地上,一群人围着电视机看,译制片的粉丝项先尧说:"当时很多人家还没有电视机,我家里有一台14英寸的黑白电视机,我就把它搬到空地上,马上就有很多人围过来看,能看到这么一个片子,在当时来说是大家心满意足的一件事情。"人们茶余饭后谈论的尽是剧中俊美的主人公忠贞的爱情故事和那以假乱真的武打动作。

张欢配音:原来您就是姿三四郎先生,到今天为止,我多么恨那个叫姿三四郎先生的人。

晨光配音:我知道了你的身份以后,我应该说明,可是你为老师祈祷的神情,使我没敢说出自己的名字。

这是一段拍摄于1981年的影像,《姿三四郎》译制组正在为最后两集的台词配音。当时《姿三四郎》的译制工作正值收官阶段,之前播出的剧集已经在社会上引起了极大的反响。项先尧说到了自己结婚时发生的一件趣事,他回忆说:"当时是1981年,那天我结婚,在酒店里面举办了婚礼以后,回到家里就听到《姿三四郎》的音乐在那里响,很多人就觉得这个

《姿三四郎》剧照

片子不看可惜了，正好是情节最紧张的那几集。所以有人提议，是不是先看《姿三四郎》，然后大家再接着闹洞房，他这么一提议很多人就附和了，实际上我心里也想最好是看电视，最后一群人坐在那里看完了《姿三四郎》。"

《姿三四郎》的播出还引起了一股时尚的风潮，人们争相模仿里面演员的穿搭，张欢回忆说："社会上当时流行高子衫，它的领子很高，有这种蕾丝边的，很多服装商店马上就推出了高子衫。"看过《姿三四郎》以后，姑娘们甚至表示找对象就要找姿三四郎那样的。中小学生也把姿三四郎看成学习的榜样，因为他尊师爱友，练功刻苦，技艺超群，有些学生更是痴迷剧中的武功，为了练习掌劈的动作，竟然劈坏了课堂的桌椅。第二年春天，《姿三四郎》登陆央视，掀起了一股风靡全国的"柔道热"。

80年代，译制剧《姿三四郎》竟然引发了全民的观看热潮，播出的收视率达到了95%以上，黄其说："北京那时有一段时间要停一个小时的电，结果为了让大家看《姿三四郎》，在播出时就送电，等大家看完了《姿三四郎》再停电。那时北京也是万人空巷，反响很大。"

第一部引进版警匪片——《神探亨特》

凭借《姿三四郎》一炮而红，上海电视台加快了译制海外剧的步伐，1986年底，上海电视台演员译制部成立。1987年10月21日，全国第一家《海外影视》栏目正式开播，从此译制剧以栏目的形式固定播出，原上海电视台副台长孙重亮说："那时候，上海电视台除了我们自己的8频道是主频道，又开了20频道，为了提高经济台20频道的收视率，台里把海外影视放到20频道去播，因为海外影视的收视率是非常高的，这些译制片成为我们上海市民瞭望世界的一个窗口。"《海外影视》栏目成立后，首播的是美国洛里玛影视公司提供的四集电视连续剧《两代夫人》，洛里玛影视公司以栏目广告补偿的形式为《海外影视》栏目提供片源。虽然后来它被华纳合并，但"洛里玛"这三个字还是在上海电视观众的心目中留下了难忘的印象，译制片观众丁海回忆说："当时，海外影视节目开始的时候，前难忘的"海外影视"

译制剧《神探亨特》

《神探亨特》剧照

面有一个片段,我记得是紫色的背景,白色的字,上面写着一段话,就是说海外影视节目由美国洛里玛影视公司授权播出,翻版必究,违者追究相应法律责任,然后有一个叫傅玄杰的律师署名,在我印象中,这位律师应该就是通过当时海外影视节目出名的。"

1988年,《海外影视》开播的第二年,上海的电视荧屏上出现了两位金牌搭档——亨特和麦考尔,《神探亨特》以其惊险紧张的题材、扣人心弦的悬念、善恶昭彰的人物命运,吸引着无数的观众,而为亨特和麦考尔配音的刘彬和张欢就是译制部公认的最佳搭档之一。

《神探亨特》中,"亨特"和"麦考尔"的配音演员又有着怎样的幕后故事?刘彬说:"实际上,我跟张欢两个人在生活当中的关系非常接近戏里亨特和麦考尔的关系,这两人就永远合不到一块去,他俩从来没有任何爱情的火花擦出来。在生活中他们互相调侃、取笑,尤其麦考尔经常取笑亨特,亨特也让她取笑,平时张欢也经常讽刺我、挖苦我。"

作为中国内地引进的第一部警匪片,枪战、美女、侦破、悬疑等这些好莱坞电影中的常见元素都由这部电视剧带给了中国的观众们。据说《神探亨特》在美国只是一部普通的警匪片,但是由于刘彬和张欢对角色的准确把握和传神演绎,亨特和麦考尔几乎成为几亿中国观众的电视偶像。

那时候,很多观众都有了警察情结,在大街小巷抢着讲出那句"你有权保持沉默,如果你放弃你的权利,你所说的话将作为呈堂证供"。这句话在当时非常时髦,几乎成了那个时代最耳熟能详的法律常识,孙重亮回忆说:"《神探亨特》播出以后,因为这里面反反复复出现宣读权利,就是说你可以请个辩护律师,它慢慢深入人心,人们知道了原来犯罪嫌疑人也可以请辩护律师。"观众丁海回忆说:"第一集我印象很深的,亨特出场的那把枪也是非常漂亮,一把银色的手枪。当时我记得是一个罪犯逃走了,然后他一个翻滚直接一枪把那个车轮就打掉了,那辆车就飞起来爆炸了,实在是太潇洒了。"

1990年,在第三届上海电视节期间,麦考尔的扮演者斯蒂芬妮来到了中国,她和张欢同时出现在舞台上,两位"麦考尔"跨越地域和语言的限制,为中国电视观众带来了难得的惊喜。张欢回忆说:"她觉得一下子自己会说那么流利的中文,非常高兴,她还跟我说,我配得很好,她觉得达到了她的要求。"而刘彬和亨特的扮演者德雷尔直到1998年才真正见面,"亨特"在参加长春电影节期间,无意中看到刘彬配音版的《神探亨特》,当即决定改变行程,来上海跟刘彬见一面。刘彬回忆起当时在接机路上发生的一件小事,他说:"到了上海以后,我和张欢去机场接他,我这个车后边行李箱里搁的是亨特个人的行李,结果上车之后,出租车司机上了高架,想多绕点路,多挣点钱,给我打马虎眼。我说你看过《神探亨特》吧?今天这位老兄过来了,后边的行李就是他的,我是给他配音的,你知

刘彬(右)、张欢(左)和麦考尔的扮演者斯蒂芬妮

道外事无小事,对不对?他听我这么一说,也有点害怕,赶紧开了回去。"

昔日一别两匆匆,转眼17年悄然而逝,如今的"亨特"已经69岁,白发苍苍却气度非凡,而59岁的"麦考尔"美貌依旧。2011年8月21日,姿三四郎的扮演者竹胁无我在日本逝世,引来众多中国影迷扼腕叹息,容颜易逝,声音永存。很多网友在微博上抒发对竹胁无我的悼念之情:"英俊帅气又气质内敛,曾经令中国万人空巷的偶像彻底地走了。"

配音的幕后故事

好莱坞三大巨片之一的《鹰冠庄园》,一共拍了370多集,1988年,《海外影视》栏目成立之初就引进了该片,为了保持观众的新鲜感,译制部的工作人员基本上做到了与美国播出的同步。孙重亮回忆说:"要配《鹰冠庄园》的时候,导演黄其同志给曹雷打电话,让她来配音,曹雷接到电话就来了,一看这个片子,她觉得兴奋,为什么?她刚从美国回来,她在美国就看过《鹰冠庄园》。"《鹰冠庄园》讲述的是一个豪门家族为了争夺遗产和权力尔虞我诈明争暗斗的故事,片中的女主角安吉是由美国前总统里根的前妻简·怀曼扮演,为安吉配音的就是上海电影译制片厂的著名配音演员曹雷,曹雷说:"要使这个人物饱满起来,不但要在自己的声音语言上,就是外部技巧上把握住,更重要的是要从心理上抓住这个人物内心的节奏和她的心态。"

《鹰冠庄园》剧照

刘家祯和金琳为《鹰冠庄园》配音

由于这部剧比较长,又跟美国同步播出,很多新出现的角色的命运无法预测,当然,对于当时喜爱配音的译制演员来说,谁都想配一个有挑战性的、戏份多一点的角色。

而对于从小就接触配音的李吟涛来说,为《成长的烦恼》中迈克配音的经历则成为他童年中印象最深的一段记忆,李吟涛现在是《上海摩天轮》栏目的主编,他说:"张欢老师是配麦琪,我是配迈克小时候,所以会有对手戏,甚至有的时候,我们搂在一块,真的像妈妈和孩子一样,就是在这种对话的状态下去把那个戏给配完的。"

1990年,上海电视台在引进《成长的烦恼》之后,由于配音任务繁重,便把它转包给了上海人艺,为《成长的烦恼》配音的演员是一个充满欢乐而有爱的集体,用他们的话来说,他们也是"一家子"。张欢回忆说:"上海人艺的导演陈开昌,他做这个片子,演员什么都是他来决定的,像配父亲的'杰森'就是人艺的演员周野芒,配'本'的是儿艺的演员姚培华,配'卡萝尔'的是人艺的宋忆宁,配'迈克'的是奚慧华,后来她到美国去了,然后就换了演员了,我配母亲麦琪。"

1992年上海东方广播电台开播时,王玮主持《夜鹰热线》节目,这个节目的样式来源于美国电视剧《夜鹰热线》,说的是一个退职的警察下来之后,自己做了一个夜间电台的广播主持人,开设了一个夜间访谈类栏目,而王玮正是《夜鹰热线》中男主角杰克·基连的配音演员。由于当时录音条件和设备比较简陋,《夜鹰热线》中录音棚部分的配音工作在当时来说是比较困难的,为此译制导演金琳和录音师绞尽脑汁,终于

《成长的烦恼》剧照

找到了解决办法。金琳回忆说:"因为这部戏的制作非常难,现场声、电话声、外面对讲声,这三种声音,我简直是没有办法,后来我跟艾定新两个人用旧木板在录音棚里做了个小房间,让王玮在外面,那这样声音就不会串了。"在东方广播电台的《夜鹰热线》节目中,每天深夜,王玮也会模仿电视机中杰克·基连的口吻向听众朋友道声晚安:"我是杰克·基连,在调频98.3KGC电台向您恭祝,在这儿我也想向大家说一声晚安!"

《东京爱情故事》于1995年由上海电视台引进,是中国大陆的第一部青春偶像剧,至今仍被奉为经典,而那个永远绽放着灿烂笑容的赤名莉香也成了许多80后男生的梦中情人。有粉丝写道:自从有了《东京爱情故事》,我们这一代人就有了两个灵魂,一个仍然活在现实,而一个永远跟随赤名莉香去流浪,幻想自己只是一个小小纸片人,装在莉香的行囊里,目光随她,心思由她。丁海说:"我觉得我对莉香真的是很入迷的,那个时候我比较喜欢画画,我还找了莉香的画报画了一幅。"

说到饰演三上健一的江口洋介就不得不提一提刘家祯,从《东京爱情故事》《同一屋檐下》到《在爱的名义下》,刘家祯几乎成了江口洋介的中国代言人,对此他说:"可以说,我是江口洋介在咱们中国的代言人了,他所有的片子都是我配的,我觉得可能因为我们的年龄跟这些片子当中的角色都比较相仿,而且我们都非常羡慕片中男女主人公对待爱情的态度,他们的这种恋爱观以及他们碰到挫折或顺利的时候的做法,我们都非常着迷。"译制片粉丝邹雯欹非常喜欢刘家祯老师的配音,她说:

《东京爱情故事》剧照

"刘家祯老师的配音把角色的魅力又往上提升了一层,他的声音是为这个角色去增光添彩的,很有特色,属于那种清冷当中带宝石流光溢彩的感觉。"

而为赤名莉香配音的梅梅一开始是广播电台的播音员,《东京爱情故事》的导演聂梦茜和张欢在找到梅梅后,惊诧于梅梅的声音竟然与铃木保奈美的声音如此贴合,以至于配完《东京爱情故事》后,导演与梅梅约定,以后所有铃木保奈美的片子都由梅梅来配。很多人在回忆《东京爱情故事》的时候,会用一句话来形容:那一年整个夏天,女人为了看服装,男人为了看赤名莉香而忙碌着。梅梅说:"我的一个朋友的朋友碰到我说,听说你配《东京爱情故事》了,我们那时候不知道围巾怎么围的,看了那部戏后,就知道围巾该怎么围了、包应该怎么拿、衣服配色应该是什么样子的。"

上海电视台译制部的配音演员不但为偶像剧配音,很多动画片的粉丝也对他们的声音非常熟悉。早在1985年,译制部正式成立之前,上海电视台就译制了26集系列动画片《咪姆》,但其实那是部科普片,用动画的形式来表现发明电灯、发明蒸汽机车的过程,类似中国的《十万个为什么》。

关于动画片的配音,每一位配音演员都有不同的方法,这些偶像剧里甜美的、时尚的声音通过他们夸张的演绎,又以一种不同的方式出现在孩子们天真的世界里。在幕后,如果是扮演动画片里那种獐眉鼠目的人物,配音演员可能脸会变形,才会出现理想的效果。

译制片打开瞭望世界之窗

所有人都把所有的精力都给了译制事业，而且都很爱这项事业。

原上海电视台译制部主任聂梦茜

我就说，我们真的把青春都奉献给译制片了。

著名译制导演、配音演员金琳

其实配音是我的生命的一部分，因为我从小就从事这项工作。

著名主持人、配音演员梅梅

《海外影视》播出的译制片在娱乐大众的同时还附带了很多社会功能，成为相关行业学习国外先进经验的窗口。由于美国电视剧《大饭店》的播出，华夏宾馆曾邀请译制部的人员共同探讨宾馆饭店的管理经验，配音演员杨明回忆说："《大饭店》把这种说教的理念揉到了故事情节里，对从事酒店管理的领导来说，他要把很多理念告诉每一个员工，包括如何处理员工和客人之间发生纠葛，怎么对待客人，怎么用微笑来服务我们的客人，让客人宾至如归。很多理念，它不只是靠说教，是要有亲和力的。"在《大饭店》播放的同一年，上海电视台引进了电视系列剧《成长的烦恼》，译制完成后，从1990年一直播出到1994年。这部电视剧一经播出就引发了收视高潮，特别是剧中杰森医生对子女的教育方式也让电视观众得到许多启示。该剧还不断在全国各地的电视台播放，伴随了几代人的成长。《成长的烦恼》不仅受到了中小学生的欢迎，而且还备受青年人的喜爱，孙重亮回忆说："看了《成长的烦恼》，才知道原来父母亲和孩子还可以像朋友一样，对孩子还可以用这样一种管理教育方式，这都为我们国人开阔了眼界，起到了非常好的作用。"

除了《东京爱情故事》，刘家祯在《回首又见他》里配的司马大夫也让观众印象深刻。这部反映医患关系的电视剧不但引起了社会对医患关系的反思，还获得了1999年中国电视剧飞天奖，其片头音乐恰克与飞鸟乐队的《呀呀呀》至今仍被粉丝们奉为经典。金琳回忆说："我记得这部戏一播出之后，上海瑞金医院的团委就特地写了一封信来，说他们因为这部戏组织了很多场年轻医生的讨论，探讨医德、医患关系。到底是拿病看病？还是拿钱包看病？他们到底看的是什么？"《回首又见他》一剧中的安乐死是当时提出的一个非常前沿的观念，也引发了人们的热烈讨论。

在上海电视台译制片的名录上，《太空堡垒》《变形金刚》《芝麻街》等一批动画片在粉丝心中留下了深刻的印象，陈矗是《太空堡垒》的铁杆粉丝，至今仍保留着当年朋友送他的从电视上翻录的磁带和从网上淘到的漫画书。出于对译制片的喜爱，很多粉丝能从动画片中非常清楚地分辨出译制部每位配音演员的声音，他们还会饶有兴趣地把《太空堡垒》和《东京爱情故事》里的爱情故事联系在一起，陈矗说："很有意思的就是，大家现在会把《太空堡垒》里面那一对三角恋爱跟《东京爱情故事》那个三角恋爱进行一个类比，觉得《太空堡垒》里面的明美像《东京爱情故事》里面的赤名莉香，完治像《太空堡垒》里面的瑞克卡特，这种类比会在不同的粉丝当中引起争议。"

《海外影视》十年辉煌，通过小小的荧屏让电视观众瞭望世界，同时也丰富了那个年代人们贫瘠的娱乐生活，即使在今天看来，《海外影视》在他们心目中仍占有重要的地位，邹雯歆说："很感激《海外影视》，它让我的青春时代不仅仅有了那时候的优秀国产剧，也有了打开国门去看世界的这样一种视野。"

从《海外影视》成立到2015年，28年弹指一挥间，如今《海外影视》已离开了荧屏，却永远留在了电视观众的心里。当那些荧屏背后的配音演员再次出现在你面前的时候，不知道你是否还会想起他们当年的音容笑貌，是否还会说出那些曾经耳熟能详的经典台词？

（编写　李夕冉）